La vie de sainte Thérèse d'Avila

Du même auteur

AUX MÊMES ÉDITIONS

La vie de sainte Thérèse d'Avila, *1950*
Le bonheur est en vous, *1951*
La bonne nouvelle annoncée aux enfants, *1953*
La vie de Jaurès, *1954*
La pratique du bonheur, *1956*
Le mauvais cœur, *1957*
Le livre du bonheur, *1959*
(Le bonheur est en vous et *La pratique du bonheur*
en un seul volume relié)
Ta messe, tes prières, *1960*
Bernadette, *1961*
coll. « Livre de Vie »
Enfances et mort de Garcia Lorca, *1968*
La jeunesse au cœur, *1970*
(Vers une vieillesse heureuse)
A la grâce de Dieu, *1973*
La joie par l'Évangile, *1975*
coll. « Livre de Vie », 1981
Mémoires à deux voix, *1978*
(en coll. avec Françoise Prévost)

CHEZ D'AUTRES ÉDITEURS

Toya, *roman, Gallimard*
Anne Fauvet, *roman, Gallimard*
Changer d'étoile, *roman, Gallimard*
La dame en plus, *roman, Éd. Nouvelle France*
La parole est à Monsieur Vincent, *La Bonne Presse*
Bernadette, *biographie, Bloud et Gay*
Notes et maximes sur l'amour, *Hachette*

Marcelle Auclair

La vie de sainte Thérèse d'Avila

Éditions du Seuil

EN COUVERTURE :

Portrait de sainte Thérèse, par Frère Juan de la Miseria, 1576.
Couvent des Carmélites de Séville.

ISBN 2-02-000535-2

A ma Mère,
qui m'a permis d'écrire ce livre
en assumant seule les petites et grandes
corvées quotidiennes.

Il m'est très agréable de remercier tous ceux qui m'ont aidée à réaliser mon travail :

D'abord, le R. P. Supérieur général de l'ordre du Carmel, le R. P. Silverio de Santa Teresa : sans son admirable *Édition critique*, ce livre n'existerait pas.

Le R. P. Bruno de J. M. (C. D.) qui m'a permis de me documenter à la bibliothèque des *Études carmélitaines*. De plus, il m'a obtenu l'inappréciable autorisation pontificale de pénétrer dans la clôture de dix des Carmels d'Espagne dans lesquels demeurent des vestiges et des souvenirs de la grande mère fondatrice, et d'y faire prendre des photographies par Yvonne Chevalier.

André Maurois, qui a bien voulu m'indiquer sa propre méthode de classement de la documentation, épargnant ainsi à mon inexpérience des mois de tâtonnements.

Le R. P. Duval, O. P., bibliothécaire du monastère du Saulchoir, qui a mis à ma disposition de précieux ouvrages et qui voulut bien revoir mon manuscrit.

Don Miguel Perez Ferrero, qui rechercha en Espagne les livres qu'il m'était indispensable de posséder et me les fit parvenir.

Don Carlos Cañal, directeur des Relations culturelles espagnoles, qui mit à notre disposition une voiture pour la visite des monastères.

Mes amis Don Gregorio Marañon, Don Antonio Marichalar, Don Aurelio Viñas qui m'ont aidée de leur érudition et de leurs conseils.

Le R. P. Lucinio del Señor Jesucristo, O. C. D., des Carmes Déchaux de Madrid, le R. P. Luis de San José, O. C. D. qui m'ont rendu d'immenses services.

Enfin les Mères Prieures et Sous-Prieures des couvents de Carmélites d'Avila, Segovia, Villanueva de la Jara, Malagon, Soria, Burgos, Valladolid, Medina del Campo, ainsi que les religieuses de ces monastères. Non seulement elles m'ont permis de lire ce livre vivant qu'a laissé la sainte Mère, — la tradition léguée à ses filles, — non seulement elles m'ont montré leurs reliques les plus précieuses et permis à Yvonne Chevalier de faire d'admirables photographies, mais leur accueil, empreint de la bonne grâce thérésienne la plus pure, restera toute ma vie un émouvant souvenir.

Que tous ceux, — trop nombreux pour que je puisse les nommer tous, — qui m'ont soutenue et assistée trouvent ici l'expression de ma reconnaissance. Rien n'est plus agréable que de dire merci : je m'en acquitte en l'occurrence avec une joie toute particulière. Sainte Thérèse ne disait-elle pas : « Je suis d'un naturel si reconnaissant qu'on me subornera avec une sardine »? Tous ceux qui nous ont accueillies, logées, secondées, promenées, Yvonne Chevalier et moi, tous ceux qui nous ont témoigné de la sympathie au cours de nos recherches en Espagne peuvent être assurés de ma fidèle amitié.

1. *Entre le monde et Dieu*

« Toutes choses de Dieu me donnaient grand contentement,
mais celles du monde me tenaient attachée. »
SAINTE THÉRÈSE DE JÉSUS, VIE, CH. VII

1. La gloire, 1515-1528

Don Alonso Sanchez de Cepeda écrivit :
« Mercredi, le vingt-huitième jour du mois de mars de l'année 1515, naquit Teresa, ma fille, une demi-heure environ passé cinq heures du matin, aux premières lueurs du jour [1]. »

L'angelus de l'aube commença à tinter à l'église de Santo Domingo; puis toutes les cloches d'Avila, celles de San Juan, San Pedro, San Isidro y San Pelayo, San Gil, San Bartolomé, San Vicente, Santa Cruz, San Cebrián, San Nicolas, Santiago, San Román, Mosén Rubi, la cathédrale, les couvents, des Bénédictins aux Carmes, des Clarisses aux Augustines de Notre-Dame de Grâce, des Franciscaines aux Dominicains de Santo Tomas, des Cisterciens et Cisterciennes de Santa Escolastica, San Millan, Santa Ana, aux Dominicaines de Santa Catalina, toutes les voix métalliques de tous les saints de la ville firent vibrer ses vieilles pierres : car il n'y avait à Avila que des pierres et des saints, « en Avila, *Santos y cantos* ».

Le 4 avril, le parrain et la marraine de la petite Teresa demandaient en son nom, en l'église paroissiale de San Juan, « la foi et la vie éternelle ».

Ce même jour, s'inaugurait le monastère de l'Incarnation, couvent de Carmélites de la règle mitigée : déjà s'ou-

1. Voir page 489, la table des notes.

vraient les portes du temple de Dieu dans lequel l'invitait à entrer celui qui la baptisait « au nom du Père, du Fils, et du Saint-Esprit ».

L'enfant fut prénommée Teresa, en souvenir, sans doute, de deux de ses aïeules : son arrière-grand-mère paternelle, Teresa Sanchez, et sa grand-mère maternelle, Doña Teresa de las Cuevas. Son parrain était un notable avilais, Don Francisco Nuñez Vela, qui ne pensait déjà qu'à partir pour l'outre-mer. C'est l'aurore des temps nouveaux, il y a à peine vingt ans que Christophe Colomb a offert au roi Ferdinand et à la reine Isabelle la Catholique l'empire d'un continent. L'Espagne craque comme une caravelle au grand large; les poitrines espagnoles, tournées vers l'Occident où flamboient ces terres promises, se dilatent du sentiment de la propriété.

Alonso Sanchez de Cepeda, natif de Tolède, était dit à Avila « le Tolédan ». Homme de progrès : dans sa bibliothèque, à côté des *Rétables de la vie du Christ*, du *Traité de la Messe* de Guzman, de la *Consolation* de Boëce, il avait la *Conquête de l'Outre-Mer* sur parchemin. Respectueux des livres, du savoir, il tenait à ce que ses enfants sachent épeler de bonne heure, et lire couramment avant leur septième année.

Quiconque le connaissait était frappé de respect par sa physionomie : tout en lui témoignait de la dignité de son caractère. Il était réputé d'une grande honnêteté de mœurs et de manières, patient et bon, très pieux, et si humain que, bien qu'il fût séant à des gens de sa fortune d'avoir quelques esclaves, il s'y refusa toujours, et traita comme ses propres enfants une petite Mauresque que l'un de ses frères lui confia quelque temps. Sa conversation était Dieu, les guerres des Flandres ou d'Italie. Il portait l'épée, gardait son rosaire à portée de la main, administrait lui-même ses domaines de Gotarrendura, et veillait à ce que blé, viande, légumes, fruits, soient en quantité suffisante pour pourvoir aux besoins d'une vaste maisonnée. Il ne souhaitait rien au-delà, mais s'il négligea les occasions qui lui furent offertes d'accroître ses biens, il ne négligea pas celle de servir le Roi : à l'appel de Ferdinand le Catholique, on le vit, en 1512, partir guerroyer en Navarre, « montant un très bon cheval, armé comme un gentilhomme, bien équipé et vêtu pour le combat, suivi de mules et de bêtes de somme[2] ».

Parmi les notables d'Avila, Alonso Sanchez de Cepeda faisait figure d'homme opulent. A la mort de sa première femme, Catalina del Peso y Henao, il possédait trois cent soixante-quatorze mille maravedis, de belles terres, de vastes troupeaux, des maisons, et abondance de bijoux. Il avait aimé le luxe, et pourpoints de damas violet ou de satin cramoisi, chemises brodées d'or ou d'écarlate, golilles de Paris, épées dorées à fourreau de velours noir et ceinturon doré, housses de cheval de Rouen rouges et jaunes, cuirasses à ses armes, casques, gantelets, solerets, prouvaient que l'homme austère qu'il était devenu n'avait point dédaigné, naguère, de se parer.

Son veuvage après trois ans de mariage l'avait rendu morose, mais lorsque approchant la trentaine il épousa Beatriz de Ahumada « chrétienne de vieille souche » comme Catalina del Peso, aussi belle que noble, et peut-être plus jeune qu'il n'eût convenu, il fit un grand effort d'apparat pour lui plaire. Elle appartenait, dit-on, à la famille des Davila « de trece roeles », aux treize tourteaux, qui se tenait pour fine fleur de la noblesse castillane et regardait de haut les autres Davila dont l'écusson ne portait que six tourteaux. Les noces eurent lieu à Gotarrendura et furent si splendides que des années plus tard on y parlait encore de ce riche étalage : la fiancée y parut d'autant plus jolie et plus émouvante qu'elle semblait plus fragile, « très somptueusement vêtue de soie et d'or ».

Beatriz avait trouvé à son nouveau foyer un garçon et une fille[3]. En 1511, elle mettait au monde son fils aîné, Rodrigo, suivi en 1512 de Fernando[4]. Lorsque naquit Teresa, cette mère de vingt ans se trouvait responsable de cinq petits. Lourd fardeau pour une nature frêle; aussi la vit-on de plus en plus lasse, malgré son courage, à mesure que naissaient Lorenzo, Antonio, Pedro, enfin Jeronimo, Augustin, Juana, et sans doute un neuvième garçon — « nous étions trois sœurs et neuf frères », précisera un jour Teresa, — Juan, dont on ignorerait l'existence si son père ne le nommait dans son testament.

Famille nombreuse, donc, éminemment respectable et respectée.

Respectés, il fallait que les frères Sanchez de Cepeda, Alonso, Ruy, Pedro, et Francisco Alvarez de Cepeda le fussent bien profondément par leurs concitoyens, pour qu'ils se risquent à engager un procès qu'ils n'auraient sans doute pas intenté s'ils eussent craint d'y perdre si peu que ce soit de leur crédit : ils en appelèrent, le 6 août 1519, au tribunal de la Chancellerie Royale de Valladolid, réclamant que soit reconnue leur « *hidalguia* », c'est-à-dire leur noblesse. S'y opposaient les autorités municipales du conseil d'Hortigosa, paroisse de Majalbalago, village proche d'Avila qui « réclamaient aux Sanchez le paiement de cent maravedis, en tant que taillables contraints à payer l'impôt ». Les plaignants s'y refusaient, prétendant « être hommes nobles de père et de grand-père ». Mais la commune d'Avila alléguait que les fils de Juan Sanchez de Toledo, nés à Tolède, « sont juifs convertis et descendent de juifs par leur père et grand-père [5] ».

Les archives du Saint-Office de Tolède attestaient que le 22 juin 1485, « Juan de Toledo, marchand, fils d'Alonso Sanchez, habitant de Tolède, paroisse de Sainte Léocadie... confessa devant Messieurs les Inquisiteurs avoir commis de nombreux et graves crimes et délits d'hérésie et d'apostasie contre notre sainte foi catholique [6] ».

Des témoins déclarèrent avoir vu Juan Sanchez de Toledo porter publiquement « le petit sambenito avec les croix », alors qu'en compagnie d'autres réconciliés, il purgeait sa condamnation qui consistait à aller en procession d'église en église pendant sept vendredis [7].

Le « reconciliado » quitta Tolède pour Avila, où il arriva « en habits de marchand ». Il y installa, calle del Andrino, ou Endrino, un commerce de tissus de luxe, draps et soieries, qui avait déjà fait à Tolède sa fortune et celle de son père. Ce père, Alonso Sanchez, propriétaire de vignes et immeubles, avait été de ces riches Israélites qui eurent en Espagne au XVe siècle pignon sur rue, et marièrent leur fils « converti » à une « chrétienne de vieille souche » : ainsi, Juan Sanchez de Toledo épousa la noble Inès de Cepeda.

Il n'y avait là rien d'offusquant à l'époque : le roi lui-même, Ferdinand le Catholique, avait du sang juif par sa mère, doña Juana Henriquez, fille de l'Amiral de Castille et d'une Juive. L'union de chrétiens et de juifs ne faisait pas scandale aux XIVe et XVe siècles, et de grands noms de la littérature, de la pensée, de la mystique espagnoles témoignent d'origines juives : tels le poète Juan de Mena, Fernando de Rojas, l'auteur de *La Célestine*, Fray Luis de Leon, religieux augustin, l'un des plus grands esprits et des plus grands poètes de son temps, Luis Vives, miroir des humanistes espagnols, et tant d'autres. Parmi eux, le nom de Torquemada : « En effet, sur le célèbre théologien dominicain Juan de Torquemada, Cardinal de Saint-Sixte, Hernando del Pulgar écrit : « Ses grands-parents furent d'une famille de juifs convertis à notre sainte foi catholique », d'où il résulte que le premier inquisiteur, frère Tomas de Torquemada, parent du Cardinal, était lui aussi EX ILLIS [8]. »

Les Hébreux avaient accès aux dignités presque autant que les catholiques, « les rois eux-mêmes accordaient à certains juifs le titre de « *don* », signe alors de la haute noblesse. Le roi Ferdinand Ier d'Aragon fit armer chevalier le « converti » Gil Ruiz Naiari en 1416. Les unions sanguines et le concours des circonstances eurent des répercussions sur les formes de l'existence, le juif de qualité se sentit noble, il éleva des temples telle la synagogue El Transito de Tolède, sur les murs de laquelle on mit les armes de Leon et de Castille... L'évêque de Burgos, don Pablo de Santa Maris (Rabbi Salomon Halevi avant sa conversion), composa un discours sur *l'origine et la noblesse de son ascendance* [9].

Dans ce contexte, il n'est pas surprenant que les fils de Juan Sanchez de Toledo, titulaire de la perception des revenus royaux et ecclésiastiques, activité réservée aux hidalgos, aient épousé à Avila des parentes des régisseurs et conseillers de la ville, hommes nobles. Leur influence aidant, ils ne furent plus contraints à payer l'impôt et furent eux-mêmes considérés comme « hidalgos [10] ».

On disait des frères Sanchez, Alonso, Ruy, Pedro, Francisco : « Ils sont hommes fort propres, honnêtes et riches, leurs chevaux sont beaux et leur personne très bien vêtue...

Ils se comportent en hidalgos et gentilhommes, en tant que tels ils fréquentent des fils de famille nobles, apparentés aux notables d'Avila. Et un autre de célébrer « l'excellence de leur conversation [11] ».

Bons causeurs : la petite Teresa avait donc de qui tenir. Pour l'art de se faire des amis également. Son grand-père Juan Sanchez trouva même des appuis en haut lieu : il aurait été secrétaire du roi Henri IV de Castille, ami des maures et des juifs.

L'un des fils de sa sœur fut chanoine de la cathédrale de Tolède, et toute la famille avait de hautes relations dans le monde ecclésiastique.

Résultat du procès engagé par les Sanchez de Cepeda : leur « noblesse » fut admise et reconnue le 26 novembre 1520, (la petite Teresa avait donc cinq ans et demi). Le procureur fit appel, mais fut débouté.

Alonso Sanchez de Cepeda ne s'adonna pas au commerce comme ses pères, mais il vécut de l'abondance de ses biens.

Sa demeure, située Plazuela de Santo Domingo, en face de l'église de Santo Domingo de Silos, comportait deux corps de bâtiments reliés par des patios et jardins. Belle et riche maison, en tout comparable à celles de Nuñez Vela, des Aguila, des Polentino, des Oñate, par son ampleur et ses commodités. Au-dessus de la porte ornée de clous énormes travaillés par un bon ferronnier, l'écusson de l'hidalgo affirmait ses quartiers de noblesse. Le mobilier était beau sans être luxueux, conforme au rang des Cepeda et à la mode du jour, qui imposait le goût italien et le goût bourguignon, sans renier la tradition de simplicité patriarcale propre aux grandes familles castillanes. Chez Don Alonso, les tapis des Flandres, les coussins de soie vive, ne faisaient point défaut ; mais on y voyait aussi les fauteuils rigides en bois et cuir, dits *sillones fraileros*, fauteuils de moines, les faïences de Talavera et de Valence, les pots de cuivre et chandeliers en fer forgé qui ornaient la demeure de tous les Avilais riches, en même temps qu'ils étaient d'usage quotidien. Les bahuts et armoires en chêne sombre sculpté étaient bondés de linge et d'écheveaux de lin ou de laine que la maîtresse de céans se réservait de dévider et de tisser, ainsi que l'avait fait la reine Isabelle la Catholique elle-même : son mari ne portait chemise qu'elle n'eût filée de ses mains.

Doña Beatriz n'était point sans travail, bien qu'entourée de nombreux domestiques. Elle laissait à ses femmes le soin de lever et coucher les enfants, et tous soins matériels, mais gardait l'apanage de la tendresse, de l'inquiétude. Le moindre mal, bosse ou écorchure, ne trouvait apaisement que dans ses bras. Ce n'est que lorsque l'excès de vitalité batailleuse des garçons et filles se manifestait en cris perçants et courses échevelées qu'on entraînait dans le patio le plus lointain la bruyante marmaille : le jeu favori des garçons avilais a toujours été de se battre à coups de pierres.

Le jardin était l'univers de Juan, Maria, Fernando, Rodrigo, Teresa, Lorenzo, Antonio, Pedro, et même du tout petit Jeronimo. Un monde de valets et de servantes y travaillait le cuir, le bois, pour les besoins de cette large famille; on y filait, cousait, lavait, bêchait, plantait, étrillait; on y marquait au fer rouge les moutons. Tout cela parlait, chantait, priait, tremblait, suivant les nouvelles que jetaient en passant les hommes venus de loin au galop de leur cheval ou les troupes d'arquebusiers des Tercios, chemin de la guerre. Et on se répétait avec orgueil que les capitaines engageaient les soldats de la Ville des Loyaux et des Chevaliers sur la seule garantie de leur lieu de naissance, tant ils étaient fameux par leur courage. De ce renom, un proverbe où l'on jouait sur les mots faisait preuve :

Tout citoyen avilais
A la guerre habile est [12]...

C'est ainsi, de bouche en bouche, que se propageaient également les récits des combats, ou ceux des intrigues que menaient contre les libertés castillanes les Flamands détestés qui entouraient Charles-Quint; et l'audace croissante des Luthériens, outre-Pyrénées, semblait à chacun, en cette cité gardée par quatre-vingt-huit tours de granit, une menace constante pour son âme et ses biens.

Il ne s'agissait pas d'avoir peur, mais de se battre. « Avila des Loyaux et des Chevaliers » avait toujours pris le parti de la Croix, celui des opprimés, combattu pour la liberté, donné asile aux rois enfants ou persécutés. Alphonse VIII partit d'Avila pour reconquérir son royaume et, entouré d'Avilais, remporta sur les Musulmans la fameuse victoire de *las Navas de Tolosa.* C'est encore le rempart de la ville chevaleresque par excellence qui protégea Alphonse XI, alors qu'il n'était qu'un roitelet d'un an.

Mais elle savait, cette ville, se mettre en de furieuses colères contre ceux qui ne portaient pas dignement la couronne. C'est ainsi qu'Henri IV de Castille, à peine roi, et soupçonné de n'être pas un homme, fut si bien exécré par les Avilais qu'ils l'accusèrent, jugèrent, condamnèrent et destituèrent en effigie au cours d'une cérémonie volontairement grotesque.

Il valait mieux éviter d'exciter la rogne de ces chevaliers et de ce peuple qui passaient à se battre les uns contre les autres le temps qu'ils ne consacraient pas aux expéditions punitives contre les Musulmans : ils n'étaient loyaux qu'envers la loyauté.

Le nom de ces guerriers, légendaires souvent même de leur vivant, était célébré en *romances* et *coplas*. Parmi ces personnages, une femme, Jimena Blasquez. Teresita ne se lassait pas d'entendre conter comment elle avait défendu les remparts attaqués par les Almoravides en l'absence de son mari le gouverneur et de ses troupes. Doña Jimena était montée sur les tours, entraînant les femmes déguisées en guerriers à l'aide de fausses barbes et de grands sombreros; elles y menèrent si tumultueuse comédie de défense que les Maures prirent peur et levèrent le siège. « Elle ne semblait point femme, mais fort caudillo. » Les hauts faits étaient-ils donc accessibles à tous? La petite en rêvait.

Ces récits commençaient par une incantation :

> Il était une fois...
> Que s'en aille le mal
> Que s'en vienne le bien.
> Pour les Maures le mal.
> Le bien pour les Chrétiens [13].

Il y avait aussi des histoires d'enfants enlevés et assassinés par les infidèles, qui leur arrachaient le cœur à des fins de sortilège. Le nébuleux procès des bourreaux du Saint Enfant de la Guardia, flagellé, couronné d'épines, crucifié à quelque trente-cinq lieues d'Avila, avait abouti en 1491 sur la place du Marché, dans les flammes du grand inquisiteur Torquemada.

Teresita avait pitié de ces impies :

— Et ils seront damnés? Pour toujours?

Les conteuses ne répondaient pas : elles préféraient insister sur le danger que courent les enfants qui sortent seuls de la maison paternelle.

— Mais ceux qui meurent pour Dieu vont au ciel, pour toujours?

Ses frères s'étonnaient qu'elle eût, si jeune, tant de passion pour la guerre et la gloire.

Elle avait cinq ans lorsque la révolte des Comuneros emplit Avila de conciliabules secrets et solennels, car la Sainte Junte se réunissait dans le cloître même de la cathédrale : la Castille se soulevait contre l'empereur flamand, Charles-Quint, pour sa reine castillane, mais folle et prisonnière à Tordesillas, Doña Juana, fille d'Isabelle la Catholique.

La Ville des Pierres et des Saints avait eu une raison péremptoire de s'insurger : l'Empereur l'avait félicitée de ne point prendre part à la sédition. Il n'en fallut pas davantage pour qu'elle en devînt le centre, et que le mot d'ordre, *Comunidad*, ralliât son peuple.

Les enfants Cepeda y Ahumada étaient séduits et surexcités par cette atmosphère de complots : les murs mêmes chuchotaient les noms des conjurés, on se glissait, sous le sceau du secret, les détails de la scène du serment : sur la Croix et l'Évangile, chacun jurait de défendre les libertés de la Castille contre les abus du pouvoir impérial. Ce peuple ignorait qu'il ne défendait pas ses propres libertés, mais les privilèges de la noblesse; non point le libre usage de la pensée et de l'esprit critique, mais l'Église intangible. Les *Comuneros* se battaient au cri de « Vive l'Inquisition [14]! » Le doyen de la cathédrale lui-même présidait aux réunions, mais c'est un tondeur de brebis, Pinillos, qui du bout d'une petite baguette donnait la parole ou la retirait. Quiconque n'était pas avec les *Comuneros* les redoutait. Don Alonso, souvent en sa terre de Gotarrendura et vivant de plus en plus, à Avila, dans la retraite, réussit à ne prendre parti ni pour ni contre.

Cela dura un an, jusqu'à la bataille de Villalar où le populaire *Santiago y libertad!* fut étouffé par les impériaux : *Santa Maria y Carlos!* Les chefs furent décapités, et la jeunesse de Castille tourna vers l'outre-mer son espoir de grandeurs : le Mexique, découvert et conquis par Cortez, avait nom « la nouvelle Espagne ».

Vers l'outre-mer, ou vers Dieu.

Fini les histoires guerrières dans la maison des Cepeda : avec son frère Rodrigo, son aîné de quatre ans, Teresita lit maintenant la *Vie des Saints*. Elle ne rêve plus d'être Jimena Blasquez, mais sainte Catherine. Car les martyrs surtout l'exaltaient, et le sang versé par saint André, saint Sébastien, sainte Ursule et ses compagnes les onze mille vierges, se confondait pour elle avec leur auréole.

Le dimanche, en la paroisse de San Juan, elle entendait tonner les prédicateurs contre ces hérétiques dont les écrits commençaient à se propager en Espagne, mais peut-être plus encore contre la tiédeur des chrétiens; l'image des damnés se tordant dans les flammes éternelles la poursuivait jusque dans son sommeil. Elle eût voulu saisir le sens de ce mot : « éternel ».

— Cela veut dire « pour toujours », répondait à ses questions Doña Beatriz.

L'été, sous l'ombre fraîche des mûriers, l'hiver, dans la moiteur des écuries, Teresa avait avec son frère de longs conciliabules, et tous deux se donnaient le vertige à force de répéter :

— *Para siempre, Teresa!* Teresa, pour toujours!

— *Para siempre, Rodrigo*[15]*!*

Ils se cachaient pour parler du Seigneur, conscients de s'en soucier autrement qu'on ne le permet aux enfants. Teresita estimait que le martyre « achetait à bon marché[16] » la présence de Dieu; non qu'elle aimât Dieu outre mesure, mais elle souhaitait jouir des biens célestes que la *Vie des Saints* lui avait révélés.

Les images réalistes de l'art sacré lui montraient bien, dans toute leur horreur, les supplices, mais cela ne faisait qu'exalter son imagination : «... Un saint Laurent lié, étendu sur le gril, les flammes l'enveloppent, les braises semblent vivantes, le feu est si rouge qu'on a peur rien qu'à le regarder... Cette chair généreuse semble brûlée et rôtie, ses entrailles s'entrouvrent, la flamme fouille et dévaste les seins de cette poitrine qui jamais ne reniera... Sur un autre retable, on écorche, tout vif, saint Barthélemy ligoté sur une table... A côté, on lapide saint Étienne, les pierres s'entrechoquent, et sa face sanglante, son crâne fendu, émeuvent quiconque le voit prier pour les bourreaux qui le tuent... Enfin un Crucifié, nu, ruisselant de sang, le corps labouré à coups de verges, la figure tuméfiée, les yeux révulsés, la bouche noire, les entrailles percées [17]... » Souffrance vive, mais courte, en échange de la gloire éternelle.

— Il suffit, disait-elle déjà à Rodrigo, d'un petit moment de décision : *una determinacioncilla* [18]...

Ni Juan, âgé de quinze ans, qui songeait déjà à partir pour l'armée, ni Maria, la grande sœur de treize ans, ni Fernando, ni à plus forte raison Lorenzo, n'étaient admis aux conversations où les deux enfants cherchaient le moyen d'aller, par le martyre, au-devant du bonheur éternel. Le fait d'avoir des parents leur semblait « l'embarras majeur [19] ». Leur âge n'était pas un obstacle : Avila n'avait-elle pas élevé sa plus belle basilique à trois petits martyrs, Vicente et ses deux sœurs Cristeta et Sabine, qui, aux temps des Romains, avaient refusé de sacrifier aux faux dieux? Flagellés, roués, ils avaient persisté dans la louange du Seigneur Jésus jusqu'à ce qu'on fît éclater leur crâne sur des pierres. Les païens avaient interdit de les ensevelir, mais un serpent monstrueux, redouté dans la région par ses ravages, s'érigea en gardien des dépouilles innocentes : il épouvanta non seulement les oiseaux de proie, mais les profanateurs, et un juif qui s'y risqua ne s'en tira qu'en invoquant le nom de Jésus et en promettant au monstre de se faire baptiser.

Teresita imaginait déjà, dans Avila, une autre basilique : celle des frères martyrs Rodrigo et Teresa.

Cette année-là, la prise de Rhodes par les Turcs consterna les grandes personnes, mais enflamma d'une ardeur de sacrifice l'esprit d'une petite fille qui ignorait tout de la géographie : elle conçut qu'il serait désormais facile d'aller se faire décapiter en terres maures, et qu'en mendiant son pain le long des chemins « pour l'amour de Dieu » on ne pouvait manquer d'y arriver. Que vaut l'esprit critique d'un garçon de dix ans en face d'une sœur plus jeune, mais déjà douée d'un ardent pouvoir de convaincre?

Tous deux s'esquivèrent au petit jour, dès que les portes furent ouvertes, traversèrent le pont de l'Adaja, et crurent partir pour ces « terres maures » en prenant la route de Salamanque.

C'est là que les rencontra Don Francisco Alvarez de Cepeda, leur oncle : ils marchaient d'un pas ferme, la longue robe de Teresita balayait la poussière, et tous deux portaient au bout d'un bâton quelques croûtes de pain nouées dans une serviette. Rodrigo, qui déjà commençait à avoir mal aux pieds, avoua vite, alors que sa sœur serrait les dents sur son secret et sa colère. Les voici ramenés à la maison où Doña Beatriz entourée de ses autres enfants sanglotants, des servantes qui s'accusaient à grands cris les unes les autres d'avoir manqué de vigilance, faisait sonder le puits pour y chercher les disparus. La joie du retour passée, le grand montra moins de stoïcisme devant la fessée imminente qu'il n'en avait eu à désirer le martyre :

— C'est *la niña*, la petite, qui m'a entraîné.

Et *la niña* fut punie.

L'échec de son équipée orienta Teresita vers la vie cénobitique; mais les ermitages à sa hauteur qu'elle s'efforçait de construire en empilant des cailloux dans le jardin avaient tôt fait de s'écrouler : la gloire de sainte Marie l'Égyptienne dont les servantes chantaient les affreuses pénitences serait-elle aussi difficile à gagner que celle de sainte Cécile ou sainte Agnès? Bientôt, les chiffons qui traînaient dans la maison disparurent : Teresita avait créé un ordre religieux; déguisée en nonnette, elle pliait ses cousines à l'observance d'une règle conçue par elle. Naturellement, elle était Prieure. D'un coup sec dans ses mains, elle faisait s'agenouiller, se relever, se coucher les bras en croix face contre terre ses « sœurs » qui s'étonnaient de la précision de son imagination. Si ces enfants se cachaient derrière les buis, c'était pour dire le rosaire sans être dérangées.

Il lui sembla, en ce temps, qu'elle aimerait à être religieuse, mais « moins que les choses précédentes [20] », moins que vierge et martyre, ou solitaire du désert : la claustration ne contentait pas son goût du merveilleux.

Les enfants des deux lits étaient, en 1522, sept garçons et deux filles. Doña Beatriz, toujours belle, n'était pourtant plus l'éblouissante apparition nuptiale vêtue de soie et d'or : les robes de soie de chine jaune aux crevés doublés de rouge, les jupes de satin cramoisi lourdement brodées qu'elle portait autrefois avec un corsage en damas violet à bandes de velours noir, n'étaient plus pour elle désormais que des taches brillantes au fond des coffres que Teresita la suppliait parfois d'ouvrir. Cette femme de vingt-sept ans à peine, à qui son état de langueur rendait importuns bruits et conversations, avait opté pour la robe des duègnes, et vivait volontairement recluse en sa maison. Elle avait pris si souvent le prétexte de sa mauvaise santé pour ne point recevoir des visiteuses amies, ou même de proches parentes dont les enfants lui semblaient d'un dangereux exemple pour les siens, que le heurtoir frappant à la porte principale ne troublait que rarement sa quiétude. Elle suivait son mari dans les voies de la piété, mais il était un univers fantastique où elle errait seule : celui des romans de Chevalerie. Seule? Pas exactement : toute l'Espagne avec elle; vers le même moment, un jeune écuyer, Iñigo de Loyola, faisait ses délices de l'*Amadis de Gaule*.

La mode n'était pas pour Don Alonso une raison valable; il proclamait déjà ce que Perez de Moya ne tardera pas à écrire : ces histoires « sont pièges que tend le démon aux tendres sentiments des damoiselles et des garçons frivoles [21] ». Doña Beatriz n'eût pas osé discuter avec lui, mais songeait tout bas que l'époux de quinze ans son aîné exagérait beaucoup. Ces lectures faisaient-elles autre chose que de la divertir, au cours de longues maladies, ou après une journée consacrée au ménage et aux enfants? En était-elle moins pieuse, de manières moins austères? Négligeait-elle ses devoirs? Certes non! D'ailleurs les arguments ne faisaient point défaut, qui montraient ces livres d'imagination comme « très nécessaires pour exalter les courages à l'exercice des armes, et pousser les esprits virils à imiter les actes des anciens... Les vertus et la gloire y fleurissent[22] ... » C'est ainsi qu'elle en vint à donner à ses enfants le goût de ces récits, afin de les empêcher « de se perdre en dangereux passe-temps [23] ».

A Teresita, tout particulièrement.

Depuis l'escapade « en terres maures », Doña Beatriz suivait de près cette fille plus turbulente que tous ses frères réunis. Les soirs d'hiver, l'enfant poussait la porte de sa mère, et la trouvait en train de lire, assise sur des coussins jetés sur un grand tapis des Flandres. Don Alonso n'était pas encore rentré d'une tournée à Gotarrendura, ou d'une promenade avec un ami aussi grave que lui; les garçons s'exerçaient auprès d'un maître d'armes, Maria était au sermon : tout était immobile dans la maison. Teresita prenait place auprès du brasero, et jetait sur les charbons ardents une poignée de lavandes sèches dont elle aimait la fumée bleue et le parfum.

Doña Beatriz lui parlait de l'amour de Dieu et de la vierge Marie :

— Elle est ta véritable Mère.

Ses grossesses continuelles, ses accouchements de plus en plus pénibles, lui faisaient redouter de ne pas vivre longtemps, et l'ardeur inventive de Teresita l'inquiétait : elle s'efforçait d'y pallier en tenant sans cesse actifs son esprit et ses mains : elle l'initiait aux beaux travaux d'aiguille, à nuancer de soies des dessins qu'elle composait. Mais cette éducatrice solitaire et trop tendre ne pouvait se retenir de parler à l'enfant, autant que de Notre-Dame, de ses héros préférés : Lisuarte, Palmerin, l'enfant Esplandian, et d'Amadis, le Damoiseau de la Mer :

« La fille du roi Lisuart était Oriane, la plus belle créature qu'on eût jamais vue. Elle était si belle qu'on l'appelait la Sans Pareille. La Reine lui donna le Damoiseau de la Mer pour la servir, et lui dit :

« — Ma mie, celui-ci est un Damoiseau qui vous servira.

— Il me plaît, répondit Oriane.

« Le Damoiseau grava si bien cette parole dans son cœur qu'elle ne s'effaça plus jamais. Ainsi que l'histoire le raconte, il ne fut pas ennuyé de la servir, et son cœur se reposa toujours sur elle. Cet amour dura autant qu'ils vécurent, lui l'aimant comme elle l'aimait, de telle sorte qu'ils ne cessèrent pas de s'aimer une heure... »

— Ils s'aimèrent toujours, toujours, toujours? demandait Teresita à sa mère.

Doña Beatriz répondait:

— Éternellement.

Comme la Gloire, l'Amour n'a-t-il de prix qu'à condition d'être « pour toujours »?

Cette pensée préoccupe parfois Teresa, qui grandit. Les Cepeda y Ahumada passaient l'été à Olmedo, chez la grand-mère Doña Teresa de las Cuevas, ou dans leur propriété de Gotarrendura, à trois lieues d'Avila. On s'y rendait en voiture, dans un grand remue-ménage de caisses et paquets, mais bien que les vingt-six grelots qui tintaient au collier des mules eussent longtemps ravi Teresita, elle préférait maintenant suivre à cheval avec la troupe de ses frères aînés : elle aimait à leur faire admirer sa hardiesse et son allure.

Elle trouvait à Gotarrendura ce qu'elle préféra toute sa vie : une habitation rustique, mais de lignes pures, un beau verger enclos, un colombier, des vignobles, des champs, et surtout un horizon de splendides lointains. C'est là qu'elle apprit à aimer les paysans de sa Castille, à se faire aimer d'eux. L'argent de sa petite bourse passait en aumônes aux errants et aux pauvres voisins. Son père, dont elle était la préférée, la chérissait d'autant plus qu'elle était à la fois charitable et joyeuse.

Doña Beatriz, un an après la naissance d'Augustin, mit au monde une petite fille, Juana, ainsi nommée sans doute en souvenir de Juan, l'aîné des fils de Don Alonso, tué dans la guerre contre François Ier. Elle resta si malade qu'on ne put, cette année-là, rentrer en ville au début de l'automne. C'est à peine si elle pouvait se traîner, aux heures où le soleil était encore bon, jusqu'aux colombiers qu'elle aimait tant. Teresa la soutenait et ne s'effrayait pas qu'elle fût si légère.

Le 24 novembre 1528, elle écrivit le testament d'une âme sereine : « Je remets mon âme au Dieu Tout-Puissant qui l'a créée et rachetée de son Précieux Sang. Je remets mon corps à la terre de laquelle il l'a formé [24]... »

Elle garda dans la mort un visage si calme que ses enfants la croyaient endormie.

Le cortège mortuaire partit pour Avila avant l'aube; les paysans suivaient à pied le char tiré par des bœufs; les serviteurs portaient des torches allumées. Teresita, blottie contre sa sœur aînée, voyait trembler des lueurs à travers un rideau de larmes. Elle ne comprit pourtant pas immédiatement l'étendue de sa détresse : elle ignorait encore le vide que la mort signifie pour les survivants.

Bientôt, elle se sentit si seule et si fragile que l'effroi la gagna : Doña Beatriz l'avait moins mise en garde contre les erreurs de l'adolescence qu'elle ne l'en avait préservée. Rares étaient ceux qui étaient admis à passer le seuil des Cepeda y Ahumada. Mais le deuil amena des visites de parents et d'amis, et c'est dans sa robe noire que Teresa entendit pour la première fois dire qu'elle était belle, et qu'elle en fut émue. L'instant d'après, elle pleurait de honte.

Elle demanda à Rodrigo de retourner avec elle sur la route qu'ils avaient suivie le jour de leur fuite vers le martyre, mais pénétra seule dans l'ermitage de Saint-Lazare. Là, elle s'agenouilla devant l'image de Notre-Dame de la Charité, témoin autrefois de leur serment enfantin de mourir pour gagner le ciel. D'un cœur toujours naïf, mais déjà affligé, avec des larmes, elle supplia la vierge Marie de lui servir de Mère.

2. *L'amour, 1528-1531*

Teresa de Ahumada y Cepeda a quinze ans : à son âge, sa mère était déjà mariée; quant à elle, auprès d'un père soucieux, d'une sœur distraite, de frères idolâtres, elle est à la merci des surprises du cœur.

Elle est belle, et plus que belle : la séduction même. Le grave Fray Luis de Leon écrira que ses familiers lui ont affirmé qu'elle faisait « perdre la tête » à quiconque l'approchait : « Sa beauté et le soin qu'elle avait de sa personne, la finesse de sa conversation, la douceur et l'honnêteté de ses manières l'embellissaient encore; de sorte que le profane et le saint, le mondain et l'ascète, des plus âgés aux plus jeunes, étaient faits prisonniers, captivés par elle sans qu'elle perdît rien de ce qu'elle se devait à elle-même.

Enfant et jeune fille, laïque et religieuse, elle fut pour tous ceux qui la voyaient ce que l'aimant est pour le fer [1]. »

Qui donc eût pu convaincre de l'inanité de toutes joies en ce monde une fille douée à la fois de la beauté du diable et d'une beauté de traits « extraordinaire », riche et adulée? D'abondants cheveux châtains, naturellement bouclés, dégageaient un grand front, moussaient autour d'un visage rieur dont on ne savait dire s'il était rond ou ovale tant l'expression, vive et changeante, le modelait. Le nez droit, arrondi du bout, s'affinait pour former avec l'arc des sourcils une ligne haute et pure. L'accent était donné par la bouche, charnue et colorée sur des dents éclatantes, par les yeux noirs, légèrement saillants, arrondis, mais bien enchâssés, brillants tour à tour d'enthousiasme et de tendresse, pétillants de malice et de coquetterie. Teint blanc, rose aux pommettes. Trois grains de beauté près des lèvres pimentaient le sourire. Bien faite, de taille moyenne, on célébrait la grâce de sa démarche et ses mains admirables. « Parfaite en tout, elle avait en plus un je ne sais quoi [2]... » Ce je ne sais quoi qui est le charme et qui échappe à toute définition.

Qu'elle aimait à s'entendre dire qu'elle était belle! Non : elle ne pouvait croire qu'il y eût mal à cela.

Avec le goût de plaire s'éveilla en elle le goût de la parure, celui de raffinements rares en une si jeune fille : elle soignait ses cheveux et ses mains, se procurait onguents, fards, parfums, et passait devant son miroir, désormais, plus de temps qu'à dire le rosaire. Elle essaie des coiffures, relève ses cheveux tressés à l'imitation de l'impératrice Isabelle, use d'huiles de beauté, de sucs de plantes pour affiner la peau, s'épile les sourcils, se parfume au musc ou à la bergamote, délaie du carmin qu'elle s'applique sur les joues. Elle porte en colliers l'ambre, le corail blanc ou rose, enfilés sur des rubans, mais préfère le jais, qui met en valeur l'éclat sombre de ses yeux.

Sa joie, c'est d'obtenir de Don Alonso d'arborer les robes de Doña Beatriz; elle se sent légère dans ces lourds atours, virevolte sur ses pieds petits, bien cambrés, chaussés de cuir souple brodé de bouquets en fil d'argent. Bas à jours, naturellement.

Cela, « sans mauvaise intention, ni pensée de pousser qui

que ce soit à offenser Dieu [3] ». La coquetterie de Teresa, en sa seizième année, est la coquetterie normale de l'éveil à la vie d'une féminité saine. Et son goût des romans est celui des filles de cet âge.

Les romans de Chevalerie la passionnaient toujours, elle avoue « n'être contente qu'à condition d'en avoir de nouveaux [4] ». Toujours en cachette de Don Alonso. Elle connut les battements de cœur causés par l'approche des pas paternels, le coussin jeté sur le livre ouvert, la broderie-prétexte rapidement saisie, la voix qu'on force au calme pour dissimuler. Elle connut l'agacement de l'histoire abandonnée au moment palpitant pour aller sur *l'estrado* recevoir de vieilles parentes, faire une partie d'échecs avec son père, ou se pencher avec sa sœur Maria sur les comptes de la maison.

Ces récits enivrants étaient le grand sujet de ses conversations avec Rodrigo. Elle l'appelait, lui lisait des passages, et l'apothéose de la *Recherche du Saint-Graal* les enthousiasma particulièrement : le livre finissait sur l'entrée de Galaad, le fils de Lancelot du Lac, dans la gloire de Dieu : « Les anges le vêtirent de drap d'or, mirent sur sa tête une couronne de pierres précieuses et à sa main droite un anneau. C'est ainsi que le Saint-Graal fut élevé au ciel... » Ils éprouvèrent un instant la nostalgie de leur enfance si fervente, et Teresa eût longuement rêvé sur ces robes d'or, ces couronnes, ces anneaux de noces célestes, si on ne lui eût apporté un roman qu'elle désirait fort : *l'Olivante de Laura*.

Teresa vivait ces aventures à mesure qu'elle les lisait, soupirait lorsque le bien-aimé rejoignait la bien-aimée après des chapitres où il avait vaincu ou surmonté les plus grands obstacles et les plus grands dangers.

Ces idylles n'étaient point chastes : les très nobles damoiselles se glissaient sans façon, et illégitimement, dans le lit des chevaliers ; les enfants, — illégitimes, — nés de ces embrassements étaient baignés de larmes, mais tout de même exposés par leur mère à une mort certaine : tels Palmerin de Oliva, abandonné sur une montagne dans un berceau d'osier suspendu aux branches d'un olivier, Amadis confié à la mer par sa mère Élisène dans un esquif semblable à un cercueil : d'où son nom, le Damoiseau de la Mer. Ces enfants de l'amour échappaient par miracle pour devenir à leur tour des chevaliers sans peur, sinon toujours sans reproche, et prolifiques. Mais en ce temps-là on ne faisait pas mystère de la façon dont se prolongent les générations, et les péchés les plus graves n'étaient pas ceux de la chair, chez ces robustes chrétiens.

Primait, dans ces récits, l'exaltation de l'esprit chevaleresque. Teresa était trop sensée pour croire à la réalité de faits extravagants, mais le sens de la grandeur, celui de l'honneur, l'amour de la gloire, tout cela était vrai, l'essence des traditions de son pays. Juan, son demi-frère, était mort à la guerre, et les plus jeunes des fils d'Alonso de Cepeda se tenaient déjà pour de futurs conquistadores. Ils se nourrissaient, certes, de romans, mais savaient aussi par cœur le discours que prononça l'évêque Don Pelayo en armant chevaliers les deux héros avilais, Yague et Mingo Pelaez. Ils mimaient la scène, et l'un d'eux déclamait :

« Nobles damoiseaux qui devez aujourd'hui être armés chevaliers, sachez ce qu'est la Chevalerie : Chevalerie est noblesse, et homme noble celui qui ne cause tort ni ne commet vilenie. Vous devez donc en premier lieu faire serment d'aimer par-dessus tout le Dieu qui vous a créés et rachetés par sa passion et par son sang; en second lieu, de vivre et de mourir dans la sainte Loi et de ne la renier jamais. Également promettre de servir loyalement le Roi votre seigneur. Également jurer de n'être à la solde d'aucun roi ni riche homme, qu'il soit Maure ou Chrétien. Également qu'aux combats vous mourrez plutôt que de fuir. Également que votre langue ne dira que la vérité, car le menteur est vil. Également, d'être toujours l'aide et secours de l'homme pauvre. Également, le défenseur de toute duègne ou damoiselle qui vous appellerait à l'aide, jusqu'à combattre pour elle contre tout homme puissant qui lui aurait fait tort. Également de n'être point orgueilleux dans vos discours, mais humble envers tous, et parlant avec mesure, révérer et honorer les hommes d'âge. Et ne jamais injustement provoquer homme au monde. »

Le culte des héros se confondait avec le goût de l'aventure pour les enfants d'Alonso Sanchez y Cepeda.

Teresa était douée de cette forme d'imagination qui se

traduit, immédiatement, en actes : ce fut alors écrire, avec Rodrigo, — toujours ce frère préféré, — un roman de Chevalerie. Ne disait-on pas que l'auteur de *Palmerin de Oliva* était une femme? Après avoir en vain cherché la gloire dans le martyre, elle souhaita la gloire littéraire. Les deux adolescents, nés le même jour à peu d'années de distance encore une fois ne se quittèrent plus; après de longues conversations et discussions, Teresa prenait la plume.

Sur la page de garde d'un cahier s'étala un titre majestueusement tracé : *le Chevalier d'Avila*, par Teresa de Ahumada et Rodrigo de Cepeda.

Leur héros, Muños Gil, était célèbre dans les annales de leur ville natale. Là était l'originalité d'une entreprise où déjà Teresa témoigne de son esprit d'initiative, de son goût de former et réformer. Pourquoi, se dit-elle, toujours ces personnages d'Angleterre ou de France? Pourquoi des hauts faits imaginaires, alors que les authentiques prouesses des héros castillans, avilais en particulier, sont tout aussi étonnantes? Déjà cette petite fille se montre réaliste dans son goût du merveilleux, c'est le sol même de son pays qu'elle prend pour tremplin afin de bondir dans le rêve. Luis Zapata s'exclamera bientôt, après avoir décrit les authentiques prouesses des Juan Fernandez Galindo, des Ramiro de Cardenas et de Jorge Manrique qui « d'un seul coup d'épée transperça son adversaire de part en part, embrocha la selle et blessa même le cheval [5] » : « La nique aux coups fictifs d'Amadis, aux terribles attaques des géants, s'il était en Espagne un auteur pour célébrer les Espagnols [6]! »

Teresa avait senti cette lacune, et décidé d'être cet auteur. Pendant des mois, les feuillets s'entassèrent. Souvent Rodrigo préféra aux belles-lettres l'équitation, la chasse, les jeux guerriers ou les belles filles, mais sa sœur s'acharna, et il lui laissa la gloire de l'œuvre terminée. Parents et amis crièrent merveille, on loua la vivacité du style, sa couleur, l'enchaînement passionnant du récit, et plus d'un lettré admit que l'auteur témoignait d'une précoce pénétration d'esprit.

Mais l'hiver était fini, où il avait été agréable d'écrire auprès du brasero. Le printemps suggérait qu'il est plus exaltant, lorsque l'on a quinze ans, de vivre que d'écrire, y compris les combats entre la passion et l'honneur.

Don Alonso, plus sévère que jamais depuis la mort de Doña Beatriz, fermait aux visiteurs la porte armoriée qui donnait sur la *Plazuela*, mais dans le mur qui séparait ses jardins de ceux de son frère Don Francisco, il existait une porte dérobée.

Les fils de Don Francisco Alvarez de Cepeda s'appelaient Pedro, Francisco, Diego et Vicente; ses filles, Beatriz, Ana, Jeromina et Inès. Il y avait aussi Elvira, fille de Ruy Sanchez y Cepeda. Troupe de beaux adolescents à laquelle s'ajoutaient les aînés de Teresa, Fernando et Rodrigo. Maria faisait bande à part, elle avait vingt-quatre ans. Grave ainsi que son père, fiancée à un homme tout aussi grave, Martin de Guzman y Barrientos, leur calme tendresse de promis officiels fleurissait la maison, et rôdait au clair de lune.

A peine Alonso Sanchez partait-il pour Gotarrendura que cette jeunesse s'en donnait à cœur joie de danser, de chanter et de conter fleurette. Quoi de plus naturel? Teresa aimait à être aimée, un de ses cousins l'adora. Lequel? Francisco ou Pedro? Diego ou Vicente? Elle ne nomme personne. De cette parenté, elle dit seulement : « Ils étaient de mon âge, un peu plus âgés que moi. Nous passions notre temps ensemble; ils avaient pour moi beaucoup d'amour; je leur parlais de tout ce qui pouvait leur plaire, et je les écoutais raconter leurs goûts, leurs enfantillages, certains faits blâmables. Qui pis est, l'âme s'inclina vers ce qui fut cause de tout son mal [7]... » Teresa se laissa prendre au sentiment qu'elle inspirait : « Aussitôt que je sentais que je plaisais à quelqu'un, si je lui trouvais bonne grâce, je me prenais pour lui d'une prédilection telle que ma mémoire me liait à lui par la pensée [8]... » On ne saurait définir, en moins de mots, la cristallisation.

Elle ne nomme personne, fait silence sur celui qui parvint à la troubler, mais il est un de ces cousins qu'elle ne reverra de sa vie, alors qu'elle restera liée avec tous les autres : il s'agit de Pedro. Ne peut-on en déduire que c'est Pedro qu'elle aima? Quel motif aurait-elle eu de l'éviter, elle qui fut si fidèle dans ses affections familiales? Peut-être une raison : l'importance qu'elle donnera toujours à la nécessité de « déraciner les occasions [9] ».

Dans ces amours d'une adolescente qui s'est amèrement repentie, ne cherchons rien d'autre que ce qu'elle avoue elle-même. Elle s'accuse du plaisir qu'elle trouvait aux conversations d'une cousine peu scrupuleuse dans le choix de ses amusements, et qui lui faisait partager son goût des vanités. Avait-elle, cette cousine la réputation d'être plus légère qu'il ne sied? Doña Beatriz avait détourné ses enfants de la voir, mais il n'y avait rien d'assez précis contre elle pour qu'on lui interdise l'accès de la maison. Don Alonso et la sage sœur aînée blâmaient sans effet cette amitié : « Ma sagacité pour toute chose mauvaise était grande », confesse Teresa. « Ma malice pour le mal eût suffi. En plus, nous avions des servantes, et je trouvais en elles assistance pour toutes choses mauvaises. Si l'une d'elles m'eût bien conseillée, je l'eusse peut-être écoutée, mais l'intérêt les aveuglait, — on voit l'amoureux leur glisser des ducats, — tout comme m'aveuglait mon penchant. Je n'étais pas portée au mal, ma nature abhorrait toute déshonnêteté, mais j'aimais à passer le temps en conversations agréables : n'empêche que l'occasion était là, le danger à portée de la main, et j'y exposais mon père et mes frères. Dieu me garda si bien qu'il m'empêcha de me perdre contre ma volonté même [10]. »

En une époque où toute passion allait jusqu'aux extrêmes, les mœurs autorisaient pères et frères à tuer le séducteur, et il n'était pas rare qu'une aventure galante fasse plusieurs cadavres : c'est à ces drames de l'honneur que Teresa fait allusion. A moins que le coupable ne fût contraint d'épouser sa victime. L'exemple du relâchement venait de haut : les bâtards des rois, ceux des grands, ceux même des dignitaires de l'Église, avaient leur part des titres et bénéfices. L'enfant illégitime d'une fille qui justifiait de sa *limpieza de sangre*, de la pureté d'un sang non mâtiné de Maure ou de Juif, était depuis peu mieux considéré que le descendant légitime dont la race était mêlée.

Les belles demoiselles avaient le cœur prompt, les galants ne transigeaient pas avec la passion, la vie humaine ne comptait guère; l'homme et la femme qui bravaient père noble et duègnes pour se rejoindre mettaient les lois de l'amour au-dessus de celles de la prudence. L'honneur prohibait la chute, mais il prohibait également d'avoir peur.

Teresa n'avait pas peur, mais elle n'eût pas admis d'être montrée du doigt, ni épousée par devoir. Si elle eut à se défendre d'entreprises audacieuses, elle le fit par un double instinct de pureté : celui de son corps et celui de sa renommée. On oublie trop que si l'attrait sexuel est un instinct naturel, l'effroi d'une fille vierge devant les exigences de l'homme est tout aussi instinctif.

Teresa a une excuse à ces amours secrètes : son confesseur lui-même, et bien d'autres personnes vertueuses et sensées, ne voyaient nul péché dans le sentiment qui la portait vers un garçon qui entrevoyait « une heureuse issue par voie de mariage [11] ». Il s'agit donc bien d'une amourette, ou d'un amour, car nul diminutif n'est acceptable lorsque sont en jeu les sentiments de Teresa de Ahumada, même en son jeune âge.

Un cousin épris, une cousine et des servantes complices, voilà ce qu'elle déclare. On peut y ajouter vraisemblablement quelques rendez-vous clandestins, des billets, un trouble intense, des exigences, des larmes, des repentirs, de la jalousie, tout le tumulte que déchaîne une première passion dans un cœur véhément. Nous jugerions coupable toute hypothèse qui ne s'appuierait pas strictement sur ce que Teresa révèle elle-même.

On peut pourtant rêver sur les amours d'une fille belle, coquette, et gardée de près. Un ancien « romance », dialogue entre deux sœurs, peut si bien s'appliquer à ce que furent les reproches que Maria lui adressait qu'il y a lieu de penser que leurs discussions étaient de ce ton-là :

« Miguela querelle sa sœur Juanilla. Elle lui dit des mots qui font très mal :

« — Hier encore tu étais enroulée dans tes langes, toute petite; aujourd'hui tu te pares plus que les autres jeunes filles, tes joies sont soupirs, tes chants élégies, tu te lèves à l'aube et te couches fort tard. Lorsque tu travailles je ne sais à quoi tu penses, car tu regardes ton modèle et tu manques les points. On me dit que tu fais des signes amoureux : si notre mère l'apprend, il y aura du nouveau. Elle clouera les fenêtres et fermera les portes; nous n'aurons plus la permission de danser; elle ordonnera à notre tante de nous conduire à l'église afin que nos amies ne puissent nous parler. Lorsqu'elle s'absentera, elle recommandera à la duègne de surveiller nos yeux, de regarder les passants, afin de voir si l'un d'eux s'arrête devant la grille, et laquelle de nous aura tourné la tête... »

Juanilla répond :

« — Aïe! Miguela, ma sœur! Quel mal soupçonnes-tu! Tu présumes de mes peines sans les connaître. J'ai eu de l'inclination pour Pedro, fils de Juan, qui est parti à la guerre, ses plaintes m'ont émue. Mais l'absence l'a rendu volage... »

La sévère Miguela moralise, par la voix de Maria de Cepeda, une Teresa qui croit en savoir plus long que les personnes d'expérience :

« — Tes peines ne feront que croître à mesure que tu grandiras. Si tu en doutes, écoute cet adage : « Tu es encore enfant, et tu ressens de l'amour : que sera-ce donc lorsque tu seras en âge d'aimer [12]? »

Il est certain que Teresa ne tenait qu'à ce qui durait « pour toujours, toujours, toujours » : on n'est pas en vain nourrie de la *Vie des Saints* et du roman d'Amadis et Oriane.

Le mariage de Maria fut l'occasion de fêtes où Teresa amoureuse, s'étonna d'éprouver encore du plaisir à faire tourner les têtes ; aimée, elle souffrit de voir son galant attentif auprès des invitées.

Les noces eurent lieu à Villatoro, où Martin Guzman de Barrientos avait une noble parenté; village situé à mi-chemin entre Avila et Castellanos de la Cañada où devait vivre le jeune couple. Cela commença donc par une joyeuse chevauchée, et pendant plusieurs jours ce ne furent que festins, beaux atours, chansons, danses au son des tambourins, flûtes ou rebecs, jeux champêtres, avec tous les amis et toute la famille, y compris, naturellement, l'intime cousinage, les inséparables fils et filles de l'oncle Francisco.

Pendant que s'achevaient les aménagements de la résidence de Castellanos, Maria et son mari revinrent habiter, à Avila, la maison paternelle.

Pour la ville des Loyaux, 1531 fut une année glorieuse : l'impératrice Isabelle y arriva au mois de mai, avec le petit prince Philippe; c'est là que devaient avoir lieu les cérémonies au cours desquelles le futur Philippe II, alors âgé de quatre ans, échangerait ses robes d'enfant contre sa première culotte de gentilhomme. L'austérité de la princesse portugaise dut céder devant le programme officiel. Avila, pavoisée de tapisseries et tentures dont les fraîches couleurs chantaient sur le granit, fut envahie par la cour; ses rues sévères s'animèrent de cortèges, les tournois succédèrent aux joutes sur ses places, dans un tintamarre constant de galopades, de musiques, de carillons.

L'une des plus jolies filles de la noblesse avilaise ne pouvait manquer à ces fêtes, et Teresa, si bien adaptée à toutes circonstances, y prit plaisir. Elle eut du succès, elle en fut enivrée, mais point comblée, et il était des heures où le vertige du vide succédait à celui de la passion pour Pedro, et aux mondanités. On n'est pas en vain douée d'une nature aussi droite, d'un caractère aussi spontané : la dissimulation envers son père, envers Maria, lui était une vexation, donc une torture.

Depuis deux mois, elle allait de fête en fête, et c'est le 26 juillet que Don Felipe devait recevoir « l'habit de galant ». Qu'advint-il? Le 13, Don Alonso enfermait Teresa au couvent. Il arguait d'une bonne raison : sa sœur aînée venait de partir pour Castellanos de la Cañada, il n'était pas séant qu'elle prît part aux réjouissances sans être chaperonnée. Estima-t-il que les cousins en leurs habits des grands jours, pourpoints de velours noués d'aiguillettes d'or, fraises tuyautées, crevés, bouffants, capes courtes que relevaient l'épée, se révélaient trop séduisants pour qu'un brave homme de père puisse respirer en paix? Teresa répond elle-même : « Mon père avait pour moi tant d'amour, et ma dissimulation était telle, qu'il ne me croyait pas capable d'autant de mal qu'il y en avait : il ne me mettait donc pas en disgrâce. On avait des soupçons, mais nulle certitude : je craignais tant de perdre l'honneur que j'avais mis tous mes soins à garder le secret [13]. »

Adieux secrets aussi, tandis que veille la servante complice. Teresa verse quelques larmes qu'elle croit désespérées, mais elle pleure aussi lorsqu'il lui faut retirer le collier qu'elle aime tant, à quatre rangs de chaîne d'or, ses bagues, ses bracelets, ses longues boucles d'oreilles qu'il lui sera désormais interdit de porter, et cette similitude entre les mouvements du cœur et ceux de la gloriole la laissent fort troublée.

Doña Teresa de Ahumada y Cepeda avait seize ans et quatre mois lorsqu'elle fut ainsi conduite au couvent des Augustines de Notre-Dame de Grâce. Ces religieuses, en des temps où il n'existait pas de collèges féminins, recevaient des jeunes filles riches qui venaient s'y parfaire dans l'exercice de la religion et l'achèvement de toutes les vertus, plutôt que s'y instruire : connaître son catéchisme, savoir lire, écrire, un peu compter, être brodeuse adroite, dentelière accomplie, bonne fileuse, moyenne musicienne, était jugé un suffisant bagage : on parle trop des femmes qui savaient le latin ou le grec à l'époque pour qu'elles ne fussent pas la très rare exception. On ne confondait pas intelligence, esprit, avec un grand savoir, et l'affectation d'ignorance était de meilleur ton que la pédanterie. Des années plus tard, Teresa se rira d'une religieuse qui jouait les érudites : « Moi qui ne suis pas aussi « lettrière » que vous (*tan letrera...*) je ne sais qui sont les Assyriens [14]... » Elle ne l'ignorait pas, sans aucun doute, mais elle avait trop de goût pour ne pas donner à ses filles des leçons de simplicité.

Celles qu'elle avait elle-même reçues à Notre-Dame de Grâce. Nul couvent ne jouissait à Avila de plus de prestige que celui-ci. La haute naissance des moniales allait de pair avec leur ferveur et leur austérité. La Maîtresse des jeunes séculières, Doña Maria de Briceño y Contreras, ne les quittait ni jour ni nuit : elle partageait leur dortoir, les suivait à la chapelle, et nulle de ses brebis n'était appelée au parloir qu'elle ne l'y accompagnât. Sa dévotion au Très Saint-Sacrement avait été consacrée par un miracle : un jour où l'officiant avait oublié de lui donner la communion, elle ne put retenir un gémissement, et on vit venir vers elle deux mains qui portaient la Sainte Eucharistie. Outre sa sainteté, le charme de cette religieuse devait être fort grand, car sa sévérité n'empêchait pas ses écolières de l'adorer.

Mais qu'est-ce que la vigilance d'une sainte auprès des ruses d'une fille piquée d'être enfermée? « Pendant les premiers jours, je fus fort affligée; mais j'étais déjà lasse des vanités, je n'offensais Dieu qu'avec crainte, et je m'efforçais de m'en confesser le plus tôt possible. J'étais si troublée qu'au bout de huit jours, et peut-être moins, j'étais bien plus contente que dans la maison de mon père [15]. »

Ses nouvelles compagnes l'aimaient, car Dieu l'avait douée de la grâce de plaire partout où elle allait.

Pourtant, l'idée d'être religieuse ne la traversait point, elle lui était même « extrêmement ennemie [16] » (*enemiguisima de ser monja*), mais elle se réjouissait de vivre en un milieu où la sagesse et la piété étaient aimables.

Teresa accuse le démon, et surtout « ceux de l'extérieur [17] », de s'être ingéniés à la troubler par des messages: des billets de l'amoureux désespéré glissés par le trou des serrures, à travers les grilles du parloir, ou dans le creux de la main par la cousine *de livianos tratos*, « aux fréquentations légères ». Peut-être y eut-il de furtives entrevues : joies brèves, suivies de longs chagrins. Elle ne nous a pas donné le détail des faits et des sentiments qui la détournèrent de l'amour humain avant même qu'elle ne fût saisie par l'amour divin. Mais il est un cas dont elle a longuement parlé, et on peut admettre que si elle s'est plu à l'analyser, si elle y revient à plusieurs reprises, si elle s'est attachée particulièrement à l'héroïne de cette histoire, c'est qu'elle y retrouvait des émotions connues, et comprenait et compatissait d'autant mieux : il s'agit de Doña Casilda de Padilla, l'un des plus grands noms d'Espagne, et des plus grosses fortunes.

Doña Casilda avait douze ans lorsqu'on la fiança à son oncle. « Elle commençait à jouir des parures mondaines imposées par son rang, et qui étaient bien faites pour plaire à son âge si tendre. Mais elle était fiancée depuis deux mois à peine quand le Seigneur l'éclaira, sans même qu'elle en eût conscience. Lorsqu'elle avait passé un jour heureux avec son promis, qu'elle aimait plus ardemment qu'on ne le fait à cet âge, elle était prise d'une très grande tristesse en constatant qu'il ne restait plus rien de cette journée, et qu'il en serait ainsi de toutes les autres [18]... » « Il dut, en ce temps-là, partir en voyage; elle l'aimait tant qu'elle s'en affligea beaucoup. Mais bientôt le Seigneur lui découvrit la cause de sa peine : son âme penchait vers ce qui ne finit jamais [19]... » « Le Seigneur, qui la voulait sienne, lui enleva cet amour, et lui donna le désir de tout quitter. Elle n'était à l'époque poussée que par le désir de se sauver, et de chercher le meilleur moyen d'y parvenir; il lui semblait qu'enfoncée dans le monde elle oublierait de s'efforcer d'obtenir ce qui est éternel [20]. »

Ce goût de la parure, cet amour si ardent qu'il trouve dans son excès même la preuve de son néant, ce besoin d'aimer « ce qui ne finit jamais », « pour toujours, toujours, toujours », cette flamme si humaine que le Seigneur éteint avant de s'emparer d'un cœur trop récemment déçu, n'est-ce point là ce que vécut Teresa de Ahumada aux environs de sa seizième année? On l'imagine recevant un de ces « messages de l'extérieur », et dépitée de la brièveté de la joie qu'elle en éprouve.

« Cela cessa bientôt, et mon âme reprit goût au bien que j'avais connu dans ma première enfance. Il me semble que Sa Majesté veillait et me surveillait, pour trouver une façon de me ramener à lui [21]. » Comme Doña Casilda, sans qu'elle en eût conscience.

3. Le premier coup de heurtoir *1531-1533*

Les enfants de Ahumada y Cepeda avaient été incontestablement mal élevés : l'austérité d'un père, la piété d'une mère, n'impliquent pas l'art de tenir en laisse huit garçons et trois filles, de donner à leur curiosité un sain aliment, d'utiliser leur impatience à vivre au bénéfice de toutes les vertus. La preuve en est qu'à partir du moment où Teresa, l'enfant gâtée, la *consentida*, celle à qui on n'avait rien su refuser, trouva une éducatrice, elle en fut transformée.

Maria de Briceño avait trente-six ans; elle avait été élue par acclamations maîtresse des jeunes séculières de Notre-Dame de Grâce, qu'on appelait les *Señoras Doncellas de piso* [1], c'est-à-dire à peu près les « damoiselles de l'étage ». Elle prouva être extrêmement douée pour s'entendre avec ses pupilles, c'est-à-dire se faire entendre, après les avoir écoutées. Elle s'imposait par son illustre origine, dominait par son intelligence, charmait par sa bonne grâce, et rayonnait de vie spirituelle. Sa méthode variait-elle selon le caractère de chacune? En tout cas, loin de priver Teresa de Ahumada des conversations dont elle était si friande, elle s'en servit :

« Je commençai à prendre plaisir aux bonnes et saintes conversations de cette religieuse, et me réjouissais de l'entendre si bien parler de Dieu [2]. »

Teresa de Ahumada avait aimé les secrets échangés avec sa cousine aux fréquentations légères? Maria de Briceño lui fit à son tour des confidences : « Elle me conta comment elle en était venue à se faire religieuse après avoir lu ce que dit l'Évangile : « Il y a beaucoup d'appelés et peu d'élus », et me parla de la récompense qu'accorde le Seigneur à ceux qui quittent tout pour lui [3]. »

Savait-elle à quel point était influençable cette fille toute de premier mouvement, si bien douée pour l'action que l'étincelle d'un sentiment mettait le feu à un projet, et que la réalisation s'ensuivait sans délai? Dès sa plus petite enfance, un enthousiasme avait toujours déclenché un acte. Maria de Briceño le comprit sans aucun doute, car elle en usa : « Cette bonne compagnie me détacha des habitudes que m'avaient données les mauvaises, ranima en moi le désir des choses éternelles. [4] » Teresa ajoute : « Mon hostilité envers l'état religieux cédait quelque peu. » Le ressort à déclencher le geste, le ressort de la pensée, est doucement remonté.

Mais son orgueil allait être mis à l'épreuve. Jusqu'alors, tout avait obéi à l'enfant volontaire. Par ruse ou cajolerie, elle avait tout obtenu. Elle avait toujours été la plus belle, la plus aimée, celle dont père et mère répétaient les boutades, dont on citait même les traits de caractère; on vantait son goût, son intelligence, son esprit, ses dons de jeune auteur, sa grâce à la danse, son astuce aux échecs, sa hardiesse à cheval; d'une broderie, elle faisait une œuvre d'art, d'un dîner de famille un feu d'artifice. Elle pouvait être ambitieuse. On disait, dans Avila :

— Teresa de Ahumada? Elle épousera qui elle voudra.

Elle avait toujours battu les plus habiles sur leur propre terrain. Pour la première fois, à Notre-Dame de Grâce, elle éprouvera douloureusement qu'une forme de sensibilité lui manquait; une grandeur, une perfection, lui échappaient : « Si je voyais l'une de mes compagnes en venir aux larmes dans la prière, ou quelque autre vertu, je l'enviais beaucoup; car mon cœur était si dur que j'aurais pu lire la Passion tout entière sans verser un pleur : et cela m'affligeait [5]. »

L'audacieuse arrive au seuil d'une zone interdite. L'obstacle est en elle-même : une incapacité à comprendre Dieu et à l'aimer. Elle s'étonne de trouver dans l'humiliation un enivrement : c'est qu'elle a découvert, cette âme aventureuse, un monde illimité, plus vaste et plus riche que les terres de l'outre-mer, plus dur à conquérir : son monde intérieur.

C'est bien à Notre-Dame de Grâce que Dieu donna « le premier coup de heurtoir » au cœur de Teresa de Ahumada.

Sur les conseils de Maria de Briceño, elle commença à beaucoup prier à voix haute : elle demandait aussi qu'on priât pour elle, afin que Dieu lui montre clairement l'état dans lequel elle le servirait le mieux : « Je désirais encore que ce ne fût pas en étant religieuse... Pourtant, je redoutais aussi de me marier [6]. »

L'amour humain avait laissé plus de mépris que de regrets en cette âme exigeante : tel qu'elle l'avait connu, il n'avait rien de commun avec ce que lui avaient appris d'une passion absolue ses romans de Chevalerie. Qu'était-ce, de son temps, que la vie d'une femme mariée? Soumission totale à l'homme, à l'entourage, aux us et coutumes; la stricte observance des rites religieux haussait à peine l'esprit au-dessus des contingences de la vie matérielle; les grossesses se succédaient jusqu'à ce qu'on mourût d'épuisement, ou en couches. Tel avait été le destin de Doña Beatriz de Ahumada, et tel, mais plus bref, celui de Doña Catalina del Peso de Henao, première femme d'Alonso Sanchez de Cepeda, trois ans après ses noces, après avoir mis au monde son deuxième enfant.

Teresa de Ahumada trahira plus tard ces craintes, lorsque Carmélite, elle signera à ses filles « la grande grâce que Dieu leur a faite en les choisissant pour lui : il leur a épargné d'être assujetties à un homme, qui souvent leur ôte la vie; et plût à Dieu qu'il ne les privât pas aussi bien de leur âme [7] ! »

Cette crainte d'une mort prématurée n'eût pas éloigné

de la vie conjugale cette vaillante qui toujours adora les enfants, mais le mariage était un esclavage. La femme n'avait nul droit de donner son avis devant son seigneur et maître, elle ne pouvait que ruser. Qu'advenait-il du respect, de l'admiration que toute femme doit éprouver pour se soumettre, lorsque ce seigneur et maître se révélait un pauvre homme?

Elle blâmera un jour Catalina Godinez d'avoir jugé indignes d'elle les partis que son père lui proposait, mais elle ajoute : « Elle n'était pas attirée par le mariage, il lui semblait vil d'être assujettie à qui que ce soit, et ne comprenait pas d'où lui venait tant d'orgueil. Le Seigneur avait trouvé le point sensible où il fallait l'atteindre pour la sauver. Bénie soit sa miséricorde [8]. »

En Teresa de Ahumada, ce point sensible était touché : elle savait que l'amour de l'homme, l'amour pour l'homme, ne dure pas « toujours, toujours ». Dans ces conditions, elle hésitait à se marier. Et déjà elle songeait qu'elle se déciderait peut-être à prendre le voile, mais sans renoncer totalement au monde : jamais elle n'entrerait, par exemple, à Notre-Dame de Grâce, où douze religieuses observaient l'abstinence, le silence, la mortification, si rigoureusement que la Señora Doncella de Piso en était épouvantée. Il était des ordres moins austères. Et Teresa se plaisait parfois à errer en pensées au monastère des Carmélites mitigées, — le monastère de l'Incarnation, — où sa chère amie Juana Suarez avait pris l'habit. Grand couvent fort riant, asile de cent quatre-vingts religieuses de tous âges, y compris des séculières. Elles étaient dévotes, certes, ces Carmélites, mais ne se souciant point de pousser à l'extrême la pénitence. Malgré leurs plafonds bas et une grille interposée entre les moniales et les visiteurs, les parloirs de l'Incarnation étaient parmi les lieux les plus fréquentés par la bonne société d'Avila.

« Je cédais à ma sensualité et à ma vanité plus qu'au bien de mon âme. Ces bonnes pensées de me faire religieuse me prenaient parfois, me quittaient bientôt [9]... »

Teresa vécut à Notre-Dame de Grâce un an et demi de luttes intérieures : « L'esprit l'attirait au couvent, les sens l'en éloignaient; tous deux combattaient en elle, et faisaient de son sein un champ clos [10]. »

En tout cela il n'était pas question de l'amour de Dieu. Elle supputait les chances de moindres peines en ce monde et paradis dans l'autre qu'elle pouvait avoir, religieuse ou mariée.

Que n'était-elle un homme! Elle n'eût pas hésité à suivre Fernando, son frère aîné, qui vint lui dire adieu : il partait pour Séville, et de là rejoindrait Francisco Pizarro au Pérou. Les fils d'Alonso Sanchez de Cepeda étaient fous d'outremer. Pizarro, à peine arrivé en Espagne, avait été incarcéré pour dettes, mais qu'importe? L'Empereur l'avait nommé *Adelantado* des terres qu'il s'apprêtait à conquérir, et capitaine général. Il y avait là-bas tant d'or et d'argent qu'on en pavait les maisons, mais les futurs conquistadores insistaient sur les âmes à sauver plutôt que sur les richesses à gagner. Le butin de la conquête s'étalait en gros chiffres : 21.300.000 écus d'or, les trésors de Montezuma rapportés par Cortez; 1.200.000 baptêmes de 1524 à 1532. Quelques uns, ceux qui disaient que les pierres précieuses roulaient comme des cailloux sous les sabots des chevaux, parlaient même de 14.000 baptêmes par jour. Après avoir fait la part de l'imagination désordonnée dont semblaient faire preuve quelques-uns de ces récits, on concluait que le devoir d'un chrétien était de partir pour les Indes.

Mais Teresa commençait à pressentir qu'il ne suffit pas d'être baptisé. Si elle n'avait pas eu le malheur de naître femme, elle n'eût pas hésité à opter pour l'état religieux, car il lui eût été licite d'aller évangéliser ces pauvres gens : les conquérants aussi bien que les conquis. Ce qui l'inquiétait encore dans la vie monastique, c'était cette porte close « pour toujours », l'angoisse de se dire que le seul fait de renoncer à vivre lui causerait peut-être une telle amertume qu'elle perdrait aussi le ciel.

A dix-sept ans, de tels combats : les chocs étaient si vifs, la tension nerveuse si continuelle, les battements de cœur si désordonnés, les alternances de dépression et d'excitation si épuisantes, qu'elle tomba malade; on dut à la fin de l'hiver la reconduire chez son père.

L'enfant gâtée s'étonna de n'éprouver que peu de joie de ce retour. Certes, elle aimait les siens, mais elle n'était pas mûre pour se plaire aux graves entretiens de son père, et elle n'avait plus qu'un sourire indulgent, un peu las, pour les folies que débitaient ses frères. Alitée, elle contemplait longuement une image de Jésus et la Samaritaine que sa mère avait suspendue dans sa chambre en sa petite enfance, elle se répétait la légende : *Domine da mihi aquam.* Souvent elle avait demandé cette eau vive. La Samaritaine l'avait-elle autant désirée, avant que Jésus ne vînt à elle? C'était une pécheresse qui ne connaissait point le Seigneur. Tandis qu'elle, Teresa, instruite en lui, ne pouvait se résoudre à le suivre. Elle prononçait le nom de Jésus, attentive au mouvement du cœur qui accompagnait le mouvement des lèvres et ne parvenait pas à saisir un élan de véritable amour. Sa foi n'impliquait-elle pas le pouvoir d'aimer Dieu ainsi qu'elle aimait Fernando absent, Rodrigo présent, son père vivant, sa mère morte? Elle n'éprouvait qu'un sentiment vif : une sorte de jalousie pour cette Samaritaine dont le Seigneur avait bousculé l'indifférence jusqu'à ce qu'elle enflammât de sa révélation la ville de Samarie.

Elle ne se remettait que lentement, au désespoir de ses frères et du voisin cousinage, qui espéraient bien la voir reprendre sa place dans leur petite bande. Était-ce précisément « l'occasion » qu'elle voulait éviter? Elle demanda à son père d'aller rejoindre sa sœur Maria à Castellanos : ce séjour à la campagne activerait sans doute sa guérison. Trop heureux de l'entendre exprimer un désir, Lorenzo Sanchez et Rodrigo l'y accompagnèrent.

Castellanos de la Cañada ne comptait pas plus de dix feux, groupés autour de la maison de Martin Guzman. Là, maîtres et paysans ne formaient qu'une grande famille. Tout n'était qu'air pur et vif, silence. Terres âpres, mais une fontaine, des bouquets de chênes-lièges; les clarines, au loin, des troupeaux transhumants, aussi cristallines que l'était la lumière, prenaient pour la convalescente une valeur exquise.

Teresa s'épanouit : elle s'occupait de la maison, jouait avec son petit neveu nouveau-né, et trouvait grand plaisir à faire la cuisine. Sa sœur qui l'adorait eût voulu la garder toujours auprès d'elle. C'était une douce créature, parfaitement soumise au caractère difficile de son mari, et qui ne s'insurgea pas lorsqu'il suscita de pénibles querelles d'héritage. Bonne chrétienne, elle se laissait « tuer [11] » par les soucis. Ceux du couple étaient nombreux, l'argent n'y abondait pas, bien que Maria eût apporté en dot trois mille ducats.

Teresa ne trouva pas à Castellanos la preuve qu'elle obtiendrait le bonheur dans le mariage, à défaut de perfection spirituelle. Allait-elle, désormais, ne plus se plaire nulle part, voir en tout quelque chose de vain? Elle s'en voulait un peu de n'être pas entièrement satisfaite, entourée de tendresses, au sein de sa Castille. Et déjà le travail lui semblait le seul adoucissement aux brûlures de l'âme.

Le travail, et la lecture. Il n'était jour où elle ne se rappelât leur halte en cours de route, au village d'Hortigosa, où vivait l'oncle Pedro Sanchez de Cepeda. On appelait sa maison « le palais », mais l'homme grave et bon qui habitait cette belle bâtisse rustique était bien éloigné de toute idée de faste. Il partageait son temps entre les livres, la prière, la méditation, et ces œuvres d'amour qu'on n'ose plus appeler les bonnes œuvres depuis que trop de faux dévots confondent le contentement de soi avec l'exercice de l'amour du prochain. Teresa, malgré sa tendresse pour son père, n'était point touchée par sa piété : on ne voit nulle part qu'il l'ait influencée au-delà d'un bon exemple constant et des coutumes acquises au cours d'une enfance pieuse, tandis que la ferveur de l'oncle créait autour de lui une harmonie si perceptible qu'elle en fut saisie. Elle l'enchanta, elle aussi, par sa façon paisible d'écouter et ses vives répliques.

Veuf, Pedro de Cepeda attendait que son fils fût élevé pour se faire moine. Teresa avait retrouvé dans sa conversation les joies des entretiens avec Doña Maria Briceño : « Son thème le plus ordinaire était Dieu, et les vanités du monde [12]. » Lettré, il ne témoignait de fierté qu'en montrant sa bibliothèque, riche en excellents ouvrages. Le doigt sur un livre qu'il ne tirait pas du casier, car les jeux des poètes n'avaient plus sa préférence, il dit pourtant à Teresa quelques vers de l'un d'eux :

Où est le Roi Don Juan?
Les Infants d'Aragon,
Où sont-ils?

Où sont tant de galants?
Où sont tant d'inventions
    Qu'ils ont faites?
Les joutes et tournois,
Caparaçons, bordures,
    Et cimiers?
N'ont-ils été que rêve?
Ne furent-ils que verdure
    Sur une aire?
Les dames, où sont-elles?
Leurs coiffures, leurs robes,
    Leurs parfums?
Où sont les incendies
Allumés par la flamme
    Des amants?

En ces temps où l'Espagne, riche d'un monde nouveau, atteignait au zénith de la puissance terrestre, le poète le plus célébré restait le vieux Jorge Manrique et, parmi toute son œuvre, ces *coplas* qui chantaient l'impermanence des choses :

Nos vies sont les fleuves
Qui se jettent dans la mer
    Qu'est mourir...

Les galants de Teresa, ses parures, ses plaisirs, s'estompaient dans le néant. Celui qui l'avait aimée, et qu'elle avait aimé, qu'était-il désormais de plus dans sa mémoire que Palmerin ou Amadis? A peine un souvenir. Avec cette différence : ce souvenir-là s'entachait d'une honte que jamais son âme fière ne se pardonnera. Nulle joie terrestre ne pouvait donc durer toujours; seul semblait devoir être éternel le remords d'avoir fait erreur.

Touché de l'attention que lui témoignait sa nièce, Don Pedro s'était enhardi à sortir des rayonnages de plus épais volumes : il lui demanda de lui lire, à haute voix, des passages :

« Cela ne me plaisait guère, mais je lui faisais croire que j'y trouvais de l'agrément. Car je tenais extrêmement à faire plaisir aux gens, au risque de m'ennuyer; et ce qui eût été vertu en quelqu'un d'autre était en moi grande faute, car cela m'incita souvent à des choses déraisonnables [13]. »

Pedro Sanchez avait choisi les Épîtres de saint Jérôme. « Dieu, dit-elle, me violentait pour que je me fasse violence. Je ne demeurai chez lui que peu de temps, mais les paroles de Dieu, celles que je lisais comme celles que j'entendais, agirent si fortement sur mon cœur que je compris la vérité pressentie lorsque j'étais enfant : TOUT N'EST RIEN [14]. »

C'est ainsi qu'à Castellanos, alors même qu'elle caressait les boucles du petit Juan, qu'elle se penchait pour cueillir un brin de romarin, qu'elle pensait à Rodrigo qui bientôt allait venir la chercher, elle se répétait : « Tout n'est rien. »

Elle regardait longuement sourdre parmi les pierres, et bouillonner l'eau d'une source, et s'émerveillait de voir que « le sable remué jamais ne cessait de monter [15] ». Peut-être ainsi, un jour, l'amour de Dieu ferait-il tourbillonner d'un mouvement ascendant le limon dont elle était faite?

Elle songeait à la joie de la terre, arrosée, s'effrayait en même temps de l'aridité de son âme, mais se rappelait que Jésus est « un bon jardinier [16] ».

4. *Un mariage de raison, 1533-1536*

« Tout n'est rien, le monde est vanité, la vie est brève; je me mis à craindre d'aller en enfer si je mourais, et bien que je ne fusse pas encore encline à me faire religieuse, je vis que c'était l'état le meilleur et le plus sûr; ainsi, peu à peu, je *décidai* de me contraindre à entrer au couvent [1]. »

Teresa prononce pour la première fois, le mot-clé de sa vie spirituelle comme de sa vie d'action : *determinacion*, détermination, décision. « Je décidai... », « Je décide... », « Il importe énormément de commencer avec grande décision [2]... », « L'âme qui commence avec décision a fait grande partie du chemin [3]... », « ... si peu que rien, une toute petite décision [4]... »

Elle a dix-huit ans à son retour de Castellanos de la Cañada et d'Hortigosa. A cet âge où les êtres ardents et doués voudraient tout avoir, s'accomplir dans toutes leurs possibilités, et laissent pousser les branches folles comme les autres, elle s'arme du sécateur, et *décide* de couper celles qui affaiblissent l'arbre et risqueraient de nuire au développement de beaux fruits.

Déjà, elle a démonté pièce par pièce le mécanisme de l'intelligence, celui des passions, celui des influences, compris le jeu de la volonté, toute-puissante lorsque nous *décidons* de lui soumettre nos comportements, et même des tendances qui semblent incontrôlables. L'étonnant changement qui s'est accompli en elle depuis son entrée à Notre-Dame de Grâce a été l'effet d'une contrainte imposée, puis comprise et acceptée; elle a jugé sur elle-même des effets d'une discipline. Elle sait désormais que sentiments, désirs, goûts, attitudes, ce qui paraît être notre caractère et qui n'est qu'un ensemble de tendances que l'exercice et l'habitude peuvent vaincre, ou développer, sont soumis au contrôle de la volonté. Dieu a créé l'homme libre de choisir la perfection. « Ce qu'il veut, c'est cette *décision* [5]. » « Pour tout faire lui-même, il n'attend que notre *décision* [6]. » « Le Seigneur aide ceux qui *se décident* à servir pour sa gloire [7]. »

Sur le plan de l'action, on pourra dire d'elle : « Elle pensait bien ce qu'elle avait à faire, et considérait; et après qu'elle l'avait résolu et déterminé, elle avait une grande fermeté et constance dans la poursuite, jusqu'à en venir à bout [8]. » Sur le plan même de la plus haute spiritualité, elle déclarera : « Tout est déjà fait lorsqu'une âme *décide* de faire oraison. » Dans un court chapitre de sa *Vie*, le mot *determinacion* est écrit dix fois, et elle l'associe à l'idée de liberté : « Il importe beaucoup de commencer avec cette liberté et cette décision... » « Celle qui a en elle cette décision, non, elle n'a rien à craindre... » « Qu'elle se décide, quand bien même cette sécheresse durerait toute la vie, à ne pas laisser tomber le Christ avec la Croix [9]. »

En 1533, elle n'avait pas encore l'amour, mais elle savait que ce n'était pas dans le monde qu'elle le trouverait; elle *décida* d'aller à sa découverte, de même que les garçons d'Avila qui s'embarquaient pour l'outre-mer étaient loin de posséder l'or qu'ils voulaient conquérir.

Sa décision de se contraindre était prise, mais la lutte intérieure n'en continua pas moins : le conducteur désignait le but, mais les chevaux étaient rétifs, et renâclaient. Elle argumentait avec elle-même :

Pour : « Les efforts et les peines qu'exigerait de moi la vie dans un couvent ne seraient pas pires que le purgatoire, alors que j'avais bien mérité l'enfer; vivre, comme en purgatoire, les années que j'avais à vivre n'était que peu de chose, puisque après, ainsi que je le désirais, j'irais droit au ciel [10]. »

Contre : « Le démon me soufflait qu'accoutumée comme je l'étais au bien-être, je ne pourrais pas endurer les contraintes de la vie dans un ordre religieux [11]. »

Pour : « Je lui opposais les souffrances du Christ; c'était peu de chose que d'en subir pour lui quelques-unes; il m'aiderait à les supporter [12]. »

Pour et contre : « Je fus fortement tentée pendant ce temps-là... La peur servile plus que l'amour me poussait à prendre cet état [13]. »

La tentation se déguisait souvent sous les apparences du bien. Son père, ses frères, avaient été heureux de la retrouver. Elle dirigeait la maison avec compétence et douceur, et chacun se demandait comment ils avaient pu vivre deux ans sans elle. Son don d'organisation, son amour extrême de l'ordre et de la propreté, sa connaissance innée des caractères, son besoin de tendresse, — en ce temps-là, besoin d'être aimée plus que celui d'aimer, — faisaient d'elle une femme aussi séduisante qu'accomplie : en voulant l'utile, elle ne négligeait pas ce qui plaît. Jamais Alonso Sanchez n'avait été aussi joyeux, ni ses enfants mieux compris, mieux élevés. Ils se pressaient autour de leur grande sœur, si avides de sa présence qu'elle se faisait parfois un scrupule: son devoir n'était-il pas de servir de mère aux deux plus petits, Augustin, dont la turbulence lui causait des inquiétudes, et la tendre Juanilla? Quant aux autres, Jéronimo, onze ans, était casse-cou, Pedro, douze ans, se plaignait d'être brimé, Antonio filait doux, Lorenzo, à quatorze ans, était déjà galant envers les dames et dévot à l'église; quant à Rodrigo, il courait à ses amours et faisait ses préparatifs pour partir pour l'outre-mer. Elle était le lien qui les rattachait les uns aux autres, et à la vieille demeure.

Teresa se retrouvait très proche de son père, bien qu'elle

ne lui confiât pas le trouble où la jetait sa décision de se faire violence jusqu'à opter pour la vie monastique : elle luttait seule, ainsi qu'elle luttera toujours, car elle pourra dire un jour qu'elle n'a pas souvenir d'avoir jamais fait part à quiconque de ses pires tourments : « En cela, je ne suis pas femme : j'ai le cœur dur [14]. » Les soins ménagers ne lui laissaient que peu de temps pour la lecture, elle ne s'en affligeait point; elle se méfiait maintenant des romans de Chevalerie, et préférait reprendre les *Lettres* de saint Jérôme. Elle ne lut probablement pas Érasme, mais elle ne put éviter d'en entendre parler. L'Espagne était alors divisée en érasmites et anti-érasmites, au point que les étudiants de Salamanque ou d'Alcalà se battaient à l'épée pour ou contre lui. Érasme attaquait les vices du clergé, ses abus; tous ceux qui n'admettent pas qu'on s'en prenne aux représentants de l'Église, fût-ce au nom de l'Évangile, se dressaient si violemment contre lui que son chaud partisan, le grand inquisiteur Manrique, avait dû, en 1527, prendre sa défense à la Junte de Valladolid. La pensée, les écrits de ce cosmopolite, — car Rotterdam, Paris, Oxford, Cambridge, Louvain, Bâle, Bologne, Padoue, Florence, Turin, Venise, Rome, étaient à l'époque l'univers intellectuel, — contribuèrent à rendre à l'Espagne le sens traditionnel de l'austérité qu'elle semblait avoir perdu les vingt premières années du règne de Charles-Quint, au contact de l'entourage bourguignon de l'Empereur. *L'Enchiridion* d'Érasme, ce Manuel du chevalier chrétien, semblait écrit tout exprès pour les pieux caballeros. Il se proposait de « conduire au salut un homme destiné à vivre dans le monde... La fin de toutes nos œuvres, oraisons et dévotions, doit être le seul Jésus-Christ ».

Une vague de mysticisme déferlait sur l'Espagne. A tel point que les *Alumbrados*, dont le nom au début n'eut rien de péjoratif, allèrent beaucoup trop loin au gré de l'orthodoxie dans la fréquentation des Saintes Écritures; ils se fiaient à la seule illumination et tombèrent ainsi sous le coup de l'Inquisition : l'Église passait au crible tout ce qui s'apparentait, fût-ce de très loin, au luthéranisme. Si l'oraison suffisait pour gagner le paradis, que devenait le contrôle de l'Église sur les catholiques? Le goût de la liberté sentait son schismatique.

Teresa ne fut point effleurée par ces séduisantes hérésies : elle voulait le ciel entrevu dans son enfance, celui de la *Vie des Saints*, et n'eût point été certaine d'y atteindre par les chemins de traverse qu'empruntaient *Alumbrados* et *Dejados*.

Elle n'était pas la fille des demi-mesures; elle ne se fût pas contentée, ainsi que les Béates, de faire son salut dans le monde, reproche vivant à la frivolité, ne tenant que de pieux propos, vêtue avec une austérité provocante. Sauf la force d'inertie qu'elle opposait maintenant aux essais de rapprochement de cousins et cousines, rien ne la distinguait en apparence des jeunes filles de son âge qui ne songeaient qu'à trouver un mari.

Au printemps de 1534, l'empereur Charles-Quint vint à Avila. Doña Teresa de Ahumada prit part aux fêtes. Elle vit le jeune Carlos, monté sur un cheval noir, la couronne impériale sur ses cheveux blonds, arrêté aux portes d'Avila par le marquis de Las Navas : il le supplia de jurer, avant d'entrer, qu'il respecterait les privilèges de la ville, ses exemptions et libertés, car les chevaliers n'abdiquaient rien de leurs droits, même devant leur souverain. Charles-Quint prêta serment, le marquis lui tendit, sur un plateau d'argent, les clefs, qu'il rendit aussitôt. Tandis que les salves, les acclamations, le galop de cent cinquante jeunes nobles fils de nobles montés sur des chevaux alezans faisaient grand tapage. Carlos pénétra dans Avila, toujours loyale, mais jamais asservie. Et Teresa redressait, sous ses boucles, sa tête fière : c'est ainsi que plus tard elle tiendra tête aux grands.

La réception fut enthousiaste, mais, de par la volonté royale, on n'y engagea point de dépenses excessives : le vent était aux économies.

On rappela au cours de ces journées le passé d'Avila, fait d'actes héroïques, Carlos proclama : « Cette cité est le chef que doivent prendre comme modèle les autres cités de nos royaumes », et le goût de Teresa pour les hauts faits, la *hazaña*, qu'elle transposait maintenant sur le plan spirituel, s'exalta en cette âme royale [15] : se contraindre pour suivre le seul maître digne de ses ambitions éternelles, se renoncer à elle-même, briser les fils sensibles qui la rattachaient à ce qui passe, à ceux qu'elle aimait, c'était là une *hazaña* digne de la Ville des Loyaux et des Chevaliers.

Elle entama de durs combats contre elle-même, sa sante en souffrit; ses fièvres la reprirent, de fréquents évanouissements épouvantèrent son père et sa nichée de frères. Rodrigo pourtant si près de son cœur ne la comprenait plus : les Cepeda, les Ahumada, étaient race guerrière, ils avaient servi Dieu en pourfendant le plus grand nombre possible de ses ennemis, et il s'apprêtait à suivre leur exemple en partant pour les Indes. La maison dans laquelle Teresa menait seule sa guerre intérieure retentissait des projets de Rodrigo, il en coûtait pour l'équiper beaucoup de ducats à Alonso Sanchez, et à Teresa beaucoup de travail. Mais l'expédition de Pedro de Mendoza à laquelle il allait se joindre était la plus splendide qui se soit jamais embarquée. Le maître de camp, Juan Osorio, était Avilais, trente-deux nobles familles d'Espagne lui confiaient leur fils aîné pour cette guerre du Rio de la Plata, ainsi nommé le Fleuve d'Argent parce qu'il roulait des fortunes. Le futur conquistador était si riche d'espoir qu'il renonça à son héritage en faveur de Teresa, afin qu'une plus grosse dot l'aidât à faire un plus beau mariage.

Ce départ fut pour elle une preuve de plus de la fragilité de nos joies, et même de nos tendresses, mais le pas décisif restait difficile à faire : elle était décidée, il fallait accomplir. Elle allait souvent chercher du courage auprès de Maria Briceño ou au monastère de Santo Tomas auprès des fils de saint Dominique; son but le plus fréquent était l'Incarnation, ce couvent de Carmélites où Juana Suarez lui semblait heureuse. Ces assiduités n'attiraient pas l'attention d'Alonso Sanchez : toute fille bien née ne sortait que pour se rendre aux offices, sermons, prières, et les moins pieuses retrouvaient leurs galants à l'église. Qui donc eût pu penser, alors que Teresa traversait Avila, la taille prise dans une basquine de velours, balançant une vaste jupe de taffetas orangé cernée de biais de velours noir, dont chacun lui faisait compliment, couverte de bijoux, digne, mais rieuse, qu'elle était déterminée à entrer au couvent?

Elle se lassa enfin de ses tergiversations et *décida* de brusquer son incertitude : elle ferait part à son père de sa volonté de se faire religieuse : « C'était pour moi comme prendre l'habit; mon sentiment de l'honneur était tel que j'étais sûre de ne reculer pour rien au monde, une fois que je lui aurais parlé [16]. » C'est ainsi que le *pundonor*, le point d'honneur, cette forme d'orgueil dont elle avait acquis le sens, ainsi que toute l'Espagne, dans les romans de Chevalerie, donna à Teresa de Ahumada la force qu'elle ne trouvait point encore dans l'amour de Dieu.

Aveu dramatique; rien n'avait pu faire prévoir à Alonso Sanchez qu'une fille envers laquelle il avait eu un seul grief, son goût excessif pour le monde et ses plaisirs, puisse vouloir tout quitter. « Mon père m'aimait tant que je ne pus obtenir de lui qu'il cédât; il m'autorisa seulement à faire après sa mort comme je l'entendrais [17]. »

Elle fit intervenir des amis, des parents, mais nul, pas même Pedro de Cepeda, ne le fit céder. Lui qui s'était engagé par contrat à donner tous les ans des fanègues de blé pour les pauvres persista à refuser à Dieu sa fille bien-aimée : sa piété n'allait pas jusqu'au renoncement, sa générosité n'abandonnait que le superflu. Teresa saurait-elle attendre, avec une décision inébranlable? Elle n'avouait à personne ce qu'elle s'avouait à elle-même : « J'ai peur de moi, de ma faiblesse [18]. »

Car le monde qu'elle voulait fuir l'enivrait encore, par instants; elle cherchait toujours à plaire, il lui arrivait de croire à l'ardeur d'un regard, et de se dire soudain que peut-être celui-là saurait aimer « toujours ». Mais le ciel? Mais l'enfer? Pour se tourner vers Dieu, il lui fallait parfois tordre son attention comme avec la main. Elle savait maintenant, après son expérience à Notre-Dame de Grâce, qu'une fois au couvent elle ne regretterait rien; à l'abri des « occasions » elle accomplirait strictement, méthodiquement, avec toute la patience nécessaire, le lent travail de sa métamorphose. Là rien ne viendrait la distraire de Dieu. Elle brûlait de commencer, s'exagérait les dangers qu'elle courait, son caractère ne pouvait admettre de surseoir : « Lorsque je désire quelque chose, c'est impétueusement [19]. »

Depuis le départ de Rodrigo, elle avait pris comme confident le plus doux de ses frères, Antonio, qui n'avait que quinze ans. Elle lui exprimait à tous les instants ce qu'elle n'éprouvait encore que par intermittences, lui parlait de la vie éternelle avec d'autant plus d'ardeur et de force persuasive qu'elle était plus tentée par ces terres d'illusion : c'était se parler à elle-même, se persuader elle-même. Elle lui lisait à voix haute saint Jérôme, en particulier la terrible *Lettre à Héliodore :*

« Ta sœur la veuve viendra, en te tendant les bras, viendront les serviteurs, la nourrice qui t'a élevée et son mari qui sont pour toi un autre père et mère, et te barrant la route, en larmes, ils te diront : « Seigneur ! A qui recommanderez-vous notre vieillesse ? Qui nous aidera à mourir ? Qui nous ensevelira ? » Viendra surtout ta mère, vieille et honorée, son front labouré par les rides, ses seins flasques et pendants et te barrant la route elle aussi, elle se lamentera, te rappelant ta vie passée depuis le jour où elle t'a mise au monde jusqu'à l'heure présente... »

Ainsi Alonso Sanchez avait évoqué l'enfance de Teresa, ainsi son départ ferait le désespoir de parents et serviteurs. Elle lisait encore : « Sur vous seul repose cette maison prête à tomber... » Il est vrai que toute la maison de son père reposait sur elle... Et elle tournait la page : « Que faites-vous sous le toit paternel, soldat plein de mollesse ? Bien que votre mère, les cheveux épars et les vêtements en loques, bien que votre père lui-même s'étende sur le seuil, passez sur le corps de votre père... Ici, la piété filiale consiste uniquement à n'avoir point pitié. »

Antonio fut pris dans ce tourbillon, et de même que la *niña* avait convaincu Rodrigo de partir avec elle pour le martyre, elle le persuada de quitter la maison paternelle en même temps qu'elle, et d'entrer chez les Dominicains tandis qu'elle rejoindrait son amie Juana Suarez au couvent de l'Incarnation.

Ce couvent avait été d'abord une communauté de quatorze Béates, quatorze en hommage à « Jésus-Christ notre Bien et sa Très Sainte Mère, entourés des douze apôtres ». En somme, un groupe de femmes dévotes, tertiaires du Carmel, unies pour prier Dieu dans leur oratoire propre : le leur était une ancienne synagogue que l'évêque avait consacrée à leur usage. Elles ne prononçaient que des vœux simples lorsqu'en 1512 leur Prieure, Doña Beatriz de Higuera, les persuada de chercher à atteindre à une plus haute perfection en adoptant la vie monastique et la Règle de l'ordre de Notre-Dame du Mont Carmel; règle dite « mitigée » depuis l'adoucissement de la règle primitive héritée du prophète Élie et des Pères du Désert.

Doña Beatriz commença par faire un procès à son père pour obtenir la jouissance de ses biens, et érigea sur l'emplacement d'un ancien cimetière juif, hors des murs d'Avila, une vaste bâtisse. On la jugeait fort pauvre, par contraste avec le granit sculpté des palais hidalgos, mais ce monastère avait bon air, dans son style rural, avec ses cloîtres voûtés, ouverts sur un patio de verdure, ses cellules petites, mais bien distribuées, et dont quelques-unes formaient une sorte d'appartement, — deux pièces, une cuisine avec son four, — son large escalier central, le tout magnifiquement ensoleillé. La vue était belle sur les remparts d'Avila et un large horizon de collines, et l'eau en abondance permettait d'entretenir un copieux verger. Pauvreté des matériaux humains, mais riches beautés naturelles, œuvre du Créateur : Teresa de Ahumada s'était plue à ce contraste, et elle voyait une prédestination dans l'inauguration du nouveau monastère le jour même de son baptême.

L'un des derniers matins d'octobre 1535, alors que l'aube encore grise éveillait à peine la cime des arbres du jardin familial, elle sortit de sa chambre sans se permettre de jeter un regard en arrière, marchant à pas de loup, retenant son souffle devant les pièces où son père, ses frères, sa petite Juana, dormaient encore. Antonio l'aida à faire jouer silencieusement les serrures de la pesante porte d'entrée, à la tirer, puis à la retenir afin qu'elle se referme sans bruit sur tout ce qu'ils quittaient. Teresa se rappelait sa fuite avec Rodrigo, treize ans auparavant : elle n'avait alors éprouvé nulle peine, le fait d'avoir des parents n'avait été pour elle qu'un « embarras majeur » sans que la fasse souffrir l'idée de leur chagrin. Était-elle plus aimante, maintenant? Ou plus faible? Ses luttes avec elle-même, les premiers effluves de la charité du Christ avaient-ils attendri ce *recio corazon*, ce cœur dur?

Sur le seuil, elle hésita, mais Antonio était là, fort de son inconscience. Le point d'honneur ne permit pas à Teresa de défaillir devant un enfant. Et tout comme autrefois, dans la lueur incertaine de l'aurore, deux minces silhouettes se détachèrent de la façade grise, et bientôt se confondirent dans la foule des marchands, servantes, dévots, qui traversaient la place Santo-Domingo pour aller au marché, ou à l'église. Mais cette fois c'était pour toujours, elle le sentait bien à son déchirement :

« Je ne crois pas que je souffrirai davantage en mourant que lorsque je suis sortie de la maison de mon père; on eût dit que chacun de mes os se séparait des autres; je n'éprouvais pas cet amour de Dieu qui anéantit l'amour pour le père et les parents, je n'agissais qu'à force de me dominer; si le Seigneur ne m'était venu en aide, mes considérations n'eussent point suffi à me faire aller de l'avant. Il me donna le courage de me vaincre [20]. »

C'est ainsi que Doña Teresa de Ahumada y Cepeda fit avec l'Époux céleste un mariage de raison.

5. La gloire et l'amour
2 novembre 1536 à fin 1537

De ce mariage de raison, Teresa de Ahumada était décidée à faire un mariage d'amour. Si en l'aurore froide où elle s'acheminait vers le couvent elle avait pressenti qu'elle serait vingt ans écartelée entre le monde et Dieu, elle n'eût pas hésité davantage : elle avait fait sienne la devise d'Avila, *Antes quebrar que doblar*, plutôt se briser que plier, mourir que renoncer.

Elle n'ignorait point qu'elle aurait surtout à se combattre elle-même. Elle semblait d'autant moins douée pour la sainteté qu'elle était mieux faite pour le succès dans le monde, se jugeait pétrie de défauts et de contradictions : orgueilleuse, mais futile; dominatrice, mais sensible aux influences; elle parle de son « extrême dissimulation [1] » et de son horreur du mensonge, de son goût de plaire, qui ne freine pourtant pas ses vivacités d'humeur capables de se manifester en colères « terribles »; et ce point d'honneur, ce « noir amour-propre », cet amour-propre mal entendu « chaîne que nulle lime n'entame [2] »!

Sainte, elle l'est devenue à force de volonté, et avec la

grâce de Dieu. Ce devenir, cette lente et coûteuse transfiguration, font de son existence un témoignage exemplaire.

Lorsqu'elle eut passé les remparts et franchi la gorge qui se creuse entre la ville et l'Incarnation, elle considéra qu'un abîme la séparait du passé; en disant adieu à Antonio devant le monastère, elle se détacha de sa famille terrestre; lorsque la porte de clôture s'ouvrit avec de profonds grincements de serrures et de verrous et retomba sur elle, persuadée que tout n'est rien, elle admit résolument que Dieu est tout.

Juana Suarez l'attendait, entourée d'une nuée de jeunes nonnes qui témoignèrent aussitôt à la nouvelle venue autant d'amour fraternel que de curiosité. Teresa se détendit, sourit, et se fit immédiatement des amies. Ne serait-il pas doux de cheminer vers le ciel avec de telles compagnes? Des constitutions sévères en leur principe, mais en fait très accommodantes ne les privaient pas de leur spontanéité. Elle avait mis sa robe la plus simple, les nonnettes cependant en admiraient le tissu. Dans sa hâte d'être l'égale de toutes, elle alla supplier la Prieure, « très Révérende et Magnifique Señora Doña Francisca del Aguila », sa parente, de lui donner immédiatement l'habit de Notre-Dame du Carmel. Mais déjà Doña Francisca avait fait appeler Alonso Sanchez: rien ne se ferait sans son autorisation.

Le pauvre homme ne savait où donner de la tête : les Dominicains venaient également de l'informer de la décision d'Antonio de se faire prêcheur. Sa piété mettait à rude épreuve son amour paternel. Se doutant bien qu'encore une fois *la niña* avait tout fait, et que la reconquérir serait reprendre le jeune garçon, il se hâta vers l'Incarnation, tremblant d'affronter à la fois sa fille, et Dieu.

Dès ses premières paroles exprimées d'une voix ardente, Teresa mit si bien ce bon chrétien en face de ses responsabilités qu'il n'osa recourir ni aux supplications ni à l'autorité, bien qu'il eût, en cours de route, ruminé alternativement des phrases attendrissantes et des ordres sans réplique : il comprit que désormais, quand même elle céderait, il ne pourrait jouir sans remords de la présence de cette fille tant aimée. Il céda donc. Et tous arrangements furent pris pour la dot et la prise d'habit.

Par-devant notaire, à la date du 31 octobre 1536, il s'engagea à verser tous les ans au monastère de l'Incarnation vingt-cinq fanègues de grain, moitié blé, moitié orge, et à leur défaut deux cents ducats d'or. Teresa renonçait à tous droits sur l'héritage paternel et reversait sur sa sœur Juana l'héritage éventuel de Rodrigo.

Le père donnait également à la novice : un lit, couvertures et courte-pointes, six draps de fil, six oreillers, deux matelas, deux coussins, un tapis, ainsi que les vêtements qui lui seraient nécessaires pendant le noviciat et après sa profession : « tous habits, un de fin drap noir et l'autre d'un plus épais tissu; trois sous-jupes, l'une en laine rouge, l'autre blanche, et la troisième en étamine; un vêtement en peau de mouton, ses coiffures, chemises, chaussures; enfin les livres qu'il est coutume de donner aux religieuses ».

Teresa allait prendre l'habit le 2 novembre. Cette nuit-là, sa veillée d'armes, elle ne dormit pas : toutes les cloches proches et lointaines qui avaient carillonné sa naissance rappelaient que le lendemain serait le jour des morts. Glas solennel, discordances métalliques, qui n'apaisaient point l'âme, mais la tiraient de l'abîme du contentement de soi pour la forcer à contempler les effets de la colère de Dieu. Teresa pleurait; non le monde, mais ses péchés; non ce qu'elle quittait, mais ce qu'elle ne pouvait fuir, n'ayant point expié : la peur du purgatoire et celle de l'enfer. Une existence entière vouée à la pénitence ne serait pas trop longue. Elle avait mérité la damnation : « Pour toujours, Rodrigo?... » — « Teresa, pour toujours... »

L'image qu'elle se faisait du purgatoire ressemblait encore aux tableaux qui avaient tant effrayé son enfance, rougeoyants au fond d'églises ténébreuses, et où des hommes, des femmes, élevaient hors d'un lac de flammes leurs bras nus : la Vierge, les Anges, se penchaient vers eux, en sauvaient quelques-uns. Que de nuits elle avait ameuté la maison en criant, éveillée par un cauchemar où elle s'était crue en enfer! Pour les *animas*, toute petite, elle avait offert des sacrifices, des aumônes, des rosaires. Cette nuit-là encore, alors que le glas semblait sonner « pour toujours », elle ne trouva la paix qu'en s'oubliant elle-même pour supplier Notre-Dame du Carmel de la prendre en otage, et de tirer de l'abîme les plus désespérés. Cette compassion active pour les âmes en peine devait la suivre toute sa vie.

Lorsque s'annonça l'heure de la cérémonie, le beau visage de la postulante était, non point pâle d'insomnie, mais ardent de l'enivrement du premier de ses « actes héroïques [3] ».

Teresa, novice, garda son nom, elle resta donc pour ses sœurs Teresa de Ahumada, mais son don d'adaptation lui fit immédiatement adopter l'attitude du cloître : au bout de quelques jours, on n'eût point reconnu en cette jeune religieuse qui marchait à pas comptés, les paupières baissées, les mains sous le scapulaire, celle dont la robe jaune et l'allure désinvolte avaient fait tant de tapage. Elle semblait éprouver une sorte de plaisir à contraindre son visage à l'immobilité, et elle, qui ne s'exprimait que « par beaucoup de paroles [4] », répondait brièvement, se forçait au silence. Comprenait-elle à quel point le geste influence notre disposition intérieure? Ou le profond changement de la prise d'habit se manifestait-il? Elle avoua avoir éprouvé dès le début une si grande joie d'avoir choisi l'état religieux que de toute sa vie il ne lui fit défaut. « Dieu transforma en immense tendresse la sécheresse de mon âme. Toutes les choses de l'Ordre m'étaient un délice ; il est vrai que j'étais parfois en train de balayer aux heures vouées naguère aux plaisirs, à la parure, mais lorsque je constatais soudain que j'étais désormais libre de tout cela, une nouvelle allégresse me prenait, si vive que je m'en émerveillais, sans en connaître la cause [5]. »

Elle ne reconnaissait pas le soulagement de la décision accomplie, irrévocablement; cette fille de vingt ans avait jeté sur la vie un regard si sagace, elle avait fait si vivement le tour des êtres et des choses qu'elle exultait d'en être affranchie.

Au premier contact avec la vie monastique, Teresa prit donc conscience de l'efficacité de ce qu'elle appellera « l'acte héroïque » : « Lorsque je me rappelle tout cela, il n'est chose grave que j'hésite à entreprendre. L'expérience m'a prouvé que si je me contrains à décider de faire, pour Dieu seul, un acte qui paraît effrayant, la récompense sera d'autant plus savoureuse que la frayeur aura été plus grande [6]. »

Désormais plus fervente, déjà effleurée par la flamme de

l'amour divin, elle se mit à exiger davantage d'elle-même. Pendant quelques semaines, elle put croire avoir tout accompli en quittant le monde et les siens, et n'avoir désormais plus rien à combattre; elle découvrit alors que la paix dont elle jouissait était celle d'une femme qui se couche tranquille, après avoir verrouillé ses portes contre les voleurs : mais elle les a enfermés dans la maison : « Où nous sommes nous-mêmes, il n'est pires voleurs [7]. » Tout lui était effort et humiliation : « Je savais peu de prières, j'ignorais ce qu'il fallait faire au chœur, tant j'étais négligente et préoccupée de vanités; d'autres novices auraient pu me l'enseigner; mais je commettais la faute de ne pas le leur demander afin qu'elles ne voient pas tout ce qui me manquait. Je chantais mal... Par amour-propre, je me troublais, et je faisais encore moins que je n'eusse pu faire... Je m'imposai, enfin, lorsque je ne savais pas bien, de le dire. J'en souffris beaucoup au début, et puis j'y pris plaisir [8]. »

Plaisir amer à cette nature fière. Elle regimbait aux vexations, se révoltait lorsqu'on l'accusait sans motif, et malgré sa décision de tout accepter, de tout aimer dans la vie monastique, elle connut le découragement, surtout lorsqu'elle se comparait à quelques religieuses qui vivaient à l'Incarnation dans une pénitence d'autant plus admirable qu'elle était moins répandue : celle qui, comme saint Benoît, se roulait dans les orties, jeûnait toute l'année et ne parlait qu'à Dieu; cette autre, si sanctifiée qu'elle fit de son vivant un miracle : des cierges qu'elle alluma sur l'autel de Marie brûlèrent sans se consumer; et Doña Teresa de Quezada qui, malgré son illustre naissance, refusait d'avoir une cellule particulière et couchait dans le dortoir des plus déshéritées.

Teresa avait choisi une pauvreté relative; elle aimait les deux pièces confortables et bien ornées où elle habitait; elle se donnait la discipline avec des orties, mais n'était pas sensible à l'inégalité qui dans ce monastère surpleuplé faisait deux poids deux mesures pour les religieuses riches et les religieuses pauvres. La perfection de quelques-unes attisait son amour-propre, mais la misère du plus grand nombre lui passait inaperçue. Elle s'affligeait de ses distractions au chœur, de ses sécheresses, mais s'énervait de ne pas comprendre les saintes filles qui devant elle s'entretenaient des délices de l'oraison. Son âme était dans un grand désordre.

Qui donc lui fit entendre qu'il n'est pas de progrès dans la vie spirituelle tant que nous n'aimons pas notre prochain plus que nous-même? Surprise en train de pleurer ses péchés, on commit l'erreur de croire qu'elle pleurait le monde, et elle en avait été vexée. Ne pensait-elle qu'à elle? Elle allait y renoncer.

Il était une religieuse affligée d'une maladie si dégoûtante que nulle ne la soignait sans horreur; Teresa se fit son infirmière pour violenter le ciel, et transmua en compassion ses répugnances devant le ventre ulcéreux qui rejetait un mélange de pus, de sang et d'excréments. La puanteur était telle que son cœur se soulevait, et qu'elle devait s'échapper pour vomir. Mais souriante, elle revenait.

Les longues veilles auprès de cette malade, des pénitences si excessives que la Prieure dut les lui interdire, minèrent ce qui lui restait de santé; aux offices, dans la chapelle où pluie, vent, neige passaient entre les tuiles mal jointes, elle tremblait de froid. Prise de fièvres et de grandes douleurs, elle demandait à Dieu la grâce de souffrir pour lui, de mater par la souffrance cette chair d'autant plus exigeante qu'elle était plus fragile. Elle se répétait : « Nous venons ici mourir pour le Christ, et non pas nous dorloter pour le Christ [9]. » Vivre lui semblait maintenant si ardu qu'il lui arrivait de ressasser le raisonnement de son enfance : le martyre est sans doute le moyen le meilleur de gagner le ciel. Mourons donc vite d'une affreuse maladie.

Le Seigneur l'aiderait-il plus efficacement lorsqu'elle aurait fait profession?

La cérémonie eut lieu un an et un jour après sa prise d'habit, le 3 novembre 1537. Au cours de cette année, elle avait mesuré l'immensité de l'effort qui lui restait à faire, et le visage de la professe était aussi pâle que celui de la novice avait été ardent.

Dans la chapelle scintillante des cierges offerts par Alonso Sanchez, belles dames et caballeros, somptueusement parés, péroraient selon leur humeur, comme à des noces, ou pleuraient comme à un enterrement : c'était en effet l'un et l'autre.

Teresa avança entre deux rangées de religieuses qui chantaient le *Veni Creator Spiritus...* Elle était vêtue du seul habit, robe nouée sur la poitrine afin de pouvoir prendre la discipline plus aisément, et tenait bien pliés son scapulaire, son voile, sa ceinture et un papier sur lequel était écrit le *Pater Noster*, symbole d'une existence vouée désormais à la prière.

Devant la grille ouverte sur l'église, elle se prosterna, touchant du front les dalles.

— Que demandez-vous?

— Je demande la miséricorde de Dieu et la compagnie de mes sœurs en clôture perpétuelle.

Elle prononça ses vœux d'une voix ferme, après avoir entendu rappeler les règles les plus sévères des Constitutions. Et c'est de toute son âme, consciente de sa faiblesse, qu'elle s'allia à la prière : « Que Dieu Notre-Seigneur, qui nous donne le vouloir, nous donne l'accomplissement, *per Christum Dominum nostrum.* »

Les moniales répondirent « *Amen* » [10].

Deux sœurs la conduisirent au parloir. Derrière la grille, elle vit, comme en un rêve, ses amis, ses parents. Elle ne regrettait rien et exultait même d'une joie délirante. Pourtant, des années plus tard, un jour où elle manquera d'éléments de comparaison pour décrire une souffrance, elle dira : « ... Je ne crois pas avoir rien fait dans ma vie de plus pénible, même pas le jour où j'ai fait profession [11]... »

Il y eut fête au couvent, collation et dîner offerts aux religieuses par Alonso Sanchez, qui donna à chacune une coiffe de toile fine. Il y eut des danses, des chants, à grand renfort de flûtes et tambourins. Teresa de Ahumada montra toute sa bonne grâce et son animation. Elle qui aimait tant à plaire charma par sa gaieté celles qu'elle avait émues par sa dévotion et qui ignoraient ses luttes intérieures. On s'émerveillait de la diversité de ses dons :

— Teresa de Ahumada a la propriété de la soie dorée, qui s'accorde avec toutes les autres nuances, car pour nous gagner toutes elle se met en accord avec le caractère de chacune [12]...

Une religieuse âgée fit soudain sensation : elle se rappelait qu'un *zahori*, un devin chercheur d'or, venu autrefois en ce monastère, avait dit qu'il y aurait à l'Incarnation une Teresa qui serait sainte. Il n'y avait pas alors de sainte Thérèse, on souhaitait leur fête le jour de la sainte Dorothée.

La nouvelle professe cacha son émotion sous des rires, mais elle s'écria :

— Dieu veuille que ce soit moi!

— Dieu veuille que ce soit moi! répliqua en écho Doña Teresa de Quezada [13].

A partir de sa prise de voile, elle redoubla d'exigences envers elle-même, serra l'étau de fer de sa volonté. Lorsqu'elle était tentée de céder à un peu de douceur, et qu'elle se disait : « Je ne suis pas un ange... je ne suis pas une sainte [14]... » elle se tançait elle-même, s'affirmait qu'en luttant elle se vaincrait sans doute. Et Dieu aide les forts. L'instant d'après, elle s'accusait de vanité.

Elle avait tant à faire pour dominer la vaine gloire qu'exaltée par les pénitences excessives et spectaculaires de quelques-unes de ses compagnes, faisant taire son sens de la mesure, son horreur de toute emphase, voulant même châtier en elle la saine raison, elle se présenta un jour au réfectoire marchant à quatre pattes, un bât de mule chargé de pierres sur le dos, traînée comme une bête par une sœur qui tirait sur le licol qu'elle s'était passé au cou.

Des folies de cette sorte se traduisirent par de nouvelles syncopes, des « douleurs au cœur [15] » si aiguës que quiconque la voyait en était épouvanté, et d'autres maux encore. Plus que par sa pâleur, elle effrayait par son refus de ménagements indispensables. A peine était-elle capable de marcher qu'elle reparaissait, blême et chancelante, au chœur. Elle répondait à celles qui la conjuraient de prendre garde :

— Qu'importe mourir? Si nous ne décidons d'avaler d'un seul coup la maladie, la mort, jamais nous ne ferons rien. Il importe de prendre cette décision. Ainsi, petit à petit, nous dominerons ce corps [16].

Son endurance à la douleur était telle que ses sœurs murmuraient : « Dieu l'habite... »

Lorsque son père venait la voir, elle se traînait péniblement jusqu'à la grille, à moins qu'il ne fût nécessaire de l'y porter. Elle ne se plaignait pas, mais il était de plus en plus effrayé par ce visage exsangue, où les yeux, autrefois légèrement à fleur de tête, semblaient maintenant saillants, exorbités. Il envoya à l'Incarnation les plus grands médecins d'Avila et des villes voisines. Cependant, le mal empirait; ses syncopes de plus en plus fréquentes et prolongées firent souvent courir dans le couvent une rumeur consternée :

— Teresa de Ahumada est morte!

La science officielle échoua. Les prières des moniales semblaient vaines. Jésus n'accueillerait-il que celle de la malade, qui le suppliait de la faire participer à ses souffrances et à son agonie?

Alonso Sanchez décida, en dernier recours, d'emmener Teresa à Becedas, petit village où une guérisseuse célèbre dans toute la Castille accomplissait des cures merveilleuses. La clôture n'était pas de rigueur dans la règle du Carmel mitigé; Teresa fut donc autorisée à sortir de l'Incarnation, accompagnée de Juana Suarez, pour chercher la guérison, qu'elle ne désirait point.

6. Seigneur, je n'en voudrais pas tant[1]!
1538-1540

Les médecins n'entendaient rien à la maladie de la fille d'Alonso Sanchez. Ils se hâtèrent d'adopter sa propre version : le changement de vie et de nourriture était à l'origine de ces manifestations complexes; ils annoncèrent en langage pédant que le retour au milieu familial, une alimentation abondante, délicate, auraient tôt fait de rétablir cette belle personne de vingt-trois ans à peine. Ils ne voyaient que ce qu'elle voulait bien laisser voir, un corps souffrant, tandis qu'elle leur cachait la clef de son mal. Elle la donnera plus tard, en avouant : « Je passai la première année à l'Incarnation en très mauvaise santé, *bien que je ne pense pas avoir en ce temps-là beaucoup offensé Dieu*[2]. » Lorsqu'elle plaçait ainsi sa maladie sur le plan psychique, c'est elle qui avait raison. Elle tenait la maladie pour une épreuve, ou un châtiment. Le châtiment, elle ne l'avait pas mérité, mais l'épreuve, elle avait supplié Dieu de la lui infliger. A force d'envier la constance de la religieuse dont elle pansait les plaies nauséabondes, elle avait conjuré « Sa Majesté » de l'exercer, elle aussi, à la patience en lui donnant « les maladies nécessaires ». Elle fut bientôt dans un état tel « que bien que mon mal fût autre que le sien, je crois que celui que je subis pendant trois ans ne fut ni moins pénible ni moins douloureux [3] ».

La violence que Teresa de Ahumada s'était faite pour entrer au couvent lui avait valu sa première crise; à l'Incarnation, elle ne vit que ses défaillances : alors que certaines de ses compagnes s'élevaient jusqu'à l'oraison de contemplation, elle s'efforçait de les suivre, et ne parvenait même pas à méditer sans distractions; son entendement se refusait à s'arrêter longuement sur le même sujet; elle insistait, bien qu'il s'ensuivît une grande tension nerveuse, et qu'elle sentît que « cet entêtement nuisait à sa santé [4] ». Les colères qu'elle prit contre elle-même, les pénitences qu'elle s'imposa, l'acharnement qu'elle mit à se vaincre, les crises de dépression au cours desquelles « la plus petite chose lui causait de grands tourments [5] », l'excès des jeûnes, des veilles, et enfin l'appel à grands cris de la souffrance expiatrice, provoquèrent la seconde crise : la maladie est rarement refusée à qui se dispose à la recevoir. Teresa s'acharnait à détruire ce corps rebelle, trop lourd pour suivre les élans de l'âme, et qui faisait retomber l'âme avec lui.

Il eût fallu traiter cet esprit tourmenté comme on traite aujourd'hui les anxieux, qui parviennent, par fixation de leur angoisse, à se donner les symptômes des maladies les plus diverses. Or, on lui administra clystères, ventouses, saignées, on lui donna des pilules en nombre impair, — ce qui incitait à la dévotion en rappelant les sept dons du Saint-Esprit, ou les cinq plaies de Jésus, — on la frictionna à l'huile de scorpion, — subtilisante et apéritive, — ou à « l'huile de briques, distillées à l'alambic après tout un travail de cuissons et triturations de briques choisies fort vieilles et fort vermeilles, qui guérissaient les maux de nerfs et des articulations, ceux des reins et de la vessie pourvu que la cause en soit le froid ». Toutes choses capables de tuer une personne bien portante. Effrayé des résultats obtenus par ces méthodes, son père mit son espoir en la *curandera*, la guérisseuse de Becedas. Elle opérait par les simples, ce traitement serait sans doute moins brutal que la médecine officielle.

La cure ne commençait qu'au printemps, il fut décidé que Teresa et sa compagne attendraient le mois d'avril chez Maria, à Castellanos de la Cañada : Becedas se trouvait dans les proches environs. On aménagea à l'usage de la malade la litière de dame qui avait autrefois servi aux déplacements de la frêle Doña Beatriz : une belle litière, bien suspendue par des sangles, et qui avait coûté mille maravédis aux temps où les Cepeda y Ahumada ne se refusaient rien. Alonso Sanchez, encore et pour toujours en deuil de sa femme, noir des chausses au chaperon, monté sur un cheval à selle et poitrail noirs, accompagnait Teresa ainsi que Juana, Carmélite à dos de mulet, et plusieurs serviteurs.

Halte à Hortigosa, au « palais » de Pedro de Cepeda. L'excellent homme, ému de revoir celle qu'il tenait un peu pour sa fille spirituelle, la fit installer dans sa bibliothèque pour attendre l'heure du repas, inquiet de son confort, et s'efforçant de cacher le chagrin que lui causait son extrême maigreur. Derrière les fenêtres, la neige tourbillonnait. Réchauffant au brasero ses belles mains décharnées, Teresa confia à son oncle les secrets de sa vie intérieure qu'elle eût hésité à révéler à quiconque : n'était-ce pas lui qui lui avait donné la clef du ciel, en lui révélant les « bons livres », et saint Jérôme? Depuis ces années-là, que de chemin parcouru!

Elle avoua ses luttes, ses espoirs, ses découragements, les tiédeurs où elle s'enlisait après d'immenses élans.

Il hochait la tête :

— Il faut beaucoup prier.

— Je prie.

— Comment pries-tu?

Elle expliqua qu'elle récitait ses prières à voix haute : l'oraison vocale était pour elle le seul moyen de fixer son attention. Et même ainsi, il lui arrivait de se laisser distraire au cours de longues patenôtres. Pourtant son cœur ne restait plus sec devant la Croix : Dieu lui avait fait « le don des larmes ».

— Seule compte l'oraison. Je dis l'oraison mentale, le recueillement.

L'oraison! Elle avait essayé en vain d'y parvenir. Elle ne savait même pas comment se recueillir.

L'hidalgo alla vers ses rayonnages, en revint avec un livre qu'il posa sur les genoux de sa nièce. Elle lut : *Tercera parte del libro llamado Abecedario espiritual. Compuesto por el Padre Fray Francisco de Osuna.*

— Voici un traité du recueillement : *le Troisième Abécédaire.*

Teresa ouvrit au hasard :

« ... L'oraison vocale, ainsi que tu l'as vu, est une pétition que nous adressons à Dieu pour lui demander ce qui nous est nécessaire... »

« ... La seconde forme d'oraison, c'est, sans prononcer vocalement les paroles, laisser notre cœur seul parler en nous à Notre Seigneur... »

« ... La troisième, mentale ou spirituelle, par laquelle le plus haut de notre âme s'élève vers Dieu de la façon la plus pure et la plus affectueuse sur les ailes du désir, soutenue par l'amour [6]... »

Voilà ce qu'elle cherchait! Que n'avait-elle connu ce maître plus tôt! Elle aima qu'il renforçât sa définition par des exemples concrets : « ... En somme, la première est une lettre que nous envoyons à notre ami. Par la seconde, nous lui députons une personne qui nous est chère. Par la troisième, nous y allons nous-mêmes... Ou bien, dans la première, nous baisons ses pieds, dans la seconde, nous baisons ses mains. Dans la troisième, nous lui donnons un baiser sur la bouche [6]. »

Le recueillement consistait tout d'abord à n'admettre aucune chose créée dans son cœur; l'auteur concrétisait sa pensée en un vers :

Desembaraza el corazon, y vacia todo lo criado.

— Débarrasse ton cœur, vide-le de toute créature, et il ajoutait : « De toute chose, extrayez de l'amour. » Tout aimer, mais en Dieu, et par Dieu [6bis].

Teresa écoutait à peine ce que Don Pedro lui contait de l'auteur, qui avait pris part à la bataille de Tripoli, s'était fait moine franciscain, et avait publié à Tolède, en 1527, ce premier ouvrage, le *Troisième Abécédaire*. Elle parcourait le volume, lisait en diagonale, fascinée par ce qu'elle découvrait d'intelligible dans l'exposition, et de méthodique pour l'application. Un passage la retint : « Garde bien le temps qui suit matines, car ce sommeil-là est pour l'âme plus qu'il n'est pour le corps. Ne te couche point en état de somnolence, mais très éveillée dans le désir du Seigneur; et ainsi que l'épouse, la nuit, cherche Dieu dans ton lit... Bienheureux ceux qui font oraison avant de s'endormir, et qui en s'éveillant retournent promptement à l'oraison. Ceux-là, à l'exemple d'Élie, mangent un peu, dorment, mangent à nouveau un peu, et vivent blottis sur le sein du Seigneur comme les enfants s'endorment sur le sein de leur mère après avoir bu son lait, s'éveillent à nouveau, tètent, et se rendorment. Ainsi, avec ces glorieux intervalles, leur temps de sommeil compte pour de l'oraison plus que pour du sommeil... Et alors même qu'ils ont dormi, ils entendent à leur réveil que leur âme a dormi dans les bras de l'Aimé[7]. »

Première rencontre de Teresa avec l'expression franciscaine de l'amour divin, dans sa tendre familiarité. Et elle découvrait qu'elle avait, en somme, fait oraison sans le savoir, elle qui s'endormait toujours ainsi qu'elle s'efforçait de vivre, dans la présence de Dieu. Peut-être, sur le chemin ascendant, n'était-elle pas aussi lente qu'elle le craignait? Jamais elle n'oubliera cet abandon de l'enfant sur le sein maternel, et plus tard elle usera souvent elle-même de cette comparaison.

Lorsqu'il fallut partir, la litière déjà prête et les chevaux sellés, elle ne pouvait s'arracher à sa lecture, elle copiait des phrases du livre, de son écriture rapide. Son oncle la regardait avec un bon sourire, mais on vint la chercher. Elle ferma à regret le *Troisième Abécédaire*.

— Emporte-le, dit Don Pedro, je te le donne.

C'est ainsi que Teresa allait s'initier au recueillement et à l'oraison : dans un livre.

Alonso Sanchez confia Teresa à Maria et rentra à Avila. Au printemps, les trois femmes partirent pour Becedas. Elles s'y installèrent dans une maison bien meublée qu'y possédaient les Guzman y Barrientos. Becedas était alors un petit village aux rues tortueuses; un ruisseau qui l'entourait forçait les maisons basses à se blottir contre l'église. Murmure des eaux, murmure d'un vent léger dans les grands noyers, odeur des feux de sarments qui monte à l'heure où dans chaque foyer de Castille on cuit la soupe à l'ail. La nuit tombée, la malade refermait son livre, et priait dans l'ombre.

Au début, le traitement ne fut pas trop pénible; la guérisseuse observait sa patiente, et se contenta de lui donner quelques simples, choisis parmi les « remèdes bénis ». Mais depuis son bref séjour à Hortigosa, la grande aventure pour Teresa était l'étude, l'application de ce qu'enseignait Osuna. Déjà l'avancement dans la voie spirituelle lui apparaissait comme un travail minutieux et précis; abandon progressif, difficile, des réflexes charnels, lent éveil d'une âme somnolente, qui peu à peu se redresse et se revêt des armes de lumière.

Dès ce moment, « Sa Majesté » lui prodigua de grandes faveurs : « Le Seigneur se mit à tant me combler qu'il me faisait la grâce de me donner l'oraison de quiétude; parfois même je parvenais à l'union, sans m'en douter. Il est vrai que cette union durait peu, à peine le temps d'un *Ave Maria*, mais les effets en étaient si grands que bien que j'eusse à peine vingt ans, je croyais tenir le monde sous mes pieds[8]... » L'union précède l'extase : c'est ainsi que Teresa, déjà, en de courts instants, se dégageait des sens, des images, de l'entendement, s'élevait jusqu'au plan où Dieu seul est perçu. Et elle s'efforçait de vivre en la présence constante de Jésus.

Pour faire oraison, elle avait pourtant besoin d'un livre, et redoutait de se recueillir sans ce point d'appui, « autant que si j'avais dû me battre avec beaucoup de gens[9] », tandis que la lecture attisait en elle la flamme spirituelle, et l'aidait à regrouper ses pensées éparses. Par ce moyen elle dirigeait son âme « comme par flatterie ».

Les mots « luttes » , « combats », « efforts, » « peines », reviennent constamment dans le récit qu'elle fera de cette période. C'est ainsi que cette grande malade subissait à la fois une cure sévère, des douleurs lancinantes, tout en guerroyant à la conquête du royaume de l'Esprit.

Car la *Curandera* utilisait maintenant des remèdes plus actifs, trop actifs pour ce corps fragile, ces nerfs à vif.

La jeune Carmélite la laissait faire avec indifférence. Ne tenait-elle pas l'univers « sous ses pieds » ? Non qu'elle n'eût besoin d'aide : elle souhaitait fort trouver un guide sûr, qui l'aidât à escalader les hauteurs dont Osuna lui révélait les cimes escarpées. « Et c'est là que le démon se mit à dérégler mon âme... [10] »

Un homme. Un homme jeune. Un prêtre. Mais ce jeune prêtre vivait dans le péché. Attaché à l'église de Becedas, il avait « de grandes qualités, il était intelligent, il connaissait la théologie, un peu [11]... » Teresa en fit son confesseur.

Transparence de l'âme de Teresa : « Cet homme dont je parle se prit pour moi d'une affection extrême, car j'avais bien peu à confesser... Cette affection n'était point mauvaise, mais, par son excès, elle en venait à n'être point bonne. Il avait compris que je ne me résoudrais pour rien au monde à offenser Dieu gravement, il m'assurait qu'il en était de même en ce qui le concernait, et nous n'en finissions point de nos conversations [12]. »

A cette époque-là, elle était persuadée que les péchés mortels ont seuls de l'importance; lorsqu'elle lisait dans Osuna qu'il est tout aussi essentiel de se préserver des véniels, elle passait outre, une telle vigilance lui semblait impossible. Elle ignorait encore qu'il n'y a pas de petites offenses en amour.

Elle ne s'inquiéta donc pas, au début, du trouble léger que lui causait la présence de ce prêtre qui n'oubliait point qu'il était homme. Quant à lui, à qui les femmes n'avaient inspiré jusqu'alors que désirs physiques, désirs coupables, il sentait naître en lui un sentiment nouveau auprès de cette fille si belle sous son voile du Carmel, et si pure qu'en sa présence il éprouvait de la honte à la tromper ainsi, sans avoir le courage de ne la voir plus. « J'étais alors si absorbée en Dieu que toute ma conversation était de parler de Lui. Et il était confus, me voyant si jeune [13]. »

Elle parlait de Dieu à celui qui eût voulu lui parler d'elle, et de lui. Assis à contre-jour, pour mieux lui dissimuler qu'il ne l'écoutait guère, il contemplait ses admirables yeux rayonnants de candeur et d'une passion qui dépassait ce monde.

Attirer cet ange, l'intéresser, le retenir sur terre!

Un soir donc, à sa pénitente, le confesseur avoua sa perdition : peut-être espérait-il en la contagion du péché : « Il y avait sept ans qu'il était dans un bien dangereux état, par ses relations avec une femme qu'il aimait, en ce même village, sans cesser pour cela de dire la messe. C'était chose si publique qu'il avait perdu honneur et réputation, mais nul n'osait même lui en parler. Cela me fit grandement pitié, car je l'aimais beaucoup [14]. »

Sous le choc le cristal ne se brisait point, il chantait; vrai, elle l'aimait beaucoup.

De cette tendresse, elle dira aussi : « Je n'ai jamais vu de mal dans la grande affection qu'il me portait; elle aurait pu pourtant être plus pure; il y eut aussi des circonstances où si nous n'avions pas eu Dieu très présent nous aurions pu l'offenser gravement [15]. »

Comment Maria, qui n'avait point l'excuse d'ignorer la vie, comment Juana Suarez, l'aînée de Teresa et à qui la Prieure de l'Incarnation l'avait confiée, ont-elles laissé se nouer une telle intimité entre la jeune fille et un prêtre dont l'erreur était la fable de Becedas? Cela prouve bien que les femmes ne sont gardées que par elles-mêmes, et aussi qu'en ces temps on fermait les yeux sur les fautes du clergé.

Ainsi, pour cette aventure tendre et triste, Teresa fut toute seule. Lorsque, l'expérience aidant, elle en verra le danger, elle s'indignera une seconde : « Aveuglement du monde!... La folie du monde m'affole!... Maudite soit la loi qui va contre celle de Dieu [16]! »

Mais elle ne vit alors que le péril où était celui qui se confiait à elle. A peine fut-il parti qu'elle appela Maria, Juana, elle les conjura de s'informer, elle voulait tout savoir « sur les personnes de sa maison [17] ». On lui parla donc de la concubine de ce confesseur, on lui décrivit son visage, ses manières; elle l'entrevit même de derrière sa fenêtre, elle sonda la profondeur de l'égarement de son ami, et ne jugea point : « Le pauvre homme n'était pas si coupable. » Tant de compréhension et de miséricorde sont le fait de l'intangible pureté.

Elle continua donc à recevoir « le pauvre homme » avec le même sourire, et un amour qui s'avouait maintenant d'autant plus qu'il était pétri de compassion, et fraternel.

Jour après jour, il avoua tout : « La malheureuse femme — elle ne blâme pas non plus la pécheresse, — s'était servi pour l'ensorceler d'une petite idole de cuivre qu'elle l'avait prié de porter à son cou pour l'amour d'elle, et que nul n'avait réussi à lui faire quitter. Non que je croie à ces charmes... Dès que je sus tout cela, je me mis à lui témoigner plus d'amour encore. Mon intention était bonne, mais mauvaise ma conduite; car pour lui faire du bien, je lui fis grand mal. Je lui parlais habituellement de Dieu, mais en fait il m'aimait tant que c'est cela qui agit le plus [18]... »

Il l'aimait tant, et il la voyait de plus en plus malade. La cure s'avérait brutale. Teresa souffrait à tel point qu'elle criait parfois que des dents aiguës lui déchiraient le cœur, et on craignit la rage. Elle ne mangeait plus, n'absorbait que des liquides, et avec dégoût. L'homme qui l'aimait tant allait-il ajouter à son martyre le chagrin de le savoir perdu « pour toujours » ?

Un soir, il s'agenouilla auprès d'elle, détacha de son cou un long fil, et jeta à ses pieds la petite idole de cuivre. Il pleurait, elle aussi. Elle lui fit doucement signe de s'en aller, et appela Maria, qui accourut; sans détourner la tête elle lui demanda d'aller immédiatement jeter l'amulette dans le ruisseau qui coulait non loin de la maison.

A partir de ce moment, Teresa vit ce prêtre s'éveiller comme d'un lourd sommeil; elle l'écoutait évoquer ses années de perdition, dont il parlait maintenant avec horreur. Il lui annonça enfin qu'il avait rompu avec sa concubine, et ne se lassait point de remercier Dieu de l'avoir éclairé. Une chaste complicité les unissait désormais : ce n'est pas le mal qui avait été contagieux, mais la pureté.

Cependant Teresa était mourante « à force de médecines [19] », la guérisseuse célèbre avait abusé des purges, — une par jour, — son intestin semblait en feu, la fièvre ne la quittait plus, les contractions nerveuses la tenaient comme ligotée, elle éprouvait des douleurs insupportables « et une tristesse très profonde [20] ».

Dans cet état, à la fin de juillet, elle dit adieu au « pauvre homme » qu'elle avait sauvé, et qui désespérait de jamais la revoir vivante. En fait, c'est lui qui mourut un an jour pour jour après être entré pour la première fois dans la maison de Becedas, confesseur de cette jeune Carmélite dont tout le bourg disait : « Elle est si malade. Elle est si belle. Et c'est une sainte... »

Alonso Sanchez se hâta de ramener sa fille à Avila, où les médecins défilèrent à nouveau à son chevet. Ils s'en tirèrent cette fois en la condamnant sans réplique : à leurs erreurs multiples, ils ajoutaient le diagnostic de la tuberculose.

Voici à nouveau Teresa dans sa chambre d'enfant, proche de celle où Beatriz de Ahumada l'avait mise au monde et avait souffert de langueur tant d'années. Trois mois encore elle fut dans un état tel qu'il paraissait impossible qu'on puisse résister à tant de souffrances conjurées : des pieds à la tête, tout lui faisait mal. Elle maintenait son courage en se répétant les mots du Job de saint Grégoire : « Nous recevons les biens de la main du Seigneur : pourquoi pas les épreuves? » Mais son pauvre corps n'y pouvait résister.

Le 15 août, elle demanda les sacrements. Son père l'en dissuada, croyant la rassurer :

— Tu te confesseras plus tard, lorsque tu iras mieux : tu vois bien que tu vas guérir!

Cette même nuit, elle tomba en syncope. Le prêtre qu'on appela pour lui donner l'extrême-onction la tint pour morte, et non pas pour mourante. Alonso Sanchez, désespéré de ne l'avoir point laissée communier, faisait retentir la maison de ses cris et de ses prières.

Un jour : Teresa ne donne pas signe de vie.

Deux jours : son souffle ne ternit pas le miroir qu'on approche de sa bouche, la cire du cierge bénit que son père fait couler brûlante sur ses paupières pour les clore à jamais ne la réveille pas.

Troisième jour : on creuse sa tombe à l'Incarnation. Elle est lavée, enveloppée dans son linceul. Son frère Lorenzo la veille la nuit, il s'endort, un candélabre se renverse, les rideaux du lit prennent feu, ce corps inerte manque d'être brûlé.

Quatrième jour : des religieuses de l'Incarnation viennent chercher le cadavre de leur sœur qui doit être ensevelie en terre du Carmel. Son père refuse de la laisser emporter, on le croit devenu fou de chagrin lorsqu'il répète inlassablement :

« Ma fille n'est point bonne à mettre en terre [21]! » Il prétend détecter les battements du pouls, et ses doigts ne lâchent pas le poignet de Teresa.

Les moniales restent là, droites, en prière, autour du lit tragique du fait de ce père dément autant que de sa fille morte.

Et soudain, cette morte lève péniblement ses paupières qu'alourdit la cire refroidie des cierges funéraires. Elle voit l'appareil de chapelle ardente autour d'elle, ses sœurs qui attendent sa dépouille, et tâte son linceul.

Ses premières paroles furent pour demander à nouveau les sacrements. Et puis, elle continua à parler; sa voix éteinte semblait venir de très loin : vivante, elle n'était point encore entièrement revenue sur terre. Elle disait : « Pourquoi m'avoir rappelée? » Elle contait qu'elle aurait fort à faire en ce monde, on le lui avait dit là où elle avait été : au ciel. Mais elle avait vu aussi l'enfer. Dans ses phrases confuses, mêlées de sanglots, — ses pleurs mouillaient son lit — on démêlait des mots : « monastères... fondations... sauver les âmes [22]... » Elle dit enfin :

— Ne me croyez point morte tant qu'on ne recouvrira pas mon corps d'un drap d'or...

Le réveil de ses souffrances, plus aiguës que jamais, la tira de son rêve.

Alonso Sanchez voulut serrer dans ses bras cette fille arrachée au ciel, à l'enfer, et elle poussa un cri : on ne pouvait la toucher sans provoquer des contractions si douloureuses « que seul le Seigneur peut savoir combien étaient insupportables ces tourments [23] ». Pour refaire le lit, il fallut que deux personnes la soulèvent dans un drap. Elle se croyait écartelée, son esprit battait la campagne. Il lui fut impossible de s'allonger, elle resta recroquevillée, les muscles contractés, pelotonnée sur elle-même.

Le silence, l'expression d'effroi de ceux qui l'entouraient, lui firent peur. Elle voulut leur prouver, se prouver à elle-même, qu'elle n'était pas paralytique, mais elle ne put remuer « ni bras, ni pied, ni main, ni tête [24]». Seul bougeait un doigt de sa main droite, et de ce doigt unique elle caressait la toile de son lit. La gorge contractée, la langue en lambeaux à force de morsures, elle étouffait dès qu'on introduisait entre ses lèvres un peu d'eau.

« Cela dura jusqu'à Pâques fleuries [25] », près de neuf mois; les frissons de la fièvre quarte l'épuisaient, un immense dégoût l'empêchait de réagir. Mais elle se tenait pour heureuse, car les douleurs se calmaient lorsqu'on ne la touchait pas. Et chaque jour, à tous les instants, elle suppliait son père de la reconduire à l'Incarnation. En désespoir de cause, il l'y transporta.

Ses sœurs reçurent ce corps qu'elles s'étaient préparées à ensevelir; l'âme l'habitait encore, mais il était pis que mort, réduit à la peau sur les os, et d'une faiblesse effrayante.

Pendant trois ans, à l'infirmerie, Teresa de Ahumada, totalement paralysée, fut à son tour la grande malade que ses sœurs avides d'actes charitables se disputaient l'honneur de soigner.

Son endurance émerveillait le couvent, ses plaintes mêmes avaient l'accent de la louange et de l'amour :

— Oh Seigneur! Je n'en voudrais pas tant [26]!

Et elle affirmait qu'il n'était trésors contre lesquels elle consentirait à échanger ses souffrances.

Enfin, elle déclare un peu d'amélioration en une phrase terrible : « Lorsque je commençai à marcher à quatre pattes, je louai Dieu [27]. »

Était-elle déliée de son sentiment de culpabilité? Se sentait-elle pardonnée, rachetée? Elle avait conscience d'avoir vaincu, elle était en droit de recevoir « la manne cachée », « les vêtements blancs », « l'étoile du matin [28] ». Jamais elle n'avait été plus libre que sur son grabat. Mise à l'épreuve, elle s'était jaugée et connaissait maintenant la limite de ses forces, s'avouait brisée par les exigences de son cœur dur, dur non pour les autres, mais pour elle, contre elle.

Un matin, au réveil, alors qu'elle entendait les moniales se diriger à la chapelle pour chanter prime, il lui prit un ardent désir de les suivre, et elle souhaita guérir : c'était s'absoudre du passé. Elle désira aussi retrouver sa cellule, car il lui était difficile de se recueillir à l'infirmerie, où elle n'était pas seule.

Elle désire vivre : peut-être désire-t-elle renaître. Pour elle, désirer, c'est vouloir.

Mais les médecins de ce monde l'avaient condamnée. Elle décida donc d'en appeler à ceux du ciel, et par un joli effet de sa logique, elle choisit saint Joseph : « Ce glorieux saint nous secourt en toutes nécessités; le Seigneur nous montre qu'il lui obéit au ciel, de même que sur la terre il lui était soumis et le nommait son Père [29]... »

Son premier mouvement, en demandant la guérison, fut de se différencier des gens, « des femmes en particulier, qui se livrent à des cérémonies que je ne pouvais souffrir, et dont on a bien vu qu'elles ne sont que superstition [30] ».

Sans doute avait-elle déjà en main, à l'infirmerie, la *Subida del Monte Sion* de Bernardo de Laredo — L'Ascension du Mont Sion — car le livre était récemment paru. Il contenait en appendice quelques pages exquises sur la dévotion à saint Joseph. Combien celle qui voulait vivre dut aimer le portrait qu'il fait de lui : « Un jeune homme resplendissant de vie... extrêmement beau... car comment admettre que notre Dieu ait donné pour compagnon à la Mère de son Fils, celui qui les servit, les suivit vingt ans durant, et les nourrit du travail de ses mains, un vieillard décrépit tel que le peignent les sots? Il y a là de quoi rire... »

Ce jeune saint Joseph « montra bien qui il était » : Teresa, un jour qu'elle se traînait à quatre pattes, sentit soudain qu'elle pouvait se redresser. Elle prit appui sur la plante de ses pieds, trouva son équilibre, se déplia de toute la hauteur de sa taille, et marcha avec autant d'aisance que si jamais elle n'avait été infirme. Ce qu'elle appelait ses péchés lui étaient remis.

Autour d'elle, le couvent criait au miracle.

7. *Teresa de Ahumada* *1540-1553*

— On demande au parloir Doña Teresa de Ahumada!

De ce pas dont elle doit au jeune saint Joseph la vivacité retrouvée, la miraculée se rend à celui des *locutorios* qu'on vient de lui désigner pour recevoir ses amis. Elle apparaît derrière la grille plus belle, plus gracieuse que jamais; la robe et le scapulaire de drap fin, la guimpe de mousseline blanche délicatement plissée, le voile noir doublé de blanc lui siéent à merveille, et elle a trop de goût pour enjoliver l'habit monastique, ainsi que le font beaucoup de ses compagnes.

Ces parloirs de l'Incarnation ont toujours été des salons mondains que les beaux esprits, — gentilshommes ainsi que nobles señoras, — fréquentent avec prédilection. Teresa en est devenue l'attrait principal : sa guérison l'a mise à la mode, et « de nombreuses personnes de toutes conditions lui rendaient visite, pour sa gentillesse et sa bonne grâce [1] ».

Au début, elle s'était contentée de répondre aux questions, les yeux baissés, confuse d'attirer l'attention, ne songeant qu'à retrouver sa solitude, ses oraisons. Mais on finit par moins aimer la cellule qu'on quitte souvent, et ce n'est pas en vain que l'on confond la charité chrétienne avec le goût de plaire. Allait-elle laisser repartir ses visiteurs sans de chaudes paroles, sans marquer de l'intérêt pour les nouvelles qu'ils venaient lui conter? Teresa était douée d'un cœur si reconnaissant qu'elle dira un jour : « On me subornera avec une sardine [2]. » Toute sa vie, elle saura embellir le moindre don qui lui sera fait par son art de remercier; elle saura donner, féliciter, compatir, faire plaisir. Bientôt tout Avila sut combien la conversation de la jeune Carmélite avait d'agréments.

On admirait que la religieuse de vingt-six ans ait gardé le charme de la jolie fille que le monde avait tant fêtée, et qu'elle ait, en plus « quelque chose de substantiel [3] », acquis au cours des années d'isolement dû à sa maladie, fruit de ses copieuses lectures, de ses méditations et de ses épreuves. Sa solidité de jugement, son ouverture d'esprit, captivaient d'autant plus qu'en un temps où tant de belles dames se piquaient de grec et de latin, elle s'excusait en riant de n'être point savante. Ce don d'attirer et de retenir la suivit toute sa vie; le licencié Don Antonio Aguiar qui la connut tardivement, à Burgos, dit qu'il passait auprès d'elle « toutes les heures du jour sans s'en apercevoir, et celles de la nuit dans l'espoir de la voir le lendemain; car sa façon de parler était fort gracieuse — et le mot *gracioso* en espagnol ajoute une pointe de drôlerie à la grâce, — sa conversation à la fois très douce et très grave, simple, sensée, et comme émanant de son cœur : tant elle brûlait de l'amour de Dieu! Il rayonnait de ses paroles un feu si doux qu'il faisait fondre sans les brûler les cœurs de ceux qui l'approchaient; car parmi ses dons, elle avait *gratia sermonis* et entraînait à sa suite, où elle le voulait, pour ce qu'elle voulait, ceux qui l'entendaient... On eût dit qu'elle tenait en main le timon qui retourne les cœurs... » C'est ainsi que déjà à l'Incarnation rayonnait celle que ce même Aguiar appellera « l'aimant du monde [4] ».

Les sujets de haute dévotion étaient du meilleur ton, en particulier au parloir du monastère. Une religieuse pouvait-elle se dérober à des discussions sur l'oraison, où l'on comparait les méthodes d'Osuna à celles de Laredo, où l'on vantait les mérites de la Compagnie fondée par Ignace de Loyola? Teresa de Ahumada parlait de Dieu admirablement, mais elle plaisait d'autant mieux qu'elle ne se lassait pas d'en entendre parler. Le pieux gentilhomme qui au cours d'un voyage avait eu la bonne fortune d'entendre prêcher le P. Juan de Avila ou le P. Fray Luis de Granada était sûr de trouver à l'Incarnation un auditoire de choix :

— Doña Teresa de Ahumada, au *locutorio!*

Il se formait un cercle, Teresa approchait de la grille son visage, déjà le visiteur était content de soi, donc content d'elle :

— C'était ce vendredi saint. L'église était comble. Fray Luis monta en chaire, et commenta le mot « Passion », avec tant de force, une éloquence si vive, et tant de tendresse, que l'assistance entière éclata en sanglots. Les gémissements furent tels que le prédicateur dut interrompre son sermon [5]...

Teresa louait le narrateur et, du sacré, on passait aisément au profane. Les frégates qui cinglaient de Séville vers l'outremer, en revenaient, chargées d'or et de fruits étranges et délicieux, étaient un sujet toujours exaltant. On apportait à Teresa des nouvelles de Fernando, de Rodrigo, que Lorenzo et Pedro étaient allés rejoindre en 1540. A moins qu'il ne s'agît d'un remède contre la fièvre, d'une de ces recettes à base d'herbes dont la jeune nonne était curieuse; ou mieux encore, un sonnet bien tourné, une bataille bien gagnée. Savoir où et comment on se battait, pour Dieu et l'Empereur, contre le Turc, le Français ou l'Indien, c'était connaître le sort des fils et des frères des Avilais.

Tout intéressait Teresa, tout la passionnait, et il n'était un de ses propos qui n'intéressât, n'amusât, ne passionnât la cour de ses fidèles.

Alonso Sanchez tombait de plus en plus souvent au milieu de ce cénacle alors qu'il venait la voir. Elle l'accueillait avec une affectueuse déférence, mais lorsque ses amis faisaient mine de partir, elle les retenait en enchaînant vivement la conversation générale. Le pauvre homme demeurait penaud, repartait le cœur navré. Où était le temps où sa Teresa, à lui seul, parlait longuement, avec une éloquence si prenante qu'il lui devait de s'être initié à l'oraison? Il émanait de sa fille tant de force persuasive qu'elle avait accompli l'œuvre la plus difficile : hausser un pieux observant sur les cimes de la mystique. Était-ce bien elle qu'il voyait maintenant rieuse, caqueteuse, distraite de son père, et, semblait-il, distraite de Dieu?

Il le lui reprocha, un jour où il parvint à la trouver sans témoins. Loin d'elle l'idée de mentir : elle reconnut ne plus faire oraison, et invoqua l'excuse de sa mauvaise santé.

— C'est déjà pour moi un gros effort que d'être présente au chœur [6].

Alonso Sanchez atteignait maintenant à la haute contemplation; il tint ses visites à l'Incarnation pour « du temps perdu », et les espaça si bien que les habitués n'eurent plus à craindre les quelques minutes de gêne que créait l'arrivée de ce vieillard en noir, au regard doux, triste, et très lumineux. « J'étais prise par tant de vanités, dit Teresa, que je ne m'en souciai point [7]. »

Elle n'avait pas osé dire à son père qu'elle ne pouvait désormais plus se recueillir « sans enfermer en elle-même mille vanités [8] ».

Au sortir de sa longue et grave maladie, ou plus exactement de sa longue crise, car elle restera malade toute sa vie, elle avait éprouvé à renaître un plaisir bien naturel. L'agrément qu'elle trouva dans les amitiés, les conversations, les distractions qui s'ensuivirent au cours de ses exercices spirituels, de longues périodes de sécheresse, le fait qu'elle attendit parfois avec impatience le tintement qui annonçait la fin des offices, contrastaient si fort avec son idéal de ferveur qu'elle se crut perdue au point de ne plus oser regarder Dieu en face; et elle renonça à tout ce que le *Troisième Abécédaire* lui avait enseigné. Déçue d'elle-même, cette « âme royale » se punissait par la médiocrité. Quoi! Elle avait ambitionné la sainteté? Rêvé d'actes héroïques? Elle avait failli mourir de ces excès. Dieu lui-même avait raillé sa présomption. Ne peut-on faire son salut sans rigueurs excessives? Le monastère de l'Incarnation semblait créé exprès pour cette honnête moyenne. N'était-ce pas pour cela qu'elle l'avait choisi? Quelle sotte ambition l'avait poussée à vouloir se distinguer par une piété et des mortifications plus austères que celles de ses sœurs! « La loi commune me sembla la meilleure, car j'étais vile parmi les pires; faire les prières d'obligation, vocalement, vaudrait mieux que la pratique de l'oraison mentale et la fréquentation de Dieu pour celle qui méritait la compagnie des démons, et qui trompait les gens; car j'avais, extérieurement, de bonnes apparences [9]... »

Au chœur comme au parloir, comme en récréation, Teresa de Ahumada avait le talent de se mettre à la portée de chacun, et se faisait avec ses compagnes « toute à tous, même dans sa manière d'être, avec une perfection telle et un tel don d'adaptation qu'il nous est arrivé parfois d'en rire [10] », écrira dans l'avenir Ana de Jésus. Elle s'imaginait tromper son monde, car elle se mesurait d'après ses plus hautes exigences; en réalité, elle vivait conformément aux usages établis dans un couvent où mille accommodements avec les Constitutions étaient « licites », bien qu'il ne fût point, parmi ceux d'Espagne, l'un des plus relâchés.

Tout servait de prétexte, d'excuse, de bonne raison : la tolérance semblait l'essentiel de la Règle, sauf pour les novices qui la suivaient strictement; c'est ainsi qu'elles n'étaient admises à recevoir des visiteurs que rarement. Tandis que les moniales se paraient de bijoux, papotaient sans scrupule aux heures du silence, se rendaient visite de cellule à cellule, et faisaient, aux récréations, leurs délices de musique profane. Leurs dévots ne leur apportaient-ils pas les nouvelles chansons? Ne grignotaient-elles pas, à toute heure du jour, les bonnes choses à manger qu'ils leur glissaient à travers les grilles du *locutorio?* Une religieuse choisie parmi les plus sages était toujours en tiers, au parloir, mais les sages avaient faim autant que les frivoles, et ne résistaient pas à une pâtisserie. Le monastère était pauvre, surpeuplé, le régime de famine auquel les moniales étaient soumises était dû à la misère plus qu'à l'observation de la Règle d'abstinence telle que la pratiquaient les Pères du Désert, fondateurs de l'ordre; et lorsqu'une nonne trouvait un bon prétexte pour aller quelque temps se faire nourrir chez elle, ou chez de dévotes gens avides de la compagnie d'une Carmélite, la Prieure se hâtait de l'y autoriser, à condition qu'elle emmenât une de ses sœurs comme chaperon : deux bouches de moins à nourrir. C'est ainsi que Teresa elle-même était souvent absente : les grandes familles d'Avila se disputaient sa présence.

Comment exiger une constante ferveur de cent quatre-vingts filles qui gardaient ainsi un pied dans le monde, et dont beaucoup ne s'étaient faites religieuses qu'en désespoir de trouver un mari? Depuis la découverte des terres qu'on appelait les Indes, les garçons préféraient aux beaux yeux des fiancées espagnoles les mirages de l'outre-mer : rien que dans la famille des Cepeda y Ahumada, sept sur sept partiront, sept beaux gars, de bons partis, laissant sept demoiselles libres « d'habiller les saints », c'est-à-dire de faire partie de ces confréries de dévotes qui règnent sur la garde-robe des statues du Christ, et celle des vierges parées de velours et de brocart d'or.

A quelques ferventes près, le monastère de l'Incarnation semblait plutôt une pension de dames seules, où chacune, suivant sa fortune, son rang, ses attraits personnels, s'organisait une existence plus ou moins agréable, dans la pratique de vertus estimées indispensables pour atteindre, sans trop de peine, à une position de bonne compagnie dans l'autre monde.

Dans l'autre monde : car en celui-ci « il est impossible de rien réussir de bien lorsqu'il y a plus de quarante femmes ensemble : tout n'est que tumulte et tohu-bohu, elles s'entravent les unes les autres [11] ». Teresa trouva beaucoup d'amies pour l'aider à tomber parmi les cent quatre-vingts nonnes de l'Incarnation, alors que, pour se relever, elle était seule.

« Teresa » par-ci, « Doña Teresa de Ahumada » par-là : il était toujours une sœur pour venir la distraire, alors qu'elle cherchait à se recueillir. On ne l'aimait que trop, elle qui tenait tant à ce qu'on l'aimât ; sa gaieté enchantait, sa loyauté rassurait ; de celle-là on était sûre qu'elle ne vous dénigrerait point, aussitôt le dos tourné. Les expansives la cajolaient : « Ma vie ! Mon âme ! Mon trésor [12] ! » Mais elles comprirent bientôt que ce penchant féminin pour les mots d'amitié n'était pas plus de son goût que les potins, querelles et « on-dit ». On admirait ses raffinements de charité : parfois, à l'office de l'aube, ses sœurs s'étonnaient de trouver reprisées leurs capes trop usées : c'était Teresa qui, ayant estimé qu'elle ne montrait pas assez d'amour envers ses sœurs, s'était levée la nuit pour les raccommoder...

Qui donc eût songé à lui reprocher le nombre d'heures qu'elle passait au parloir ? Elle restait dans les bornes admises. Nul homme de bonne maison, jeune, bien fait, galant, n'eût même imaginé qu'une religieuse également bien née puisse refuser de deviser avec lui. On le disait « son dévot », elle était censée l'aider à sauver son âme, et nul ne s'étonnait de voir que les jolies attiraient plus que les laides cette dévotion-là. Teresa était trop fière pour suivre l'exemple de celles qui poussaient la pratique de l'apostolat, l'heure du parloir passée, « par les fissures et les murs, ou la nuit [13] ... »

Lorsque Teresa se reprochait d'agir ainsi que toutes ses sœurs, elle montrait vis-à-vis d'elle-même l'exigence du sportif qui se maudit lorsqu'un verre d'alcool met sa forme en danger, alors que celui qui se moque du record du monde le boit sans remords. Les religieuses de l'Incarnation ignoraient de quelle hauteur l'ambition de Teresa était descendue au niveau du traintrain de leurs patenôtres. Elles la voyaient rechercher parfois la solitude, se garder de médire et de désobéir, exacte aux offices, recueillie dans la prière, elles l'entendaient parler de Dieu avec une exceptionnelle éloquence ; Teresa de Ahumada était toujours disposée à donner de l'argent pour faire peindre de pieuses images sur les murs du couvent, elle ornait son oratoire particulier, faisait célébrer à ses frais d'édifiantes cérémonies en l'honneur de ses saints préférés, — saint Joseph le premier de tous; — il n'en fallait pas tant pour passer pour une religieuse modèle à l'Incarnation. Sa conduite était « licite » pour ses compagnes, ses supérieures, son confesseur.

Pour elle, là n'était pas la question : qu'était-il advenu des actes héroïques? De l'élan vers la sainteté? « Oh grand mal! Très grand mal de religieux qui ne gardent point la religion! La jeunesse, la sensualité, les poussent vers le monde... Le moine ou la moniale qui veulent suivre Dieu doivent craindre ceux de leur propre maison plus que tous les démons. Ils doivent user de plus de dissimulation pour vivre dans l'amitié de Dieu qu'en ces autres amitiés que le démon suscite en ces monastères... Si les parents suivaient mon conseil, ils réfléchiraient, pour leur honneur, avant d'y mettre leurs filles : elles y sont en danger plus que dans le monde. Ils préféreraient les marier au-dessous de leur rang, ou les garder chez eux [14]... »

Elle voyait le péril, le frôlait, lui échappait à temps grâce à son irréductible sentiment de l'honneur, mais ne le fuyait point.

Ce n'était pourtant pas faute d'avertissements.

Parmi les gentilshommes qui lui rendaient des soins assidus, il en était un pour qui elle avoue *mucha aficion*, ce qu'on peut traduire par beaucoup de goût, en y ajoutant la nuance d'un tendre sentiment. On admet qu'il avait nom Don Francisco de Guzman; il était jeune, riche en bien terrestre et appartenait à l'une des plus nobles familles de Castille. Était-il plus dangereux que l'avaient été le cousin qu'elle avait autrefois rêvé d'épouser, ou que le « pauvre homme » de Becedas? Dieu s'en mêla, le diable aussi : « Je ne le connaissais que depuis fort peu de temps lorsque le Seigneur voulut me faire comprendre que cette amitié ne me convenait point. Le Christ se montra à moi avec un visage très sévère, et il me signifia son mécontentement. J'en fus effrayée, troublée, et je ne voulus plus revoir cet homme [15]. » Mais le démon lui fit croire que cette vision n'avait été qu'un effet de son imagination, le visiteur insista, les petites sœurs autour d'elle affirmaient que la fréquentation d'un si digne hidalgo non seulement ne nuisait pas à la réputation de Doña Teresa de Ahumada, mais qu'elle la rehaussait : c'est ainsi qu'elle retourna à cette « récréation pestilentielle [16] ». La pensée de cet ami devint, aux offices, une distraction constante. Si bien qu'un énorme crapaud lui apparut au parloir, un jour qu'elle s'y tenait « avec cette personne ». Plusieurs témoins le virent « marcher beaucoup plus vite que ne marche cette vermine [17] ». Teresa eut grand-peur, mais ce deuxième avis fut encore négligé.

Et lorsqu'une vieille religieuse, sa parente, crut opportun de la mettre en garde, elle ne reçut en réponse qu'un haussement d'épaules :

— Vous vous scandalisez pour rien [18] ! et elle la bouda.

Les jeunes générations contemporaines d'un nouveau monde, jugeaient les gens âgés en retard sur le progrès, et figés dans d'absurdes préjugés.

Tout de même : lorsqu'on appelait au parloir Doña Teresa, elle n'y courait plus d'un pied aussi léger : ce petit pied cambré dans la fine chaussure dont « il » ne se lassait point de lui faire compliment. L'Époux veillait. Il se vengeait de l'épouse volage en l'inondant de délices spirituelles. Il la connaissait bien : c'était pour elle « un genre de torture terrible [19] » que de recevoir des grâces dont elle se savait indigne. Elle se ressaisissait, mais savait à ce moment même qu'elle retomberait de nouveau.

« De passe-temps en passe-temps, de vanités en vanités, d'occasions en occasions [20]... » « Oh ! Seigneur de mon âme ! Vanterai-je jamais assez vos faveurs au cours de ces années [21] ? »

On s'émerveille de voir la sollicitude dont ils l'entouraient tous deux, Dieu et le diable. Dieu pour la faire sienne, et le diable pour l'arracher à Dieu. Car la pensée des délices divines affadissait le plaisir qu'elle trouvait en ses vives amitiés, et lorsqu'elle s'isolait avec Dieu, le souvenir de ses vives amitiés s'accrochait à sa mémoire.

C'est ainsi que luttait encore, sept ans après son entrée au couvent, « cette âme qui s'est si souvent détruite [22] ».

Teresa allait trouver de l'aide au chevet de son père agonisant. L'année 1543 touchait à sa fin. La Carmélite était retournée à la maison de la Plazuela Santo Domingo pour soigner Alonso Sanchez. « J'étais plus malade en mon âme qu'il ne l'était en son corps, prise par les vanités, bien que je ne croie pas avoir commis de péché mortel pendant ce temps qui fut encore plus perdu que je ne le dis [23]... »

Sous le toit paternel, entourée de ses objets familiers, elle pouvait mesurer le chemin parcouru depuis le jour où elle avait tant souffert de quitter tout cela, et d'abandonner le vieil homme qui tournait vers elle un regard déjà voilé. Elle l'avait crucifié par son départ, et peut-être aussi l'avait-elle ruiné : il n'était point de ceux qui veillent sur leur patrimoine. Doña Beatriz, puis Maria et Teresa, avaient été des intendants nécessaires. Seul, il s'était appauvri à force de générosité envers ses fils, qu'il avait largement équipés pour l'armée, envers Maria, toujours en peine, envers les pauvres gens. Gravement endetté, Alonso Sanchez était riche de l'amour du Seigneur.

Teresa, qui se croyait si éloignée de Dieu, apporta pourtant à son père mourant la paix suprême. Une douleur aiguë dans les reins le faisait beaucoup souffrir :

— Père, vous êtes dévot du Christ portant sa croix. Que ne songez-vous que Sa Majesté veut vous faire partager ses souffrances, alors qu'il portait cette croix sur son dos [24] ?

Cette pensée lui fut si consolante qu'il cessa de gémir. Il mourut en pleine connaissance, en récitant le *Credo*, et après avoir rappelé à ceux de ses enfants qui l'entouraient qu'ils aient à considérer que tout a une fin. « Mort, on eût dit un ange [25]. »

Le P. Vicente Barron, qui assista le mourant, confessa Teresa. C'était un esprit calme, exigeant et précis. Elle s'ouvrit à lui du désarroi où elle était, lui avoua qu'elle ne se jugeait plus digne de faire oraison depuis longtemps déjà.

Les directives de ce Dominicain ressemblent à une ordonnance médicale, elles ne laissent place ni aux scrupules ni aux hésitations :

1° Communier tous les quinze jours.

2° Reprendre l'oraison. En toutes circonstances, cela ne peut faire que grand bien.

Le P. Vicente Barron, par sa lucidité tranquille, a permis

à Teresa de Jésus de naître en Teresa de Ahumada : quoi qu'il arrivât, il enjoignait à la malade de ne plus se priver du remède.

Teresa résume les effets de cette consolation :

« Je retournai à l'oraison, toutefois sans éviter les occasions de pécher; mais jamais plus désormais je n'y ai renoncé [26]. »

« Ma vie était pénible, car dans l'oraison je voyais mieux mes fautes. »

Voilà bien ce qu'avait prévu ce praticien des âmes.

« D'un côté, Dieu m'appelait; de l'autre, je suivais le monde. Toutes choses de Dieu me donnaient grand contentement, mais celles du monde me tenaient attachée. On eût dit que je voulais concilier ces deux extrêmes, rapprocher ces ennemis : la vie spirituelle avec les satisfactions, plaisirs, et passe-temps sensuels [27].

« Je passai ainsi beaucoup d'années... »

Exactement dix ans depuis sa rencontre avec le P. Barron. Mais elle était désormais « appuyée à cette forte colonne qu'est l'oraison [28] ».

Depuis le premier coup de heurtoir que Dieu frappa à la porte de son cœur à Notre-Dame de Grâce jusqu'au grand choc reçu en 1553, Teresa de Ahumada vécut un peu plus de vingt ans entre le monde et Dieu.

II. La route royale

« Seigneur, celui qui vous aime vraiment est en sûreté
sur une route large et royale. » VIE CH. XXXV.

1. Le Christ couvert de plaies
1553-1554

Un jour de l'année 1553 [1] en traversant l'oratoire, Teresa de Ahumada vit un buste, un *Ecce Homo*, qu'on venait d'y déposer. « Il représentait de si édifiante façon un Christ couvert de plaies que dès le premier regard je fus toute troublée du sentiment de ses souffrances pour nous. Mon cœur se brisa de remords en songeant à mon ingratitude pour ces plaies. Je me jetai à genoux devant lui, en larmes, et le suppliai de me fortifier une fois pour toutes, afin de ne plus l'offenser désormais [2]. »

Il lui était souvent arrivé, après la communion, de s'imaginer être aux pieds de Jésus, comme Marie-Madeleine, et de pleurer, mais elle avait tôt fait d'oublier ces élans de repentir : « Il me manquait sans doute de mettre ma confiance tout entière en Sa Majesté, et de perdre celle que j'avais en moi-même [3]. » Cet *Ecce Homo* aux chairs grises, sur lequel s'étalent en rouge des blessures béantes, ou encroûtées, cette face ruisselante du sang qui jaillit sous la couronne d'épines, ce douloureux regard de verre, lui révélèrent ses limites : elle ne vit de recours qu'en Dieu, elle ne se relèverait point qu'il ne lui ait répondu.

Tel fut le premier tressaillement. Jésus, après avoir donné tant de coups de heurtoir en vain, pénètre « ce cœur dur ». Elle va découvrir que son amour « est au-dessus de toutes les jouissances de la terre, au-dessus de toutes les délices [4] ».

A partir de ce jour, elle constata ses progrès : elle évita le parloir, redoubla de constance et d'ardeur dans l'oraison, sa charité se fit plus humble et plus patiente. Ce changement n'échappa pas à ses sœurs : elles la surprirent souvent si absorbée en Dieu qu'elle ne voyait personne, pas plus qu'elle ne lisait le livre ouvert devant elle. Car elle avait encore besoin d'aide pour se recueillir : « Un livre m'est utile... la campagne, l'eau, les fleurs, m'aidaient également [5]... »

Au début de 1554, on lui donna les *Confessions* de saint Augustin, dont la traduction espagnole venait d'être imprimée. En l'homme qui avait tant aimé le monde, tant lutté pour s'en détacher, en ce lecteur de romans, en ce pécheur longtemps impénitent, Teresa de Ahumada crut se reconnaître : « Lorsque j'en arrivai à sa conversion, au moment où il entend cette voix dans le verger, ce que mon cœur ressentit fut si violent qu'on eût dit que c'était moi que le Seigneur appelait. Je ruisselai de larmes longuement. »

Ce second choc projeta définitivement Teresa « hors d'une mort si mortelle [6] ». C'était, après un circuit à travers tentations et dangers, revenir au point de départ, à sa petite enfance. Car tout était déjà dans la petite Teresa.

Différente d'elle-même, disaient ses compagnes de l'Incarnation, alors qu'elle était enfin pareille à elle-même, pareille à l'enfant qui déjà voulait renaître dans la gloire de Dieu « pour toujours toujours toujours », quand bien même l'enjeu en serait le martyre.

« C'est à partir de maintenant un livre neuf, je dis une vie nouvelle. »

« Jusqu'alors, il s'est agi de ma vie. Maintenant, Dieu vit en moi. »

« Dieu soit loué qui m'a délivrée de moi-même [7] ! »

Le Seigneur n'attendait que la décision de Teresa pour la combler de grâces spirituelles. « A peine avais-je détourné mon regard des occasions de pécher, et déjà Sa Majesté recommençait à m'aimer... Il me semblait que je venais à peine de me disposer à le servir, et déjà Sa Majesté recommençait à me choyer [8]... » Il lui est accordé « très habituellement l'oraison de quiétude, et souvent celle d'union, qui durait très longtemps. Mais il y avait eu en ce temps-là beaucoup de femmes victimes d'illusions et de tromperies du démon : si grandes étaient les délices, les douceurs que je ressentais malgré mes résistances, que j'en fus épouvantée [9]. »

A qui pouvait-elle avouer ces faveurs et ces craintes? Jamais les confesseurs de l'Incarnation ne l'avaient comprise. Elle n'osait en parler aux plus graves de ses sœurs. Déjà, le premier moment d'étonnement passé, sa transformation suscitait de l'inquiétude autour d'elle : les vierges sages ne la tenaient pas encore pour l'une d'elles, et les vierges folles s'exaspéraient de voir celle dont « les vanités » justifiaient les leurs, montrer un repentir qui les accusait toutes. On commença, en la regardant, à chuchoter; nombreuses furent bientôt celles qui la désignaient du doigt, et enfin tout le couvent grinça de sarcasme, ou de pitié :

— Teresa de Ahumada se prend pour une sainte!

— Teresa croit inventer des nouveautés [10]!

Le premier de ses efforts méritoires fut de consentir humblement à plaire moins; mais cela ne suffit pas à calmer ses inquiétudes. Un jour, aux Heures, pour la première fois, elle entendit la voix du Seigneur : « Sers-moi, et ne t'occupe point de tout cela [11]. » Elle fut plus effrayée que consolée par ces divines paroles, « âme traquée et affligée [12] » faute d'un directeur expérimenté.

Heureusement, les alliances des Cepeda et Ahumada étaient vastes. Le bon oncle Pedro était apparenté, par sa femme, Catalina del Aguila, à Don Francisco de Salcedo, que Teresa appellera *el caballero santo*, « le saint gentilhomme », tant sa piété était grande. Piété éclairée : il s'était pendant vingt ans instruit de théologie au collège dominicain de Santo Tomas, et Fray Pedro de Alcantara le tenait pour « le meilleur bonnet d'Avila », bonnet de docteur, bien entendu. Il était bien des hommes vertueux dans la ville des pierres et des saints, mais nul autant que lui. Mieux que tout: il était bon.

C'est à lui que Teresa de Ahumada parla. Elle n'avoua pourtant ni ses grâces ni ses craintes : elle dit seulement le mal qu'elle avait à se vaincre, ses efforts pour mieux faire, sans cesse déçus, sans cesse renouvelés; on l'accusait de trop d'exigences, alors qu'elle-même s'accusait d'excessive faiblesse. Elle avait besoin qu'un directeur l'aidât à voir clair et lui imposât ce qu'elle n'osait affronter : elle se tenait pour fort peu mortifiée.

Don Francisco lui amena le P. Gaspar Daza. Tout Avila admirait le zèle apostolique de ce prédicateur qui ne réservait pas aux citadins le privilège d'entendre l'Évangile. En des temps où l'ignorance des campagnes était telle qu'en des coins isolés les bonnes gens ne savaient pas le *Pater*, il allait prêcher, été comme hiver, dans les hameaux lointains. Teresa espéra beaucoup de tant de vertu et de tant d'intransigeance. Mais Don Gaspar avait beaucoup à faire au service du Seigneur : il estima n'avoir pas de temps à perdre pour une nonne que les confesseurs de son ordre ne contentaient point.

Il ne se soucia même pas de la mettre à l'aise :

« J'étais grandement confuse, en présence d'un aussi saint homme. Je lui exposai l'état de mon âme et ma manière d'oraison. Il ne voulut pas me confesser, se déclarant fort occupé [13]. »

Teresa remarqua qu'il prit ce qu'elle lui dit « comme quelque chose dont il faut finir une bonne fois [14]... » Il la jugea sur son degré d'oraison, en personne forte, et trancha net dans ce qui lui restait d'attachements. Mais elle se savait faible, malgré les grâces que lui prodiguait le Seigneur, encore balbutiante dans l'exercice des vertus et de la pénitence, et se jugea incapable de faire ce qu'il lui ordonnait. « Il y avait là de quoi perdre espoir, et tout abandonner [15]. »

Francisco de Salcedo, plus compatissant, revint la voir souvent, sa confiance en lui grandit, et elle lui avoua un jour les douceurs de son oraison surnaturelle : « J'appelle ainsi ce que ni l'habileté ni la diligence n'obtiennent, pour beaucoup qu'on s'y efforce et qu'on s'y dispose [16]. » Elle dit le sentiment de la présence de Dieu qui se saisissait d'elle si vivement qu'elle ne pouvait douter que Dieu était en elle, et elle « engouffrée [17] » en lui; cette tendresse continuelle, les plaisirs qu'elle éprouvait « ni tout à fait sensuels, ni tout à fait spirituels [18] », « suavités, délices auxquelles rien ne peut se comparer, agonie dont les joies dépassent ce qu'on peut dire [19]. » « C'est un dur et savoureux martyre [20] » que de « mourir à tous les agréments du monde, et de jouir en Dieu [21] ». Don Francisco l'entendit s'avouer « comme étourdie, ivre de cet amour [22] » : « inquiétudes savoureuses », « glorieux égarement, céleste folie [23]... »

Le saint gentilhomme fut atterré. Il convoqua d'urgence Gaspar Daza, qui accourut, tous prêches cessants. Cette nonne qu'ils jugeaient l'un et l'autre fort imparfaite parlait avec un accent de sincérité bouleversant des grâces inouïes que lui prodiguait le Seigneur.

— Ces choses-là ne concordent pas, disait l'un.

— Les grâces spirituelles ne sont le fait que de gens très rompus dans l'exercice des vertus, et mortifiés, renchérissait l'autre [24].

Et tous deux de conclure :

— Prenez garde... On reconnaît à certains traits l'œuvre du mauvais esprit...

« Ils n'eurent pas plus tôt parlé, dit Teresa, que je fus en grande affliction et larmes, moi qui avais déjà si peur [24bis]. »

Et Teresa de Ahumada, la brillante causeuse du parloir de l'Incarnation, âgée de près de quarante ans, en pleine possession de son intelligence, à la veille de l'éclosion de son génie, est si intimidée par ces théologiens, si effrayée à l'idée d'une illusion démoniaque qu'elle ne trouve pas ses mots pour se justifier des grâces que lui fait son Dieu.

Le « sommeil des facultés » avait semblé particulièrement inquiétant aux dignes personnages. Comme un enfant qui désespère de s'exprimer, elle cherche dans l'*Ascension du Mont Sion*, de Bernardino de Laredo, les phrases qui lui semblent décrire ce qu'elle ressent, sans songer que le choix d'un auteur franciscain n'était pas très habile : les fils d'Ignace de Loyola, dont Salcedo et Daza subissaient l'influence, accusaient de sentimentalité excessive les fils de saint François. « A l'endroit où il est parlé de l'union avec Dieu, je trouvai toutes les marques de ce que j'éprouvais », relativement à cette impuissance à réfléchir, ce « ne penser à rien [25]... » Je soulignai d'un trait des passages... « Que « celui qui a des oreilles entende, et sache qu'en cette « absence de pensée est compris un vaste monde qui inclut « la contemplation parfaite et contient tout ce qui est, si

« bien qu'en sa présence le reste n'est rien : en tant que rien,
« on n'a donc pas à y penser. Car vraiment en présence de
« notre Dieu et Seigneur, toutes choses créées ne sont
« rien... De l'âme donc qui, par union d'amour dans la
« contemplation, quiète, est occupée en Dieu, on peut bien
« dire en vérité qu'elle ne doit penser à rien, car en cette absence de pensée elle possède l'essentiel de toute pensée [26].»

Les deux « saints serviteurs de Dieu » allaient donc étudier, documents en main, le « cas » Teresa de Ahumada. Elle attendit leur sentence avec soumission : « J'étais disposée à abandonner l'oraison, s'ils l'estimaient nécessaire. A quoi bon courir ces dangers, puisque, au bout de vingt ans de pratique du recueillement, je n'avais rien gagné, que tromperies du démon? Mieux valait renoncer... [27] »

Pour la deuxième fois, l'attitude du P. Gaspar Daza décourage celle qui préférerait se briser plutôt que céder. Il est de ces « demi-théologiens ombrageux [28] » dont elle avoue qu'ils lui ont coûté très cher.

Elle vécut ces jours d'expectative dans l'angoisse et la prière.

Enfin, ces moitiés de théologiens, qui ne font pas à eux deux une personne de bon sens, prononcent leur verdict :

— Le démon!

Don Francisco Salcedo ne délaissa pas Teresa. Pour la tirer d'un pas si périlleux, il n'était, à son avis, qu'un Père de la Compagnie de Jésus. Il se trouvait au mieux avec eux, son beau-frère ayant été le principal artisan de leur installation toute récente à l'hospice San Gil. L'apostolat était leur raison d'être, et leurs méthodes de vie spirituelle, l'austérité de leurs mœurs, ne nuisaient pas à leur compréhension des faiblesses humaines. Les mérites des Jésuites avaient souvent fait les frais des conversations, au parloir de l'Incarnation. Il fut décidé que Teresa écrirait une confession générale qu'elle remettrait à celui de ces Pères qui voudrait bien s'occuper d'elle.

Mais que d'histoires pour cette visite! Que de papotages à craindre! Teresa supplia la portière de ne point révéler qu'un Père « de la Compagnie » des saints hommes venait voir la plus « vile » des nonnes de l'Incarnation. La malchance voulut qu'une bavarde se trouvât là lorsque le P. Cetina arriva. Tout le couvent en parla, et bientôt tout Avila.

Le P. Diego de Cetina n'était pas un grand jésuite. « Petite santé... tête faible... Penchant à dire les Heures de Notre-Seigneur et à l'oraison mentale. Aime les sermons, les messes et à parler de Dieu. » Un rapport confidentiel ajoute : « Prêche médiocrement. Confesse. N'est pas bon à autre chose [29]. »

Il avait, à l'époque, vingt-trois ans.

Son verdict fut :

— Dieu !

Ainsi que le P. Barron, de l'ordre de saint Dominique, l'avait fait dix ans auparavant, le P. Cetina, de la Compagnie de Jésus, ordonna à Teresa de n'abandonner l'oraison sous aucun prétexte. Fidèle aux directives d'Ignace de Loyola, il lui demanda de concentrer chaque jour sa méditation sur l'une des stations du Calvaire, et de ne penser au Christ qu'en sa personne humaine. Il la jugea peu portée à la pénitence, — sa mauvaise santé en était un peu la cause, — et lui imposa des mortifications qu'elle estima « peu savoureuses [30] », mais auxquelles elle se soumit.

Il lui intima, enfin, d'opposer autant qu'elle le pourrait une grande résistance aux plaisirs des sens qu'elle éprouverait.

« Il me guida si bien qu'il me semble que je ne suis plus la même. La grande chose, que de comprendre une âme [31] ! » Il y avait vingt ans qu'elle cherchait un confesseur qui la comprenne. La « tête faible » du P. Cetina s'avérait bonne à autre chose qu'à des prêches médiocres : il s'attacha à l'âme royale qui lui était confiée. Lorsque celui que Teresa appelle « le Padre Francisco qui était duc de Gandie », c'est-à-dire François Borgia, vint à Avila au printemps de 1554, Diego de Cetina lui parla de la Carmélite, et obtint qu'il vînt la voir.

Le P. Francisco jouissait du prestige d'avoir renoncé, pour Dieu, à l'un des plus beaux noms d'Espagne. L'histoire de sa conversion avait longtemps fourni aux Avilais un sujet de conversation tel qu'ils les aimaient, à la fois grandiose et macabre.

Ç'avait été en 1539; l'impératrice Isabelle venait de mourir, et son fils, l'infant Philippe II, qui n'avait que douze ans, précédait à cheval le convoi funèbre qui emmenait à travers l'Espagne en deuil les restes de la Reine vers son tombeau de Grenade. François Borgia, marquis de Lombay, fils du duc de Gandie et de Jeanne d'Aragon, l'un des serviteurs préférés de la morte, eut l'honneur d'être désigné pour identifier la dépouille.

Lorsque dans la chapelle mortuaire des Rois catholiques on ouvrit le cercueil, une puanteur écœurante fit reculer la noble escorte. Ces gentilshommes, la main sur la garde de leur épée, jurèrent pourtant que c'était bien là « le royal cadavre de Doña Isabel de Portugal, impératrice d'Allemagne, épouse du magnifique, puissant et catholique roi Charles notre seigneur ».

L'Archevêque s'étonna du silence de Don Francisco de Borgia.

— Vous ne prêtez pas serment?

Il contemplait des chairs putréfiées dans l'or encore étincelant des vêtements royaux :

— Je ne puis dire qu'une chose; j'ai fait conduire sous rigoureuse garde le corps de notre Dame pendant tout ce voyage de Tolède à Grenade. Mais que moi, qui admirais en elle tant de beauté, jure que c'est bien elle... je n'en ai pas la force.

L'Archevêque insista :

— Reconnaissez-vous, enfin, votre Dame et Reine?

François appuya sa main droite sur sa croix de chevalier de l'ordre de Santiago, pourpre sur la grande cape blanche, tandis que sa main gauche laissait retomber le voile mortuaire sur le cadavre impérial :

— Oui. Mais je jure aussi de ne plus jamais servir maître qui soit mortel.

A la mort de sa femme, peu de temps après, le Duc renonça aux honneurs, à sa fortune, à ses titres, et entra à la Compagnie de Jésus.

La nouvelle éclata en 1550 « comme un coup de canon ». Elle fit un envieux : l'empereur Charles-Quint, qui déjà avait envoyé des émissaires « considérer la maison, le site, le ciel, et la disposition du monastère de Yuste ».

En cette année de 1554, le P. Francisco venait de Tordesillas, où il était resté quelque temps auprès de la reine Jeanne la Folle. Ses prêches à Avila attiraient un telle foule dans l'immense cathédrale que ce triomphe eût pu griser tout autre que ce parfait adepte de la vertu d'humilité : il n'y trouva qu'une raison de s'abaisser, comme en toute chose.

Était-il plus humble que le prébendier Gaspar Daza, ce Grand qui avait vu l'épouse du plus puissant des monarques se confondre dans le néant? Il n'intimida pas Teresa de Ahumada qui étala devant lui les secrets de sa vie intérieure. Il connaissait, lui, les délices que Jésus prodigue à ceux qui quittent tout pour Lui.

Il confirma le diagnostic du P. Cetina :

— C'est bien l'esprit de Dieu.

Il ajouta qu'il ne serait point séant d'y résister :

— Laissez-vous ravir par Sa Majesté, réjouissez-vous en lui, puisqu'il veut vous réjouir...

Il y eut du sourire dans cet entretien : l'instant où s'efforçant de décrire la sorte d'hébétude dans laquelle elle se trouvait parfois, tout absorbée en Dieu, Teresa dit :

— Il me semble que mon âme est comme un petit âne en train de brouter...

Voilà donc Francisco de Salcedo et Gaspar Daza rassurés, les bons becs d'Avila cloués par les assurances d'un Père Jésuite « qui était Duc », et Teresa de Ahumada pleinement réconfortée.

Mais pas au bout de ses peines.

2. Doña Guiomar de Ulloa, 1553-1558

Doña Guiomar de Ulloa avait un peu plus de vingt-cinq ans. Veuve de Don Francisco Davila, seigneur de Villatoro, elle était, dans son deuil, plus belle que jamais, et sa piété restait compatible avec les raffinements d'une vie luxueuse, lorsqu'elle fit la connaissance de Teresa de Ahumada, sous l'égide des Pères de la Compagnie de Jésus, à l'église San Gil. Teresa fut charmée par ce délicat visage; Doña Guiomar lui témoigna aussi beaucoup d'amitié : elle eut tôt fait de saisir qu'en cette Babylone qu'était l'Incarnation, Teresa ne trouvait pas la solitude, le recueillement, dont elle avait besoin.

Lorsque la Carmélite lui rendit visite, et que Doña Guiomar désignant d'un gracieux geste de bienvenue les vastes salles, les beaux patios de son palais, lui dit : « Vous êtes ici chez vous », elle comprit que la formule de politesse courante s'appuyait cette fois-ci sur une intention réelle. Et souvent, lorsque l'indiscrétion de ses sœurs lui rendait la vie trop amère, l'empêchait de se livrer à ce travail de précision qu'est la lente progression dans la vie spirituelle, — pour le moins à ses débuts, — elle se réfugiait chez Doña Guiomar. Prétexte pour la Prieure : accompagner une fille de la jeune veuve qui était « séculière » à l'Incarnation.

Doña Guiomar donna à Teresa son propre confesseur quand le départ du P. Diego de Cetina pour Salamanca la laissa, encore une fois, désemparée. Le P. Juan de Pradanos, jeune Jésuite compréhensif, mais sévère, accentua les exigences de son prédécesseur en imposant à sa pénitente une stricte discipline ascétique : il estimait qu'elle devait désormais ne plus rien négliger pour contenter ce Dieu qui l'accablait de ses grâces. Il lui fallut « beaucoup de ruse et de douceur [1] » pour obtenir d'elle ce qui lui coûtait le plus : sacrifier « quelques amitiés qui n'offensaient point Dieu [2] », mais ces appels humains la privaient de silence, de solitude, nuisaient à une régularité nécessaire. La nature si aimante, et encore si volontaire de Teresa de Ahumada arguait de bons prétextes : ces grandes affections étaient pures de tout péché : fallait-il être ingrate pour plaire au Seigneur?

Le P. Pradanos lui conseilla de tout confier à Dieu, et de dire souvent le *Veni Creator*. Et un jour, alors qu'elle prononçait les paroles de l'hymne, subitement ravie en sa première extase, elle entendit la voix du Seigneur : « Je ne veux plus désormais que tu parles avec des hommes, mais avec les anges [3]. »

Teresa eut très peur. Lorsqu'elle reprit ses sens et qu'elle se vit entourée de ses sœurs affolées, elle eut encore plus peur. On l'assourdit de cris :

— Vous étiez comme morte!

— Vos membres étaient raides, votre corps glacé!

— Votre pouls ne battait plus qu'à peine...

Elle essaya de faire croire à un évanouissement :

— Nous vous avons vue plus d'une fois évanouie. Vous n'aviez pas ainsi le visage extasié.

Malgré ses efforts, elle ne trouvait pas encore la force de remuer : l'âme semblait avoir tout ravi avec elle. Elle vécut deux ou trois jours dans l'absence de toutes ses facultés, hors d'elle-même, comme hébétée, perdue en Dieu [4].

Elle confia à son confesseur :

— La pauvre âme ne sait ce qui va lui arriver... Ce ravissement dans l'extase se manifeste comme un soudain appel de Sa Majesté au plus intime de l'âme, il fond sur vous à une vitesse telle qu'il semble l'élever au plus haut d'elle-même et qu'elle va quitter le corps. Il faut donc faire appel à beaucoup de courage pour s'abandonner dans les bras du Seigneur et se laisser emporter jusqu'au moment où Sa Majesté vous dépose en paix là où elle a voulu vous conduire et vous faire de hautes révélations. Certes, en ces débuts, il faut être décidé à mourir pour Dieu. Tout essai de résistance m'a semblé impossible [5]...

Lorsqu'elle eut enfin repris l'usage de ses esprits et que le brouhaha causé à l'Incarnation par « la nouveauté » se fut un peu calmé, elle se retrouva en grande joie, et si réconfortée qu'elle brisa sans regrets ses liens terrestres. Ceux qui aimaient Dieu restèrent ses seuls amis.

Doña Guiomar et Don Francisco de Salcedo, naturellement. Et le P. Pradanos à juste titre. Elle les aimait tendrement. Lorsque ce Père fut gravement touché par une maladie de cœur, ses deux pénitentes l'emmenèrent au village del Palo, où Doña Guiomar possédait de grands biens, elles se firent ses infirmières et ses servantes [6]. Teresa s'était spécialisée dans la confection de plats fins. Le Padre était un peu confus de tant de soins, et Teresa s'en amusait sous cape :

« J'ai toujours eu beaucoup d'amour pour ceux qui gouvernent mon âme; ils sont pour moi les représentants de Dieu, et je les traite comme tels. Il est arrivé à certains de mes confesseurs de craindre que je ne m'attache trop à eux, — bien que saintement, — et d'encourir ainsi leur disgrâce. Je ris toute seule de leur erreur [7]... »

Le P. Pradanos ne la mit pas en disgrâce, il la confessa et dirigea jusqu'en 1558.

Quand à Doña Guiomar, elle était transformée : on n'était pas en vain l'amie de Teresa de Ahumada ; impossible de l'entendre parler de Dieu, du ciel, affirmer de sa voix vibrante : « Tout n'est rien », sans un bouleversement profond du cœur et des coutumes. Ce n'est pas qu'elle la vît longuement même lorsqu'elle habitait chez elle : à peine quelques instants après les repas que la Carmélite prenait seule, se contentant de quelques herbes quand elle ne jeûnait pas [8], mais sa présence rayonnait dans la maison. Elle avait si grand soin de la pureté de son âme, prenait tant de disciplines, si longuement, portait un si dur cilice que la jeune veuve fut bientôt honteuse de se complaire dans le bien-être. Avila avait critiqué son goût de la magnificence, on l'accusait même d'être si somptueuse et si dépensière que ses trente mille réaux de rente étaient insuffisants : elle mordait dans le capital ; la médisance prit dorénavant un autre ton :

— Doña Guiomar a fait de son palais une sorte de couvent !

— Elle ne daigne plus recevoir que moines, nonnes, béates, et serviteurs de Dieu !

— L'avez-vous vue vêtue en pauvresse ?

— L'avez-vous vue se rendre à l'église sans valets, portant elle-même le coussin sur lequel elle reste des heures agenouillée ?

La morgue des hidalgos se trahissait tout entière dans un ultime reproche :

— Elle se montre aussi polie envers tout venant que si elle était, au lieu d'une noble dame, une servante [9] !

La veuve du seigneur de Villatoro ! Tenir à honneur de loger chez elle cette Maridiaz, une sainte il est vrai, la plus grande sainte qu'Avila se vantât alors de posséder, mais fille de personne, c'est-à-dire de pauvres gens. Les *criadas* de Doña Guiomar contaient qu'elle n'avait même pas de chemise.

— On dit que les serviteurs, las de servir cette racaille, la bernent en ne lui donnant pas à manger. La sotte n'ose se plaindre, de peur de les faire renvoyer par leur maîtresse [10] !

Une dévote prenait un air réprobateur et confit :

— Telle est la charité. Maridiaz a tout donné à Dieu. Il ne lui restait qu'une mante, elle l'a donnée aussi. Dieu l'a attirée à lui dès ses jeunes années. Avant que Doña Giomar n'aménage pour elle une chambre en cellule, elle passait des journées, des nuits entières, dans une tribune de l'église San Emiliano. Elle prie sans arrêt. C'est une vraie sainte.

Une autre, qui prétendait ne rien ignorer des sommets de la spiritualité, mais disait aussi en être revenue car tout cela sent son illuminisme à plein nez et l'hérésie d'une lieue, hochait sa tête sentencieuse :

— La mystique est à la mode. J'en ai fait le tour, et je me méfie. Voyez Maridiaz : en effet, c'est une sainte. Je ne l'ai pas moins entendue se plaindre des épreuves que ne lui ménage pas le Seigneur, en remerciement des pénitences qu'elle fait pour lui : elle vit la plupart du temps dans une sécheresse d'âme affreuse.

— Elle se plaint?

— Dévotement! Elle dit : « Seigneur, après m'avoir dépouillée de tout au monde, est-ce ainsi que vous me quittez[11]? » Ne vaut-il pas mieux s'en tenir à d'honnêtes prières, à des vertus qui n'éclaboussent personne, que de faire autant de tapage que cette autre amie de Doña Guiomar, Teresa de Ahumada?

Une duègne prit son air le plus entendu :

— Celle-là n'est pas une sainte. On ne saurait la comparer à Maridiaz. Je l'ai connue enfant. Elle a toujours aimé à se faire remarquer. La pauvre Beatriz de Ahumada — que Dieu ait son âme — ne savait comment la mater. Ne s'est-elle pas avisée, âgée de cinq ou six ans, de s'enfuir de chez elle pour aller en terres turques, entraînant avec elle Rodrigo, son aîné?

Sur l'estrade, les visages se rapprochaient les uns des autres lorsqu'une voix chuchotait :

— Que dites-vous de ses extases?

Le nom de Teresa de Ahumada suffisait depuis quelque temps pour faire baisser le ton dans les grandes salles sombres où les nobles dames d'une si noble ville aimaient à se réunir pour grignoter des douceurs et médire du prochain. Car il courait sur elle des bruits à faire trembler, tandis qu'à

Valladolid, à Tolède, l'Inquisition allumait ses bûchers :

— Elle dit que Dieu lui parle!

— Elle a des visions!

Une personne bien informée ajoutait :

— J'ai vu son confident, Don Francisco de Salcedo. Il fait le discret, mais on voit que nul au monde n'est plus inquiet que lui. Quant au P. Daza, il n'en dort plus. Tous deux sont persuadés que cela ne vient pas de Dieu, mais du...

Les *Señoras* se signaient de trois petits signes de croix et d'un grand.

Ainsi les grâces que recevait Teresa étaient la fable de sa bonne ville. Cette fois encore, comme pour les maladies qu'elle avait demandées, elle eût pu s'exclamer : « Seigneur, je n'en voudrais pas tant! » Toute manifestation surnaturelle était devenue très suspecte en Espagne. Le grand choc à la crédulité publique avait été porté par le procès de la Clarisse de Cordoue, Magdalena de la Cruz. Prophétesse, elle avait prédit la bataille de Pavie et la captivité de François Ier; son crédit était si grand qu'on l'eût, si c'eût été possible, canonisée de son vivant. L'impératrice Isabelle lui avait donné son portrait afin d'être toujours présente en sa pensée et ses prières, et obtenu comme une faveur insigne qu'elle confectionnât de ses mains bénies la première robe que porta le prince Philippe. Superstitions de femme? Un homme grave, plus que grave, l'inquisiteur général Don Alonso Manrique, alla à Séville expressément pour se recommander à la faiseuse de miracles. Mais le 1er janvier 1544, Magdalena de la Cruz, prise soudain de remords, avoua publiquement que sa sainteté était simulée, ses extases feintes, et ses prodiges l'effet d'un pacte avec le diable. Le Saint-Office en fit son affaire, et l'histoire épouvanta l'Espagne tout entière.

Car l'Espagne tout entière confondait la religion avec le merveilleux; les gestes désordonnés n'y étaient pas incompatibles avec une foi sincère. Osuna, le premier, avait suggéré à Teresa qu'il sied de se défendre des marques extérieures de la dévotion. Dans le *Troisième Abécédaire*, il accumule les faits dont il fut témoin, et dont il lui semble convenable de se méfier :

... Une femme est prise de tremblements et de convulsions quand elle approche de la Sainte Table, elle soupire, s'exclame. Le prêtre, qui en a vu d'autres, attend patiemment, l'hostie en main, que la folle de Dieu ait repris son calme et puisse communier...

... Un moine accuse en public ses péchés...

... Des « serviteurs de Dieu » courent les champs en conjurant à grands cris le Seigneur de leur apprendre à faire sa sainte volonté, ou en chantant des hymnes d'actions de grâces...

... Des couronnes lumineuses nimbent le front des hommes recueillis. Plus rarement, un chant mystérieux résonne dans leur poitrine [12]...!

Dans les églises, les fidèles prient les bras en croix, baisent le sol, se traînent sur les genoux vers l'autel, se frappent à grands coups la poitrine, crient vers le Seigneur. L'assistance en pleurs au cours d'un sermon est un fait ordinaire. On voit des gens en extase devant leur saint d'élection. Les humbles ne sont pas exempts de ces exaltations, de ces manifestations : « Un matin, un journalier eut un ravissement, on le vit tomber comme paralysé. Lorsqu'il reprit connaissance, alors qu'on essayait de le relever, il s'écria : « Laissez-moi! Vous me gênez comme si « vous serriez les ailes d'un oiseau prêt à s'envoler [13]! »

Vrais dévots, faux stigmatisés, fausses extases, recueillement sincère, foi orthodoxe, chemins de traverse vers l'hérésie, tout cela était si mêlé qu'après une longue période de confusion où les simagrées de la Béate de Piedrahita s'effaçant pour laisser passer la vierge Marie qui, disait-elle, ne la quittait jamais, « édifiaient » tout un chacun, le vent tourna soudain, et l'Inquisition aidant, tout effet sensible de l'amour de Dieu devint suspect : on vit le diable partout où l'on avait cru voir le Seigneur.

Si les manifestations extérieures risquaient de passer pour de la simulation, leur proscription n'était pas moins dangereuse : cette abstention risquait de désigner en vous un *Alumbrado*, un illuminé. Rester à genoux pendant l'Évangile, fixer les yeux à terre pendant l'élévation de l'hostie, ne pas jeûner ni se mortifier ostensiblement, affecter de ne pas collectionner les indulgences, invitait l'Inquisition à se mêler de vos affaires; ces interventions étaient d'autant plus dangereuses que les positions n'étaient pas définies : nul cas n'est clair. Francisca Hernandez, tertiaire de Saint-François, « qui exerce sur les cénacles spirituels une influence inexplicable, une sorte de dictature », vénérée par les Frères Mineurs qui tenaient pour un gage des grâces divines une médaille touchée par elle, est traitée par les uns de « méduse », tandis que les autres la qualifient de « très sainte femme [14] ». Elle envoûta si bien un brillant jeune prêtre, le P. Ortiz, lecteur de philosophie, qu'à Tolède, quelque temps après l'arrestation de Francisca par l'Inquisition, il monta en chaire et s'écria au cours d'une cérémonie rogatoire, devant le Chapitre, et toutes les notabilités civiles et religieuses : « ... la sécheresse actuelle a pour but de châtier une énorme injustice : l'emprisonnement en cette ville d'une servante de Dieu! » Il n'eut pas à poursuivre : un séjour de trois ans dans les geôles l'inclina à se soumettre « sans condition » au jugement de l'Église.

Un mot, un geste, suffisaient pour exciter les soupçons et se faire appréhender; mais pour se justifier il fallait des milliers de paroles, au cours de procès qui duraient des années. A moins qu'il n'advînt le pire et que ne retombât sur l'inculpé le terrible silence des cachots secrets.

Depuis l'ouverture du Concile de Trente, les positions étaient plus nettes : le Saint-Office s'embarrassait moins de distinctions subtiles entre *Alumbrados*, *Dejados*, disciples d'Érasme, Réformés, et autres nuances, mais il cessa également de se contenter de punitions bénignes : quiconque était suspect de s'écarter de l'orthodoxie fut taxé de luthéranisme. Tout ouvrage de spiritualité écrit en espagnol est mis à l'index, à quelques exceptions près, dont les œuvres de Laredo et d'Osuna. Celles de Fray Luis de Granada, de Juan de Avila, n'y échappent pas.

Être taxé de luthéranisme, c'était être prié par l'Inquisition de faire amende honorable devant ses tribunaux : libre aux égarés de redresser leurs convictions. Les obstinés étaient brûlés. En grande cérémonie. Les amateurs de festivités voyageaient des jours pour jouir du spectacle.

Les 21 mai et 8 octobre 1559, année où les visions de Doña Teresa de Ahumada font le plus de bruit, deux autodafés exemplaires sont célébrés à Valladolid. La princesse Juana, veuve du roi de Portugal, sœur du roi d'Espagne, régente du royaume, y représente Philippe II absent. Trente hérétiques dans l'un, quatre-vingts dans l'autre, vêtus de la jaune tunique d'ignominie, le *Sambenito*, coiffés de sortes de mitres peintes de diables et de flammes, un cierge vert à la main, se dirigèrent en procession vers le « brûloir » ou les prisons.

On parla beaucoup à Avila, et particulièrement à l'Incarnation, de ces manifestations édifiantes. On décrivait la Princesse régente, en deuil, coiffe noire et gants blancs, qui jouait avec son éventail or et noir, le prince Don Carlos, les longues files de moines et de pénitents porteurs de torches allumées, suivis de l'étendard de la Sainte Inquisition où l'écusson noir et blanc de l'ordre de Saint-Dominique et les armes royales, brodées d'or, se juxtaposaient sur damas cramoisi. On citait le sermon du célèbre Melchior Cano, les suprêmes apostrophes des prêtres aux condamnés, auxquelles deux cent mille spectateurs venus des quatre points cardinaux faisaient écho par des litanies et des gémissements.

Un grand nom, une haute renommée, n'arrêtaient pas le bras de l'Église. La fille du marquis d'Alcañicez, Ana Enriquez, n'avait été rendue à ses parents qu'en raison de son jeune âge. Mais le docteur Agustin Cazalla, chanoine de Salamanque, prédicateur de l'empereur Charles-Quint? Au bûcher! Don Cristobal de Ocampo, chevalier de l'ordre de Saint-Jean? Au bûcher! Doña Mencia de Figueroa, dame d'honneur de la Reine? Condamnée! Les morts mêmes n'échappaient pas au châtiment : Doña Leonor de Vibero, morte avant le procès, avait été déterrée, son cadavre traîné dans le cortège, et brûlée en effigie.

Après cela, le peuple savait à quoi s'en tenir, et certaine Carmélite avait de quoi s'épouvanter. Ses meilleurs amis ne lui cachaient pas leurs inquiétudes, quant à ses meilleurs ennemis, l'un d'eux parlait pour tous :

— J'espère vivre assez vieux pour voir cette nonne finir comme elle le mérite, sur le bûcher de l'Inquisition [15].

Les inconnus eux-mêmes s'occupaient de la mettre en garde, ou de lui faire peur.

On la demanda un jour au parloir de l'Incarnation. Elle vit derrière la grille un gentilhomme très digne, fort richement vêtu, en qui elle crut reconnaître Don Alonso de Quiñones, l'un des plus nobles seigneurs d'Avila. Souhaitait-il voir de près celle dont on parlait tant, afin d'en juger par lui-même? Il se tint là, en silence, après l'avoir gravement saluée. Il dit enfin :

— N'oubliez pas Magdalena de la Cruz. L'Espagne la tenait pour sainte, alors qu'elle était l'esclave du démon [16].

Elle pâlit, baissa la tête, et c'est du ton le plus humble qu'elle répondit : « Jamais je ne me la rappelle sans trembler. »

Don Alonso sortit rêveur de l'Incarnation et fut depuis ce jour-là du parti de ceux qui défendaient Doña Teresa. Son argument était : « Jamais on ne vit tant d'humilité chez un suppôt de Satan. »

3. *Le ciel et l'enfer, 1553-1558*

Le jour de la Saint-Pierre, Teresa, en prières, sentit que le Christ se tenait auprès d'elle. Elle ne le voyait ni des yeux du corps ni de ceux de l'âme, mais n'en était pas moins certaine qu'il était là, et lui parlait. « Très ignorante de cette sorte de visions, j'eus grand-peur, au début, et ne fis que pleurer. Une parole dite par Lui suffisait à me rassurer, je me retrouvais en paix, heureuse, libre de toute crainte [1]. »

Dès cet instant, Jésus ne la quitta plus; à moins d'être « fort distraite », elle était constamment consciente de sa présence, à sa droite.

Une nuit, au retour de matines, elle dit à sa nièce Maria de Cepeda :

— Oh, ma sœur! Si vous saviez quel écuyer nous avons, que vous seriez contente [2]!

Teresa était plus fière qu'Oriane escortée d'Amadis, car cet écuyer, son écuyer à elle, était le Seigneur Jésus-Christ portant sa croix.

Mais il n'est pas admis de bénéficier sans histoires d'un si auguste chevalier servant : Teresa dut en informer son confesseur. Lorsqu'elle s'agenouilla au confessionnal, elle était plus craintive que s'il s'était agi d'avouer un péché mortel. C'est d'une voix étouffée qu'elle prononça les mots terribles :

— Mon Père, Notre-Seigneur se tient auprès de moi.

Silence. Elle pleurait. Le P. Baltazar Alvarez entendait ces sanglots. Il était fort perplexe : hier, les paroles divines, les extases, maintenant, les visions. Non, elle ne mentait pas, mais elle pouvait être, comme tant d'autres, le jouet d'illusions, ou prise aux pièges du démon. A moins que Sa Majesté ne se soit réellement manifestée à cette Carmélite...

Il l'interrogea calmement, comme s'il s'agissait d'un aveu bien ordinaire :

— Comment le voyez-vous?

— Mon Père, je ne vois point.

Le Padre eut un haut-le-corps :

— Alors, comment savez-vous que c'est le Christ?

— Je ne sais comment, mon Père. Mais je sais que c'est lui [3].

Elle s'efforça de faire entendre l'inintelligible, chercha des comparaisons, n'en trouva point dans le monde sensible, et ses mots tâtonnaient dans le divin :

— On pourrait dire qu'il est là comme dans l'obscurité nous savons qu'une personne est à côté de nous. C'est un peu cela. Mais pas exactement. C'est plutôt comme une nouvelle dont on ferait part à l'âme, une annonciation plus claire que le soleil. Non pas qu'on voie un soleil, ni de la clarté, mais pourtant une lumière éclaire l'entendement sans nous frapper en tant que lumière, et dispose l'âme à jouir d'un si grand bien [4].

Le P. Baltazar suivait à grand-peine sa pénitente. Il s'impatienta :

— Une lumière qui n'en est pas une?...

— Non, car son éclat n'éblouit point. C'est une blancheur suave, si différente de celle d'ici-bas que le soleil semble terne en comparaison [5].

— Vous dites maintenant qu'elle éblouit sans éblouir...

La voix du confesseur se fit très sèche :

— Qui vous dit que c'est Jésus-Christ?

— Il me le dit lui-même. Mais avant qu'il me le dise, l'entendement en moi le sait déjà [6].

Celle qui vivait dans la compagnie du Seigneur ne s'entendit pas dire : « Allez en paix », mais « Veillez... Ayez crainte... Soyez sur vos gardes... »

Ces réticences n'entamèrent pas sa certitude. Elle ne sortait plus de l'état d'oraison, même pendant le sommeil.

Un jour Jésus lui montra ses deux mains, « d'une si grande beauté qu'on ne saurait les décrire [7] ». Cette fois encore elle eut grand-peur; chaque grâce nouvelle la terrifiait au début, mais en fut-il autrement pour les Disciples? L'Évangile est plein de leurs frayeurs.

Peu après elle eut la vision du visage divin, et enfin, le jour de Saint-Paul, le Christ se montra à elle dans son humanité sacrée, « ainsi qu'on peint le Christ ressuscité, dans toute sa beauté et toute sa majesté [8] ».

Ces lentes approches de l'épouse par l'Époux avaient si bien dissipé ses appréhensions que telle Psyché elle voulait en savoir davantage : « Je désirais vivement voir la couleur de ses yeux, ou sa taille, afin de pouvoir en parler, mais chaque fois que je me suis efforcée de mieux regarder il s'est entièrement éclipsé [9]... »

Les visions se multipliaient, et en même temps l'amour de Dieu croissait en elle, si ardent qu'elle n'espérait plus désormais trouver la vie que dans la mort. « Je ressentais si impétueusement cet amour que je ne savais plus que devenir, rien ne me satisfaisait plus, je ne tenais plus en moi, on eût dit qu'on m'arrachait l'âme. Oh, souverain artifice du Seigneur! Son amour me pressait d'une mort si savoureuse que l'âme jamais plus n'eût voulu revenir [10]. »

Jusqu'à la grâce suprême de la transverbération, qu'elle reçut maintes fois, aussi bien chez Doña Guiomar qu'à l'Incarnation.

Un soir, Ana Gutierrez, religieuse en ce couvent, descendit précipitamment les escaliers, attirée par des cris et des gémissements qui provenaient de la cellule de Teresa de Ahumada.

— Quelle peur vous m'avez faite! s'écria-t-elle en constatant que Teresa était en bonne santé. Mais son visage brillait de la flamme qui l'illuminait dans l'extase; elle reprit lentement conscience du monde extérieur :

— Je t'ai fait peur? Ma fille, je t'en souhaite autant [11]!

Voici ce que Teresa avait éprouvé :

« ... Je vis un ange auprès de moi, à ma gauche, en forme corporelle, ce qui ne m'est donné qu'exceptionnellement. Il n'était pas grand, mais petit, très beau, le visage enflammé... Sans doute de ceux qu'on nomme chérubins, mais il ne se nomme pas; je vois au ciel une telle diversité d'anges que je ne saurais rien en dire. Il tenait en main un dard en or, et je crus voir une flamme à l'extrémité du fer. Il semblait l'enfoncer à plusieurs reprises dans mon cœur, jusqu'aux entrailles, qu'il m'arrachait, me laissant tout embrasée d'un grand amour de Dieu. La douleur était si vive que je gémissais, et si excessive la suavité de cette vive douleur qu'on ne peut désirer qu'elle cesse, et que l'âme ne se contente plus qu'en Dieu. Douleur spirituelle, et non corporelle, bien que le corps ne manque pas d'y avoir part, un peu, et même beaucoup. C'est entre l'âme et Dieu un échange de galanteries (*requiébro...*) si suave que je supplie Dieu de le faire goûter à quiconque pense que je mens [12]... » Le courant de l'amour de la créature fusait à la rencontre de l'amour du Créateur, et à leur point de jonction jaillissait l'étincelle.

Elle restait « comme hébétée », lorsqu'elle avait été ainsi transpercée et brûlée par l'amour divin, « ne voulant plus ni voir ni parler, mais étreindre sa peine qui était plus grande gloire que toute chose créée [13]... »

Elle se plaignit d'avoir très chaud, et demanda à Ana Gutierrez de lui couper les cheveux pour se rafraîchir un peu. Ana fut si émerveillée de l'odeur suave, « odeur de ciel [14] » de ces cheveux qu'elle en cacha une mèche. Teresa lut en elle :

— Je vous ordonne de ne pas penser de sottises, et de jeter ceci aux ordures!

Il était désormais impossible à Teresa de résister aux manifestations surnaturelles dont elle était l'objet « même au milieu des gens [15]. « Comme un géant enlève un fétu de paille [16] », ainsi la force de l'extase la soulevait de terre et la maintenait suspendue au-dessus du sol. Les fidèles qui emplissaient la chapelle de l'Incarnation la virent un jour, après la communion, élevée à deux ou trois paumes au-dessus de terre [17]. Elle s'efforçait de s'y opposer, « avec grande fatigue, comme qui lutte avec un fort géant [18] », s'accrochait des deux mains à la grille du communicatoire, ou se couchait à terre. Mais rien n'y faisait rien, elle sentait cette force sous ses pieds, qui la soulevait « avec une impétuosité si puissante qu'on sent monter ce nuage, ou cet aigle irrésistible qui vous emporte sur ses ailes [19] ».

Les témoins de ces manifestations de la divinité en faisaient des potins, alors que Teresa restait pendant des jours dans un état de tristesse aiguë, pénétrante, et un besoin extrême de solitude [20].

La solitude, alors qu'on est la fable d'une petite ville? La paix, alors qu'Avila n'ignorait pas qu'à Valladolid, à Tolède, à Séville, des bûchers flambaient en l'honneur de déments de sa sorte?

Jamais les familles des cent quatre-vingts religieuses de l'Incarnation, leurs amis, leurs dévots, ne s'étaient montrés aussi empressés au parloir. On y accourait « aux nouvelles ». Avant même qu'on ne l'interrogeât, une sœur lançait sans reprendre souffle :

— Cette nuit à matines où elle est arrivée pâle ainsi qu'une mourante, elle se mit à appeler le Seigneur à grands cris comme on appelle au secours, elle semblait beaucoup souffrir et le contraste fut grand entre cette face douloureuse et le rayonnement de son visage dans l'extase où elle tomba [21] !

Il n'était pas besoin de nommer celle dont on parlait : « elle », c'était Teresa de Ahumada, celle que quelques-uns appelaient « la sainte de l'Incarnation », mais que la plupart des gens soupçonnaient d'imposture, ou feignaient de plaindre, la disant possédée.

Les choses en vinrent à de tels extrêmes qu'elle eût préféré « être enterrée vive [22] » plutôt que de se montrer en public; elle envisagea de fuir dans un couvent où, simple converse, employée aux plus vils offices, elle se ferait oublier. Son confesseur, le P. Baltazar Alvarez, ne le lui permit pas.

Le P. Alvarez — Jésuite ainsi que les PP. Cetina et Pradanos — la dirigeait depuis 1558. Encore un très jeune directeur : environ vingt-cinq ans. Il avait l'esprit ouvert de la jeunesse, mais aussi son manque d'expérience, ses timidités, alliés à ses intransigeances, et n'était pas encore parvenu à vaincre sa dureté native bien qu'il s'y employât à force de mortifications. A son arrivée à San Gil, il avait choisi une cellule si exiguë que c'est à peine s'il pouvait s'y mouvoir. Pas de table : une planche couverte de gros livres. Point de chaise : un tabouret. Chez Doña Guiomar, il repoussait le fauteuil qu'elle lui offrait respectueusement, et se piquait bien raide sur un siège sans dossier :

— Souffrir de mille façons sans être coupable est une bouchée de pulpe sans os [23].

Ce jeune Père parlait de la pénitence en gourmet. Il mettait un curieux raffinement de cruauté dans le choix des mortifications qu'il imposait à Teresa :

— Vous allez faire votre confession générale au collège de San Gil — le collège des Jésuites, — à visage découvert [24]...

Elle, pour qui une confession générale sera toujours la souffrance la plus cruelle, tant il lui était amer d'avoir offensé Dieu, la contraindre à faire exhibition de ses péchés était plus que de la sévérité : c'était une faute de goût. Elle obéit pourtant sans murmure.

Il la priva de la communion pendant des jours : elle ne se plaignit pas.

Il lui ordonna de fuir la solitude au lieu de la rechercher : elle céda.

Ce n'était avec lui que « questions par-ci, reproches par-là [25] »; il l'inquiétait à plaisir, et prétendait qu'elle avait besoin de toutes ces brimades, la volonté en elle n'étant pas encore matée. Mais ce maître inflexible, ému de sa douceur, confiait à ses amis :

— Elle obéit comme un petit enfant [26]...

Le recteur de la Compagnie, le P. Dionisio Alvarez, bilieux d'humeur, de fâcheux caractère, lui avait donné une consigne : ne jamais relâcher sa sévérité. Le clan des dévots, Salcedo-Daza en tête, ne faisait que renchérir : il fallait briser Teresa pour voir ce qu'il y avait au fond de cette femme-là. La victime, au lieu de se plaindre, s'attendrit : « Ames craintives et saintes, ceux qui me faisaient le plus âprement la guerre étaient ceux qui m'aimaient le plus [27]... »

Car plus que jamais, à l'Incarnation, parmi les moines et les prêtres, dans tout Avila, ce n'était qu'un cri :

— Les visions de Teresa de Ahumada sont diaboliques!

Le P. Baltazar gardait la tête froide. Il soutenait sa pénitente à sa façon, qui était glaciale. Lorsque la terreur ambiante la gagnait, elle gémissait au confessionnal :

— J'ai peur, mon Père, de vous tromper en me trompant moi-même.

Il répondait avec un brin de suffisance et une grande charité :

— Ma fille, n'ayez crainte! J'ai un assez bon cerveau pour ne pas me laisser berner [28]...

Il la consolait tout de même, cet homme terrible. Il se donnait pour elle un mal infini, sa minuscule cellule était encombrée de tout ce que de saints théologiens avaient écrit sur la vie mystique et ses manifestations, y compris saint Thomas, et il lui arrivait de dire avec accablement :

— Je dois lire tous ces livres pour comprendre Teresa de Ahumada [29].

Il n'avait point lui-même l'expérience des grâces surnaturelles, mais il était persuadé de la bonne foi de la Carmélite, et fut souvent ébloui par le récit de ses visions. S'il la menait rudement, c'était afin que l'ascèse fortifiât cette âme, lui permît d'avoir en elle-même son contrôle, et un frein. On peut l'accuser d'avoir manqué de courage, de n'avoir pas énergiquement tenu tête à ceux qui criaient : « Diableries que tout cela! » Mais des notables de la ville, dont la Compagnie, ordre encore jeune, devait tenir compte, des fidèles zélés, lui conseillaient de se méfier de cette visionnaire [30]. A moins qu'elle ne soit possédée? Nombreux étaient ceux qui se jugeaient bienveillants lorsqu'ils conseillaient :

— Qu'on l'exorcise donc [31]!

Teresa jugea sainement de tout cela. S'il est vrai qu'elle fut un moment tentée de prendre un confesseur moins rude, « je suis, disait-elle, de ces âmes qu'on ne conduit pas bien par la contrainte [32] », elle ne céda pas à ce mouvement de faiblesse, et reconnut bientôt que nul directeur ne l'avait fait jusqu'alors autant progresser que le P. Baltazar, qui la mortifiait toujours, l'effrayait parfois et l'inquiétait autant qu'il le pouvait. A lui-même elle disait, riant de son beau rire :

— J'aime beaucoup ce Père-là, malgré son mauvais caractère [33]...

Le dilemme n'en demeurait pas moins : le diable, ou Dieu?

Teresa maîtrisait parfois un geste d'impatience : comment les confondrait-elle? Quel autre que le Seigneur aurait pu apporter à son âme tant de lumière, l'emplir d'un tel amour, et d'une force nouvelle dans l'exercice de toutes les vertus? Elle raisonnait : « ... Un seul mot de ceux qu'il m'est donné d'entendre, une vision, un recueillement qui ne dure que le temps d'un *Ave*, et l'âme et le corps restent dans une paix telle, l'entendement est si clair que j'en suis émerveillée... Je sais ce que je fus sur le chemin de la perdition, j'en viens à ne plus me reconnaître, à ne pas comprendre d'où me viennent ces vertus; elles me sont données, je ne travaille pas à les gagner... Dieu a pris ce moyen non seulement pour me gagner à son service, mais pour me tirer de l'enfer [34]... »

Elle savait bien que le démon n'usait point de déguisements lorsqu'il voulait « jouer à la balle avec son âme [35] »; elle voyait auprès d'elle « un négrillon très abominable [36] », à moins qu'un diablotin ne s'assît sur son missel en lui faisant des grimaces. Elle avait vu la place qui lui était réservée en enfer, et déclaré au retour : « On y brûle de telle façon que c'est peu de chose en comparaison que de se brûler ici-bas [37]... »

Et le saint gentilhomme, entouré de sa pieuse clique, prétendait assimiler le Dieu d'amour, celui « qu'on ne peut regarder plus longtemps qu'on ne regarde le soleil » sans tomber en extase, avec cette vermine infernale qu'elle avait décidé d'ignorer!

Car il en était ainsi. Une fille d'Avila, la ville des chevaliers, n'allait pas se laisser intimider par des diables, fussent-ils légion!

— La nique aux démons [38]! Ils ne me font pas plus peur que des mouches [39]! C'est eux qui auront peur de moi! Je ne comprends pas qu'on les redoute. Peut-on dire : « Démon! Démon! » alors que nous pouvons dire : « Dieu! Dieu! » et les faire trembler? Venez tous! Je suis la servante de Dieu, et je suis curieuse de voir ce que vous pourrez me faire [40]!

Elle ajoutait à l'intention de ses pieux persécuteurs :

— Je crains ceux qui ont peur du démon plus que le démon lui-même [41]...

Elle était trop exceptionnelle pour ne pas inquiéter les petits esprits qu'elle n'était pas encore de taille à dominer. D'honnêtes gens, donc, doutaient de la saine raison de Teresa de Ahumada. Ils s'apprêtaient même, ces dangereux poltrons, à lui imposer l'épreuve la plus cruelle qu'elle ait jamais subie. L'idée de Gonzalo de Aranda, brave homme de prêtre qui s'était joint au vigilant comité Salcedo-Daza et compagnie. Ils se précipitèrent à l'Incarnation :

— Teresa de Ahumada, au parloir!

On lui transmit l'invention toute chaude, l'ordre tout vif :

— Lorsque vous verrez ce que vous croyez être le Seigneur, présentez la croix et faites les cornes... (*las higas.*) C'est le diable qui va être attrapé [42]!

Teresa fut accablée. Ils pouvaient parler, eux, de faire les cornes à l'Éternel! Elle connaissait la douceur de Jésus, mais elle connaissait aussi sa grandeur « effrayante ». « Je dis effrayante, car bien que cette présence soit plus belle et délectable qu'on puisse l'imaginer, sa majesté est si grande qu'on en est épouvanté [43]. »

Il lui fallut se soumettre. Le Seigneur lui accorda des grâces nouvelles lorsqu'elle lui fit, en s'excusant, « les cornes » :

— Ma fille, tu as raison d'être obéissante [44].

Elle lui présenta la croix, comme on la présente à Satan en personne; il transforma cette croix en un joyau étincelant des pierreries du paradis.

Mais lorsque ses mentors lui enjoignirent de ne plus faire oraison, Jésus se fâcha :

— Dis-leur de ma part que c'est de la tyrannie [45].

Dieu! Le diable! Dieu! Le diable! Le diable! Le diable! « Il y avait de quoi me faire perdre la tête [46]. »

Elle ne la perdit point. Un bon sens imperturbable, le goût des travaux ménagers, offraient heureusement à cette solide nature un emploi apaisant de son « mouvement intérieur ». Lorsque ses sœurs, malignement, s'efforçaient de surprendre la sainte, ou la possédée, elles la trouvaient en train de faire des bouquets, d'orner un autel; mais plus souvent encore, un balai à la main, elle poursuivait la poussière dans les moindres recoins.

Et femme qui astique garde ses esprits.

4. Fray Pedro de Alcantara, 1558

Le soleil tape dur, en Castille, au mois d'août, et la route est déserte à l'heure de la sieste : pas un homme, pas même un chien. Si, pourtant, au loin, une tache sombre dans la lumière qui poudroie. Un moine. Un pèlerin? Sa robe brune en loques balaie la poussière, le capuchon franciscain est abaissé sur ses yeux. Non qu'il craigne d'être aveuglé par l'aveuglante lumière, — plus intense est l'éblouissement de sa vision intérieure, — mais il méprise le monde qu'il foule de ses pieds nus. Jamais cet errant n'a consenti à voyager autrement que les plus pauvres, en mendiant son pain; de ce même pas égal, il a parcouru l'Espagne et l'Italie Il ne tend d'ailleurs la main que rarement : un quignon tous les trois jours, il a sa suffisance : « Affaire d'habitude », dit-il. Des témoins affirment qu'il est parfois resté une semaine dans l'oubli de toutes nourritures terrestres.

Il avance vers Avila, les yeux toujours baissés, et ne voit pas se silhouetter au loin créneaux et clochers. Mais le soleil aussi a fait du chemin, les dormeurs s'ébrouent, la vie semble renaître de sa torpeur, et c'est, pour l'instant, le trot allègre d'une bourrique, un chant, qu'entrecoupent les mots d'encouragement qu'adresse à sa monture l'ânier, bon garçon qui n'aime pas à se taire longtemps. Il interpelle le moine, en passant :

— *Hey fraile!* Tu es à pied, mais je vais à âne, moi!

Le frère avance toujours, il ne lève pas le regard, « la paix soit avec toi », sort de sous le capuchon. Mais ces joues creuses? Cette barbe blanche? Sous les haillons de l'ordre de saint François, ce corps sec, noir et noueux ainsi que racines d'arbre [1]?

— Fray Pedro!

Le moine n'a pas bronché. Ce silence est un aveu, et le gars d'éperonner son âne de ses pieds nus, de le forcer à trottiner plus vite, de se hâter vers la ville, où il crie à tout venant :

— Fray Pedro est sur la route! Il arrive à Avila! Fray Pedro de Alcantara! Le saint Fray Pedro!

Le saint : celui qui s'est imposé la plus dure des pénitences, et ne vit que debout, ou à genoux, afin de vaincre le sommeil. Depuis quarante ans, il ne se permet qu'une heure de sommeil sur vingt-quatre, et encore assis, « la tête appuyée sur un billot de bois [2] ». Il lui serait d'ailleurs impossible de se coucher dans sa cellule, qui a quatre pieds et demi de long. Jamais il n'usa d'autre vêtement que sa robe de bure, et ne porte point de cape, quel que soit le froid, ou le déluge. Jamais, même dans la neige, il ne marche autrement que pieds nus.

Tout Avila connaît son histoire : il est né dans la rude province d'Estrémadure, d'une famille d'hidalgos apparentés à Fernand Cortez, le fameux conquérant du Mexique. A dix-neuf ans, il prit l'habit de saint François, et mieux que son habit, son embrasement en Dieu, son amour de ses frères et de « Dame pauvreté ». Déjà il songeait à réformer son ordre, à le ramener à ses principes de rigueur évangélique, mais il décida de commencer par se réformer lui-même. On sait qu'en sa jeunesse il est resté trois ans dans un couvent sans distinguer ses frères autrement que par le son de leur voix, s'étant imposé la mortification de ne jamais lever les yeux; « il ne savait donc pas aller aux lieux de nécessité, et ne faisait que suivre les moines [3] ». Pendant des années il n'avait pas regardé une femme. Maintenant, il lui était indifférent de voir ou de ne pas voir. Et c'était à qui, quand il marchait, surprendrait le tintement de son cilice fait de lames de fer-blanc [4].

— Fray Pedro de Alcantara!

La foule des dévots se rua à sa rencontre. « L'homme béni » avait de nombreux amis à Avila, où il venait souvent. Juan Velazquez de Avila, seigneur de Loriana, lui offrit sa maison, non loin du palais de Doña Guiomar.

— C'est Dieu qui nous l'envoie!

Doña Guiomar courut à l'Incarnation, arracha à la Prieure la permission de garder Teresa chez elle une huitaine de jours : il fallait qu'elle puisse voir Fray Pedro de

Alcantara. Enfin! Un saint allait étudier son « cas », et l'autorité de Fray Pedro était telle que son avis s'imposerait sans doute. Car Doña Guiomar, elle, n'avait jamais douté : les visions de son amie « étaient de Dieu ».

Tout Avila sut bientôt que Fray Pedro de Alcantara recevait la Carmélite avec une bienveillance toute particulière, mieux encore : avec joie.

— Il dit que sa présence lui est un réconfort, sa plus grande consolation étant de rencontrer ceux à qui Dieu prodigue de grandes grâces [5]...

Le clan des censeurs baissa le nez lorsqu'il déclara publiquement qu'il la plaignait beaucoup d'avoir subi la plus dure des épreuves : être combattue par d'honnêtes gens... Il ajouta que personne à Avila ne pouvait la comprendre [6].

Il la comprenait, lui, non pas à force de théologie, ou pour avoir étudié la mystique, mais par expérience : il connaissait cette présence invisible de Dieu, ces envols de l'esprit, ces anéantissements dans l'adoration, ces divines paroles, leur effets, leurs délices.

— N'ayez plus de peine, ma fille, louez Dieu, soyez certaine que tout cela est son esprit. Il n'est rien de plus vrai, il n'est rien en quoi vous puissiez mieux croire, sauf les vérités de la foi [7]...

Il s'offrit à parler au P. Baltazar Alvarez, à Daza-Aranda et compagnie, et le saint gentilhomme entendit plus authentique saint que lui affirmer solennellement : « Après les saintes Écritures et tout ce que l'Église nous ordonne de croire, il n'est rien de plus vrai que l'origine divine de ce que voit cette femme [8]... »

Tous furent convaincus, sauf le pauvre Salcedo : il n'osait regimber, mais il gardait tout de même quelques inquiétudes de derrière la tête. On eût pu lui arguer :

— Si Teresa n'était pas sainte, elle ne supporterait pas un nigaud aussi têtu. Le seul fait de n'avoir jamais prononcé contre vous un mot amer, de vous avoir tant aimé, sans rancune, les lettres exquises qu'elle vous a écrites... « Ne dites pas tant que vous êtes vieux, car j'en ai de la peine dans toute ma cervelle [9]... » rien que cela mérite une auréole...

Teresa avait conquis en Fray Pedro de Alcantara une amitié qui devait durer toute la vie, et même au-delà, car il lui apparut plus d'une fois après sa mort, « en grandissime gloire ».

Non seulement cet homme vénérable la tira d'un pas difficile, mais elle le trouva charmant. Quel contraste faisait sa bonne grâce avec la roideur des « lettrés » et dévots! « Avec toute cette sainteté, il était très affable; peu bavard, sauf pour répondre aux questions qu'on lui posait, mais ses propos étaient fort savoureux, et témoignaient d'un joli tour d'esprit [10]. »

Elle respire, elle renaît, elle a toutes les joies, même celles de conversations alertes et délicieuses. « Dieu nous garde des saints renfrognés! (*encapotados*) »

On ne se sépara pas sans se promettre de s'écrire et de se recommander mutuellement à Dieu. « Son humilité était si grande qu'il tenait en quelque estime les prières de cette misérable, à ma grande confusion. Il me laissa grandement réconfortée, rassurée, et contente [11]. »

L'approbation de François Borgia n'avait protégé Teresa de Ahumada que peu de temps. Celle de Pierre d'Alcantara aura-t-elle plus d'effet? Teresa finit par se gagner Avila, mais plus encore que par l'autorité d'illustres « serviteurs de Dieu », c'est par son humilité et son obéissance qu'elle l'emporta. Elle n'a jamais cessé de reconnaître avec son premier maître Osuna que les « femmelettes » peuvent être le jouet d'illusions, et s'en est remise entièrement aux Docteurs. Mais pour être ferré en théologie, on n'en est pas moins homme, et ces pieux personnages, vains à leur manière, finirent par ne pas douter de l'authenticité des grâces reçues par celle qui ne leur marchandait pas les marques de soumission et de vénération.

C'était devenu pour eux une sorte de manie que de lui imposer « d'expliquer son âme » aux experts de leur choix : après le P. François Borgia le F. Pierre d'Alcantara, après le F. Pierre d'Alcantara le P. de Salazar, après le P. de Salazar le maître Juan de Avila, après le maître Juan de Avila le P. Pedro de Ibañez, sans compter tous ceux pour lesquels elle avait été priée d'écrire une confession générale. Tous l'approuvèrent, le P. Ibañez écrit même : « Je ne puis faire autrement que de la tenir pour sainte [12]. »

Ils ne se doutaient pas que ces fréquentes relations de sa vie spirituelle, ces récits de ses expériences mystiques, constituaient une étonnante gymnastique intellectuelle, de précieux exercices de précision littéraire. Forcée d'analyser ses sentiments, d'examiner sa conscience, d'approfondir sa connaissance d'elle-même, contrainte de comprendre ce qu'elle eût pu se contenter de ressentir, de définir l'indéfinissable, de décrire l'indescriptible, la raison se fortifie et s'affine en elle tandis que l'esprit se perd en Dieu. Salcedo, Daza, Aranda, par leurs exigences pointilleuses, ont ainsi contribué à fortifier en Teresa une intelligence réaliste, si claire, si robuste, à former un style si net, si persuasif, si expressif, qu'ils ne survivent les uns et les autres que parce qu'elle a écrit leurs noms.

La première de ces *Relations* date de 1560. Elle est adressée au P. Pedro Ibañez, savant Dominicain, que Teresa allait souvent consulter au monastère de Santo Tomas. Elle nous met en présence d'une femme de quarante-cinq ans qui émerge de ses épreuves et du torrent de ses grâces toute droite, d'une lucidité admirable, dans un équilibre qui semble désormais à toute épreuve. On constate les progrès accomplis depuis le temps où elle se livrait à des pénitences spectaculaires. On voit le désir de perfection se manifester dans les petites choses, — les plus importantes, — oubli de soi, détachement, obéissance, pauvreté, bienveillance, et décision de ne plus offenser Dieu, même pas par un péché véniel. L'admirable courbe ascendante ne marque qu'un fléchissement : le sentiment du « tout n'est rien » s'exaspère au point d'estimer que les belles choses qu'elle a tant aimées « l'eau, la campagne, les parfums, la musique », ne lui semblent « qu'ordures [13] ». Mais le jour viendra où elle saura louer le créateur à travers ses créatures.

Il y a encore des craintes, des larmes, mais elles ont pour motif une cause nouvelle : « Il me vient un désir si impétueux de servir Dieu que je voudrais clamer à tous combien il importe de ne pas se contenter de peu... Désir si vif que l'idée de mon impuissance me brise intérieurement. Ce corps me ligote. Si ce n'était de lui, je ferais de grandes choses. L'impuissance où je suis de servir Dieu me cause une peine insupportable [14]... »

Première manifestation d'un vif besoin d'agir chez Teresa de Ahumada, qui vient tout juste de conquérir le droit de vivre en paix.

La fille d'Alonso Sanchez et de Beatriz de Ahumada, la sœur des sept garçons partis pour l'outre-mer, serait-elle capable de se tenir tranquille? Douée pour la lutte, sans aucun doute, mais également rompue à toutes les disciplines de l'ascèse et de la considération : sans cette ascèse, son naturel impétueux n'eût sans doute fomenté que turbulence et désordre. Mais dans l'oraison elle « recueille » ses forces, les groupe en un faisceau dont sa volonté de servir est le lien.

Et Teresa va prouver au monde que la contemplation est le plus puissant des leviers de l'action.

5. Les malheurs du royaume de France, 1560

Teresa de Ahumada souhaite agir au moment où elle est prête à le faire : jamais on ne la surprendra en flagrant délit d'inopportunité. En elle, la joie domine, car l'amour est joie, et Teresa est amour. Ce qu'on fait par amour, avec amour, n'est jamais une souffrance.

La porte qui mène à Dieu n'est pas une porte étroite; par deux fois, en termes presque identiques, celle pour qui le Seigneur « n'est pas un homme mort, mais le Christ vivant [1] » et qui avoue sa prédilection pour le Christ ressuscité « sans peine, plein de gloire [2] », affirme : « Je ne vois pas, Seigneur, en quoi le chemin qui conduit vers vous est étroit : non point sentier, mais route royale [3]. » Et : « Seigneur, celui qui vous aime vraiment est en sécurité sur une route large, et royale [4]. »

Les caractéristiques de la femme d'action se précisent en elle : « Dieu l'a douée d'un étonnant courage. Elle qui était autrefois si craintive met maintenant les démons en déroute. Les minauderies et enfantillages particuliers aux femmes lui sont étrangers. Le scrupule n'est pas son fait; elle est d'une grande droiture. La clarté de son intelligence, ses lumières des choses divines, sont admirables [5]. »

Teresa a trouvé son équilibre. Ou, plus exactement, on lui permet enfin de montrer qu'elle ne l'a jamais perdu : si les braves gens de son entourage ne l'avaient pas affolée avec tout un appareil de diableries, elle eût, sans aucun doute, promptement triomphé de ses peurs initiales, évolué avec une aisance parfaite de la terre au ciel, et fait rayonner le ciel sur la terre.

Contrainte en ces années de ne pas négliger le temporel, elle s'en acquitta bien. La mort de son père, l'absence de ses frères aînés, avaient fait d'elle le chef de sa famille. Elle est seule pour limiter les dommages du procès fomenté par un héritier quinteux, Martin Guzman, le mari de Maria, pourvoir à l'équipement d'Antonio, Pedro et Agustin qui partent à leur tour pour l'outre-mer, déménager la maison paternelle, la louer trente ducats, élever sa jeune sœur Juana. Elle la prit à l'Incarnation, dans sa propre cellule, et la maria en 1553 à Juan de Ovalle, gentilhomme d'Avila. Au beau milieu de ses visions, elle eut à veiller à ce que le beau-père, « Juan de Ovalle le vieux », fasse au jeune couple une rente honorable.

A la fin de l'année 1560, la voici en pleine possession de ses moyens, malgré une santé lamentable, ce dont elle n'a cure ; en possession aussi d'amitiés éprouvées et désormais solides.

Tous, Francisco de Salcedo, Gaspar Daza, Gonzalo de Aranda, le P. Pedro Ibañez, sont maintenant non seulement convaincus, mais conquis : elle les ferait passer par le chas d'une aiguille, et ne va pas s'en priver. La vénération du saint gentilhomme à son égard sera bientôt aussi spectaculaire que le furent ses doutes :

— Si on me disait que saint Jean-Baptiste est à la porte d'Avila et la Madre Teresa en un autre point de la ville, je renoncerais à voir saint Jean-Baptiste pour me jeter aux pieds de la Madre Teresa et lui demander sa bénédiction.

Fray Pedro de Alcantara est son ami, le P. Francisco de Borja chante ses louanges, « ceux de la Compagnie » la respectent, les Dominicains la révèrent, les Franciscains la chérissent; Doña Guiomar de Ulloa est toujours là, elle qui n'a jamais cessé de la soutenir.

A l'Incarnation, l'hostilité s'est tue, le scepticisme a fait amende honorable; plus de quarante religieuses la suivent dans les voies d'oraison et imitent ses vertus. Ses vertus, et non pas ses états extatiques : elle s'efforce de persuader ses sœurs qu'on gagne le ciel par l'obéissance et l'oubli de soi mieux que par le désir des grâces surnaturelles : ravissements et extases prouvent la bonté de Dieu, et non pas nos perfections.

En ce monastère, Teresa pourrait doucement poursuivre sa marche ascendante. Sur une route royale? C'est plutôt une grande rue, une foire sur la place, que ce couvent. Le nombre des religieuses, auquel s'ajoutent les séculières, est toujours excessif, et en minorité celles qui se soucient de respecter les Constitutions. Les rumeurs du monde y pénètrent de toutes parts, et on appelle encore trop souvent à son gré Teresa de Ahumada au parloir.

C'est une perte de temps que ces conversations, une source de distraction dans l'oraison, de refroidissement dans l'amour divin. Parents, amis, ne sont plus désormais pour Teresa que les ennemis de la vie intérieure; elle a constaté l'effet dissolvant des paroles inutiles, l'action corrosive de la critique à laquelle il n'est pas toujours aisé de s'opposer.

Tandis que solitude égale silence; silence égale concentration; concentration égale puissance. Puissance pour l'amour. Puissance pour le bonheur. Non dans son propre intérêt, mais pour le monde. L'éveil en elle du besoin d'action se manifeste sous la forme du désir d'apostolat.

Teresa, castillane, est réaliste. Elle a trouvé dans l'obéissance aux lois divines des joies telles, une amélioration si concrète, que les méthodes humaines ne lui semblent « qu'ordure »; elle se prend de compassion pour ceux qui persistent à ne le point comprendre. « *Venez à moi vous tous qui êtes accablés et chargés et je vous soulagerai...* Que voulons-nous de plus, Seigneur? Que demandons-nous? Après quoi courent les hommes, sinon après le soulagement de leurs peines? A l'aide, mon Dieu, à l'aide! Qu'est-ce là, Seigneur? Quel dommage que de chercher là où il nous est impossible de trouver! Ayez pitié, Créateur, de vos créatures. Considérez que nous ne nous comprenons pas nous-mêmes, nous ne savons pas ce que nous désirons, nous ne soupçonnons pas ce que nous demandons. Donnez-nous,

Seigneur, la lumière... Quelle dure chose je vous demande, mon vrai Dieu : aimer qui ne vous aime pas, ouvrir à qui ne frappe point, donner la santé à qui se plaît à être malade et recherche la maladie[6] ! » « Ayez pitié de ceux qui n'ont pas pitié d'eux-mêmes [7] ! »

Teresa le sait : Dieu a créé l'homme pour le bonheur, dans l'accomplissement de sa renaissance en Lui; il lui a donné, dans les Évangiles, un art de vivre heureux. En enfreignant la loi divine, l'homme fait son malheur, comme celui qui enfreindrait la loi naturelle en se refusant à respirer causerait sa propre mort. C'est ce que la créature persiste à ne pas voir : « Dieu veut que nous cherchions la vérité, et nous voulons le mensonge; il veut que nous cherchions ce qui est éternel, nous inclinons vers ce qui passe; il veut que nous aspirions à de hautes et grandes choses, nous les voulons basses, et poussière; il voudrait que nous n'aimions que la certitude, nous n'aimons ici-bas que choses incertaines [8]... »

Un sentiment nouveau s'exalte en Teresa : elle a pitié des hommes. En particulier du royaume de France. La France est pourtant à ce moment-là l'ennemi le plus redoutable de l'Espagne, mais l'amour dépasse la notion de pays. « En ce temps-là, j'eus connaissance des malheurs de la France et du mal qu'y avaient fait ces Luthériens. Cela me poignait, et tout comme si j'y pouvais quelque chose, je pleurais devant le Seigneur, je le suppliais d'y porter remède. J'eusse donné mille fois ma vie pour sauver une seule des âmes qui s'y perdaient [9]... »

La seconde où elle s'exprime ainsi témoigne pour l'éternité. Le combat qu'elle s'apprête à entamer n'est pas une guerre haineuse : Teresa n'est contre personne, elle est pour le rayonnement sans borne de l'amour. Elle ne juge pas, elle aime; elle ne condamne pas; elle ne châtie pas, elle ne veut que donner et se donner. « Le monde est en feu [10] ! »

Que ne peut-elle, ainsi que les légionnaires de Loyola, porter l'amour où il est nécessaire! Mais la voix humaine vibre moins loin que ne le fait une âme branchée sur Dieu par la prière. Le silence concentré en lui est plus puissant que les clameurs.

Du sentiment négatif de l'unité « tout n'est rien », Teresa

est passée à celui de l'unité constructive et positive : « Dieu est tout. » Elle a perçu la force de deux ou trois réunis en son nom. Elle songe à ce que fut l'ordre de Notre-Dame avant que le pape Eugène IV ne cède à la misère des temps en mitigeant les rigueurs de la règle première, faisant ainsi des Carmels, autrefois forteresses de la pénitence et de l'oraison, de benoîtes maisons de retraite pour hommes sans femmes et femmes sans hommes.

Ces réflexions harcèlent Teresa. Tel est maintenant le principal sujet de ses conversations.

La cellule de Teresa de Ahumada est un pavillon isolé et charmant; deux pièces superposées le composent. Au rez-de-chaussée, un oratoire fort propre, bien orné d'images présentées dans une niche sous une inscription latine : *Non intres in judicium cum servo tuo, Domine.* Elle dort et se tient le jour au premier étage, dans une pièce dont les fenêtres ouvrent sur le jardin. Là, elle reçoit beaucoup, car les visites de cellule à cellule sont l'un des agréments de la vie à l'Incarnation.

Ce jour-là, Teresa, assise par terre sur un coussin, ainsi qu'il était accoutumé depuis que tant de mœurs mauresques s'étaient infiltrées dans les usages, brodait, entourée de ses meilleures amies : Ana et Ines de Tapia ses cousines, la fidèle Juana Suarez. Les benjamines Leonor et Maria de Ocampo se passionnaient pour sa conversation, car leur tante Teresa parlait du Seigneur avec tant de charme et de vivacité qu'on ne se lassait jamais de l'entendre. Dans ses récits, la vie des saints Pères du Désert, aux temps très anciens de la naissance de l'ordre du Carmel, se parait de détails savoureux, qu'on eût dit empruntés aux belles enluminures. Non qu'on puisse vraiment espérer être nourrie par un ange, comme le saint prophète Élie, ni que la palme tressée fasse des habits seyants, mais quelle grandeur dans ce silence, et quelle force dans cette solitude.

— L'Éternel n'était pas dans le vent fort et violent, il n'était pas dans le tremblement de terre, il n'était pas dans le feu, mais il était dans un murmure doux et léger, et il parla à Élie...

Du patio des récréations montait un bruit de flûtes et de

tambourins, auquel se mêlait une « romance » à la mode.

— Qui donc, ici, pourrait entendre ce murmure doux et léger? La vie est fâcheuse en ce monastère, il y a trop de gens...

— Les supérieurs eux-mêmes rendent impossible la complète retraite. N'obligeaient-ils pas Teresa à aller faire souvent de longs séjours chez de nobles Avilais, « qui se plaisaient en sa compagnie »? Des personnes si importantes qu'ils n'osaient leur dire non...

— Et les parloirs! Ces parloirs!

Ce fut Maria de Ocampo qui parla la première :

— Nous toutes qui sommes ici, allons-nous-en donc! Et organisons-nous une vie solitaire « en façon d'ermites [11] »...

Teresa leva sur sa jeune nièce un regard pénétrant et baissa à nouveau les yeux sur son ouvrage. Elle songeait : « Enfin! » et remerciait le Seigneur.

Maria avait dix-sept ans. Elle était séculière à l'Incarnation ainsi que sa tante l'avait été trente ans auparavant à Notre-Dame de Grâce. Lorsque Teresa avait vu pour la première fois cette petite-fille de son oncle Francisco à La Puebla de Montalban, au cours de son pèlerinage à Notre-Dame de la Guadeloupe, la mine éveillée de l'enfant l'avait si bien charmée qu'elle demanda qu'on la lui confiât : elle l'élèverait dans sa cellule, au lieu et place de sa sœur Juana. Tant elle aimait les enfants.

Maria de Ocampo n'annonça sa venue que dix ans plus tard, et se fit encore attendre : il lui fallait renouveler sa garde-robe, car « elle était alors fort pompeuse et gentille, et pour l'être elle avait d'étranges industries et inventions merveilleuses » [12]. A ces inventions elle prit tant de plaisir que l'idée qu'elle avait eue un instant de se faire religieuse n'y survécut pas.

Teresa n'en accueillit pas moins tendrement la jeune pensionnaire. Elle ne lui reprocha pas de songer au mariage :

— Juana vécut ici dix ans, elle en est sortie pour épouser Juan de Ovalle.

Elle ne lui reprocha pas davantage d'aimer les romans de chevalerie, et ne songea pas à les lui interdire :

— Tu prends ainsi le goût de la lecture. Moi aussi, je les

ai aimés. Tu en viendras peut-être un jour, ainsi que je l'ai fait, à rechercher des lectures plus fructueuses...

C'est pourquoi cet élan soudain vers la vie érémitique la faisait à la fois sourire, et rendre grâces.

L'idée était lancée, « par jeu ». Mais elle séduisit si bien la compagnie que « de parole en parole la nuit se passa à inventer des moyens de faire quelque petit monastère, et ce qu'il pourrait coûter »... Car il faut des biens terrestres, même pour fonder un paradis en miniature.

Qu'à cela ne tienne! Maria tient à son ermitage. Elle en appelle à sa tante :

— Fondez-le! Tel que nous le voyons! Je vous aiderai avec ma légitime [13]!

— Sa part d'héritage.

Cet enthousiasme fit beaucoup rire Teresa. Le lendemain, toujours riant, elle dit à Doña Guiomar :

— Hier, ces jeunes filles étaient fort gaies. Elles se sont amusées à imaginer que nous fondions un petit couvent à la manière des Franciscaines Déchaussées.

Doña Guiomar ne vit pas en ce projet une plaisanterie. Il soufflait sur l'Espagne un grand vent de réforme des ordres religieux, dont nul ne se dissimulait le relâchement. On fondait des ordres nouveaux, on restaurait la Règle des anciens. Ordre neuf : la Compagnie de Jésus. Retour à l'austérité : la réforme de l'ordre de Saint-Dominique, intensifiée en Espagne par Hurtado et ses disciples. Enfin, dans une Europe déchirée entre catholiques et luthériens, — pour parler comme Teresa qui ne prononce pas le nom de Calvin, — Philippe II allait faire du maintien de l'unité religieuse en ses royaumes sont but essentiel.

L'adolescente qui « par jeu » lançait ainsi l'idée de réformer le Carmel était imbue des pensées et des rêves de la femme auprès de qui elle vivait; elle se trouvait aussi aller dans le sens de son souverain qui se préparait à faire construire, pour y vivre dans la vision constante de l'inanité de ce monde, un pourrissoir de rois, l'Escorial.

C'est pourquoi Doña Guiomar prit très au sérieux toute l'affaire. Elle dit à Teresa :

— Fondez. Je vous aiderai.

C'était répondre au vœu secret de la Carmélite par une

mise en demeure d'action immédiate. Mais elle seule avait assez réfléchi pour concevoir les difficultés de l'exécution; elle seule, pour les avoir vécus, connaissait l'âpreté des arrachements. Elle seule savait aussi qu'à partir de l'instant où elle serait « décidée », aucune opposition ne la ferait reculer.

On l'admire pour bien des choses, mais on l'aime pour avoir avoué les raisons bien féminines d'un instant d'hésitation : « Je me plaisais beaucoup dans la maison où j'étais, car ma cellule était fort à mon goût [14]... »

Bref regard autour d'elle : il lui serait amer de quitter un si plaisant décor.

Mais il ne lui appartient pas de choisir : « Nous décidâmes de recommander à Dieu tout cela, très instamment [15]. »

6. Le complot de Saint-Joseph, 1560-1561

Dieu ordonne à Teresa de Ahumada de tout faire pour fonder ce monastère.

A partir de cet instant, « mains à l'ouvrage[1]! » elle passe à l'action, et désormais ne s'appartiendra plus. Celui qu'elle appelle « Sa Majesté » est un maître d'œuvre impérieux. Il donne, dès le début, des directives nettes : d'abord, exposer le plan à son confesseur, et lui dire de Sa part de ne pas s'y opposer.

Pourtant la femme en elle a un mouvement de recul : elle atermoie, avoue s'être complu à rêver « d'une pauvre maison où elle vivrait entourée de quelques sœurs imbues du même esprit, toutes uniquement occupées d'oraison, sans parloirs ni grilles, détachées de toutes choses d'ici-bas, le cœur uniquement consacré à l'Époux [2] », sans croire vraiment être forcée un jour d'en venir aux actes. Tant de difficultés sont à prévoir qu'elle peut gémir encore une fois : « Seigneur, je n'en voudrais pas tant! »

Sa Majesté insiste, Teresa discute :

— Seigneur, n'y a-t-il pas d'autres gens, en particulier des théologiens, des hommes qui, si vous leur parliez, feraient ce que vous demandez beaucoup mieux que je ne puis le faire, moi qui ne vaux rien [3]?

Le Seigneur répond « d'un ton qui témoigne de la douleur de son cœur » :

— C'est parce que les hommes et les théologiens ne veulent pas m'écouter que, méprisé par eux, je viens tel un nécessiteux entretenir de mes affaires de pauvres petites femmes et me reposer auprès d'elles...

La divine compassion s'efforce de la distraire avec des images :

— Ce monastère sera placé sous l'invocation de saint Joseph, il gardera une porte, Notre-Dame gardera l'autre [4]... Jésus lui fournit des arguments : « Qu'en serait-il de ce monde, si ce n'était des religieux? »

Son Maître a parlé, elle ne se tient plus de joie, mais reste si effrayée à l'idée de transmettre ce message au P. Baltazar Alvarez qu'elle ne peut se résoudre à le faire de vive voix; son art épistolaire est déjà si convaincant que cet homme terrible présente des objections « conformes à la raison naturelle », mais lui conseille tout de même de faire sa demande au P. Provincial du Carmel, le P. Gregorio Fernandez.

Doña Guiomar se chargea de transmettre la requête : une riche veuve était mieux désignée pour se faire entendre qu'une pauvre nonnette. Le P. Provincial se montra fort content, entra dans les détails, se dit satisfait d'apprendre qu'il n'y aurait pas plus de treize moniales, et promit son autorisation.

Bonne nouvelle, trop bonne : elle explosa comme une bombe dans Avila. Teresa de Ahumada recommençait à faire parler d'elle! Cette Carmélite, si discutée qu'il avait fallu le témoignage de plusieurs saints hommes pour attester de l'authenticité de ses visions, s'avisait maintenant de révolutionner son ordre, et de fonder un monastère où des femmelettes prétendaient rivaliser de rigueur avec les Pères du désert!

Les uns s'esclaffaient, d'autres s'indignaient, tous disaient :

— Elle est folle!

Les plus bienveillants ne savaient guère la défendre :

— Que ne s'efforce-t-elle de se faire oublier en se tenant tranquille à l'Incarnation [5]!

Doña Guiomar n'était pas épargnée :

— Elle a un emploi tout trouvé de son zèle: qu'elle s'occupe donc enfin de ses enfants!

Avila en ébullition se passionna pour ou contre. Et chacun se croyait en droit de tourner ce projet de monastère en ridicule.

A l'Incarnation même ce fut bien pis : on pouvait s'y attendre, le retour à la Règle primitive était mal vu dans les couvents relâchés par la mitigation. Les moins exaltées faisaient du sentiment :

— Nous croyions que Teresa nous aimait. Or, non seulement elle montre qu'elle n'a pas d'amour pour la maison dans laquelle elle vit depuis plus de vingt ans, mais elle cherche à en fonder une autre. Si elle peut se procurer de l'argent, des rentes, que ne nous les donne-t-elle, à nous, ses sœurs, qui n'avons pas de quoi manger à notre faim [6]?

Celles qui mettaient de la vanité dans le service de Dieu se sentaient outragées :

— Elle offense l'Ordre, elle nous offense, avec ses prétentions! De plus saintes qu'elles ne s'accommodent-elles pas de la Règle mitigée [7]?

Enfin, les furieuses :

— Le cachot est fait pour les rebelles de sa sorte!

Teresa gardait le cœur serein. Les temps n'étaient plus où « l'opposition des braves gens » la torturait. Elle ne se souciait nullement de qu'en-dira-t-on, d'honneur ou de déshonneur, des travaux exténuants qu'elle aurait à accomplir, de l'argent indispensable, elle qui n'en avait point. Elle allait de l'avant « avec la hardiesse du Saint-Esprit, car son courage dépassait celui des hommes et des femmes [8]. »

Elle feignait pourtant d'être sensible à la colère publique, « afin de ne pas paraître mépriser ce qu'on lui disait [9] »... Ruse angélique : il faut bien aimer les hommes et pardonner leurs injures, pour résister au plaisir de leur montrer qu'elles ne nous atteignent pas. Elle n'éclata de rire au nez de ses contradicteurs qu'une fois : lorsque certaines personnes bien intentionnées, qui avaient eu vent qu'elle se lançait dans « cette affaire » à la suite d'une révélation, agitèrent la menace de l'Inquisition. Elle avait trouvé au parloir des gens fort effrayés, qui chuchotaient :

— Prenez garde! Les temps sont terribles! Il est question de vous dénoncer à l'Inquisition!

Teresa ne put empêcher son rire de fuser :

— Vous m'amusez! Je n'en ai jamais eu peur. En toutes choses de foi, pour le moindre des rites de l'Église, pour n'importe laquelle des vérités des Saintes Écritures, je mourrais mille morts. Rassurez-vous : mon âme serait fort mal en point si quelque chose, dans tout cela, était de nature à me faire craindre les inquisiteurs. Si je pouvais croire qu'il y eût motif, je me présenterais plutôt moi-même devant eux; mais si on porte un faux témoignage contre moi, le Seigneur me sauvera, et j'en tirerai grand bénéfice [10]!

Cependant, le clergé, les autres ordres, l'attaquaient violemment : chaque prêtre, chaque moine, se sentait menacé dans son pain quotidien, en des temps de disette, de pauvreté croissantes. N'y avait-il pas déjà à Avila trop de couvents pour se partager des aumônes insuffisantes? A l'église Santo Tomas, un prédicateur la prit même à partie au cours d'un sermon, tonnant contre « les religieuses qui sortent de leurs monastères ; sous prétexte de fonder de nouveaux ordres, elles ne cherchent qu'à s'octroyer des libertés, — et autres propos si pesants que sa sœur Juana qui l'accompagnait rougit sous l'affront et voulut prendre la fuite [11] ». Teresa, calme, souriante, semblait ne point entendre qu'il s'agissait d'elle. Du coin de l'œil, elle regardait dans son livre d'heures la copie d'une suite de courtes affirmations de paisible victoire qu'elle avait composées, et qu'elle aimait à se répéter :

Trouble est vain,
Peur est vaine.
Tout s'achève
Dieu ne change point
La patience
Triomphante.
Qui a Dieu
Possède tout.
Dieu seul suffit [12].

La campagne contre le pauvre petit couvent de Saint-Joseph, bien orchestrée, s'avéra efficace :

Influencé par des notables, ému par tant d'esclandres, le P. Provincial retira sa promesse d'autorisation.

A l'instigation du P. Dionisio Vazquez son recteur, le P. Baltazar Alvarez ordonna à Teresa de ne plus s'occuper de cette fondation. « Vous reconnaîtrez un jour avoir rêvé tout cela [13] », lui écrivait-il.

Enfin, la nuit de Noël un prêtre refusa l'absolution à Doña Guiomar, à moins qu'elle ne cessât de fomenter le scandale.

Notre-Seigneur le Maître d'œuvre commanda à Teresa d'obéir à son confesseur, et de se taire, pour l'instant.

« ... Et nous qui venions d'acheter la maison, petite, mais bien située! Je n'avais pas de chagrin : le Seigneur m'avait dit d'agir pour le mieux, et que je verrais ce que peut faire Sa Majesté. Je l'ai vu, et très bien [14]! »

Teresa avait un allié très puissant : le P. Pedro Ibañez. Dès l'origine, Doña Guiomar lui avait soumis le projet. Il avait demandé aux deux femmes des détails concrets sur les buts et les moyens, la maison, les promesses de Maria de Ocampo, les possibilités de la jeune veuve; tout lui fut exposé avec une clarté qui lui fit bien augurer des dons d'organisation de la future fondatrice. Teresa n'avait pas parlé de visions, mais donné des « raisons naturelles ».

Il voulut huit jours de réflexion. Elles s'éloignaient déjà dans la cour qui précède le couvent de Santo Tomas lorsqu'il les rappela :

— Êtes-vous bien résolues à suivre mes conseils [15]?

Elles dirent oui d'une seule voix. Une semaine plus tard il leur faisait transmettre sa réponse :

— Hâtez-vous de poursuivre cette fondation. Vous avez peu d'argent? En ceci remettez-vous à Dieu... Si quelqu'un suscite des difficultés, qu'il vienne me parler.

Cette nette approbation eut pour effet de procurer à Teresa l'adhésion totale et la collaboration du P. Daza, de Salcedo, et de quelques vaillants.

Ils n'allaient pas reculer devant les interdictions : le Seigneur leur inspira des ruses de conspirateurs.

Teresa ne pouvait désobéir à son confesseur? Qu'à cela

ne tienne! Poussée par le P. Ibañez, Doña Guiomar demandera à Rome, à son propre nom et dans le plus grand secret, l'autorisation de fonder un couvent selon la Règle primitive du Carmel. Il serait sous la juridiction de l'évêque d'Avila au lieu de dépendre du Provincial de l'ordre, et ne s'en porterait pas plus mal.

Éclaircie : le recteur de la Compagnie de Jésus, si hostile, est remplacé par le P. Gaspar de Salazar, à qui il suffit de rencontrer Teresa pour être conquis par elle et par son projet. Il autorise Baltazar Alvarez à permettre à sa pénitente de poursuivre « courageusement » ses projets de fondatrice. Une seule consigne : agir dans le plus grand secret.

Mais allez donc fonder un couvent à Avila sans que cela se sache!

Teresa se plaint : « Seigneur, pourquoi me commandez-vous des choses impossibles? Si encore, bien que femme, j'étais libre! Mais liée de toutes parts, *sin blanca,* — sans un liard, — ni aucun moyen de m'en procurer, sans bref, sans rien, que puis-je faire, Seigneur [16]? »

Elle est surveillée de près dans son monastère, et, en ville, enserrée dans le réseau d'espionnage que forment tous les autres ordres et leurs amis. Pour se rendre au local qu'il convient d'aménager, elle doit traverser Avila tout entière, à moins qu'elle ne prenne hors des murs. Pour déjouer les soupçons, elle prétend aller au couvent de Santo Tomas, qui se trouve non loin de son futur couvent. Il faut trouver une solution.

Au mois d'août 1561, on apprit que la sœur de Teresa de Ahumada et son mari Juan de Ovalle quittaient Alba de Tormes et revenaient habiter leur ville natale. Quoi de plus naturel? La Prieure de l'Incarnation ne songea pas à refuser à sa sujette d'aller passer quelque temps auprès de sa chère Juana, pour l'aider à s'installer.

Le tour était joué. La petite maison achetée au nom du beau-frère de Teresa allait devenir la base de la réforme de l'ordre du Carmel, le glorieux monastère de Saint-Joseph d'Avila.

« L'installation » des Ovalle, c'était, au rez-de-chaussée, la future chapelle, et, au premier étage, treize cellules et les dépendances indispensables. Tout cela entourait un patio et donnait sur un cloître bien modeste : Teresa se demandait — toujours sans un liard — s'il ne vaudrait pas mieux acheter quelque chose de plus vaste.

Le Maître d'œuvre se fâcha :

— Ne t'ai-je pas dit de commencer ainsi que tu le pourrais? Oh, avidité du genre humain, qui craint que la terre ne vienne à lui manquer! Que de fois n'ai-je pas dormi au serein faute de savoir où me mettre [17]?

Teresa se contenta donc de sa petite maison. Située au nord d'Avila, dans le quartier populaire de Saint-Roch, n'avait-elle pas, d'ailleurs, ce qu'elle préférait au monde, « le plus bel horizon, et la campagne »?

Teresa vécut quelques mois auprès des Ovalle qui jouaient pieusement la comédie de l'emménagement. « Juana est honnête femme, vaillante, et d'âme angélique [18]. » Le caractère de Juan est loin d'être facile, il arrive à Teresa de plaindre sa sœur : son hidalgo de mari est à la fois ombrageux et léger, jaloux au point de souffrir de l'amitié que sa belle-sœur porte à Doña Guiomar, mais il est tout dévoué à cette fondation.

Les travaux s'amorcèrent lentement, à mesure que les conspirateurs de Saint-Joseph se procuraient quelques maravédis. Maria de Ocampo n'était pas encore libre de disposer de son héritage, Doña Guiomar prenait sur ses revenus autant qu'elle le pouvait, quitte à vendre, lorsqu'elle n'avait plus d'argent à sa disposition, une courtepointe cramoisie, une croix brodée sur soie.

Teresa fait les plans, commande aux ouvriers, prévoit entre la chapelle et le chœur une double grille faite de baguettes extrêmement serrées afin que les moniales puissent suivre les offices sans être vues. Les murs ne seront pas crépis, et le tout très pauvre, mais d'une grande propreté. Teresa était si bien douée que toutes les proportions sont harmonieuses.

Les difficultés sont telles que des courages flanchent dans le petit groupe, mais celui de la Fondatrice jamais ne cédera : elle a « décidé » d'aboutir. Elle est déjà la femme qui « ne doutera pas d'entreprendre des choses extraordinaires et grandes, et prendra goût et plaisir à en venir à bout, celles qui étaient faciles ne lui donnant pas contentement [19] ».

Un mur en construction s'écroule. Doña Guiomar, qui pourtant a montré tant de constance, s'affole :

— Ce sont les démons qui l'on renversé! Dieu n'agrée pas ce couvent!

On n'effraie plus Teresa avec des diableries, elle ne bronche pas :

— Le mur est tombé? Qu'on le relève [20]! — et son autorité en impose aux hésitants.

Le bref demandé à Rome tarde à arriver, Doña Guiomar, encore une fois, s'inquiète. Teresa ne lui répond qu'en la priant de se procurer pour le futur couvent des missels, et une cloche. Elle fait oraison, et agit. Tard dans la nuit, elle écrit.

Par obéissance au P. Pedro Ibañez, elle a commencé le récit de sa vie et des grâces que le Seigneur lui a faites. Y trouve-t-elle de l'agrément? Elle parlera de ces ouvrages imposés comme de corvées ajoutées à tous ses travaux. Mais on n'est pas doué d'une telle vivacité d'expression, on ne croque pas les personnages d'une plume si colorée, on n'a pas ce don de la phrase équilibrée, de l'image vivante, frappante, on n'est pas, ainsi qu'elle le fut, un écrivain-né, sans prendre quelque plaisir à écrire. Expansive comme elle l'était, et contrainte à taire ses activités du moment, ce lui fut sans doute un soulagement que de se laisser aller à tout dire sur le passé. Elle regrette seulement que ses confesseurs lui aient interdit de parler « en détail et clairement » de ce qu'elle appelle « mes grands péchés et bassesses »; les merveilles que Dieu a réalisées en elle ne sont-elles pas d'autant plus admirables qu'elle en est plus indigne? Elle demande au lecteur de ne pas oublier qu'elle fut « si vile [21] » qu'elle n'a pas trouvé parmi les saints revenus au Seigneur après avoir péché un seul exemple qui puisse la consoler. « Après l'appel de Dieu, ils ne l'ont plus offensé, alors que non seulement je redevenais pire qu'auparavant, mais on eût dit que je m'appliquais à résister aux grâces de Sa Majesté... Qu'il soit béni à jamais, lui qui m'a si longtemps attendue [21 bis]... »

Elle appellera cette autobiographie « mon grand livre », « le livre des miséricordes de Dieu », et lorsqu'elle l'enverra à Doña Luisa de la Cerda, elle lui dira : « C'est mon âme que je vous confie [22]. »

Récit de sa vie, certes, mais aussi la description la plus minutieuse, la plus lucide, qui ait jamais été écrite des états surnaturels, et cela dans le style le plus naturel, empreint de l'humilité la plus sereine.

Ce premier contact de Teresa de Ahumada avec l'analyse des plus fines sensations qu'il soit donné à l'être humain de ressentir coïncide avec ses débuts dans la vie active. Entre ces deux pôles, la continuelle présence de Dieu fait le point.

Un jour, le P. Pedro Ibañez lui demanda :

— Comment passez-vous votre temps?

« Je croyais, dit-il, qu'elle consacrait quelques heures à l'oraison, et le reste à d'autres exercices. »

Il vit le beau visage de Teresa s'illuminer d'amour :

— Imaginez une personne si éprise d'une autre qu'elle ne saurait passer un instant hors de la présence de ce qu'elle aime [23]...

« C'est ainsi, ajoute le Dominicain, qu'elle vivait avec Notre-Seigneur, ne parlant que de lui, et avec lui... n'agissant que pour lui, n'écrivant que ses merveilles. »

Là où elle est, Dieu est. Elle rayonne l'amour divin au foyer de sa sœur. Cet amour a des effets admirables, et des exigences à faire peur.

Teresa suscite la vie. Les Ovalle venaient d'arriver à Avila lorsque Juan « trouva un jour son fils, le petit Gonzalo, couché devant la porte, sans aucun sentiment, et tout raide. Il le prit dans ses bras, l'appela, mais l'enfant restait inerte. Mort? On ne savait pas. Juan de Ovalle le porta à Teresa.

« Juana était dans l'autre chambre, elle entendit du bruit et se troubla; Doña Guiomar la calma en dissimulant, car elle était grosse de neuf mois. Elle sortit tout de même en grande angoisse, criant et demandant son fils. Teresa se tut, ainsi que tous, et tous étaient suspendus, attendant ce qui arriverait. Teresa, abaissant son voile et sa face, approcha sa bouche de l'enfant, se taisant extérieurement, mais au-dedans criant vers Dieu. Elle demeura ainsi quelque espace de temps, jusqu'à ce que l'enfant vînt à revivre et à lui mettre les mains en la face comme en la caressant et se jouant avec elle; et comme si on ne lui eût rien fait, comme si seulement il se recueillait d'un sommeil ordinaire, elle le rendit à sa mère en disant :

« — Oh! mon Dieu! Combien déjà elle était affligée pour son fils! Prenez-le...

« L'enfant, sur l'instant, demeura avec quelque faiblesse et ne pouvait se tenir debout; après courait dans la chambre, retournait quelquefois vers sa tante, et l'embrassait [24]. »

Lorsqu'on demandait plus tard à Teresa comment elle avait rendu la vie au petit Gonzalo elle se fâchait, et priait de ne point dire de sottises [25].

Mais il est une fois où elle suscita la mort.

L'enfant dont Juana était grosse naquit en septembre; elle le nomma Joseph, en hommage au protecteur du futur monastère réformé. On lui donna comme parrains les amis les plus chers : Doña Guiomar de Ulloa et Don Francisco Salcedo. Il y eut fête pour le baptême, et Gonzalo, l'enfant ressuscité, tournait autour du berceau du nouveau-né.

Teresa était émue par ce beau petit, mais de quel amour délié des sentiments terrestres? Juana s'effrayait lorsqu'elle la voyait serrer le nourrisson dans ses bras, en murmurant une étrange berceuse : « Si tu devais ne pas être homme de bien, je prie Dieu, mon fils, qu'il te prenne ainsi, petit ange, avant que tu l'offenses... »

Quelques mois plus tard, l'enfant allait mourir. Teresa le prit sur ses genoux, le couvrit de son voile, — ce voile de la consécration au Seigneur et de l'adieu au monde, — et le visage enflammé, elle tomba en extase. Il se fit un très long silence. Juana n'osait bouger, et pourtant elle sentait que l'enfant était mort. Lorsque Teresa sortit de son ravissement, elle se leva sans mot dire, lentement, et, portant le petit corps, sortit de la pièce.

— Où allez-vous? cria Juana, comment ne me dites-vous pas que mon enfant est mort?

Teresa tourna vers elle un visage joyeux, émerveillé :

— Allons ensemble rendre grâces à Dieu. Car on peut le louer, lorsqu'on a vu l'âme d'un de ces petits monter au ciel, et la multitude des anges venir le chercher [26]...

Nul n'a jamais dit si Juana n'eût préféré garder son fils, imparfait, mais vivant.

En ce temps-là, Teresa fit de longs séjours chez Doña Guiomar « pour être plus tranquille ». Les Ovalle étaient peut-être eux aussi « plus tranquilles » dans leur train-train quotidien.

Les travaux avançaient, à la petite semaine. Certains s'avéraient urgents, que Teresa n'osait commander, faute d'argent. Le bon maître charpentier saint Joseph lui apparut, et lui ordonna d'appeler les ouvriers *sin ninguna blanca*, sans le moindre liard : le Seigneur y pourvoirait.

Et le 23 décembre, elle écrivait à son frère Lorenzo de Cepeda, le conquistador de la famille qui avait le mieux réussi et fait à Quito un riche mariage :

« *Señor*,

« C'est, je le crois, par une inspiration de Dieu que Votre Grâce m'a envoyé tant d'argent. Car pour une religieuse comme moi, qui tiens à honneur, grâce à Dieu, de porter des habits reprisés, j'avais ma suffisance.

« Mais pour des raisons que je n'ai pu rejeter, car elles viennent de Dieu, des personnes saintes et doctes prétendent que je dois n'être point lâche, et faire mon possible pour fonder un monastère de treize religieuses en très étroite clôture, telle que ne jamais sortir et ne jamais se montrer sans voile sur le visage, établi sur l'oraison et la mortification.

« ... Je ne savais comment construire certaines choses. Ne comptant que sur Dieu, j'ai fait venir les ouvriers. Cela semblait pure folie, mais Sa Majesté est intervenue, elle a poussé Votre Grâce à y pourvoir. Ce qui m'émerveille le plus, ce sont les quarante piastres que Votre Grâce a ajoutées, et dont j'avais le plus grand besoin [27]... »

Tout est bien.

Tout est bien?

La nuit de Noël, un émissaire de la Prieure de l'Incarnation vint alerter Teresa de Ahumada chez Doña Guiomar : elle devait s'apprêter à partir au plus vite pour Tolède, où la fille du duc de Medinacelli, Doña Luisa de la Cerda, réclamait sa présence.

C'était bien là le genre de distractions forcées qu'elle souhaitait désormais être libre de fuir par une claustration absolue. Qu'allait-elle faire chez ces grands? L'absence serait-elle longue? On ne pouvait le prévoir. Plusieurs mois, sans doute.

Qu'allait-il advenir du couvent de Saint-Joseph? Teresa et ses amis ne pouvaient que se répéter :

Trouble est vain,
Peur est vaine,
Dieu seul suffit...

7. *Doña Luisa de la Cerda, 1562*

Il y avait un an que Don Arias Pardo de Saavedra, maréchal de Castille, et l'un des plus riches hommes d'Espagne était mort, mais le chagrin de sa veuve, Doña Luisa de la Cerda, fille du deuxième duc de Medinacelli, ne faisait que grandir; il touchait au délire, ses familiers craignaient pour sa raison. C'est pourquoi on appelait auprès d'elle Teresa de Ahumada. Seule une sainte pourrait distraire d'elle-même cette âme obsédée, et rendre leur sens aux mots qu'elle prononçait sans espérance : « Je crois à la résurrection de la chair. » Mais il fallait une sainte capable de conduire avec délicatesse une grande dame qui admettait mal que Dieu lui ait arraché ce qu'elle aimait. Personne jusqu'alors ne l'avait consolée, ni ses sept enfants, ni les princes de l'Église, ni les princes de ce monde : à leurs soins cette femme comblée était accoutumée. Seul peut-être le Dieu des humbles pourrait la sauver, par l'entremise de l'une de ses servantes, celle qui dans le pauvre monastère de l'Incarnation rêvait de plus de pauvreté, et d'extrêmes macérations.

On parla beaucoup de Teresa, autour de Doña Luisa, sur l'estrade du salon mauresque où trônait le portrait de son oncle le cardinal Tavera. La veuve vivait là, prostrée sur des coussins brodés à ses armes, entourée des *criadas* qui cousaient en bavardant. Elle ne voulait pas oublier, mais elle était si lasse de ses insomnies et de ses pleurs qu'elle espérait guérir.

Aussi écoutait-elle ceux qui lui chantaient les louanges d'une Carmélite d'Avila, Teresa de Ahumada. L'un de ses intimes, le P. Garcia de Toledo, fils du comte d'Oropesa, proche parent du duc d'Albe, s'était pris d'une haute estime pour Teresa qu'il avait parfois confessée à Santo Tomas; il exaltait non seulement sa spiritualité, mais son intelligence, l'esprit dont elle assaisonnait sa conversation, et son caractère aimable; elle serait pour une femme éplorée une compagne secourable et plaisante.

La plus jeune des suivantes, Maria de Salazar, si jolie à quatorze ans qu'on en eût omis de remarquer son esprit, et si spirituelle qu'elle eût pu se passer d'être jolie, ne se lassait pas d'entendre parler de cette religieuse. Lorsque sa maîtresse délirait de chagrin, elle lui affirmait, avec une foi naïve :

— Votre Seigneurie verra... lorsque la sainte d'Avila sera là...

La réputation de Teresa était-elle donc si grande hors de sa ville natale? Le P. Provincial des Carmes, grand ami de Doña Luisa, y était pour quelque chose, point fâché qu'un déplacement vînt distraire sa sujette de sa contrariante idée de réformer l'Ordre. Elle semblait n'y plus penser? De fines mouches affirmaient le contraire : il avait été en effet impossible de poursuivre les travaux de Saint-Joseph sans certains concours plus ou moins discrets.

L'idée qu'on lui attribuât des mérites causa à Teresa un « tumulte intérieur » qui ne s'apaisa que devant Sa Majesté :

— ... Moi qui suis vile [1]...

— Pars, lui dit le Seigneur. Pour l'affaire du monastère, il convient que tu t'absentes jusqu'à l'arrivée du bref. Ne crains rien. je t'aiderai là-bas.

En ce début de janvier 1562, le voyage fut long, pénible, glacial, à travers ces plateaux de Castille où souffle la bise du Guadarrama, si ténue qu'elle n'éteindrait pas une chandelle, mais tue un homme. Enfin, escortée de son beau-frère, Juan de Ovalle, et de Juana Suarez, — Juana Suarez, depuis des années attachée à ses pas, dont on ne sait rien d'autre, sinon qu'elle fut fidèle, c'est-à-dire hostile à tout changement, car elle ne quittera l'Incarnation pour aucun des nouveaux monastères... — Teresa entra dans Tolède par la porte de Bisagra.

C'était la première fois qu'elle voyait une grande ville, des rues toujours bruyantes du mouvement du peuple, du train des marchands, de l'étalage des seigneurs, comme

Avila ne l'était que les jours de grandes fêtes. On entendait sans arrêt cliqueter des milliers de métiers sur lesquels des milliers de tisserands tissaient pour l'Europe entière velours, satins, taffetas, draps et brocarts. A Tolède, on fabriquait des chaussures, des cierges, on forgeait le fer, enfin, on trempait dans l'eau du Tage l'acier d'épées célèbres, on fondait, ciselait, niellait, et les chants appris des Maures se mêlaient au bruit des palabres, au tintement des marteaux sur les enclumes, au roulement des voitures, au hennissement des chevaux.

Philippe II venait de consacrer Madrid capitale du royaume, mais Tolède gardait son titre de Ville impériale et couronnée. La noblesse n'avait pas encore déserté l'ancien bastion vers l'Est de la Castille, et plus anciennement encore bastion vers l'Ouest du Maure, promontoire où tour à tour se brisèrent les hautes lames de deux civilisations, de deux religions. L'art des infidèles, leur style, se mêlaient dans le décor des églises et des palais; Teresa s'étonnait de ce style mozarabe qu'elle ne connaissait guère, et au cœur des ruelles, derrière d'austères façades castillanes, l'entrebâillement des portes lui révélait les patios ornés des arabesques de l'Islam. Ses yeux légèrement à fleur de tête, fort vifs, des yeux qui savent regarder, fouillaient ce monde nouveau, ils allaient des visages aux grilles ouvragées, des pavés aux portes sculptées, des clochers au ciel qu'argente la lumière la plus fine du monde.

Tolède, berceau des Sanchez y Cepeda : Alonso Sanchez était dit à Avila « le Tolédan ». Teresa aimera toujours cette ville avec dilection : « Je m'y porte mieux qu'ailleurs [2]. » Elle n'a jamais fait allusion à ses attaches ancestrales, mais sa gaieté est relevée de grâce tolédane « école du bien-parler », et peut-être doit-elle le tranchant de son esprit à la cité qui a donné son nom à l'acier des plus belles épées.

Les voyageurs mirent pied à terre devant le palais du maître de Calatrava : c'est là que la veuve d'Arias Pardo menait un train royal, se mourant de chagrin.

Écuyers, valets, laquais, pages, duègnes, criadas, tout cela coloré, bigarré, remuant, curieux, et pourtant solennel, accueillit sur le seuil l'envoyée du Seigneur avec toutes les marques d'un profond respect. La canne de cérémonie des majordomes résonna sur les marches du grand escalier de marbre à rampe d'agate qui conduisait à la salle où Doña Luisa attendait.

Les yeux baissés sur les rosaces d'un grand tapis des Flandres, la Carmélite franchit l'arc précieusement orné d'arabesques de feuillage. Les lustres de cristal de roche, énormes, constellés de cierges allumés, éclairaient son habit reprisé, son voile jauni. Et la femme la plus riche de Castille descendit de l'*estrado* pour serrer dans ses bras celle à qui Dieu suffit.

Doña Luisa avait fait préparer pour la Carmélite et sa compagne un appartement somptueux; tout était somptueux en ce palais. Teresa dut s'y exercer à une forme nouvelle de la mortification : accepter, par courtoisie, un affligeant bien-être. Elle avait apporté, avec sa discipline, dans le couffin qui constituait tout son bagage, quelques préjugés sur les grands, réminiscences des romans de chevalerie où ces hauts personnages sont d'essence surhumaine, et s'étonna de voir qu'ils ont d'autant plus de soucis que leur rang est plus élevé : le cérémonial « ne les laisse point vivre [3] »; la nonne plaignit la fille des ducs. Pour rendre son équilibre à cette femme à bout de nerfs, il eût été utile de régler son régime, alors qu'elle était contrainte « de manger à des heures irrégulières des mets conformes à son rang, et non point à son tempérament ni à ses goûts [4]... » Nul abandon, jamais de liberté : Doña Luisa doit prendre garde à ses moindres mots, refréner ses élans, car les querelles de préséances entre duègnes et suivantes sont telles « qu'il ne faut pas parler à l'une plus qu'à l'autre, sous peine de lui mettre à dos tout le reste [5] ». Teresa elle-même eut à souffrir de ces jalousies, on l'accusa de « prétentions intéressées [6] ». Cela lui fut l'occasion de constater « que les médisances ne la touchaient désormais pas plus qu'elles ne toucheraient un fou [7] ».

Pauvre Doña Luisa! « Tout n'est que sujétion pour ces personnes-là, et c'est l'un des grands mensonges du monde que d'appeler seigneurs ceux qui ne sont que les esclaves de mille choses... Je tirai de grands bienfaits de ces observations, et je le lui dis [8]. »

Teresa eut l'art — ou le cœur — de persuader Doña

Luisa qu'elle n'était point venue enseigner ni prêcher, mais qu'elle aussi avait bien des progrès à faire. Si elle découvrit que la grande dame « était femme et sujette aussi bien qu'elle à faiblesses et passions [9] », la grande dame entendit la religieuse avouer que passions et faiblesses ne lui étaient pas étrangères. Cet échange les lia pour toujours. Doña Luisa avait à l'égard de Teresa mille délicatesses : tel le jour où elle espéra la guérir d'un accès de fièvre en faisant étinceler devant elle la seule matière au monde où l'eau et le feu soient mêlés : ses diamants [10]. Teresa osait faire de petits cadeaux à l'opulente dame : « Un rien lui fait plaisir [11]... »

Doña Luisa de la Cerda avait un fin visage, le port de tête d'une femme accoutumée au poids des pierreries, et l'air le plus majestueux dans ses robes de deuil; elle n'en était pas moins humble de cœur, vraie chrétienne, amie dévouée et aussi simple que le lui permettait l'apparat de son rang. Elle ne pouvait plus vivre loin de Teresa de Ahumada qui toutefois s'isolait de longues heures, en oraison, ou à rédiger son autobiographie. Tous prétextes étaient bons pour l'attirer sur l'estrade où s'écoulaient les heures où il n'y avait pas de sermon à San Ramon, de procession à San Clemente, ou de bénédiction à San Domingo el Antiguo : car on se fût cru à Tolède « en semaine sainte perpétuelle ».

Doña Luisa brodait, en écoutant l'une de ses suivantes lire quelques pages de la *Vie des Saints* à laquelle toutes trouvaient une beauté nouvelle : Teresa agrémentait ces récits de commentaires d'autant plus attrayants que son ton était gracieux, et qu'elle ne faisait pas étalage de science. Bientôt, tout ce que la ville comptait de beaux esprits afflua au palais : chacun voulait connaître cette moniale dont on disait qu'elle parlait de Dieu plus éloquemment que les docteurs, et qu'elle avait sauvé du désespoir la veuve du Maréchal.

Tolède était pourtant la ville d'Espagne la plus exigeante en beau langage : « Les Tolédans sont habiles, non pas des mains, ainsi qu'ailleurs, sinon du bec [12]. » Teresa eut tôt fait de se mettre au diapason des gens de cour, sans se départir d'une réserve pleine de tact. Là, il lui fallait plaire, et si elle séduisait lorsqu'elle ne s'en souciait pas, lorsqu'elle s'en souciait elle transportait son monde. Elle avait besoin d'amis pour Dieu, pour sa réforme, et s'en fit d'influents : la duchesse d'Escalona, la duchesse de Maqueda, la marquise de Villena, la princesse Juana, la duchesse de Medinacelli, la duchesse d'Albe, qui l'ont aidée toute sa vie.

C'est là aussi qu'elle fit une moins heureuse rencontre, en la personne de la nièce de Doña Luisa, Ana de la Cerda, princesse d'Eboli, point encore tapageuse, mais déjà célèbre à vingt et un ans par sa piquante beauté et un non moins piquant caractère. Ana n'admettait pas de passer inaperçue, et faisait des étincelles d'esprit, alternées avec des poses dévotes, pour capter l'attention de la Carmélite à la mode. Amie intime de la reine Isabelle de Valois, la douce princesse de France dont le mariage avec Philippe II éveilla tant d'espérances qu'on l'appela « Isabelle de la Paix », elle se flattait auprès de Teresa de pouvoir tout obtenir, et tout donner. A ces offres accompagnées d'un grand cliquetis de bracelets dans l'air frais de l'éventail, la Carmélite répondait :

— Je rends grâces à Votre Seigneurie, mais à une fille de Dieu, Dieu suffit, — car elle avait tôt fait de jauger un caractère.

Elle savait aussi ne plus confondre ceux qu'il sied d'appeler Votre Seigneurie avec ceux qu'il suffit de traiter de Votre Grâce, et n'avait plus besoin de cacher son ignorance de l'étiquette sous un éclat de rire.

Rien de cela ne trouble son recueillement intérieur : c'en est fait, Teresa de Ahumada ne se laissera plus prendre au jeu des vanités. Elle écrit de Tolède au P. Pedro Ibañez, anticipant sur Calderon de la Barca : « Je marche comme en songe, et je vois qu'au réveil tout ne sera plus rien [13]... » Le plus souvent possible, lorsque au salon la conversation s'oriente vers la comédie, dont les Tolédans sont friands, vers les jeux de toutes sortes, de taureaux ou de bagues, glissant de salle en salle, de galerie en galerie, elle fuit les visiteurs. Parfois, le bruissement d'une jupe de soie éveille sur son visage une émotion furtive : Doña Maria de Salazar, cette petite fille, est encore là qui la guette, soulevant ici une tapisserie, dissimulée là derrière une porte qui semble s'ouvrir seule... Maria s'efforce en prose comme en vers de persuader « la sainte » de son désir d'entrer en religion. Ne lui a-t-elle pas glissé dans la main un poème, où elle fait grand état de son amour de Dieu?

... Si quelque bien me devez faire,
Mes yeux, ce serait de pleurer.
Car les larmes me savent plaire
Et le plaisir me désoler...
... Comment chercher contentement
Alors que pour ma délivrance
Je vois mon Roi subir outrances,
Flagellations, tourments [14]?

Teresa enveloppe d'un regard l'élégante silhouette, la tête enrubannée, la robe de soie vive raide de broderies d'argent : — Mon enfant, vous vous préparez à entrer au couvent par bien des coquetteries! — et évitant ces témoignages naïfs tout comme le reste, elle se réfugie dans l'oraison.

Elle ne soupçonnait pas que les femmes de la maison se succédaient au trou de la serrure de son appartement. Un ravissement qu'elle avait eu « étant en compagnie [15] » avait fait grand bruit, et nul ne crut ce qu'elle dit de maladie de cœur, d'évanouissements : on guettait ses extases. Le flamboiement de son visage semblait rayonner à travers les murs, l'haleine de Dieu souffla sur le palais : « Tous faisaient des progrès dans le service du Seigneur [16]. » Elle convertit le Turc Hammete, ce qui bouleversa la cour et la ville, et le P. Garcia de Toledo, qu'elle revit, fut si bien remué par l'ardeur qu'elle mit à le supplier, de bon qu'il était, de devenir très bon, qu'il se donna tout entier à l'oraison.

Le petit monde des servantes l'adorait tout autant que celui des seigneurs l'admirait, et l'on contait que, redescendant du ciel, elle aimait à s'entretenir avec les chambrières.

C'est au cours de ce séjour chez les riches et les puissants que « le cœur dur » de Teresa fondit de compassion. Par contraste? Fut-elle frappée de l'inégalité des conditions, tant de luxe chez les uns, de misère pour les autres? Vers quels haillons sordides se pencha-t-elle, quelle plaie immonde a-t-elle enfin pansée avec plus de tendresse que de répugnance? Doña Luisa avait « ses pauvres », ce qui lui permettait de ne pas se soucier de la racaille pouilleuse, affamée, monstrueuse, qui pullulait dans cette ville de quatre-vingt mille habitants. A Avila, la charité appelait les pauvres par leur nom; à Tolède, l'indigence grouillante et anonyme prit Teresa à la gorge. C'est sur l'une des tables de bois précieux du palais du maître de Calatrava qu'elle écrivit : « Il me semble que j'ai plus qu'autrefois pitié des pauvres, je les plains grandement, mon désir de les secourir est tel que si je m'écoutais je leur donnerais l'habit que je porte. Ils ne me répugnent point, bien que je m'approche d'eux, que je les touche même : je vois que cela aussi est don de Dieu, car je faisais l'aumône pour l'amour de lui, sans éprouver de pitié naturelle [17]. »

Les portiers étaient accoutumés à ce que d'étranges gueux demandent la Carmélite. Un jour, on vint l'appeler : une femme en haillons de Béate du Carmel, le bâton des errants à la main, voulait la voir. Teresa courut au-devant d'elle, l'embrassa, et quelques instants plus tard, dans son langage volubile, elle expliquait à Doña Luisa que cette femme, nommée Maria de Jésus, avait marché soixante lieues pour venir s'entretenir avec elle d'un projet de réforme du Carmel : elle aussi voulait fonder un monastère où l'on observerait la Règle primitive :

— Et elle a le bref d'autorisation!

La grande dame donna l'ordre de la conduire dans une chambre où s'étalait un lit à baldaquin.

C'était une énergie, que Maria de Jésus. Née à Grenade, restée veuve très jeune, elle s'était consacrée à Dieu dans un couvent du Carmel mitigé. Elle en était sortie avant d'avoir fait profession : le Seigneur lui avait ordonné, le même mois, le même jour qu'à Teresa, de fonder un monastère en tout conforme aux antiques traditions de clôture, rigueur, et pénitence. Maria de Jésus, elle, était libre. Elle vendit ses biens, et vêtue de toile de sac, un peu d'argent cousu dans un petit pourpoint matelassé et ajusté, elle s'était mise en route, pieds nus, pour Rome.

Pie IV vit avancer une créature hâve, épuisée par le voyage, et dont chaque pas laissait une trace sanglante.

Mais quel vaillant regard! Il l'écouta paternellement :

— Femme virile! Qu'on fasse tout ce qu'elle demandera!

La papauté encourageait la réforme des ordres religieux dans le plan de la contre-réforme. On ouvrit à Maria la clôture du Carmel de Mantoue, où les rigueurs premières étaient si rigidement observées qu'on appelait ces religieuses « les emmurées ». Maria de Jésus put examiner tout ce qui subsistait des anciennes traditions pour l'habillement, le mode de vie, la rédaction des Règles et Constitutions. Et Doña Leonor de Mascarenhas, ancienne gouvernante du Roi, lui donna, à Alcalà de Henares, une maison pour y fonder le monastère de La Imagen [18].

Pendant quinze jours, Maria de Jésus parla, Teresa de Ahumada rédigea. La Béate, douée de l'excellente mémoire des analphabètes, avait retenu la Règle par cœur; Teresa la reconstitua. Cette pénitente était si austère dans son maintien que le palais se mit à la tenir, elle, pour une vraie sainte; Teresa elle-même avait honte devant elle : « Elle l'emporte tellement sur moi dans le service du Seigneur [19]! » Maria de Jésus avait également la tête solide : elle initia Teresa aux finesses de la politique vaticane, à toute la paperasserie dont elle s'était admirablement tirée.

Lorsqu'elles se séparèrent, l'opinion de chacune avait renforcé le sentiment de l'autre sur un point essentiel, et jusque-là discuté : dans ces monastères réformés les moniales devaient vivre de leur travail, n'avoir point de revenus. Il fallait, là-dessus, ne céder ni aux évêques, ni aux juntes des alcades, ni à qui que ce soit : la Règle primitive était formelle. Teresa l'ignorait, mais cette découverte fut pour elle « grand délice [20] ».

Elle n'en était pas moins inquiète, certaine que ceux qui la soutenaient le plus efficacement tiendraient pour folie cet abandon total à la Providence. A partir de ce moment, elle ne fit plus que « disputer avec des théologiens ». Elle en écrivit au P. Ibañez, qui combattit son idée par deux pages d'arguments théologiques. Confesseurs, docteurs, lui assenaient de si copieuses raisons qu'elle ne savait où donner de la tête. Car nulle moins qu'elle n'a cru pouvoir se passer de conseils; toute sa vie, l'une de ses occupations les plus absorbantes fut de rallier à son avis les opinions divergentes, après avoir écouté tout le monde, car elle les ralliait.

En ce printemps de 1562, on n'en était encore qu'à la vive discussion, lorsque arriva à Tolède l'arbitre par excellence, Fray Pedro de Alcantara. Doña Luisa, qui se passionnait pour cette idée de treize femmes vivant dans le dénuement pour l'amour du Seigneur, avait invité le saint homme.

Et voilà le grand vieillard desséché par les austérités parlant de renoncement sous les plafonds à caisson en forme d'immenses étoiles du palais du maître de Calatrava; le voilà foulant le marbre de ses pieds durcis par les pierres des chemins; le voilà assis dans le cuir de Cordoue, sa main étique posée sur une table d'ébène incrustée de nacre et d'argent; son profil d'ascète se découpe sur les fraîches tapisseries des Flandres.

C'est dans ce luxe qu'il pose avec Teresa de Ahumada les bases de la Règle d'absolue pauvreté de ses monastères.

Elle lui montre la lettre qu'elle a reçue du P. Ibañez, Fray Pedro sourit, et lance d'un ton bonhomme quelques cailloux dans le jardin des docteurs :

— Je suis surpris que Votre Grâce soumette à des théologiens des choses qu'ils sont incapables de comprendre. Ceux qui vivent la vie parfaite peuvent seuls en parler. Se peut-il qu'on demande s'il faut oui ou non suivre les conseils évangéliques? Si Votre Grâce veut accompagner le Christ dans la voie parfaite de pauvreté, sachez qu'elle est ouverte aux femmes comme aux hommes. Mais si vous tenez à prendre l'avis de théologiens dénués de spiritualité, cherchez beaucoup de rentes, et voyez si tout cela vous sera d'un plus grand prix que le renoncement, dans l'obéissance aux paroles de Jésus [21].

Teresa affirma que Sa Majesté lui faisait la grâce de désirer être pauvre :

— Pour moi, il est des jours où je souhaiterais ne rien posséder, pas même un abri, et mendier mon pain pour l'amour de Dieu. Mais je crains que celles qui ne sont pas appelées à progresser dans cette voie-là ne soient mécontentes, et que la pénurie ne leur cause des distractions... Je connais des couvents pauvres qui ne sont guère recueillis [22].

Teresa pensait à l'Incarnation. Fray Pedro insista :

— Parce que ces religieuses sont pauvres contre leur gré, et non par obéissance à la volonté du Christ. Je ne vante pas la misère : je loue la pauvreté patiemment souf-ferte pour l'amour du Christ Notre-Seigneur, et plus encore la pauvreté qui est désirée, embrassée par amour; je ne me tiendrais pas pour affirmé dans ma foi si je sentais autre-ment. En ceci comme en toutes choses, je crois en Notre-Seigneur; je crois fermement que ses conseils sont très bons, je crois que celui qui les suit est beaucoup plus par-fait que s'il ne les suivait pas. Comme Sa Majesté nous le promet, je tiens pour bienheureux les pauvres en esprit, ceux qui sont pauvres en volonté propre. Je crois en Dieu plus qu'en mon expérience, mais je puis tout de même dire que j'ai toujours vu ceux qui sont pauvres de tout leur cœur vivre d'une vie bienheureuse, par la grâce de Dieu, telle que la vivent ici-bas ceux qui aiment Dieu, s'abandon-nent à lui, et espèrent en lui.

« Ne croyez nullement ceux qui prétendent le contraire pour n'avoir point goûté combien doux est le Seigneur à ceux qui renoncent à tous les biens qui n'aident pas à l'accroissement de l'amour [23]. »

A la suite de cet entretien, Teresa répondit au P. Ibañez qu'elle était décidée à garder fidèlement le vœu de pauvreté; elle suivrait les conseils du Christ, dans leur perfection, sans profiter de l'occasion que la théologie lui offrait d'y man-quer [24]... Elle lui annonçait en même temps qu'elle avait fini d'écrire son autobiographie.

Les monastères de l'ordre de Notre-Dame du Carmel réformé devraient donc vivre ainsi que Saint-Joseph était fondé : *sin blanca.*

Telle était la raison pour laquelle Sa Majesté avait envoyé à Tolède Teresa de Ahumada. Ce séjour n'avait plus désor-mais à se prolonger. Il avait duré six mois.

8. Le 24 août 1562

Le patio de Doña Luisa était une oasis de fleurs et de verdure en ce début du mois de juillet. Teresa y était heu-reuse, entourée de belles amitiés. Lorsque son Provincial le P. Angel de Salazar la laissa libre de rentrer à Avila pour les élections de la Prieure, ou de rester à Tolède, elle opta pour ne pas bouger : « Très contente de ne pas arriver au milieu de tout ce bruit [1] », elle écrivit à l'Incarnation en suppliant ses sœurs de ne pas voter pour elle, comme elles le souhaitaient.

Depuis qu'elle a reconquis son équilibre, elle a retrouvé son don de l'adaptation; elle est, chez Doña Luisa, « consolée et tranquille, libre de réserver de longues heures à l'oraison [2] ».

Mais le repos n'est pas pour elle. Le Maître d'œuvre, lui, ordonne le départ :

— Tu as voulu la croix : il s'en prépare une excellente pour toi [3].

A-t-elle si bien oublié le petit couvent de Saint-Joseph qu'elle pense un moment que cette croix sera d'être élue Prieure de l'Incarnation? Elle commence par pleurer et s'adapte aussitôt après ces quelques larmes à l'idée du voyage : « Je voyais bien que j'allais me précipiter dans un incendie, puisque le Seigneur me l'avait annoncé... et, malgré tout, j'étais déjà si joyeuse que je ne me tenais plus d'impatience d'entrer dans la bataille [4]... »

Son confesseur redoute pour elle le trajet par l'extrême chaleur et impose un délai : elle le supplie : « Si je dois en mourir, que j'en meure [5] ! » et il lui permet de partir.

Ses paquets sont vite faits, elle s'arrache des bras de celles qui sanglotent en lui disant adieu, repousse Maria de Salazar qui s'accroche à sa robe, tant d'affection la touche, elle voudrait avoir du chagrin, elle aussi, mais la joie l'emporte : « Moi qui suis de nature si reconnaissante qu'en d'autres temps cela aurait suffi à m'affliger beaucoup, il m'était maintenant impossible d'avoir de la peine [6]... »

Après un court mollissement, elle se tend à nouveau tout entière, prête à l'action.

Les gentilshommes qui, la regardant s'éloigner, jugeaient que cette Carmélite faisait une fière amazone, ne croyaient pas si bien dire.

Elle arriva à Avila à temps : « Il était si urgent que je ne tarde plus un jour pour l'affaire de cette bienheureuse maison de Saint-Joseph que je ne sais comment elle aurait pu se conclure si je n'étais rentrée. Oh, grandeur de Dieu! Je m'émerveille souvent lorsque je considère combien Sa Majesté m'a aidée à fonder ce petit recoin de Dieu [7]... »

Le bref tant désiré qui autorisait Doña Guiomar de Ulloa à fonder un couvent du Carmel réformé, sous la juridiction de l'évêque d'Avila, fut transmis le jour même.

Juana et son mari, lassés d'une longue attente, étaient repartis pour Alba de Tormes. On pouvait se demander comment se poursuivraient avec la discrétion voulue les travaux du monastère? Qu'à cela ne tienne : « Mieux vaut l'aide de Dieu que se lever matin [8]... » Par décret de la Providence, Juan de Ovalle, venu à Avila pour régler une affaire, fut pris en descendant de cheval de frissons « terribles » suivis d'une forte crise de double fièvre tierce. Nul ne plaignit le pauvre homme, car jamais maladie ne fut plus opportune : le voilà réintégrant la maison abandonnée, et sa belle-sœur installée auprès de lui pour le soigner en hâtant les travaux. Les conspirateurs de Saint-Joseph n'en avaient plus pour longtemps à ruser. « La vérité pâtit, mais ne périt [9]. » Teresa aime à émailler de proverbes sa conversation.

Restait à obtenir de l'Évêque qu'il admît que le monastère fût fondé « sans revenus ». C'était un grand seigneur que Don Alvaro de Mendoza, fils de Don Juan Hurtado de Mendoza, beau-frère du secrétaire Cobos, l'un des plus puissants personnages du royaume. Pauvreté? Cet aspect de la vie évangélique lui semblait périmé : les fils de saint François, ceux de saint Dominique, ne possédaient-ils pas de somptueux couvents, n'étaient-ils pas désormais ordres riches, bien pourvus de toutes choses? Certes, chacun de ces moines ne possédait rien en propre, mais tout était à tous. S'interdire les rentes était bien le fait d'une femme dont on avait conté qu'elle avait des visions... Ce couvent aurait des rentes, ou il ne se ferait pas!

Fray Pedro de Alcantara vint à la rescousse. Tombé malade avant d'avoir pu rendre visite à son Illustre Seigneurie, il le supplia par lettre d'admettre que ce monastère « soit des plus religieux et d'entière perfection, en tout conforme à la Règle primitive de l'ordre de Notre-Dame du Mont-Carmel ». Il parlait également de la fondatrice : « Je crois que l'esprit de Notre-Seigneur l'habite [10]. »

Son Illustre Seigneurie partit pour sa maison des champs sans répondre à l'un des hommes les plus vénérés de l'Espagne. Refus tacite? Mécontentement? Vexation?

Se moquant de l'amour-propre autant que de sa vieille carcasse, Fray Pedro fit seller une mule, confus seulement d'être contraint de voyager en si grand appareil, lui qui n'allait qu'à pied, et fit douze lieues pour surprendre Don Alvaro en sa retraite de El Tiemble.

L'Évèque fut ému de l'importance que le grand Franciscain attribuait à cet insignifiant couvent de treize pénitentes, mais il ne le laissa pas moins repartir sur un refus : il en faut davantage pour faire céder un Mendoza. Il répétait, obstinément :

— Je ne veux point de nonnes pauvres!

Demeuré seul, comprit-il soudain ce que sa ritournelle avait de singulier dans la bouche d'un représentant sur terre de Jésus de Bethléem? L'éloge de Dame pauvreté si amoureusement fait par la voix fatiguée de Fray Pedro trouva-t-il, sous la pourpre, le chemin d'un cœur chrétien? Le fait est que, le soir même, l'Êvêque fit porter au Franciscain un double message :

1° Le couvent de Saint-Joseph pourrait être conforme aux lois de la pauvreté évangélique.

2° Teresa de Ahumada devait se tenir prête à recevoir sa visite : il rentrait à Avila expressément pour faire sa connaissance.

Le lendemain même, Son Illustre Seigneurie Don Alvaro de Mendoza la demandait au parloir.

Teresa a beau dire qu'il ne lui importe plus désormais « qu'on l'aime bien [11] » : elle persuada l'Évêque, mais il fut encore plus conquis, séduit, réduit. C'en fut fait, à partir de ce jour, des velléités de l'excellent homme : qu'il sache ou non ce qu'il veut, il saura toujours fort bien ce que veut Teresa, et il sera prié le plus gracieusement du monde d'agir énergiquement au service des Carmels réformés. Elle trouvera en lui son appui le plus constant, le plus efficace, et l'aimera jusqu'à sa mort comme elle savait aimer: de l'affection la plus déférente, la plus tendre, et la plus exigeante.

La partie était gagnée. Fray Pedro pouvait repartir. Les adieux assombrirent la joie de Teresa : l'un et l'autre savaient qu'ils ne se reverraient plus sur terre. Elle obtint de son affection qu'il vînt prendre son dernier repas à Avila dans l'un des parloirs de l'Incarnation, et la fine cuisinière qu'elle était mijota des plats délicieux pour celui qui ne se nourrissait que de pain. Une nappe pure, des porcelaines rustiques brillantes de propreté, Teresa, debout derrière Fray Pedro, servant les yeux baissés, quelques sœurs fureteuses qui passent le bout de leur nez : elles virent Jésus lui-même le nourrir de ses mains, et toute la ville sut que ce repas avait été « un banquet de séraphins [12]». Les grandes amitiés sont écrites au ciel, comme les grandes amours.

Pedro de Alcantara laissait à Teresa une de ses filles spirituelles, Antonia de Henao qui va prendre à Saint-Joseph le nom d'Antonia del Espiritu Santo, l'une des « quatre orphelines pauvres [13] » qui vont devenir la pierre angulaire de la Réforme.

Gaspar Daza donnait Ursula de Revilla y Alvarez, — Ursula de los Santos, — Doña Guiomar dotait le Carmel de la plus pure de ses suivantes, Maria de la Paz, — Maria de la Cruz, — et enfin le futur chapelain, Julian de Avila, faisait une Carmélite de sa propre sœur, Maria de Avila, — Maria de San José.

Julian de Avila, prêtre excellent, charmant bonhomme. Bon cœur, bon bec, il amusait Teresa par son esprit vif et pourtant ingénu, son courage d'autant plus méritoire qu'il surmontait un naturel poltron dont il se moque lui-même. Caste de braves gens, ce frère et cette sœur. Leur père, humble tisserand, a laissé de son amour de Dieu un témoignage qui est l'un des plus jolis documents de ce temps :

« Moi, Cristobal de Avila, aujourd'hui, jour de sainte Madeleine, en l'année 1536, j'ai décidé de réformer ma vie afin de mieux servir Dieu et sa Mère sainte Marie, si le Saint-Esprit consent à me donner sa grâce, son aide, et m'enflammer à son service :

« Sur les vingt-quatre heures de la nuit et du jour, six heures pour dormir; une pour entendre la messe; une autre pour lire, dans les livres des Évangiles, l'évangile de ce jour, ou la *Vie des Saints*; une autre pour mes prières; une autre pour me promener. Il m'en restera quatorze pour travailler et gagner ma vie.

« Que tout soit pour le plus grand service de Dieu et de sa Mère bénie, sainte Marie, et qu'elle veuille bien être avec moi en toutes choses [14]. »

Ces premières Déchaussées étaient donc fine fleur du peuple de Castille.

L'essentiel est prêt, les derniers préparatifs pour l'inauguration du couvent vont très vite. Teresa a peine à cacher sa joie, le contentement la pare de tant de charme, il la rend si vivante, si humainement belle, qu'un gentilhomme ne peut se retenir de lui faire compliment du joli pied qui pointe sous son habit de « mitigée ». Elle éclate de rire :

— Regardez-le bien, car bientôt vous ne le verrez plus [15] !

Elle a hâte de se trouver derrière des murs, des grilles, seule avec ses pauvres sœurs; non pas pour s'empêcher de rejoindre le monde, mais pour opposer des obstacles entre les importunités du monde et une solitude toute comblée par Dieu. Entourée de ses fidèles, nuit et jour à l'ouvrage, elle coupe et coud elle-même les robes de bure, ourle les voiles noirs, taille dans de la toile rude les béguins. Elle les veut étroitement serrés, cachant la racine des cheveux, afin de ne pas perdre de temps à se coiffer, souci qui n'implique aucune négligence, car elle veillera à ce qu'ils soient toujours soigneusement ajustés. Elle trouvera des mots savoureux pour reprendre celle dont la coiffe sera mise de travers :

« Une nonne mal embéguinée est comme une femme mal mariée [16]... »

On installe sur les deux portes de la chapelle les gardiens du couvent, une statue en bois doré de Marie portant « son Fils précieux », une statue de saint Joseph, patron du monastère, somptueusement vêtu d'une chemise brodée par Teresa elle-même, d'une robe de soie; il tient d'une main son lis, et de l'autre un chapeau...

L'église est si petite qu'entre la porterie et le chœur on ne peut faire plus de dix pas. La cloche qui appellera les voisins à la messe et les sœurs au travail ou à la prière pèse trois livres à peine.

On cloue, on scie, on suspend, on accroche. Teresa s'en donne à cœur joie d'astiquer, de laver et repasser les nappes pour l'autel, de faire des bouquets, de balayer dans les coins. Qui donc a dit que cette femme ait jamais été si malade qu'on l'a crue morte? Elle vomit tous les matins, a toujours des maux de tête, souvent la fièvre, mais sa vitalité use à la peine l'énergie des bien-portants.

Enfin, l'aurore du 24 août 1562 : pour la fille de Don Alonso de Cepeda, les grands événements naissent ainsi qu'elle naquit, « aux premières lueurs de l'aube ».

Ce matin-là, les tintements d'une cloche fêlée, parce qu'achetée d'occasion, éveillèrent le quartier Saint-Roch. Somnolents, mais curieux, les voisins sont aux portes, le carillon les guide vers une chapelle qui semble avoir poussé dans la nuit [17], la première qui ait jamais été consacrée au seigneur saint Joseph, pauvre ainsi que l'étable de Bethléem, mais « les murs seuls suffisent à émouvoir les cœurs [18] », et le recueillement est si profond qu'ils retiennent leur souffle.

Le maestro Gaspar Daza célèbre la messe sur un autel d'admirable propreté : seul luxe. Une religieuse de l'Incarnation, Teresa de Ahumada, fort aimée du petit monde de ce quartier, donne l'habit à quatre filles inconnues, un habit nouveau, de si rugueuse étoffe qu'on pense en le voyant au poil de chameau qui couvre les ermites des images.

Assistent à la cérémonie : Juana Suarez, Inès de Tapia et sa sœur Ana, Juan de Ovalle et sa femme Juana, ainsi que des gens qu'on voit souvent en visite chez eux : Don Francisco de Salcedo, que tout le monde appelle le saint gentilhomme, Don Gonzalo de Aranda, Julian de Avila, qui a toujours un mot drôle à vous dire en passant, et cette veuve riche qui s'habille comme une pauvre femme, Doña Guiomar de Ulloa.

Ainsi parlent les voisins du couvent de Saint-Joseph. On s'enquiert, on s'émerveille :

— Elles vont vivre enfermées... Le jeûne... la discipline... Prier pour toi, pour moi. Des saintes dans le quartier, quelle grâce de Dieu!

C'est à qui sortira au plus vite pour propager l'étonnante nouvelle.

Teresa connaît enfin le couronnement d'une œuvre longuement préparée, attendue, voulue. « Ce fut une gloire pour moi que de voir le Saint-Sacrement exposé, de savoir à l'abri quatre orphelines pauvres, grandes servantes de Dieu. Mon bonheur d'avoir accompli ce que m'avait ordonné le Seigneur fut si fort que je fus transportée en grande oraison [19]... »

9. *Gravissima culpa, 1562-1563*

La nouvelle de la fondation du nouveau monastère eut tôt fait le tour de la ville. La joie éclata, si bruyante qu'on n'a jamais vu aussi vive image de la réception que fit Jérusalem à Jésus de Nazareth; il ne manquait à la foule massée devant le couvent que de crier : « Béni soit celui qui vient au nom du Seigneur [1]! »

Mais la Passion est proche de ce beau dimanche : Dieu, dont les voies sont secrètes, permit que s'offusquât le jugement des notables; en moins de deux heures l'enthousiasme fit place à la peur, donc à la guerre. On eût dit que cette maison si humble mettait Avila en danger.

— A bas! A bas le couvent! Sauvons le pain de nos enfants!

L'argument majeur était que la ville ne pouvait nourrir quelques nonnes, qui d'ailleurs ne demandaient rien.

On jetait des pierres, on secouait la porte, on menaçait de tout envahir, de tout détruire. Ce fut une véritable émeute, les marchands fermaient leurs boutiques pour se joindre au chœur des braillards. Le feu, les Français aux portes, n'eussent pas provoqué plus grand rassemblement, une activité plus fébrile, des décisions plus promptes.

Ce bruit tira Teresa de son extase.

A l'Incarnation, la fureur n'était pas moindre. Chaque Carmélite « chaussée » se sentait vilipendée par ce retour à la stricte observance de la Règle primitive dont les traits essentiels étaient la claustration totale, le silence, le jeûne, les pieds nus, la pénitence, et toutes étaient prises de panique : ne se pourrait-il pas qu'on s'avisât un jour de les « réformer », elles aussi, de les contraindre à ces austérités? Ce 24 août 1562, Teresa de Ahumada n'avait plus d'amies chez les Mitigées.

On ricanait :

— Elle n'a jamais été capable de suivre exactement notre Règle qu'elle dit relâchée. Comment s'y prendra-t-elle pour observer celle qu'un Pape a trouvée trop sévère?

On accusait :

— Par orgueil, elle a jeté le trouble dans la communauté.

Déjà les plus anciennes, celles qui connaissaient les Constitutions, prévoyaient le châtiment qui allait lui incomber. On soupesait les faits, jaugeait les circonstances, et on les estimait aux taux de la « faute grave » (*grave culpa*), de la « faute plus grave » (*mas grave culpa*), enfin, de la « faute extrêmement grave » (*gravisima culpa*), celle qui implique la prison perpétuelle, et même parfois le refus d'une sépulture chrétienne.

On se querellait au nom du Seigneur :

— Elle a menti : il y a donc *culpa grave*. On lui donnera deux fois la discipline au chapitre, elle sera mise au pain et à l'eau pour deux jours...

Une vieille religieuse levait les bras au ciel et interrompait de ses exclamations indignées cet arrêt :

— Comment! « Faute grave »! Ma sœur, y pensez-vous? N'a-t-elle pas ici semé la discorde? N'a-t-elle point noué des intrigues avec des séculiers, fomenté le scandale, jeté le discrédit sur l'Ordre? N'est-elle point, envers ses supérieurs, rebelle et contumace? C'est « faute plus grave », qu'il faut dire! Et même « faute extrêmement grave »! Après le refus d'autorisation de notre Père Provincial, elle s'est entêtée dans l'erreur. *Gravisima culpa!* Prison perpétuelle! Ah, elle veut des rigueurs! Jeûne et abstinence toute la vie, ici, à l'Incarnation, de par la Règle mitigée!

Ce châtiment semblait suffisant, mais point spectaculaire. Plus d'une espérait que Teresa, coupable d'avoir diffamé par son attitude le monastère et sa Prieure, ferait pénitence publique au réfectoire, des langues rouges cousues sur son habit « afin que soit puni le grand vice de sa langue [2] ». Elle mangerait par terre son quignon de pain, et serait enfin conduite au cachot.

On traitait en pestiférées celles qui passaient pour ses complices, les Sœurs Tapia, Juana Suarez, Maria de Ocampo, en attendant qu'il fût décidé de leur sort.

Fureur collective, certes : mais trente de ces religieuses suivront un jour celle qu'elles appelleront « la Mère Teresa de Jésus », « la Mère fondatrice », « la sainte Mère », et seront pionnières de sa réforme.

Le démon aveuglait et exaspérait ces pauvres filles; il s'attaqua à Teresa elle-même et la « bouscula dans une grande bataille spirituelle [3] ».

Après la cérémonie d'instauration, lorsqu'elle entendit le bruit de ce soulèvement du peuple contre le pauvre petit couvent, elle alla chercher des forces devant l'autel : elle y trouva la peur sous toutes ses formes.

Peur d'avoir manqué à l'obéissance due au Provincial, bien qu'elle n'ait agi qu'avec l'agrément de son confesseur; peur de ne pas parvenir à nourrir ses filles, sans revenus; peur d'avoir fait une sottise; peur de ne pouvoir elle-même supporter tant de rigueurs, avec ses maladies. Peur aussi de regretter la grande maison démantelée, mais vaste et délicieuse qu'était l'Incarnation, ses vieilles amitiés, et de ne pas trouver la même entente auprès de ses nouvelles compagnes. Elle vécut là en quelques minutes « les angoisses de l'agonie de mort [4] ».

« Les ordres du Seigneur, les avis favorables, les prières incessantes, j'avais tout oublié... Toutes les vertus, la foi, semblaient en suspens [5]... ». « Ce fut l'une des plus dures épreuves que j'aie souffertes en cette vie. »

Jésus se pencha vers elle, il la raisonna comme un petit enfant : « Que craignait-elle? Pourquoi manquerait-elle de forces à son service? Plus on a de difficultés à vaincre, plus le bénéfice est grand [6]. » Rappelle-toi, Teresa : « Tu es à moi, je suis à toi [7]... »

Il l'inonda de lumière, elle fut consolée, « bien que très fatiguée par cette bataille avec le démon; j'en sortis en me moquant de lui, car je voyais clairement que c'était là son ouvrage [8] ».

Il était temps de déjeuner et de se reposer : elle avait travaillé toute la nuit, et les jours précédents avaient été épuisants.

Enfin! La table du petit réfectoire, les cinq couverts, la maigre chère, assaisonnée de la joie de cette solitude en Dieu, enfin conquise. Les cris de la rue s'étaient tus, tout Avila faisait la sieste, on eût pu croire tout Avila calmé.

C'est alors qu'un messager de la prieure de l'Incarnation, Doña Maria Cimbron, vint intimer à Teresa de Ahumada d'avoir à réintégrer le couvent qu'elle n'était pas autorisée à quitter.

Cet événement la trouva ainsi que la trouvèrent toujours les grandes déceptions : calme, joyeuse, et résolue à ne pas céder. On peut considérer son chagrin de quitter les quatre filles qui venaient de prendre l'habit, sa crainte de voir anéantir ce qu'elle avait construit. Mais elle était si bien fortifiée par Dieu que malgré tant de raisons de s'affliger et de douter, elle était toute heureuse : le monastère n'était-il pas fondé? Ne lui offrait-on pas une belle occasion de souffrir pour Jésus? Elle se préparait déjà à être jetée au cachot : cela viendrait à point, elle dormirait enfin, disposerait pour l'oraison d'heures innombrables; elle était « moulue d'avoir été au milieu de tant de gens [9] ».

Après avoir confié les nouvelles Carmélites à leur père saint Joseph, elle leur donna pour prieure Ursula de los Santos, et partit affronter Doña Maria Cimbron.

Julian de Avila s'offrit à l'accompagner :

— Je serai votre écuyer et chapelain. Oui, si vous voulez de moi [10].

Doña Maria attendait une révoltée : elle vit entrer dans le chœur une humble sujette, qui s'abîma devant elle en longue prosternation, et reconnut en très fautive ses fautes[11].

Mais maintenant elle ne pouvait plus rien cacher : elle avoua donc l'ordre que le Seigneur lui avait donné de fonder le couvent de Saint-Joseph, l'approbation de son confesseur en accord avec le recteur de la Compagnie de Jésus; elle fit état des encouragements du P. Pedro Ibañez, enfin, en sus du bref de Rome et de l'autorisation de Sa Seigneurie l'évêque d'Avila, elle montra les lettres de Fray Pedro de Alcantara, qui l'avait si constamment conseillée, animée, soutenue, au cours de cette année de luttes.

La colère de la Prieure se calma si bien que celles qui attendaient le résultat du jugement apprirent avec stupeur que Teresa de Ahumada n'allait point en prison : elle devait seulement se tenir dans sa cellule; elle n'était pas mise au pain et à l'eau : on lui porta même de quoi « très bien dîner [12] ».

A partir de cet instant, quelques audacieuses prirent son parti contre les exaltées qui accusaient la Prieure de complaisance :

— Doña Maria Cimbron est apparentée aux Ahumada. Mais Teresa va devoir paraître devant le P. Provincial. Il ne sera pas faible lui!

Excellent Provincial P. Angel de Salazar! C'était beaucoup présumer de sa capacité d'indignation que de le croire de force à résister à Teresa; car elle ne combattait pas seule; son humilité, sa conscience de n'être rien par elle-même étaient la substance même de sa plus haute dignité : c'est Dieu qui agissait pour celle qui s'abandonnait à lui, c'est lui qui triomphait à travers elle.

Le Provincial la fit comparaître devant son tribunal où siégeaient toutes les anciennes. Il la réprimanda très âprement. Elle se prosterna sans chercher à se disculper, et attendit pour parler qu'il lui en donnât l'ordre.

Elle commença par le supplier de la punir, mais de ne pas lui tenir rigueur. « Elle s'expliqua de telle sorte que ni le Provincial ni celles qui étaient là ne trouvèrent de motif pour la condamner [13]. »

C'était déjà fort bien, mais le P. Salazar avait droit au plus grand développement de son pouvoir de persuasion : « Ensuite, seule avec lui, je lui parlai plus clairement. Il fut très satisfait; il me promit même de m'autoriser à retourner à Saint-Joseph lorsque la ville serait calmée : car le tumulte y était grand [14]... »

Les quatre nouvelles Carmélites Déchaussées restées seules dans le petit couvent en savaient quelque chose.

Le 25 août, le Consistoire réuni pour y traiter gravement de cette grave affaire avait décidé de disperser les moniales. Le *Corregidor* en personne, « Très magnifique Seigneur

Garci Suarez de Carvajal », s'était présenté à la porte de Saint-Joseph, entouré d'alguazils. Ses violents coups de heurtoir ameutèrent le quartier, qui ne demandait que cela.

Les religieuses n'ouvrirent pas.

Quoi, l'intimidation ne suffisait pas à épouvanter « des filles pauvres »? « La Vierge qui gardait l'une des issues, saint Joseph qui gardait l'autre, donnèrent une telle force et tant de courage aux quatre pauvres petites qu'à la mise en demeure du *Corregidor* elles répondirent par un refus formel de quitter les lieux :

— Nous ne sortirons d'ici que sur l'ordre de celle qui nous y a amenées.

— Si vous n'ouvrez de bon gré, on enfoncera la porte [15] ! »

Tandis qu'une de ces « brebis au milieu des loups » parlementait ainsi, les trois autres étayaient les battants avec de lourdes solives.

Les coups redoublèrent, sans parvenir à couvrir une douce voix têtue :

— Enfoncez, et grand bien vous fasse! Mais réfléchissez à ce que cela peut vous coûter. Car non seulement vous allez contre la volonté de Dieu, mais contre le bref du Saint Père et contre Son Illustre Seigneurie notre Évêque.

Estimant avoir perdu assez de temps en conversations, elles allèrent toutes quatre se mettre en prières, laissant le Magnifique Seigneur *Corregidor*, les alguazils, le peuple, tempêter et crier.

La porte tint bon, on ne dispersa pas les nonnes, on ne détruisit pas le couvent : on rentra bredouille.

Quatre brebis ne pouvaient tenir impunément en échec les pouvoirs publics; il fut donc décidé de réunir d'urgence toutes les autorités et notables d'Avila en une junte, « la plus solennelle qui se puisse tenir au monde [16] ».

Ouverte « à son de cloche », le 30 août, elle comptait un nombre impressionnant de « magnifiques seigneurs » et d'éminents représentants des ordres et du clergé : licenciés, proviseurs, chanoines, le « Prieur du monastère et insigne maison du Seigneur saint Thomas d'Aquin de Royal », « l'Abbé de la maison et monastère du Seigneur Saint-Esprit », « le Gardien du monastère du Seigneur saint François » et autres sommités célestes et terrestres.

On invita l'Évêque à bien vouloir considérer « le grave dommage que l'existence de ce couvent peut causer à la cité et aux monastères d'ordres très confirmés en sainteté, religion et très bon exemple, qui seront sans doute grièvement lésés par les aumônes faites au susdit couvent ».

Contre l'Évêque lui-même, on invoqua un vice de forme : le bref n'avait pas été présenté « à la Catholique et Royale Majesté du Roi notre Seigneur, ainsi qu'aux Seigneurs de son Royal Conseil [17] ».

Pendant ce temps, Teresa conversait avec une non moindre majesté :

— Mon Dieu, cette maison n'est point mienne, elle est fondée pour vous; puisque personne ne négocie pour elle, que Votre Majesté veuille bien s'en charger [18].

La voix divine, « très douce, comme glissée dans un sifflement [19] », répondit :

— Ne sais-tu que je suis puissant? Que crains-tu [22]? — Et il lui affirma que le couvent ne serait pas dissous.

Comment, après cela, n'eût-elle pas été « aussi tranquille que si le monde entier eût négocié pour elle [21] »?

Il ne se leva qu'un défenseur, mais éminent : le P. Domingo Bañez, l'un des théologiens les plus réputés et les plus respectés de l'ordre de Saint-Dominique. Il s'opposa à l'anéantissement immédiat du monastère que réclamait la totalité des assistants, sauf le proviseur Brizuela.

Le Dominicain était imbu de l'esprit de retour aux pratiques traditionnelles, ainsi qu'au double idéal de vie active et contemplative qu'Hurtado et ses disciples avaient insufflé à son ordre en Espagne. Le Proviseur parlait au nom de l'Évêque [22]. Leurs efforts conjurés firent qu'on opta pour plaider : c'était gagner du temps.

« La bagarre dura la moitié d'une année [23] », l'affaire fut portée devant le Conseil royal, Don Alvaro de Mendoza tint bon, Gonzalo de Aranda alla à la cour à ses frais défendre le monastère, les amis influents que Teresa s'était faits chez Doña Luisa de la Cerda usèrent de leur crédit, et tandis que tout cela s'agitait, les Avilais trouvèrent d'autres sujets de conversation. Non seulement Avila était calmée, mais Avila avait oublié.

L'heure était venue de rappeler sa promesse au P. Provincial. Teresa le supplia de lui permettre d'aller rejoindre à Saint-Joseph ses « brebis » abandonnées. Il hésitait encore, elle osa le bousculer :

— Mon Père, considérez que nous résistons au Saint-Esprit.

Son accent était tel qu'il vit bien qu'elle parlait sous l'impulsion de l'Esprit, et il fut persuadé [24].

Au début du printemps 1563, Teresa de Ahumada fut autorisée à quitter l'Incarnation, et même à emmener avec elle quatre religieuses qui voulaient la suivre : Ana de Los Angeles, Maria Isabel, Isabel de San Pablo sa cousine, et la fille de la marquise de Velada, Ana de San Juan.

Tendres adieux à ses compagnes et à cette maison dans laquelle elle avait vécu vingt-sept ans, beaucoup souffert, et connu des joies inconnues aux mortels.

Sur le chemin qui la conduisait enfin vers la claustration perpétuelle, son cœur était aussi léger que le petit bagage composé de quelques objets de première nécessité empruntés à la Prieure qu'elle s'était engagée par écrit à restituer :

Une natte de paille.

Un cilice de chaînettes.

Une discipline.

Un vieil habit fort reprisé [25].

Passant devant la basilique de San Vicente, elle descendit dans la crypte et se déchaussa devant la Vierge de la Soterraña : Teresa de Ahumada venait de mourir au monde. De ses cendres naissait Teresa de Jésus.

10. Le chemin de la perfection
1563-1567

En ce monastère de Saint-Joseph, Notre-Dame du Carmel enveloppe de son grand manteau blanc quelques moniales et leur Prieure. Teresa de Jésus s'installe dans la paix active; elle croit avoir le temps d'enseigner lentement. Il ne s'agit pas de tirer derrière elle « ces âmes à la traîne mais avec grande douceur, et pour leur plus grand bien [1] ».

Lorsqu'elle supplie ses filles de se laisser prendre « aux entrailles [2] » par ce qu'elle leur dit, c'est parce qu'« une seule personne vraiment bouillante de l'amour de Dieu est plus utile que beaucoup d'âmes tièdes [3] ». L'efficacité est son but : « Le monde est en feu! On veut à nouveau condamner le Christ, on élève contre lui mille faux témoignages. Oh, mon Rédempteur! Qu'advient-il des chrétiens? Faut-il toujours que ceux qui vous doivent le plus vous causent les pires peines? Ceux que vous avez choisis pour amis, auprès de qui vous vous tenez, à qui vous vous donnez dans les sacrements, ne sont-ils donc point las des tourments que vous avez endurés pour eux [4]? »

Chaque Carmélite doit se substituer à ceux qui n'aiment pas, ou aiment mal, à ceux qui ne prient pas, ou prient mal, et se donner tout entière pour le salut du monde et le salut des âmes, pour l'Église, pour ses prêtres.

— Mes sœurs, dit Teresa, voici à quoi vous êtes appelées; voici pourquoi vous êtes réunies, telles sont vos affaires; tels doivent être vos désirs, l'objet de vos larmes et de vos supplications [5].

Quelques femmes ont fait vœu de suivre « avec toute la perfection possible les conseils évangéliques [6] ». Le premier de ces conseils est : « Priez sans cesse. » Cela équivaut à agir sans cesse, construire sans cesse. Mais l'œuvre vaudra ce que vaut l'artisan.

La Madre Teresa de Jésus guide donc ses filles sur le chemin de la perfection conformément à ce que lui a enseigné l'expérience. Elle leur parle un langage pratique, dans un but concret : la découverte du royaume de Dieu, sa conquête, et son avènement parmi les hommes. Non pour leur propre glorification, mais en avant-garde de l'Église militante, au bénéfice d'un univers égaré et souffrant.

Clôture, silence, recueillement, sont nécessaires au bon accomplissement du travail minutieux auquel elles s'appliquent, — bien roder les rouages des vertus essentielles, — comme la terre durcie de gel refermée sur les semences est nécessaire au travail des germinations.

Ces vertus sont trois :

« L'une est de vous aimer les unes les autres; l'autre, le détachement de toute chose créée; la principale, enfin, bien que je ne la nomme que la dernière, est la vraie humilité, qui les embrasse toutes [7]. »

Et la Madre ajoute :

« Celles qui, sans les posséder, croiront être très contemplatives seront bien dans l'erreur [8]. » « De hautes pensées aident beaucoup à l'accomplissement de hautes actions [9]. »

L'amour. — Après l'Évangile, les Épîtres, tous les saints, Teresa de Jésus parle de l'amour du prochain et elle trouve des accents neufs grâce à une minutie infatigable. Elle s'adresse à des femmes, et elle a mauvaise opinion des femmes : elle ne saurait trop insister dans le détail : « Tout peut nuire aux faibles femmes que nous sommes [10]... » « Il me suffit d'être femme pour que tombent mes ailes [11]... »

Elle sait combien la vie en commun dans la claustration exaspère à la fois le besoin d'affection et les susceptibilités : « Ce serait une chose terrible, très dure à supporter, que d'être peu nombreuses et de mal vous entendre. Dieu veuille ne point le permettre [12]! » « Mes sœurs, le temps n'est plus aux jeux enfantins, aux « si vous m'aimez... vous ne m'aimez point [13]... » « Je suis plus âgée... j'ai travaillé plus longtemps... on en traite une autre mieux qu'on ne me traite... » C'est une peste que de s'attarder à ces pensées-là, ou d'en faire le sujet de conversations [14]. Au moindre petit mot qui crée de l'inimitié, il faut se hâter de s'excuser, beaucoup prier, ne pas se faire un point d'honneur de la rancune. Ah! « ces petits points d'honneur » (*puntillos de honora*) qui furent si longtemps la pierre d'achoppement de Teresa de Ahumada! Teresa de Jésus s'écrie : « Mon sang se glace quand j'y songe! S'il en était ainsi, tenez-vous pour perdues, croyez que vous avez chassé l'Époux de sa maison, clamez à Sa Majesté, et portez-y remède [15]. » Et elle lance le premier de ses terribles anathèmes : « Que la Prieure veille; si elle voit une religieuse agiter le monastère, qu'elle s'efforce de l'envoyer dans un autre couvent : Dieu la dotera. Rejetez la pestiférée, coupez les branches comme vous le pourrez; si cela ne suffit point, arrachez les racines; et si cela s'avérait impossible, que celle qui crée le trouble ne sorte pas d'un cachot : cela vaut mieux que d'exposer les autres à la contagion. Car c'est un grand mal! J'aimerais mieux voir entrer en ces maisons un feu qui nous brûlerait toutes [16]! »

S'entraider, compatir, « mettre de la tendresse dans la

bonne volonté [17] », se réjouir avec ses sœurs pendant les récréations, « même si vous n'en avez point envie [18] », soigner les malades, servir dans les plus bas emplois, tout cela est placé par la Madre Teresa sur le même plan que la contemplation du Seigneur ou l'oraison : « Que nous importe de le servir d'une manière ou de l'autre [19] ? » L'amour divin est inséparable de cet amour fraternel. L'affection véritable qui n'a rien de commun avec les attachements terrestres nous aide à progresser. Cet amour parfait n'hésite pas à avertir de leur erreur celles qui se trompent de voie, il évite la flatterie autant que le blâme muet, et souffre la critique sans rancune. On ne peut rien cacher aux vrais amis : « Ils voient les petits défauts », et cette prieure restée femme qui parle à des femmes emploie une expression qui désigne particulièrement les défauts des tissus : *Las motitas ven* [20]...

Toute sa vie, Teresa de Jésus elle-même conjurera ses filles de la reprendre quant elle le mérite, et elle endurera humblement la critique [21]. Car toujours elle démontrera à chaque Carmélite comment elle doit « prêcher par des actes, puisque l'Apôtre et notre manque de savoir nous empêchent de prêcher par la parole [22] ».

Mais comment atteindre, dans l'amour et le détache ment, à cette ferme mansuétude, à cette abolition du « noir point d'honneur »? Par une suprême vertu, condition de toutes les autres : la connaissance de soi.

La connaissance de soi. — « La connaissance de soi est le pain avec lequel tous les mets doivent être mangés, même les plus délicats; vous ne sauriez vous nourrir sans ce pain-là [23]. » Jamais la Madre ne cessera sur l'importance extrême de la lucidité à l'égard de soi-même. Lorsque cette âme robuste, que l'oraison et les grâces divines ont progressivement soulagée du poids de ce qu'un psychanalyste appellerait ses complexes d'auto-punition, prend pour devise trois mots : « Agir, souffrir, aimer [24] », cette recherche des épreuves ne signifie pas une tendance morbide : « Éprouve-nous, Seigneur, toi qui sais la vérité, afin que nous nous connaissions [25] ! » La souffrance seule nous montre la réalité de nos forces, ou l'illusion de nos complaisances en nous-mêmes. Souffrir, pour Teresa de Jésus, c'est apprendre à se connaître.

Mais sa prudence, son bon sens sont tels, elle a connu tant de gens — dont elle-même — que la honte de ne pas discerner en eux « chose bonne » a éloignés du Seigneur de toute miséricorde au lieu de les rapprocher de lui en un abandon enfantin, qu'elle apporte aussitôt le correctif qui soulagera les scrupuleuses: « Ce pain, il faut le manger avec mesure; une fois que l'âme s'est soumise, lorsqu'elle a vu clairement combien elle donne peu en échange des dons que lui fait « un si grand Roi », quel besoin a-t-elle d'y perdre plus de temps? Allons vers autre chose, vers ce que le Seigneur place en avant de nous [26]... »

Car « il faut ennoblir l'entendement, afin que la connaissance de nous-même ne nous dévalise pas lâchement [27] ».

L'humilité. — Pour Teresa de Jésus, l'extrême humilité confine à une dignité suprême, qu'elle-même a longtemps ignorée : « Si j'avais compris, ainsi que je le sais maintenant, que le tout petit palais de mon âme contenait un si grand Roi, je ne l'y aurais pas laissé si souvent seul, j'y serais restée de temps en temps avec lui, et, de plus, j'aurais fait l'effort de tenir sa maison moins malpropre [28]... » C'est ainsi que la Madre, qui maniait si activement le balai et compare le péché à des toiles d'araignées, évoque en bonne ménagère et en hôtesse courtoise la présence de Dieu en l'homme.

« L'humilité, c'est être dans la vérité [29] », dit-elle. Cette vérité est grandiose : nous ne sommes rien, mais Dieu nous habite, et Dieu est tout. « Pires que les bêtes, nous ne comprenons pas la grande dignité de notre âme, et nous l'avilissons au niveau des choses viles de ce monde [30]... » Méfions-nous de la fausse humilité qui se refuse à reconnaître les dons que Dieu nous prodigue : « Comprenons bien, bien, ce qu'il en est : Dieu nous les accorde sans aucun mérite de notre part, remercions Sa Majesté... Plus nous nous voyons riches, sachant que nous sommes pauvres, plus nous progressons dans la véritable humilité [31]. »

Cette union de l'âme humble avec son Dieu donne d'admirables fruits. Teresa retrouve son goût des histoires romanesques pour mieux en faire entendre les effets à ses filles :

« Si une petite paysanne épousait le Roi, et qu'elle en eût des enfants, ne seraient-ils pas de sang royal ? Lorsque Notre-Seigneur fait à une âme la grâce de s'unir à elle si intimement, quels enfants, quels actes héroïques, n'engendreront-ils pas[32] ! » Mais l'acte héroïque n'est plus pour Teresa de Jésus ce qu'il fut pour Teresa de Ahumada, un sacrifice rapide, la façon « à bon marché » de gagner le ciel, sinon l'accomplissement parfait de toutes nos actions les plus quotidiennes.

« Ce sont les plus humbles d'entre vous qui sont les plus parfaites, dit-elle, et non point les privilégiées de l'oraison et de l'extase. »

Et c'est elle-même qu'elle veut mortifier lorsqu'elle ajoute : « Je me réjouis de donner cet avis, où les contemplatives trouveront un sujet d'humiliation[33]. »

Cette lente transfiguration de femmes imparfaites en épouses du Christ, en servantes de tous les souffrants de ce monde, cet entraînement du caractère, du cœur, de l'âme à vivre sur les sommets, ce travail de précision qu'est l'adptation du corps et de l'intelligence à la vie spirituelle, s'intégrait à la Règle primitive du Carmel.

Les anachorètes du Mont-Carmel se proclamaient héritiers directs du prophète Élie; ils avaient été, pendant de longs siècles, ces Pères du Désert vêtus de fibres de palmier tressées que Teresa enfant souhaita d'imiter lorsqu'elle dut se résigner à ne point mourir martyre. Albert, patriarche de Jérusalem, leur avait donné, aux environs de l'an 1200, une Règle et des Constitutions et dès la fin du siècle, protégés par les croisés, ils fondaient en Europe de nombreux monastères, pépinières de saints, d'une austérité farouche jusqu'à la grande peste de 1348 : les quelques moines qui ne moururent point, pris de pitié d'eux-mêmes, relâchèrent l'observance. On jugea qu'une humanité affaiblie ne pouvait sans danger supporter les rigueurs que s'imposaient ses ancêtres et, en 1482, le pape Eugène IV atténua, mitigea, la Règle primitive.

Les jeûnes, qui duraient depuis l'Exaltation de la Croix jusqu'à Pâques, donc sept mois, furent réduits à trois jours par semaine, sauf pendant l'Avent et le Carême.

La perpétuelle abstinence de viande fut également ramenée à trois jours par semaine.

L'habit grossier fut remplacé par du drap fin ; on n'alla plus pieds nus. Autrefois astreints à la réclusion, à l'éternel silence, les moines furent autorisés à s'entretenir librement dans les cloîtres.

Quant aux Carmélites, non seulement elles se rendaient visite de cellule à cellule, mais dévots et mondains se pressaient au parloir, et il leur était permis de s'absenter du couvent.

Teresa de Jésus reprit la Règle première dans toutes ses exigences. Ce qu'on appelle sa réforme est en réalité le retour à l'ordre ancien. Elle rendit aux monastères, strictement, leur caractère de laboratoires de culture spirituelle. Elle n'admettra même pas que ses filles, vouées à vivre du travail de leurs mains, aient des ouvroirs communs : prétexte à bavardage, donc à dissipation. La Carmélite travaille seule, dans sa cellule, assise par terre. Elle ne parle qu'aux récréations, et là même, quelques coups d'une petite crécelle rappellent fréquemment la présence de Dieu. La porte de clôture se ferme sur elle pour toujours. Pour ses rares visiteurs, elle demeure invisible derrière des épaisseurs de grilles, de rideaux, de voiles.

Solitaires, muettes, dédaigneuses de leur corps et de ses exigences, mais gaies comme des enfants, humbles, mais conscientes de la dignité de leur âme, soumises, mais à l'Esprit, éprises, mais du Christ, dénuées de tout, mais reines du monde « car règne sur tous les biens qui ne point s'en soucie [34] » : c'est ainsi que Teresa de Jésus voulait les filles de Notre-Dame.

« Cette maison est un ciel s'il en est sur la terre [35]. » La Madre, qui initie ses filles à l'oraison en leur enseignant tout d'abord à bien dire « Notre Père qui êtes aux cieux... », commente le début du *Pater* avec son admirable logique : « Vous savez que Dieu est partout ; il est clair que là où est le Roi, sa cour le suit ; enfin, là où est Dieu, est le ciel. Vous pouvez admettre que là où est Sa Majesté se trouve toute la gloire. Saint Augustin dit qu'il le cherchait partout et le trouva en lui-même. Croyez-vous qu'il importe peu à une âme qui s'épanche d'entendre cette vérité, de voir qu'elle n'a pas besoin d'aller au ciel pour parler à son Père Éternel et se délecter en lui, qu'il ne lui est même pas nécessaire d'élever la voix? Elle n'a pas besoin d'ailes pour aller le chercher : qu'elle s'isole seulement, et le contemple en elle [36]... »

Non seulement cette maison était un paradis sur terre, mais chaque Carmélite portait en elle son paradis.

11. *Cette misérable, au milieu d'âmes angéliques*

Il fait encore nuit lorsque tinte la petite cloche fêlée : cinq heures du matin. La Mère prieure du monastère de Saint-Joseph du Carmel fait le signe de la croix, la voilà debout; elle écoute : son couvent s'éveille.

Une voix monte dans le silence : « Loué soit Jésus-Christ, la vierge Marie sa Mère! A l'oraison mes sœurs! Allons louer le Seigneeeeeeur! »

La vibration jeune, haute, se prolonge, sur une seule note, dans un souffle pur : c'est Isabel de Santo Domingo.

Pause brève, puis une autre voix : « Loué soit Jésus... » Timbre plus grave, un peu voilé, de femme mûre : Ursula de los Santos.

Deux voix partent ensemble à l'extrémité du cloître et s'accordent : « ...A l'oraison mes sœurs!... »

La Madre Teresa de Jésus voit en pensée les portes des cellules ouvertes sur l'aube et, dans le jour naissant, ses filles à genoux. Elle aime ainsi, au début de la journée, se délecter de ces chants qui montent du Carmel vers le Seigneur comme d'un arbre plein de nids, comme de nids pleins d'oiseaux. C'est pourquoi elle ne sort que la dernière. Le ciel se teinte d'azur encore laiteux au-dessus du patio lorsque les Déchaussées et leur Mère Prieure s'acheminent vers la chapelle dans un lourd bruissement de bures balancées.

Oraison mentale, et les petites heures : prime, tierce, sexte, none. Enfin, la messe.

Après le petit déjeuner qu'on prend vers neuf heures, chacune va au travail qui lui est assigné.

La cellule est vite mise en ordre et frottée. A peine surélevée par des planches au-dessus du carrelage de briques rouges, la paillasse est secouée, recouverte de l'épaisse bure qui remplace le linge. Mais la chaude couleur brune est belle sur le mur chaulé de blanc où règne seule une grande croix. La porte en bois brut fait une masse brune, la fenêtre un carré d'azur. Dans un angle, la cuvette et la jarre qui servaient partout aux ablutions en ce temps-là sont en terre blanche et bleue. Une étroite planchette supporte quelques livres. A terre, une plaque de liège tient lieu de siège. C'est tout. Et ce tout n'est rien. Mais ce rien brille d'exemplaire propreté.

C'est là que la Carmélite qui n'a pas à remplir un office particulier file en silence, pour gagner son pain et celui de ses sœurs.

Mais « les yeux sur Votre Époux. C'est lui qui doit vous nourrir. S'il est content de vous, ceux qui vous aiment le moins vous donneront à manger. Si cependant vous mouriez de faim, bienheureuses les religieuses de Saint-Joseph !... Laissez donc de côté tout souci de nourriture, sinon tout est perdu. Abandonnez ce soin au Seigneur des rentes et des rentiers : nous sommes ici sur son ordre, sa parole est vérité et, avant qu'elle nous manque, manqueront les cieux et la terre [1]... » « Jamais il ne fait défaut aux affligés. Ou bien vous le croyez, ou vous ne le croyez pas; si vous le croyez, pourquoi vous tuer de souci [2]? » « ... J'ai eu confiance en l'aide du monde; je vois maintenant clairement que tout cela ne vaut pas plus que quelques brins de romarin desséché [3]... »

L'heure du déjeuner ne sonne qu'après le temps voué à approfondir la connaissance de soi : l'examen de conscience.

Réfectoire rectangulaire, qu'encadrent des tables étroites. Le long des murs blancs, sur des bancs de bois, les Carmélites sont assises devant une serviette immaculée, raide d'un parfait repassage. Le pot de terre qu'elles soulèvent à deux mains pour boire fait une tache bleue, les couverts en bois, le pain, font des taches blondes. L'immense croix sombre préside. Les herbes, les œufs, ou le poisson, se mangent en silence. Dans une chaire prise dans l'épaisseur du mur de l'une des fenêtres, une sœur lit à voix haute, voile noir sur le ciel bleu d'Avila.

Blancs : les murs, les coiffes. Bruns : les habits, les bois. Roux : les pavés, les toits. Bleus : quelques pots, le ciel. Telles sont les couleurs des Carmels. Et le soleil de l'Espagne sur tout cela.

Lorsqu'il n'y a qu'un œuf, on le réserve à la moins robuste; c'est à qui se dira forte et ne le mangera point.

Lorsqu'il n'y a rien dans le tour et que la bourse est vide, la Mère prieure Teresa de Jésus n'en fait pas moins venir ses filles à table, et elle leur parle de Dieu en termes si exaltants qu'elles en oublient la faim.

En ce temps-là, il n'y avait pas à Saint-Joseph ces converses que la Madre appellera un jour joliment « celles au voile blanc », les religieuses de chœur se partageaient tous travaux ménagers. Prieure, Teresa de Jésus n'usait de son privilège que pour s'octroyer les plus dures besognes. Sa « semaine de cuisine » était une fête pour toutes : « Elle prenait grand soin de les régaler [4] », et Notre-Seigneur lui envoyait de quoi. Elle jugeait que c'est louer Dieu que de bien accommoder ce qu'il nous donne.

— Eh, mes filles! Ne nous désolons pas lorsque l'obéissance nous occupe à des choses extérieures! Si c'est à la cuisine, sachez que le Seigneur est au milieu des marmites [5]!

Il était si bien au milieu des marmites de Saint-Joseph qu'Isabel de Santo Domingo trouva un jour la Madre en extase devant le fourneau :

— Mon Dieu! La Madre va renverser dans le feu le peu d'huile qui nous reste!

Mais la tête au ciel, les pieds sur la terre, Teresa de Jésus n'en tenait pas moins fermement la queue de la poêle! et les œufs continuaient à frire [6]...

Marthe et Marie, en une seule personne.

Ursula de Los Santos avait plus de quarante ans : c'était s'y prendre tard pour se plier à l'obéissance! d'autant plus qu'elle avait dirigé avec autorité une maison, une famille. Aussi la Madre Teresa la surveillait-elle, et multipliait à son bénéfice les épreuves ordinaires : Ursula s'en tirait honorablement.

La Prieure sentait-elle quelques restrictions mentales chez sa sujette? Tant est qu'un jour elle décida d'une vérification extraordinaire, bien décidée à lui retirer l'habit si elle montrait de l'indocilité.

Dans le cloître, elle l'interpella brusquement :

— Aïe pécheresse de moi, ma fille, comme je vous plains! Allez vous mettre au lit : vous en avez besoin.

Elle lui tâtait le pouls, faisait mine de la voir très malade. Ursula de Los Santos s'alla coucher. A celles qui lui demandaient de ses nouvelles, elle répondait :

— Je suis très malade.

— Qu'avez-vous? D'où souffrez-vous?

Ursula ne bronchait point :

— Je n'en sais rien, mes sœurs, mais la Mère prieure le dit.

Teresa ne se tint pas pour convaincue. Elle alla elle-même voir la patiente, lui prit à nouveau le pouls :

— Aïe triste de moi! Mes sœurs, allez vite chercher un barbier! Il faut la saigner!

Le barbier saigna; la servante de Dieu ne témoigna que d'un parfait esprit d'obéissance.

Depuis lors, la Madre l'aima tout particulièrement, « tant la saignée qu'on fit à cette bienheureuse contribua à extraire de ces monastères le sang de la volonté personnelle [7]... » Car Teresa de Jésus disait : « Celle à qui l'obéissance ferait défaut ne serait pas une religieuse [8]... » « Le chemin de l'obéissance est celui qui conduit le plus vite à l'extrême perfection [9]. » Elle sait bien pourquoi : « L'obéissance est le vrai moyen d'assujettir la volonté à la raison [10]. »

En somme : il faut savoir obéir si l'on veut commander, et surtout se commander à soi-même. Il faut obéir lorsqu'on est fille de Dieu, comme lorsqu'on est un soldat. Et Teresa n'oublie pas qu'elle est d'une famille guerrière; elle donne à ses religieuses des exemples virils : « Les soldats doivent être toujours prêts à ce que leur capitaine les envoie où il voudra [11] ... » Son appel aux exercices spirituels claque comme un appel de clairon : « Mes sœurs, oraison mentale; si impossible, vocale; lectures et colloques avec Dieu [12]. »

Et Maria de Ocampo, qui avait promis « sa légitime » pour aider à la fondation du couvent de Saint-Joseph? Ce fut elle-même qui vint, le jour de la Saint-Jean de 1563. Elle avait été « la plus recherchée et la mieux vêtue parmi toutes celles de sa qualité; ses atours servirent à faire devant d'autel, chasubles, et autres choses nécessaires à la chapelle [13] »... Sa fameuse « légitime » acquitta une dette du monastère, paya la construction dans le verger de quelques ermitages « pour vaquer à l'oraison » : les peintures qui les ornaient attisaient la dévotion. Et la Mère prieure ne voulut pas que son père donnât davantage.

Il n'y a plus de Maria Ocampo : sœur Maria Bautista a si bien vaincu la vaine gloire et sa propre volonté que lorsque Teresa de Jésus lui ordonne d'aller planter en terre un concombre pourri, elle se contente de demander :

— Droit ou couché [14]?

— Couché [14]....

C'est ainsi qu'on obéit. Mais l'obéissance de Maria Bautista ne nuit pas au sens pratique. Elle en donne la preuve lorsque la Mère prieure lui demande de donner son avis : des fontainiers prétendent que ce serait « gaspiller de l'argent » que de creuser le puits plus profondément dans l'espoir d'obtenir de l'eau buvable.

« Qu'on essaie. Notre-Seigneur devra bien nous envoyer quelqu'un qui nous porte de l'eau, et aussi de quoi lui donner à manger : Sa Majesté s'en tirera à meilleur compte en nous faisant trouver l'eau chez nous, et elle n'y manquera pas [15]... » On trouva en effet une eau excellente, et le puits prit le nom de Maria Bautista...

Son Illustre Seigneurie Don Alvaro de Mendoza, évêque d'Avila, faisait du couvent de Saint-Joseph ses chères délices. Un crucifix de grandeur naturelle qu'on venait de lui offrir lui sembla si propre à émouvoir ses filles Déchaussées qu'il le leur fit porter afin de le leur montrer.

Lorsqu'il revint le chercher, il parlait avec la Madre Teresa de Jésus à la grille du parloir lorsqu'ils entendirent des litanies psalmodiées à une heure inusitée :

— Seigneur!

— Restez avec nous!

— Jésus crucifié!

— Restez avec nous!

Les voix approchaient, les moniales entrèrent en procession dans le *locutorio*, précédées de deux sœurs qui portaient péniblement le grand crucifix :

— Jésus couronné d'épines!

— Restez avec nous.

Elles clamaient gravement, tant leur mise en scène était dénuée de malice. La Madre rougit de confusion, supplia Don Alvaro d'excuser leur témérité, et se mit incontinent à les tancer. Mais l'Évêque riait de bon cœur :

— Bien! Qu'elles le gardent donc!

Et comme il sied qu'un miracle récompense l'innocence, lorsque la plus naïve de toutes — Maria de San José était célèbre par sa candeur enfantine — demanda à l'image :

— Seigneur, comment vous appelez-vous? Vous vous nommez parfois « de l'Agonie », ou « Christ Sauveur », mais ici, quel est votre nom?

Elle ne s'étonna point lorsque le Jésus des petits lui répondit :

— Appelez-moi le saint Christ de l'amour [17]...

Lorsqu'il n'y avait plus que quelque menue monnaie, on se contentait de pain sec, mais il ne manquait jamais de cierges pour l'autel, et tout ce qui touchait au culte était d'une exquise recherche. Un prêtre de passage en fut scandalisé :

— Quoi! Un linge parfumé pour essuyer les mains avant de dire la messe?

La Madre, son beau visage enflammé de ferveur, s'accusa :

— C'est de moi que mes filles tiennent cette imperfection. Mais lorsque je me rappelle le reproche que fit Notre-Seigneur au pharisien de ne pas l'avoir reçu avec assez d'honneur, je voudrais que tout ici, depuis le seuil de l'église, soit baigné d'une eau embaumée [18]...

La construction d'une église plus vaste s'avéra indispensable. La Madre appela l'économe :

— Combien avons-nous?

— Ma Mère, *un cuarto*, un liard [19].

« Cela lui fit grand plaisir [20] », et elle commença les travaux. Car en l'absence du moindre brin de romarin sec, Dieu pourvoit.

Maria Alvarez Davila y Salazar était l'une des nièces de la Madre Teresa; aussi noble qu'on peut l'être, aussi belle qu'on peut le souhaiter. Un jour de septembre, elle invita ses amis à l'accompagner en promenade : les femmes en litière, les gentilshommes à cheval. Elle était « fort brave », Maria Davila, « beaucoup de soie et d'or, et toutes les parures que l'on sût demander ».

Elle fait prendre la direction du couvent Saint-Joseph, descend, la porte de clôture s'ouvre, Teresa de Jésus qui l'attendait apparaît, portant un crucifix. Maria, à genoux, baise les pieds de Jésus, puis sans se retourner pour répondre aux adieux, elle laisse la Madre fermer la porte derrière elle et se dépouille incontinent de ses ajustements [21] »...

C'est ainsi que Maria Davila donna à toute la noblesse et chevaliers de la ville un grand étonnement.

Mais il n'y a plus de Maria Davila : il n'y a plus qu'une toute jeune Carmélite Déchaussée, Sœur Maria de San Jeronimo.

Un soir qu'après matines la Madre était restée en prière dans le chœur, elle vit entrer, en procession, les cinq Marie, les deux Isabel, Ursula, Antonia, Ana et Petronila, des cierges à la main, précédées d'un crucifix que portait la plus jeune. Elles chantaient des hymnes, suivis de cet étrange couplet :

Vous nous donnez robe neuve,
Roi céleste!
Délivrez de gent funeste
Cette bure [22]!

Elles venaient d'obtenir par grande faveur l'autorisation de porter à même la peau un habit de la bure la plus rugueuse, afin de se mieux mortifier. Désormais, elles ne mettraient plus de linge, leur mouchoir même serait en rude étoffe. « Mais redoutant qu'une laine si grossière ne pullulât de poux, le Christ crucifié en tête, et grandement recueillies, elles venaient prier Dieu de leur épargner cette immondice. »

Attendrie, et amusée, la Madre répondit à leur *copla* en improvisant des répons. Et la chapelle de Saint-Joseph retentit d'un curieux concert, « contre un petit bétail impertinent » :

Teresa de Jésus :
Ce mauvais bétail inquiète
en oraison
Les esprits mal établis
en dévotion.
Toutes :
Délivrez de gent funeste
Cette bure!
Teresa de Jésus
Venues ici pour mourir
Ne cédez point
Et de cette gent sordide
Ne craindrez rien...
Toutes :
Vous nous donnez robe neuve
Roi céleste!
Délivrez de gent funeste
Cette bure.

« Jamais depuis ce jour on ne vit cette chose-là dans ces habits, ni dans ceux d'étamine [23]. » Et le Christ qui fit le miracle eut nom le Christ des poux.

On commente ces histoires en récréation, en toute liberté, au ronron des rouets. A moins que le trop-plein de la joie n'éclate en chansons, en danses, jeux de flûtes et tambourins. Ces « ermites » ne sont point moroses; à Saint-Joseph l'air est allégé par la poésie, la musique, qui pénètrent toutes choses; ainsi que le dit Teresa de Jésus, « il faut tout cela pour rendre la vie supportable ». Elle y prend part, mais sans cesser de filer. Un jour, une sœur qui avait terminé son ouvrage prit une bobine, en enroula le fil sur une autre bobine vide.

— Que faites-vous là, ma fille?

La petite dut avouer qu'elle avait voulu s'épargner la honte de l'oisiveté en sa présence [24].

Car jamais la Madre ne s'accordait de repos, sans cesse elle filait, tissait, cousait, reprisait. Elle trouve commodes les rideaux tirés derrière la grille du parloir, car elle peut ainsi travailler de ses mains, tout en discutant des affaires du couvent.

Don Francisco de Salcedo, tout saint gentilhomme qu'il est, s'en agace un peu :

— Ma Mère, vous n'écoutez pas ce que je vous dis. On ne peut écouter en filant avec tant d'ardeur.

— N'y suis-je pas obligée? Ne dois-je pas faire tout ce qui est en mon pouvoir pour nourrir mes filles?

Il lui propose un marché : quand il viendra la voir, il lui paiera l'équivalent d'une heure de travail, à condition qu'elle ne lui inflige pas d'entendre le rouet tourner derrière ce voile noir. Et maintenant, quand il repart, il dépose dans le tour le montant de sa dette, avec la clef du locutorio...

La Madre n'obéit qu'avec peine à l'ordre que lui donne le P. Bañez de rédiger, ainsi que ses filles le lui demandent, les conseils quotidiens qu'elle leur donne. Pourquoi toujours la contraindre à écrire? Ne vient-elle pas à peine de terminer la deuxième version de son autobiographie, sur les instances du P. Garcia de Toledo? Va-t-on toujours « l'empêcher de filer [25] »? Aussi dans ce qu'elle appellera « le petit livre » (*el librillo...*) ou le *Pater noster*, et qui s'intitulera *le Chemin de la Perfection*, met-elle l'obéissance en tête de toutes les vertus.

Vers onze heures du soir, les moniales de Saint-Joseph viennent de chanter matines et laudes, et rentrent dans leur cellule. Comme elles l'ont déjà fait le matin, elles s'agenouillent sur le seuil. La plus jeune des sœurs donne trois coups de claquette et lance sur deux notes une *saetilla* [26] faite de deux ou quatre vers, thème de méditation pour la nuit :

Ma sœur!
Tu mourras une seule fois,
Si tu erres... aïe de toi!
Ma sœur!
A la mort aucun n'échappe,
Ni pauvre, ni roi, ni pape...
Ma sœur!
A une tombe profonde
Aboutit la joie du monde [27]!

La Mère prieure parcourt le cloître, s'arrête devant chacune de ses filles, et lui donne sa bénédiction. L'une après l'autre les portes se referment. Teresa de Jésus ne ferme la sienne, la dernière, que lorsque la sœur portière lui a remis le trousseau de toutes les grosses clefs du monastère.

Les bruns, les bleus, les roux, les blancs même, toutes les couleurs du Carmel se confondent dans la nuit.

Tout n'est qu'ombre et silence dans le petit couvent, sauf la lumière fumeuse d'une chandelle à huile dans la cellule de la Mère prieure.

Car écrire ne l'empêchera désormais plus de filer : elle prendra sur son sommeil. Assise par terre devant l'appui de pierre qui lui tient lieu de table elle rédige pour ses filles *le Chemin de la Perfection.*

Ce « petit livre » comprend, en plus des conseils ascétiques qui font l'objet des quinze premiers chapitres, un traité de l'oraison mentale en dix chapitres, — bien que le mot « traité » soit bien pédant lorsqu'il s'agit de la femme qui s'en garda toute sa vie, — et enfin un commentaire du *Pater* montre comment la prière vocale peut conduire à l'oraison surnaturelle.

Teresa de Jésus veut guérir ses Carmélites d'un mal du temps, le rabâchage « de beaucoup de prières vocales dites très vite, comme pour en finir avec un devoir; elles sont persuadées qu'elles doivent les réciter tous les jours, si bien que, lorsque le Seigneur leur met dans les mains son royaume, elles ne le reçoivent pas [28] ». « Vous faites plus en disant de temps en temps un seul mot du *Pater noster* [29]... » « Le Seigneur ne tient pas à ce que nous nous cassions la tête en lui parlant beaucoup [30]... » « Vous devez comprendre ce que vous dites [31] »... « et comprendre à qui vous parlez [32]... » « Quand je dis *Credo*, il me semble raisonnable de comprendre et de savoir en quoi je crois; et lorsque je dis *Notre Père*, ce sera amour que d'entendre qui est ce Père, et qui le Maître qui nous a enseigné cette prière [33]... »

Elle ne prêche pas, ne s'exalte pas, le ton est naturel, affectueux et ferme, le plan très clair. Elle apporte à cette construction de la vie intérieure la même précision qu'à l'organisation de la vie matérielle du couvent, dans ses moindres détails. Ses phrases ont le rythme de sa conversation, un son de voix. Elle interroge sur le papier celles qui dorment non loin d'elle, et montre ainsi combien elles sont toujours présentes à son esprit : « Que faire à cela, mes sœurs? » « Mes sœurs, n'avez-vous jamais remarqué[34] ?... »

Elle n'hésite pas à se mettre en cause lorsqu'il s'agit de blâmer : « Il me semble parfois être bien déliée du monde... mais une autre fois, je me trouve si attachée à des choses dont je me serais moquée la veille, que je ne me reconnais pas... Parfois, je crois avoir beaucoup de courage, et ne reculer devant rien au service de Dieu ; mais vient un autre jour où je ne tuerais pas une fourmi pour Dieu, pour peu qu'on cherchât à m'en empêcher[35]... »

L'aveu de ses erreurs ne peut nuire à la Prieure qui est mère et sœur à la fois, et donne l'exemple de la connaissance de soi. Elles sont si près de son cœur, ses Carmélites Déchaussées, elle attend tellement des quatre jeunettes, Maria Bautista, Maria de San Jeronimo, Isabel de Santo Domingo qui ont à peine vingt ans, Isabel de San Pablo qui n'en a pas dix-huit! Le Seigneur les doue déjà de tant de perfection, il les comble de grâces si hautes qu'elle éprouve devant elles « beaucoup de confusion[36] ». Car Teresa de Jésus se rappelle combien il a fallu d'années à Teresa de Ahumada pour en arriver, ainsi qu'elles le font, à « trouver sa consolation dans la solitude, à tenir les visites pour un tourment... Celle qui est autorisée à s'isoler dans un ermitage se tient pour la plus heureuse. Dieu a son but, quand il donne à ses filles, pour le servir, un courage bien au-dessus du courage des femmes[37]... »

Quel but? A quoi tant de vaillance? Ne sont-elles pas des contemplatives? Le monde ne tient-il pas pour inutiles ces femmes confinées dans la prière? Aussi la Madre Teresa exalte-t-elle le sens de leur mission : « Bien que le porte-drapeau ne se batte pas à la guerre, il n'en est pas moins en plein danger, il tient l'étendard et ne peut se défendre. Mais il ne le lâchera pas, même si on le met en pièces. Tels, les contemplatifs. Leur rôle est de souffrir comme le Christ, et de porter haut la croix. S'ils lâchent le drapeau, la bataille est perdue[38]! »

« Joyeuses d'obéir, et vraiment humbles, bienheureuses ces servantes de vie active[39]!... » « Quant aux plaisirs dans l'oraison, aux ravissements et visions, nous devons attendre d'être dans l'autre monde pour savoir de que cela vaut [40]... »

Un instant, la plume cesse de courir. Elle est toujours prête, Teresa de Jésus, à faire un amer retour sur elle-même: « ... cette misérable, au milieu d'âmes angéliques [41]... »

III. *La dame errante de Dieu*

« Notre Seigneur n'abandonnera jamais ceux qui l'aiment
lorsqu'ils s'aventureront pour lui seul. »
PENSÉES SUR L'AMOUR DE DIEU, VIE, CH. XXI

« Aventurer la vie, tout est là... » CH. III
« Aventurons notre vie car la gardera mieux celui
qui la tient pour perdue... » POÉSIES, XXIX.

1. L'aurore des fondations, 1567

— Notre Mère va partir!

Lorsqu'on apprit, à Saint-Joseph, que la Madre Teresa de Jésus songeait à quitter Avila pour aller fonder d'autres monastères, ses filles se crurent perdues.

Elle ne s'efforça pas de les consoler : elle les enflamma d'enthousiasme pour son œuvre :

— L'ordre de Notre-Dame du Carmel peut-il se borner à n'être qu'un pauvre couvent? Pour chacune de nous, s'agit-il de nous sauver seule? S'agit-il même, pour treize Carmélites Déchaussées, de s'adonner à l'oraison, à la pénitence, de ne nous juger dignes du pain que nous mangeons que lorsque nous l'avons gagné par le travail de nos mains, et de nous sauver toutes ensemble? Non. Car le monde est toujours en feu!

La Mère Prieure leur rappela le P. Alonso de Maldonaldo, ce Franciscain au visage boucané par le vent et le sel qui, rentrant des Indes, avait fait retentir la toute petite église de son cri d'alarme :

— Des millions d'âmes se perdent en ces terres conquises, où l'épée ne fraie pas toujours le chemin de la croix!

Sur le gigantesque empire de toutes les Espagnes, le soleil ne se couchait jamais, mais il ne dissipait pas les ténèbres de la violence, de la cupidité, de la mort éternelle. Car des

Flandres aussi parvenaient des récits d'églises pillées, souillées, d'hosties profanées. Or, les filles de Notre-Dame du Carmel étaient là, tranquilles, dans le giron de leur Père saint Joseph, occupées à filer le cocon de leur métamorphose.

« Vous toutes qui militez sous cet étendard, ne dormez pas, ne dormez pas, il n'est point de paix sur la terre! »

« Et puisqu'en fort capitaine notre Dieu voulut mourir, suivons-le, nous qui l'avons tué... Ne dormez pas, ne dormez pas, car Dieu n'est plus sur la terre! »

« Oh, le bienheureux combat! Que nulle ne déserte! Aventurons notre vie, car la gardera le mieux celle qui la tient pour perdue! »

« Suivons cet étendard, le Christ marche devant nous. »

« Sans peur! Ne dormez pas! Il n'est point de paix sur la terre [1]! »

Teresa se voit déjà à la tête de légions d'anges combattants.

Et puis, elle pleure. Des nuits, des jours, elle a pleuré dans l'ermitage du Christ à la colonne, hors d'elle de douleur impuissante. « La femmelette sans forces que j'étais ne pouvait rien [2]. » Rien? Rien que pleurer? « Ne pensons pas que tout soit fait en pleurant beaucoup, mais mettons la main à la pâte [3]. »

D'abord prier. La prière peut être un combat, le silence une forteresse, la mortification une tactique; l'esprit centré en Dieu dégage autant de force que des armées en marche, et des femmes muettes, immobiles sous leur voile noir, peuvent lutter pour la paix du monde en faisant de chacune de leurs pensées, de chacun de leurs renoncements, « un acte héroïque ».

Teresa de Jésus n'aime vraiment Dieu qu'à partir de cet instant où son cœur dilaté embrasse l'univers, où elle aime tous les hommes, et donnerait sa vie pour le salut du moindre d'entre eux. « Qui n'aime pas son prochain ne vous aime pas, Seigneur [4]! »

Mais hélas! Une femmelette et ses petites sœurs! Déjà tant de ferveurs, de rigueurs : peut-on en redoubler? Et Teresa mêlait son sang à ses larmes.

Jusqu'au soir où le Seigneur lui apparut avec une expression si tendre qu'on eût dit qu'il voulait la consoler. Il lui dit :

— Attends un peu, ma fille, et tu verras de grandes choses [5]...

A ce moment même, Philippe II était si désireux de réformer la vie monastique en son royaume qu'il conviait le supérieur général de l'ordre de Notre-Dame du Mont-Carmel, le P. Juan Bautista Rubeo de Ravenne, à venir en étudier les moyens. Il le reçut avec de grands honneurs. Le « Révérendissime Général » visita la Castille. A Avila, l'évêque Don Alvaro de Mendoza ne manqua point de lui signaler l'exemple de retour à la Règle primitive que donnait le couvent de Saint-Joseph, et l'emmena le visiter. Il s'émerveilla d'y trouver « des religieuses si différentes de toutes les autres, vêtues de bure, étrangères au faste, chaussées de sandales, et si humblement mortifiées [6] ».

Pendant son séjour, il retourna souvent en cette oasis de pureté et d'austérité. Et ce grand prélat, dont le visage a de romain la noblesse des traits, ainsi qu'un léger empâtement des joues, appelait Teresa de Jésus *la mia figlia.*

Il lui laissa en partant une lettre patente :

« Nous, Fray Juan Bautista Rubeo de Revena, Prieur et Maître général... à la Révérende Mère Teresa de Jésus :

« Il n'est bon marchand, ni laboureur, ni soldat, ni lettré, qui n'ait soin, ne veille, n'use de sollicitude et ne se donne beaucoup de peine pour accroître sa maison, son honneur et tous ses biens. Combien plus d'efforts les serviteurs de Dieu ne doivent-ils point faire pour s'étendre en d'autres lieux, fonder églises, monastères, et tout le nécessaire au service des âmes et pour la gloire de la Divine Majesté!

« ... A la Révérende Mère Teresa de Jésus, nous donnons faculté et pouvoir de faire en tous lieux du royaume de Castille des monastères de notre saint ordre, où les religieuses vivront selon la Règle primitive, avec l'habillement et autres façons saintes qu'elles gardent à Saint-Joseph... Qu'elles soient vêtues de bure brune... Si on ne trouve pas de bure, que ce soit d'une étoffe grossière. Et nous leur donnerons vicaires ou commissaires pour les gouverner [7]. »

Puis une deuxième lettre patente :

« ... Il s'entend que notre autorisation est pour toute la Castille, la Vieille et la Nouvelle [8]... »

Enfin, une troisième lettre patente du R. P. Rubeo consacre l'une des plus grandes victoires de Teresa de Jésus : il l'autorise à fonder des couvents de religieux dans l'observance de la Règle primitive, deux pour commencer. Les principes de pénitence, joints à ceux de haute oraison, ne tomberaient point en quenouille.

Ces principes, seuls des hommes pouvaient les prêcher, les répandre; seuls des hommes pouvaient être les directeurs spirituels des Carmélites Déchaussées. Là encore, la Madre Teresa se laisse guider par l'expérience. Elle ne sait que trop les dégâts que peuvent faire « les demi-lettrés timorés [9] », et combien elle a pâti de l'incompréhension de ses confesseurs. « Que de temps j'ai perdu faute de savoir quoi faire! J'ai grande pitié des âmes solitaires [10]... » Combien elle en a connu qui s'envolaient, par la grâce de Dieu, du vol des aigles, qu'un directeur peureux a forcées à marcher « comme des poulets entravés [11] »!

Elle veut, pour diriger les filles de Notre-Dame, des maîtres intelligents, expérimentés. « Si en plus ils sont doctes, l'affaire est excellente [12]. » Mais elle donne le pas aux deux premières qualités : « Ce n'est pas une croix que de soumettre notre intelligence à quiconque en manque. Personnellement, jamais je n'y suis parvenue, et je ne crois point que ce soit nécessaire [13]. » « Dieu nous garde des sottes dévotions [14]! »

Le P. Rubeo fait de sa lettre patente un exquis résumé de l'oraison carmélitaine :

« Nous désirerions que tous les religieux, fils de cet ordre, soient de clairs miroirs, des lampes brûlantes, des torches enflammées et des étoiles resplendissantes pour éclairer et aider ceux qui errent en ce monde. Nous désirons donc particulièrement qu'ils se donnent tout entiers à la continuelle et familière fréquentation de Dieu, et que, voués à l'oraison en de saintes méditations et contemplations, ils s'efforcent de s'unir à lui si étroitement que leur esprit, bien qu'encore entravé par la chair, vive déjà au ciel... Oublieux d'eux-mêmes, absorbés en ces fréquents et hauts envols qu'on ne peut définir, car ils sont extraordinaires, leur lumière passe vite, soit qu'inhérente à l'âme elle se confonde avec elle, soit qu'elle se retire en son centre le plus intime, soit qu'elle marche, monte, descende, et mette l'entendement au défi de la saisir; dans les yeux elle laisse des larmes, mais, dans le cœur, la rosée la plus suave et la plus profitable.

« Poussé, donc, par ce désir de l'accroissement de notre ordre, il me semble devoir accéder à la pétition qui nous est faite d'autoriser la fondation de quelques maisons de religieux; ils s'occuperont à célébrer la messe, prier, chanter les offices divins; ils consacreront le nombre d'heures convenables à l'oraison, la méditation et autres exercices spirituels, de sorte qu'on les appelle maisons ou monastères des Carmes contemplatifs; ils aideront aussi les autres, et vivront conformément aux anciennes Constitutions [15]. »

Teresa de Jésus voyait en effet « de grandes choses » : sans argent, sans appui, sans maisons, sans religieux, on la chargeait de couvrir de couvents du Carmel les deux Castilles. Désormais, la Mère et ses filles ne dormiront plus.

Avec le concours du P. Baltazar Alvarez, la ville de Medina del Campo est choisie pour la première des fondations. La Madre Teresa prend six religieuses pour l'y accompagner : deux de Saint-Joseph et quatre de l'Incarnation, dont Isabel Arias et Teresa de Queseda qui s'embarquent dans cette aventure malgré toute leur parenté.

L'heure des adieux approche. La Madre ne veut montrer sa peine qu'au Seigneur et s'isole dans l'ermitage du Christ à la colonne, témoin des grandes promesses. Elle le supplie de retrouver cette maison telle qu'elle la laisse, innocente et recueillie.

Elle éprouvera à chacun de ses départs un crèvement de cœur qu'elle s'efforcera de bien cacher : cette fois, l'angoisse est lourde, la ville murmure que la Madre Teresa est plus folle que jamais, et l'indulgent Évêque lui-même n'augure rien de bon. Mais que sont les obstacles, si grands qu'ils soient, pour une volonté aussi ardente, une énergie aussi admirablement conditionnée? Son élan et sa ténacité dans l'action s'expriment avec une force inouïe : «... Une grande et très déterminée détermination de ne point s'arrêter avant d'atteindre le but, et vienne ce qui viendra, arrive ce qui arrivera, peine qui peinera, murmure qui voudra, quand bien même on devrait mourir en route, ou manquer de cœur dans l'épreuve, quand bien même le monde croulerait [16]! »

Elle passe outre aux considérations raisonnables, et décide une fois pour toutes qu'il ne faut pas tenir compte de l'entendement : « c'est un gêneur [17] ... » Pour elle la difficulté disparaît au moment même où elle prend la décision de la vaincre : « Il n'en coûte qu'un peu de peine au début [18]. » Cette femme éternellement malade appelait « un peu de peine » d'énormes travaux, dont elle prendra allégrement son parti. L'hésitation n'est pas son fait : elle sait promptement ce qu'elle veut, et se met immédiatement à l'ouvrage. Mais lorsque les circonstances l'obligent à patienter, elle attend sans lâcher prise.

Les « on-dit » de sa ville natale, les réticences de l'Évêque, n'entament nullement son courage. Elle a chargé le Prieur du couvent des Mitigés de Medina, le P. Antonio de Heredia, de lui chercher une maison, en espérant que le Seigneur s'occuperait de la payer, car le jour du départ elle peut dire :

— C'est à peine si j'ai une *blanca* en poche; et qui donc ferait crédit à l'errante que je suis [19]?

De même, Don Quichotte voyagera *sin blanca*, car jamais il n'avait lu dans les romans de chevalerie qu'un chevalier errant ait emporté de l'argent. Teresa de Jésus avait trop fréquenté Amadis de Gaule et Esplandian, aux temps où elle était Teresa de Ahumada, pour s'affliger de ne pas avoir une bourse bien garnie.

La grande Castillane : au cours de ses pérégrinations, où toujours elle se lance à l'aventure, elle fait souvent penser à cet autre Castillan, Miguel de Cervantes, qui déjà portait en lui l'œuvre où s'incarnera l'esprit de sa nation : son idéal héroïque, en la personne d'un grand fol pourfendeur de moulins à vent, et en un brave homme de laboureur son réalisme pratique.

Don Quichotte dira :

— Ne vois-tu pas venir vers nous, sur un cheval rouan, ce chevalier coiffé d'un heaume d'or?

— Je ne vois, répondra Sancho Panza, qu'un homme monté sur un âne roux comme le mien; il porte sur la tête quelque chose qui brille... Un barbier de village à qui son plat à barbe servait de couvre-chef.

Mais Teresa de Jésus, qui se flattait d'être « non seulement pauvre en esprit, mais folle en esprit [20] » pour l'amour du Christ, disait aussi : « Je m'inquiète de ce que peuvent dérober les hommes beaucoup plus que de ce que peuvent dérober les démons [21]... » et elle conseillait de faire manger de la viande aux religieuses trop exaltées dans l'oraison : veillons à ce que la sainteté ne provienne pas de mélancolie [22]...

Tandis que Miguel de Cervantes s'apprêtait à immortaliser, en deux personnages aussi différents l'un de l'autre qu'il est possible de l'être, les manifestations de l'âme de son peuple aux deux extrêmes des tendances humaines, Teresa de Jésus, par un prodige d'équilibre, condensait en elle seule, et pour l'éternité, l'idéal de l'Espagne et le réalisme espagnol.

Au moment où elle va commencer ses grandes fondations, Teresa de Jésus a cinquante-deux ans. Le cloître n'a rien anéanti en elle de ce qui fit de sa vie mondaine une si brillante réussite : elle est toujours belle, gaie, vive, plus éloquente que jamais et douée d'un charme auquel il est bien inutile de vouloir résister. Les expériences successives ne s'annulent pas en elle, elles s'ajoutent à son étonnante personnalité, sans rien lui enlever, sans rien détruire.

Teresa de Jésus a décidé de ne pas se laisser entraver par les maladies de toutes sortes qui lui causent pourtant des douleurs continuelles, et dont le moindre inconvénient sont des vomissements quotidiens. En cinq années de claustration à Saint-Joseph, elle a mûri; sans même qu'elle s'en doute, la plus haute oraison l'a armée pour l'action. La voici libre, de la liberté del'esprit, maîtresse d'elle-même, parce que dégagée de tout égoïsme, de tout orgueil, de tout intérêt personnel; courageuse du courage de sa race, audacieuse « de l'audace que Dieu donne à une fourmi [23] ».

A l'aube, trois lourds chariots, grinçants, cahotants, éveillent les rues d'Avila; ils portent les quelques ustensiles indispensables à l'installation du futur couvent de Medina del Campo et quelques nonnes, fières de « leur capitaine [24] ». Des valets, le chapelain Julian de Avila, suivent à dos de mulet. C'est le 13 août 1567. Les cloches de toutes les églises carillonnent l'angélus, comme lors de la naissance de la petite Teresa, comme lors de sa fuite vers le martyre avec son frère Rodrigo, comme lors du départ pour l'Incarnation, avec son frère Antonio, de Teresa de Ahumada. Cette fois encore, elle ne part pas seule : elle entraîne avec elle des âmes enthousiastes, dans le jour qui se lève.

2. Un moine et demi, 1567

Ce même jour, à la tombée de la nuit, la petite troupe arriva à l'étape d'Arevalo, fourbue par les cahots de mauvaises pataches dans de mauvais chemins.

Un ami de la Madre l'attendait : il lui glissa à l'oreille que tout allait au plus mal, elle n'avait plus de maison, celle qu'Antonio de Heredia avait louée se trouvait à côté d'un monastère d'Augustins qui se refusaient à admettre un couvent dans leur voisinage, de crainte que les bonnes gens du quartier ne partagent leurs aumônes.

Teresa de Jésus supplia :

— Gardez-moi le secret...

Ses filles venues de Saint-Joseph, Maria Bautista et Ana de los Angeles, ainsi que ses cousines Ana et Inès de Tapia se jetteraient au feu pour elle, mais les autres de l'Incarnation, Teresa de Quezeda et Isabel Arias n'étaient point animées de l'esprit combatif des filles de la lignée Cepeda y Ahumada. Teresa commence déjà à vouloir garder les ennuis pour elle seule; elle juge suffisant d'avoir à y faire face, sans devoir, en sus, réconforter les cœurs pusillanimes. Mais l'idée de céder devant la difficulté ne l'effleura même pas : on s'installera, coûte que coûte, et on finira bien par se mettre d'accord avec ces Augustins.

Il importait maintenant d'entrer clandestinement dans la maison interdite, et voilà la Madre Teresa, fort encombrée de ses chariots, de ses mulets et de ses nonnes. Pour éviter le bruit, la petite troupe fut réduite à deux religieuses, au P. Antonio de Heredia venu à la rencontre des fondatrices, et à Julian de Avila, qui fût mort de chagrin s'il eût été privé d'une telle expédition. Aussi dévoué que bavard, il brûlait d'avoir des aventures à conter :

« La fondation de Medina del Campo! Quelle affaire! Nous arrivâmes à Medina à minuit; il fallut mettre pied à terre à l'entrée de la ville car le chariot qui nous restait faisait dans la nuit un vacarme capable d'éveiller la population. Nous voilà dans les rues, moines et sœurs, chargés des vases et ornements indispensables pour dire la première messe et aménager la chapelle : nous avions l'air de gitans cambrioleurs d'églises et si nous étions tombés sur une patrouille d'alguazils, nous aurions passé le reste de la nuit au cachot. Nous ne fûmes vus, par chance, que par cette sorte de vauriens qui rôdent dans les ténèbres qu'ils préfèrent au grand jour pour de bonnes raisons, et quittes avec quelques gaillardises dans le ton de ces gens-là. Nous ne pipions mot, et allongions le pas.

« Il fallut réveiller le majordome et le convier d'urgence à ouvrir la maison et à la débarrasser. Seigneur! Nous étions à peine entrés que nous rendîmes grâces à Dieu : il nous sauva de justesse de six taureaux fonçant au grand galop à travers la ville, en direction des arènes pour la « corrida » du lendemain.

« L'aube allait bientôt poindre. Il eût fallu voir la Mère Prieure, les sœurs, nous tous, les uns balai en main, les autres sur des échelles occupés à suspendre des tentures, ou la cloche. Point de clous, et ce n'était pas l'heure d'aller en acheter. La Madre Teresa récupéra ceux qu'elle trouva dans les murs; tant bien que mal, le terrain se déblayait, ce porche prenait une allure convenable.

« Il ne nous restait plus qu'à donner à son tour l'aubade au Proviseur et à obtenir de lui qu'il attestât que ce couvent se faisait bien avec l'autorisation du Prélat : on le tira du lit.

« L'autel était paré, la chapelle bien ornée, mais nous n'étions éclairés que par une maigre chandelle, et dans l'obscurité nous pouvions nous demander si notre installation était bien à l'intérieur, et non au milieu de la rue...

« Dès que le jour fut levé nous sonnâmes les uns après les autres, avec bien de la joie, tous les coups nécessaires pour annoncer la messe; ceux qui entendaient ce carillon entraient, ils voyaient un couvent poussé pendant la nuit, et le saisissement leur coupait la parole. Il y eut bientôt tant de monde que notre petit porche en était bondé.

« Les religieuses devaient se retirer devant la foule : mais où aller? Un escalier, par chance, était resté debout, elles s'y réfugièrent et se cachèrent derrière la porte. Les fentes du bois leur servirent de chœur pour suivre les offices, de parloir pour recevoir, de confessionnal pour se confesser, de prison pour pleurer [1]... »

Tel fut le récit de ces événements mémorables que Julian de Avila fit maintes fois, d'autant plus que le petit matin avait révélé que la maison ne se composait que de quelques murs à moitié écroulés. Le Saint-Sacrement allait être exposé en plein vent, en une ville où la foire attirait des marchands de l'Europe tout entière, dont beaucoup d'hérétiques, en des temps où les Luthériens ne cherchaient que l'occasion de commettre un sacrilège.

Jamais on ne vit la Madre Teresa de Jésus plus heureuse, mais en même temps plus angoissée. Heureuse, car la messe étant dite, le couvent Saint-Joseph de Medina del Campo se trouvait bel et bien fondé, n'en déplaise aux Augustins : l'accord du Proviseur prévenait toute tentative d'expulsion de leur part. Sa Majesté n'en était pas moins en grand danger. Teresa de Jésus n'en dormait pas de la nuit, et au clair de lune, par un vasistas, montait la garde auprès de l'Eucharistie.

Il allait falloir bien du temps pour reconstruire cette maison en ruines. Où loger en attendant? Medina, en pleine prospérité, regorgeait de voyageurs, donc rien à louer, et point d'argent.

Le Seigneur suscita la bonne volonté d'un marchand, Blas de Medina qui, en attendant que leur clôture fût prête, offrit aux « errantes » un étage de sa maison et une salle « grande et dorée » pour servir de chapelle.

Il suscita également des donateurs.

Et tout ce petit monde vécut, les travaux allèrent bon train. Les deux sœurs Tapia et leurs deux compagnes de l'Incarnation avaient rejoint la communauté naissante.

La Madre Teresa faisait leur lit, arrosait et balayait leur cellule; elle disait à Maria Bautista qui l'aidait :

— Ma fille, il est juste que nous servions ces dames qui ont bien voulu nous assister [2].

Teresa de Jésus s'était déjà fait des amis à Medina del Campo. Les Carmes du monastère mitigé de Sainte-Anne lui rendaient fréquemment visite, mais leur Prieur était de tous le plus assidu. Le P. Antonio de Heredia pouvait espérer atteindre aux plus éminentes fonctions dans l'ordre de Notre-Dame du Carmel, on voyait en lui un futur Provincial. Il n'en était point fâché, et portait sur son visage l'expression parfaite du contentement de soi. Haute taille, beau visage, belle allure, aussi soigné de sa personne que peut l'être un religieux qui n'oublie pas qu'il est gentilhomme, cet ancien bachelier de Salamanque était également un bon prêtre, « studieux et ami de sa cellule [3] ».

Sa rencontre avec la Madre Teresa de Jésus le bouleversa : le voile noir de la Carmélite, fort usé, sa robe de bure grossière qu'elle tenait à honneur de porter reprisée, ses espadrilles communes, son renoncement joyeux à toutes les commodités auxquelles autant que lui elle avait été accoutumée, lui rappelèrent qu'il avait souhaité mériter le ciel par une vie austère. Celle qu'on appelait déjà la *Madre Fundadora*, la Mère Fondatrice, le recevait dans la salle dorée du marchand Blas, qui servait aussi de parloir, à moins qu'il ne l'accompagnât sur le chantier de la maison délabrée : elle dirigeait les travaux avec une énergie stupéfiante chez une femme. Le couvent prenait forme, semblable à une maison des champs tant il était rustique, semblable à un pain doré, à un rayon de miel, mais solidement établi autour de son patio, avec ses cellules claires et son réfectoire voûté. Chaque fois, Antonio de Heredia avait plus de peine à quitter la Madre Teresa, et dans son monastère de moines bien vêtus, bien logés, les adoucissements de la mitigation lui semblaient un joug pesant. La Madre parlait de Notre-Seigneur avec tant d'amour et une si contagieuse ferveur qu'elle l'incendiait du désir de faire davantage pour son service. Tout théologien qu'il était, il s'émerveillait de l'entendre dire sur l'oraison des choses si hautes, et toujours conformes à la raison. Il en éprouvait une joie inusitée, et la conviction que le Saint-Esprit éclairait cette Carmélite. « Elle s'exprimait avec une force plus qu'humaine, sans se départir d'infinie douceur et de charité [4]. » Aussi, le jour où dans le seul but de lui demander conseil elle lui parla des lettres patentes du P. Rubeo l'autorisant à fonder deux monastères d'hommes conformes à la Règle primitive, et de l'embarras où elle se trouvait, faute de moines, Antonio de Heredia s'écria :

— Je serai le premier [5] !

La Madre crut que le brillant Prieur plaisantait, et rit de bon cœur : pouvait-il envisager sérieusement un si dur changement, après cinquante-sept ans d'une existence douillette? Il insista pourtant, montrant ainsi plus d'humilité et d'esprit de pénitence qu'on n'eût pu en attendre d'un homme si raffiné dans son habillement, et réputé pour l'art qui ornait sa cellule [6]. La Madre ne lui cacha pas qu'elle ne le croyait point fait pour cette entreprise héroïque :

— Chacun sa voie, mon Père, vous suivez celle qui vous convient. Il se peut que vous aspiriez aux austérités... Mais il y a un « mais » [7]...

Le Prieur était obstiné. Il dit son intention d'entrer chez les Chartreux : il avait même déjà l'autorisation du Provincial. Nulle rigueur ne le rebuterait, il était prêt à en faire serment.

La Madre Teresa qui ne se payait pas de paroles demanda à Antonio de Heredia de s'exercer, pendant un an, et par des pénitences sévères, à tenir ce qu'il promettait. Et sa satisfaction de compter sur un moine n'était pas nette de toute inquiétude.

Mais un jour, elle vit arriver un jeune Carme qui, dès le premier entretien, « la contenta beaucoup [8] ». Juan de Santo Matias venait de célébrer au monastère de Sainte-Anne sa première messe. Il s'était depuis ce jour senti si violemment appelé à la vie solitaire des ermites qu'il était décidé, lui aussi, à entrer à la Chartreuse de Paular où l'on menait la vie cénobitique avec la plus extrême rigueur.

La Madre Teresa savait que Juan de Santo Matias était le fils d'un hidalgo, Gonzalo de Yepes, renié et « abhorré » par les siens pour avoir épousé une fille aussi belle et vertueuse qu'elle était pauvre, si pauvre qu'elle gagnait sa vie en tissant de la soie. Et ce petit-fils de l'un des hommes d'armes de Jean II, ce neveu d'un inquisiteur de Tolède, parent de trois chanoines de la cathédrale, était devenu, lui aussi, un artisan. Il mourut jeune, Catalina resta seule pour élever à dures peines ses enfants, tissant, tissant toujours.

Juan, le jeune religieux fervent et émacié qui se tenait devant Teresa de Jésus, était le plus jeune des fils de Catalina Yepes. De « graves Pères » avaient dit le plus grand bien de sa science et de sa piété, et l'un de ses camarades avait même ajouté « des choses admirables sur son style de vie ». La Madre Teresa s'étonnait cependant de sa toute petite taille, — il n'avait pas plus d'un mètre cinquante, — de l'ampleur de son front, du rayonnement de ses yeux noirs. Elle, qui parlait si bien, savait aussi écouter : elle laissa Fray Juan de Santo Matias s'exprimer en toute liberté, et elle louait Dieu de ce qu'elle entendait. De son propre chef, bien qu'appartenant à la mitigation, il observait la Règle primitive de l'ordre. Non seulement il ne redoutait pas les rigueurs, mais il n'admettait de vivre que dans l'austérité.

La véhémente spontanéité du caractère de la Madre Teresa ne lui permit pas d'attendre une seconde entrevue pour lui faire part du grand projet de sa réforme; il n'eut pas à lui demander d'être l'un des premiers Déchaux : le visage rose de joie, elle « le pria beaucoup [9] » de patienter encore un peu avant d'entrer à Paular; le Seigneur ne pouvait manquer à leur donner bientôt une maison pour fonder ce monastère de Carmes. Ne serait-ce pas pour lui un surcroît de perfection que de pouvoir servir Dieu ainsi qu'il le voulait sans quitter son habit de fils de Notre-Dame, cette Mère de Dieu qu'il appelait depuis l'enfance « l'Étoile du matin »?

Il lui donna sa parole d'attendre, mais, avec une fougue digne d'elle, ce garçon de vingt-quatre ans ajouta :

— A condition que cela ne tarde pas trop longtemps [10]...

Ce soir-là, la Madre Teresa exultait, et comme toujours lorsqu'elle était particulièrement joyeuse, le « sel » de l'esprit castillan se manifesta en mots pittoresques :

— Mes filles! J'ai un moine et demi [11]!

Mais la moitié de moine n'était pas le tout petit Fray Juan. S'il se fût agi de lui seul, Dieu aidant, sans *blanca*, sans maison, elle fût partie ce jour même fonder son monastère de Carmes Déchaux. Elle n'ajourna un peu que parce qu'elle était « moins satisfaite du Prieur [12] »...

Elle revit Fray Juan de Santo Matias. Mieux elle le connut, plus il l'enchanta : « Quoique de petite taille, il est grand aux yeux de Dieu... Il est sensé, bien fait pour notre mode de vie, je crois donc que le Seigneur l'y a prédestiné. Il n'est frère qui ne dise du bien de lui, car il a vécu dans une grande pénitence. Il semble que le Seigneur le conduise par la main, et malgré quelques différends au cours de ces affaires, — j'en ai été seule la cause, car il m'est arrivé de m'irriter contre lui, — jamais je n'ai surpris en lui d'imperfection. Et il est courageux [13]. »

C'est déjà, en raccourci, le tableau des rapports de la Madre Fundadora avec celui qu'elle appellera « mon petit Sénèque », et dont la logique, l'autonomie stoïque, « l'irriteront » plus d'une fois. Mais les années passeront sans qu'elle découvre d'imperfections en Juan de Santo Matias devenu Jean de la Croix. Son courage continuera à l'émerveiller, et elle le verra enfin « parvenu à autant de sainteté qu'une pure créature humaine puisse atteindre en cette vie [14] ».

Le bon Juan de Avila résuma la situation : « En cette ville de Medina del Campo, foire où on trouve de tout, la Madre trouva aussi la pierre angulaire de ses monastères de Déchaux [15]. »

3. Les grands de ce monde, 1568

Doña Luisa de la Cerda avait « beaucoup d'amour » pour Teresa de Jésus, depuis le séjour qu'elle avait fait chez elle à la veille de la fondation du couvent de Saint-Joseph, à Avila; elle lui offrait l'hospitalité chaque fois qu'elle avait affaire à Tolède. La Madre s'y comportait avec tant de simplicité souriante, elle s'ingéniait si bien à ne pas trahir les secrets de sa vie intérieure par de la componction extérieure que, lorsque la fille du duc de Medinacelli songea à s'acquérir des mérites en fondant un couvent sur sa terre de Malagon, elle dit :

— Je tiens à ce que ce soit un couvent du Carmel réformé. J'avais bien pensé à Maria de Jésus, mais je ne veux pas d'une aussi grande sainte pour fonder ma maison...

Quel régal pour l'humilité de Teresa! Non, certes, elle n'était pas une si grande sainte! Les pénitences imposées par Maria de Jésus au couvent de La Imagen lui semblaient si peu propres à favoriser les progrès de l'âme qu'elle accepta de passer trois mois à Alcalà de Henares pour y modérer ces excès.

« Beaucoup exiger de la pratique des vertus, mais pas de celle de la pénitence [1] », telle était sa consigne. Elle ajoutait : « Cela prouve peut-être que je ne suis qu'une pénitente médiocre... » Cela témoignait surtout d'une évolution intelligente : il faut autant de lucidité que de vigueur spirituelle pour sublimer l'instinct, au lieu de le vaincre brutalement. Naguère, à l'Incarnation, Teresa de Jésus avait apporté une terrible ardeur dans les macérations corporelles; les murs de sa cellule étaient éclaboussés de son sang. Mais en toute frénésie le diable trouve son compte, et elle préférait maintenant aux sévices contre la chair une volonté asservie à l'observation de la Règle, et plaçait l'obéissance au-dessus des rigueurs dans la hiérarchie des perfections.

Sa haute oraison, les manifestations de la faveur divine, seraient restées son secret si les ravissements qui la saisissaient en public ne l'eussent trahie, et si sa crainte d'être le jouet d'illusions, ou trompée par le démon, ne l'eût obligée à faire à ses confesseurs le récit de ses visions. Mais elle cherchait à compenser une réputation trop tapageuse à son gré par l'attitude la plus simple et même la plus enjouée.

Elle se plaisait à tromper l'attente de ceux qui n'étaient poussés vers elle que par la curiosité. Au cours de ses séjours à Madrid chez Doña Leonor de Mascarenhas, la Portugaise, ancienne dame d'honneur de l'impératrice Isabelle et gouvernante de Philippe II, tout ce que la cour comptait de dévots à la mode se précipitait pour rencontrer « la sainte d'Avila ». On espérait pour le moins la voir faire un miracle, tomber en extase ou s'élever jusqu'au plafond. Mais Teresa de Jésus ne montrait qu'une bonne grâce humble et courtoise, teintée de naïveté. Ceux qui attendaient d'elle des paroles sublimes furent bien surpris de l'entendre s'exclamer : « Qu'il y a de belles rues à Madrid! » et ne parler que de la pluie et du beau temps [2].

Mais les Descalzas Reales, chez lesquelles la Madre Teresa allait rendre visite à la princesse Juana, sœur du Roi, étaient émerveillées :

— Dieu soit loué! Il nous a permis de voir une sainte que toutes nous pouvons imiter. Elle parle comme nous, dort et mange comme nous, et sa conversation est sans cérémonie [3]...

Si Doña Luisa put commettre l'erreur de croire qu'un abord aimable est incompatible avec l'état de « grande sainte », Maria Salazar ne s'y trompa point.

La petite suivante qui glissait autrefois des poèmes mystiques dans la main de la Madre avait maintenant vingt ans; elle était toujours charmante, un tant soit peu férue de belles-lettres et de latin, mais richement douée. C'est au cours du séjour que la Madre Teresa fit à Tolède pour discuter avec Doña Luisa de la fondation de Malagon qu'elle agréa comme novice celle qui va devenir Maria de San José, la plus aimée de ses filles, et l'une de ses plus éminentes prieures. « Son tact et sa douceur m'ont attirée vers elle, dit Maria. Elle eût ému des pierres, par sa vie admirable et sa conversation [4]... »

La Madre opposa une résistance tenace au désir de Doña Luisa de la Cerda : un monastère ne pouvait trouver à vivre à Malagon. Qui donc eût acheté les travaux des sœurs? Doña Luisa offrait des rentes, Teresa les repoussait : les Carmélites ne doivent compter que sur leur Père du ciel pour le pain quotidien comme pour la manne spirituelle. Le P. Domingo Bañez dut s'en mêler : il reprocha à la Madre de s'entêter à refuser d'établir une maison où le Seigneur serait bien servi, uniquement pour ne pas transgresser la loi de travail qu'elle avait fixée. Le saint Concile l'autorisait à accepter des rentes à condition que les religieuses ne possèdent rien en propre : n'était-ce pas un attachement comme un autre, que cet attachement à l'idée qu'elle se faisait de la pauvreté?

Elle dut céder. Elle se trouva donc, dès le début de ses fondations, contrainte souvent d'accepter patrons, donateurs, donatrices. Elle s'efforça, autant que possible de s'en passer, préférant la lutte à l'asservissement de ses maisons aux caprices des grands.

En échange des rentes qu'ils allouaient, des maisons qu'ils donnaient, les patrons d'un couvent se réservaient le droit de faire recevoir des religieuses de leur choix, et voulaient souvent imposer d'autres servitudes. Lorsqu'il s'agissait de personnes raisonnables et sincères, telle que Doña Luisa de la Cerda ou la sœur de l'évêque d'Avila, Doña Maria de Mendoza, la diplomatie de la fondatrice trouvait des accommodements. Mais avec la princesse d'Eboli donatrice de Pastrana, les choses tournèrent au drame.

Teresa de Jésus ne cédait pas aux grands de ce monde. Les soins dont ses nobles protectrices l'entouraient la « tuaient [5] », et elle jugeait que « si ce n'est avec Dieu et pour Dieu, il n'est repos qui ne fatigue [6] ». Elle gardait son franc-parler; l'évêque Don Alvaro de Mendoza lui-même n'y échappa point, lorsqu'il jugea bon de ne pas se compromettre lors de la bruyante querelle avec la parenté de Doña Casilda de Padilla, qui avait fui son fiancé à l'âge de douze ans pour entrer au Carmel : « Il me semble que Notre-Dame défend mieux ses filles que Votre Seigneurie ne défend ses sujettes [7]. »

Quant à elle, personne au monde ne l'obligera à prendre une religieuse qui ne lui agrée pas complètement. Elle se montre grande fondatrice et organisatrice dans sa volonté de ne recruter que des personnalités de premier plan. « ... Si votre Seigneurie veut m'en donner l'ordre, n'en parlons plus, j'obéirai. Je demande seulement à Votre Seigneurie de bien réfléchir, et de vouloir mieux pour sa maison. Là où elles sont peu nombreuses, elles doivent être choisies. Je trouve partout des religieuses, et je n'ai osé en prendre aucune — pour Valladolid — car je les veux parfaites. Je n'accepterai de mon propre chef aucune des deux dont vous me parlez. Je ne vois en elles ni sainteté, ni courage, ni talents suffisants pour que la maison y gagne.

Et si elle doit y perdre, pourquoi Votre Seigneurie veut-elle que nous les prenions? S'il s'agit de les tirer d'une situation difficile, les couvents abondent... Pour l'amour de Dieu, que votre Seigneurie considère tout cela, qu'elle n'oublie pas qu'il faut toujours préférer le bien de tous à l'intérêt d'un seul. Si Votre Seigneurie l'ordonne, il sera fait selon ses commandements, mais elle assumera toutes les responsabilités, au cas où les effets ne seraient point bons. Que le Seigneur en dispose donc ainsi qu'il convient à sa gloire, et qu'il éclaire Votre Seigneurie [8]. »

Un refus bien net, joliment encadré entre deux révérences.

La donatrice, qui était cette fois Doña Maria de Mendoza, n'insista pas. L'une de ses candidates n'avait qu'un œil et la Madre déclarait :

— Je ne veux pas de sœurs borgnes [9]!

Trop de couvents n'étaient que le refuge de pauvres filles rejetées par le monde : c'était l'une des causes de leur relâchement. La Madre voulait que le Carmel réformé ne soit peuplé que par l'amour de Dieu. Treize religieuses au début, plus tard vingt et une au plus : il n'y avait point place pour la médiocrité ni les accommodements; ces épouses du Christ devaient au moins avoir les qualités que les hommes exigent des leurs, plus la ferveur. Sur ce point, jamais la Madre ne céda.

« Le Seigneur m'a fait la grâce de me douer d'une telle indépendance, il m'a si bien fait mépriser ce que je vois, que dans mes rapports avec ces grandes dames que j'eusse pu m'honorer de servir je gardais autant de liberté que si j'eusse été leur égale [10]. »

Elle leur parlait avec une « majesté naturelle [11] », tout comme si elle eût été, en effet, l'une d'entre elles.

De cette majesté naturelle, elle ne se départira jamais, même dans ses rapports avec le Roi.

La princesse Doña Juana se chargera de transmettre « un avis » que le Seigneur lui avait dicté pour Philippe II et qui se terminait ainsi : « Souvenez-vous, Sire, que Saül aussi a reçu l'onction, et cependant il fut rejeté [12]! »

Dans sa *Vie*, elle s'adressait en reine aux souverains :

« Heureuse l'âme que le Seigneur ouvre à ses vérités!

Quel état ce serait là pour les rois! Combien ils feraient mieux de chercher à l'acquérir plutôt qu'une grande puissance! Quelle justice, alors, dans leur royaume! Que de maux évités! Là, nul ne craindrait de perdre la vie ou l'honneur pour l'amour de Dieu... Pour accroître la foi dans les âmes ou éclairer les hérétiques, ce Roi perdrait volontiers mille royaumes. Car il est plus profitable de gagner un royaume qui n'aura pas de fin [13]. »

Le roi Don Felipe reçut « respectueusement » le message de la Carmélite. Mais ce roi n'était que trop enclin à perdre « mille royaumes » pour en gagner un seul, et les paroles de la sainte font écho à une dépêche qu'il chargea son ambassadeur à Rome de communiquer secrètement au Pape : « ... Je perdrais tous mes États, et cent fois ma propre vie, plutôt que de souffrir le moindre schisme dans la religion ou le service de Dieu; je n'ai nullement l'intention de régner sur des hérétiques. Je veux essayer d'aplanir les conflits religieux aux Pays-Bas sans prendre les armes, si cela est encore possible, car je vois bien qu'une guerre entraînerait la dévastation totale de ce pays; mais si les choses ne se peuvent rétablir sans intervention armée, je suis résolu à prendre les armes et à assister moi-même aux combats; rien ne m'arrêtera, ni la ruine de cette contrée ni celle des pays que je possède par ailleurs [14]. »

Teresa de Jésus faisait triompher Dieu par l'amour, le Roi crut le faire triompher par le sang; Teresa vivait dans la pénitence et l'oraison pour le rachat des hérétiques, le Roi les faisait massacrer; Teresa voulait que le Roi fasse de l'Espagne un flambeau, il en fit un bûcher. La sainte et le Roi usaient des mêmes mots, qui n'avaient pas pour eux le même sens, car ils ne vivaient pas sur le même plan. Si la Madre eût pu concevoir les intrigues du monde, elle eût tremblé de conseiller les puissants, elle eût tremblé de se savoir vénérée par le sanglant duc d'Albe, et se fût demandé à quelles cruautés pourrait le pousser la lecture du livre d'amour qu'est le récit de sa vie qu'il tint à connaître.

L'unité politique de l'immense royaume prêt à se disloquer était trop liée à son unité de croyance pour que l'évangélisation n'ait pas recours à des méthodes militaires : chacun ne peut combattre qu'avec ses armes. La confusion du spirituel et du temporel dans le domaine des pouvoirs a toujours eu les plus funestes effets, et Philippe II se trompe encore lorsqu'il répond en moine plutôt qu'en roi à la proposition d'abandon des îles Philippines, qu'il est ruineux de coloniser : « Pour gagner une seule âme à Dieu, je ferais le sacrifice de tous les trésors des Indes, et si cela ne suffisait pas, j'y ajouterais l'Espagne... Car le Saint-Siège m'a transmis, à moi et à mes descendants, la mission des apôtres, qui est de prêcher l'Évangile, afin qu'il triomphe dans des étendues sans bornes... sans y mêler aucun espoir de lucre [15]. »

Philippe II ruina l'Espagne sans faire triompher l'esprit de l'Évangile dans le monde, car ce n'est pas en vain que Jésus ordonna à Pierre de rengainer l'épée. Une armée de soudards n'ouvrira jamais les cœurs à la parole du Christ, même si elle précède des Frères prêcheurs. Dans leurs couvents, la Madre Teresa et ses filles combattaient efficacement.

Teresa de Jésus se servit des seigneurs et des grands, mais jamais elle n'aliéna son indépendance ni son jugement : « Ce qu'il était nécessaire de dire était dit, et les fautes reprises avec un grand courage [16]. » Seule la crainte de faire de la peine la retenait, mais elle passait outre, lorsqu'il s'agissait du progrès des âmes. On peut être certain que de toutes les nobles dévotes qui, en la vénérant, imaginaient avoir le droit de commander, Doña Maria de Mendoza était la plus chère à son cœur, et c'est elle qu'elle tance le plus volontiers :

« J'espère trouver Votre Seigneurie plus maîtresse d'elle-même : elle en a la force... Votre Seigneurie gagnerait à mon voisinage, de même que je gagne à la présence du Père Visiteur. En tant que prélat, il me dit mes vérités, et j'en ferais autant pour votre Seigneurie, en tant qu'audacieuse, et accoutumée à ce qu'on me supporte... Ah! Si votre Seigneurie était aussi seigneuriale en son âme qu'elle l'est par son allure, combien elle tiendrait pour peu de chose ce qu'on appelle épreuves [17]! »

Elle édulcorait sa sévérité d'une once de flatterie, car Dieu lui enseignait combien il faut faire peu de cas des créatures, si bonnes soient-elles, et combien il est parfois nécessaire d'user d'un peu de malice [18]. Grandes dames et puissants seigneurs faisaient largement l'aumône à ses monastères, elle leur en savait gré, mais ne dissimulait point que « ce n'est rien que de donner des réaux : la douleur est minime [19] »...

Doña Maria de Mendoza et son frère l'évêque d'Avila lui donnèrent des réaux, mais aussi les preuves constantes d'une amitié profonde. Don Alvaro était si charitable à l'égard du Carmel réformé que la Madre craignait qu'il ne s'endettât pour les secourir. Les lettres où elle l'informe des affaires de l'ordre offrent le plus joli dosage de respect et de badinage, de piété et de fine mondanité :

« Votre Seigneurie est entourée de saintes, elle sait donc reconnaître celles qui ne le sont point, et elle m'oublie. Mais je crois qu'au ciel Votre Seigneurie verra qu'elle se devait à la pécheresse [20]... »

Le frère de ce bon Évêque, Don Bernardino de Mendoza, avait offert à la *Madre Fundadora* une belle maison à Valladolid pour y ériger un couvent, mais Doña Luisa de la Cerda insista tant pour qu'elle commençât par la fondation de Malagon qu'elle y consentit. Doña Luisa donnait des revenus convenables, et une maison suffisante pour que les religieuses puissent y vivre décemment et commodément.

La Madre partit donc de Tolède pour Malagon, par le chemin qui escalade de hautes collines rocheuses et descend au fond de la vallée aux terres jaunes, fauves, rouges, où poussent la vigne et l'olivier. Route vers le Sud, où de village en village le granit des maisons de Castille cède aux façades chaulées de blanc, d'azur; et des fleurs s'accrochent aux balcons.

Dans son chariot hermétiquement clos, Teresa de Jésus emmenait deux de ses filles de Saint-Joseph et quatre de l'Incarnation.

Après quelques jours dans le château de Doña Luisa, — le temps indispensable pour que la Mère fondatrice préside elle-même aux derniers préparatifs, — le couvent de Saint-Joseph de Malagon fut inauguré le 11 avril 1568.

Inauguré, mais point exactement conforme au gré de la Madre : il manquait de silence et de recueillement, trop proche de la place où foires et marchés faisaient leur tintamarre...

Le village tout entier fut de la fête, d'autant plus que la Carmélite, affligée de l'ignorance des paysannes, avait fait venir une femme « bien théatine », c'est-à-dire instruite des méthodes de la Compagnie de Jésus pour leur enseigner la couture et autres travaux utiles : elle devait, « sous ce prétexte, leur apprendre aussi la doctrine et à bien servir le Seigneur, toutes choses fort profitables [21] ». Voilà encore le travail mis sur le même plan que la prière par Teresa de Jésus : c'est, en ce temps-là, une révolution.

Mais Don Bernardino de Mendoza était mort subitement peu après avoir racheté partiellement une existence frivole par le don du couvent de Valladolid. La Madre s'attardait à Malagon lorsque le Seigneur la rappela à l'ordre : elle laissait une âme se morfondre en purgatoire. Teresa de Jésus partit donc en hâte, bien que rien ne fût prêt pour la nouvelle fondation.

La hâte, là, n'impliquait pas moins un long voyage et la Madre était contrainte à quelques détours : elle remonta vers Tolède, passa par Avila, où elle prit avec elle Maria de la Cruz, Antonia del Espiritu Santo, — de l'équipe de choc de Saint-Joseph, — et Isabelle de la Cruz, future prieure, s'arrêta à Medina, où l'injonction de Sa Majesté se fit plus pressante : « Cette âme souffre beaucoup [22]... » Elle arriva enfin à Valladolid au début d'août.

La maison était belle, entourée de vignobles et de délicieux vergers, mais sise hors de la ville, à Rio de Olmos, sur les rives du fleuve, et entourée de marécages malsains.

Pouvait-elle hésiter? Elle n'avait pas le temps, le Seigneur la bousculait : Don Bernardino n'entrerait en paradis que le jour où serait dite la première messe. Tant pis pour les fièvres tierces ou quartes! L'autorisation de l'Ordinaire tardait, la Madre passa outre et se hâta de faire dire une messe sans espérer pourtant que la promesse de gloire pour cette âme en peine se réaliserait avant le jour de la fondation officielle. Mais sans doute le Seigneur ne tient-il pas compte de l'administration : au moment de la communion, derrière Julian de Avila qui présentait l'hostie, Teresa de Jésus vit « le gentilhomme, le visage joyeux et resplendissant [23] ». Il la remercia des efforts accomplis pour le faire sortir du purgatoire, et monta au ciel. La Madre Teresa, en extase, y fut ravie avec lui.

Il eût été délectable d'y rester. Au retour de ces rapts, qu'elle s'efforçait de dissimuler aux témoins en réclamant un verre d'eau, un médicament, prétextant sa maladie de cœur, alors que l'expression radieuse de son visage ne trompait personne, elle ne reprenait qu'avec regret le pas à pas de la vie quotidienne : elle n'assumait ses lourdes tâches que pour Dieu.

La maison de Rio de Olmos était exquise, mais les Carmélites y prirent le paludisme. Il fallait s'installer ailleurs. Tout était fait? Qu'à cela ne tienne, on recommencerait tout...

Doña Maria de Mendoza fit don d'une autre maison, dans Valladolid même : on réinstalla grilles, clôtures, chapelle, cellules, dépendances. La Madre veillait surtout à ce qu'en chaque nouveau couvent l'habitude se créât d'un parfait recueillement, d'une minutieuse observance de la Règle.

Un jour, la cloche ne sonna pas à l'heure dite; elle en fut fâchée :

— S'il en est ainsi de mon vivant, en ma présence, que sera-ce lorsque je serai morte [24]?

Il lui fallait apprendre à désirer de vivre, afin que soit établie, sur des bases inébranlables, sa réforme.

4. Tant de croix, tant de têtes de morts!...
1568

Tandis qu'elle conférait à Valladolid avec Doña Maria de Mendoza, tandis qu'à Alba de Tormes la duchesse, Doña Maria Enriquez, l'invitait à pénétrer dans le sanctuaire des richesses terrestres, un nom, « Duruelo », était pour Teresa de Jésus rafraîchissement, allégresse.

A Alba, la Carmélite avait eu un mouvement d'effroi en entrant dans le cabinet où s'étalait le trésor des ducs d'Albe. Autour d'elle, tout brillait, rutilait, resplendissait; tout n'était que feux, orient, scintillement : « A quoi peut servir cet amoncellement d'objets? » Et puis elle loua le Créateur de la variété des « choses » que créait sa créature. La Duchesse fit admirer à Teresa les ciselures de l'or, l'eau des diamants, la pureté des émeraudes, et fut bien étonnée lorsqu'elle lui dit peu de temps après :

— Il y avait tant à voir que j'ai tout oublié. Je n'ai pas plus gardé le souvenir de ces joyaux et orfèvreries que si jamais je ne les avais vus, et ne saurais dire comment ils étaient [1].

Mais tant qu'elle vivra, jamais elle n'oubliera ce qu'elle a vu de plus pauvre au monde : le petit village de Duruelo, vingt feux à peine, sis au fond d'une vallée de la Vieille Castille et, dans ce hameau, une *casita*, si basse de plafond qu'il faut se courber pour entrer dans la soupente qui tient lieu de chœur, si minable qu'elle rappelle l'étable de Bethléem. Mais le Seigneur y prodigue avec surabondance son esprit et sa grâce, et les deux premiers de l'ordre, Fray Juan de la Cruz et Fray Antonio de Jésus y vivent « en grandes délices [2] ».

A Duruelo venait de se fonder le premier monastère de Carmes Déchaux.

Un gentilhomme avait offert à la Madre Teresa une masure dans un village perdu, si perdu que lorsqu'elle alla le visiter, en compagnie d'Antonia del Espiritu Santo et de Julian de Avila, les deux Carmélites et leur aumônier errèrent tout le jour, secoués par leurs mulets sous le soleil d'août qui pesait lourd sur bêtes et gens. « Lorsque nous nous crûmes arrivés, nous avions encore autant de chemin à faire que nous en avions fait... Jamais je n'oublierai notre fatigue et notre désarroi [3]... »

Arrivés enfin à la tombée de la nuit dans une oasis de chênes verts et d'eaux courantes, ils n'y trouvèrent pas la paix espérée : des chants, des cris, le ronflement des tambourins, le son aigu des flûtes sortaient de la maison où bergers, laboureurs, journaliers, glaneuses, fêtaient l'août. Lorsque la Madre apparut sur le seuil, voilée de noir, très droite dans sa robe rapiécée, le tintamarre fit trêve, mais pour peu d'instants : et c'est dans ce vacarme qu'elle visita le local le plus malpropre et le plus encombré qu'elle ait vu de sa vie; plus tard, elle en verra bien d'autres...

Ce bref coup d'œil lui suffit : lorsque la Madre avait décidé de vouloir, nulle déception n'entamait son enthousiasme. Son esprit d'organisation se mit immédiatement en activité :

« La maison comprenait une entrée de grandeur raisonnable, une salle doublée d'une soupente et une petite cuisine : c'était là tout notre monastère. Je jugeai possible de faire la chapelle dans l'entrée, le chœur dans la soupente, et un dortoir dans la salle. Ma compagne, pourtant bien meilleure que je ne le suis, et fort encline à la pénitence, ne pouvait admettre que je songe à fonder un couvent en de telles conditions. Elle me le dit :

— Tenez pour certain, Madre, que l'esprit le plus fervent ne saurait s'en accommoder. Renoncez-y [4]. »

Mais dans l'église où elle passa la nuit pour fuir le bruit et la saleté, la *Fundadora*, autour de la masure où des paysans ivres de « vin de la terre » dansaient avec les filles, voyait s'édifier le Carmel.

Vite à Medina del Campo! Vite! Le prieur Antonio de Heredia a montré une constance admirable en cette année d'épreuves, la Madre revient de ses préventions contre lui; et Juan de Santo Matias, qui s'est bien mortifié en réfrénant son impatience, n'aura plus à attendre longtemps.

Aussitôt arrivée, Teresa de Jésus fit appeler moine, demi-moine, et ne cacha rien de l'état misérable de la petite maison. Le Prieur fut le premier à s'écrier :

— Non seulement je vivrai là, mais dans une porcherie si c'était nécessaire [5].

Le cœur de Teresa éclata d'amour pour cette pauvreté qui va faire des saints :

« Mon Dieu! Qu'édifices et plaisirs extérieurs sont donc peu de chose dans notre vie intérieure! Je vous demande, pour l'amour de lui, mes sœurs et mes Pères, d'être toujours très modérés en ce qui concerne les maisons vastes et somptueuses [6]... » « ... De grandes maisons siéent mal à de pauvres petits... Rappelez-vous que tout doit s'écrouler le jour du Jugement, et il n'est pas bien que la maison de treize pauvrettes fasse beaucoup de bruit en tombant [7]... » « ... J'ai vu plus de spiritualité et de joie extérieure lorsque les corps ont à peine l'essentiel que lorsqu'ils sont à l'aise dans une grande maison. Nous n'occupons qu'une cellule. Que nous importe qu'elle soit vaste et bien bâtie? Nous n'y passons pas le temps à regarder les murs. Nous ne l'habiterons pas toujours, notre séjour y sera aussi bref que notre vie... Vivre pauvrement, à l'image de notre bon Jésus, n'exige qu'un petit et délectable effort [8]... »

Fray Juan n'avait rien dit, mais il s'offrit à partir immédiatement.

Le jour même : la Madre distribue à ses filles une bure brune et rugueuse, les habits des Carmes Déchaux sont coupés, cousus.

Le lendemain : la *Madre Fundadora*, derrière les grilles du parloir, entourée des Carmélites en longue cape blanche, un cierge allumé à la main, qui chantent le *Veni Creator Spiritus*, donne elle-même l'habit à Juan de Santo Marias. Il renonce solennellement à la mitigation et promet de vivre selon la Règle de Notre-Dame du Carmel, dans l'obéissance, la chasteté, la pauvreté.

Et pieds nus, enfin esclave de ses vœux, enfin libre des entraves du monde et de la matière, celui qui aura désormais nom Jean de la Croix prend le chemin de la *casita* de Duruelo.

Le prieur Antonio de Heredia devenu Antonio de Jésus le rejoignit bientôt.

C'est Fray Juan de la Cruz qui fut le « premier ». Fray Antonio n'en était guère content, et charitablement Juan lui laissa le plaisir de se vanter de s'être déchaussé avant quiconque. Il le laissa aussi être Prieur du couvent de Duruelo, et s'opposa doucement aux entorses données à la Règle primitive par un homme qui avait vécu plus de trente années dans la mitigation. C'est pourquoi la Madre Teresa mettra tant d'ardeur à obtenir des Constitutions pour les Carmes, « car les uns étaient d'un avis et les autres d'un autre », et la *Fundadora* souvent « bien fatiguée de leurs différends [9] ».

Tout cela n'empêchait pas Antonio de Jésus de se gausser de Fray Juan, qui tenait son habit de la main d'une femme. Celle même qui, à Valladolid, alors qu'elle surveillait l'achèvement des travaux de clôture, instruisait le jeune Carme de la manière de vivre en ces monastères, et de toutes choses, « nos mortifications aussi bien que notre amitié fraternelle, et les récréations que nous prenions ensemble [10] ». Dans ces directives, ainsi que dans celles que Teresa de Jésus donne à ses filles, s'impose le mot « modération ».

Plus tard, lorsque Fray Juan de la Cruz sera loin, en Andalousie, et devenu le Padre Juan, car ce n'est qu'aux débuts que les Carmes Déchaux portèrent tous le nom de Frères, elle se rappellera l'attention fervente qu'il lui prêtait : « Il était si parfait que j'aurais eu bien plus à apprendre de lui qu'il n'avait à apprendre de moi; je n'en fis rien, occupée à l'instruire des façons de ces sœurs [11]. » Une ombre de regret glisse sur ces souvenirs : il eût été doux d'écouter celui qui se disait alors son disciple, mais qui déjà était animé de l'esprit qui fera de lui le « Père de son âme »; mais il fallait se hâter de construire.

Quelques mois plus tard, profitant d'un voyage vers Tolède, la *Madre Fundadora* fit un détour et arriva un matin à Duruelo. On ne l'attendait pas, elle trouva le prieur, Antonio de Jésus, en train de balayer devant le monastère comme un simple convers, le visage illuminé de la joie que donne l'abandon de la vaine gloire. Il guida vers la chapelle Teresa de Jésus :

« Je fus émerveillée de l'esprit que Dieu avait mis là. Deux marchands, qui avaient fait la route avec moi, ne faisaient que pleurer. Il y avait tant de croix! Tant de têtes de morts! »

« Je n'oublierai jamais une petite croix de bois au-dessus du bénitier. Une image en papier, représentant le Christ, qui y était collée inspirait plus de dévotion que si elle eût été très bien sculptée... De chaque côté de cette chapelle, Fray Antonio et Fray Juan avaient élevé deux petits ermitages où ils ne pouvaient se tenir que couchés ou assis; ils avaient rempli de foin ces ermitages, car il faisait grand froid, et la toiture leur tombait presque sur la tête; deux lucarnes ouvraient sur l'autel; ils avaient une pierre pour chevet, leurs croix et leurs têtes de morts. »

« J'appris qu'après matines et jusqu'à prime, au lieu d'aller se reposer, ils restaient là, si abîmés dans l'oraison qu'il leur arriva d'entrer pour prime à la chapelle avec leur habit couvert de neige sans s'en apercevoir [12]... »

Dans « cette petite étable de Bethléem [13] » la Madre retrouvait l'esprit des Pères du Désert, leur austérité, et leur amour.

Déjà cette maison, devenue d'une admirable propreté, blanchie à la chaux, arrosée, astiquée, conforme aux goûts de netteté de la Fondatrice, était un objet de vénération pour les bonnes gens des alentours. Ces moines qui portaient l'Évangile à des lieues à la ronde, toujours pieds nus dans les flaques d'eau comme dans la neige, se faisaient si bien aimer que « c'était merveille de voir les paysannes leur apporter dans des corbeilles du pain et tout ce qu'il fallait pour leur nourriture [14] ». Et la Madre, tout comme Julian de Avila qui eut le privilège d'y passer plusieurs jours, se croyait en paradis.

Chacun de ces Frères vantait l'austérité et les perfections des autres. Il était bien connu que Fray Juan se nourrissait de pain sec avec plus de plaisir qu'il n'eût mangé des faisans. Et il renchérissait de rigueurs sur les exigences de la Règle primitive. Un jour où, malade, n'y tenant plus de fatigue, il avait prié Fray Antonio de Jésus de l'autoriser à prendre sa collation un peu plus tôt que de coutume, il eut un tel remords d'avoir ainsi cédé aux sollicitations d'une chair détestable qu'il ne se contenta point de s'en accuser au chapitre : à l'heure du souper, ses Frères le virent entrer au réfectoire les épaules nues, la discipline à la main; il se jeta à genoux sur des tuiles cassées qu'il avait répandues sur le sol, et il se flagella jusqu'à s'écrouler de faiblesse et de douleur sur le pavé rouge de son sang.

Antonio de Jésus l'envoya dans sa cellule prier Dieu de pardonner aux hommes leur misère.

Ce récit et bien d'autres effrayèrent la Madre Teresa : « Faible et vile que je suis, je les priai beaucoup de ne point se livrer à la pénitence avec tant de rigueur... Je craignais que le démon ne prenne ce moyen pour en finir avec eux avant que ne s'effectue ce que j'attendais de ces Pères [15]... » Ce n'est pas la première fois qu'elle attribue à l'inspiration du démon les mortifications excessives : « Il voit le tort qu'ils peuvent lui faire en vivant, il les induit en tentation de se livrer à des pénitences insensées pour détruire leur santé [16]... » L'idée d'avoir à vivre pour Dieu, et de vivre bien portant, fait son chemin en elle. Mais ses instances, le mot « modération » réitéré, ne furent pas écoutées. Peut-être se trompait-elle? Elle était toujours prête à croire qu'elle avait tort, lorsque son opinion ne coïncidait pas avec celle des hommes « graves et doctes ». N'était-elle pas « si vile, si basse, si faible et si misérable, de si peu de poids [17] », femme enfin? Ce qu'elle voyait à Duruelo n'était que vision biblique, et tout ce qu'elle entendait langage de séraphins. Elle partit « dans un état de joie intérieure grandissime [18] ».

Sa monture, au petit trot, s'acheminait vers Tolède. Le silence de la *Madre Fundadora* était une longue action de grâces intérieure.

Les marchands, ses compagnons, parlaient mais ils n'avaient d'autre sujet de conversation qu'une si édifiante visite :

— Je n'échangerais pas ce que j'ai vu là contre tous les biens du monde, disait celui qui avait hésité à faire ce détour par de biens durs chemins.

L'autre proclama que tant de vertus, de pauvreté, lui semblaient plus enviables que toutes ses richesses [19].

Mais aucun des deux ne tourna bride, renonçant à ses ducats afin d'être saint plutôt que riche.

Teresa de Jésus les entendait vaguement, et se retenait de sourire. Elle songeait qu'en ce monde il faut qu'il y ait des saints, mais aussi des marchands, et qu'il est déjà beau qu'un négociant repu ait de temps en temps, dans son opulence, la nostalgie du dénuement.

5. Les marchands de Tolède, 1569

Tout marchand honnêtement enrichi dans le commerce des cuirs de Cordoue, des épées ou des draps de Tolède, entendait jouir raisonnablement des biens que sa prudence et son flair lui avaient acquis, mais non moins raisonnablement, à la veille de rendre à Dieu son âme, et des comptes, il se délestait de ses plus lourds lingots afin d'être aussi léger qu'un pauvre homme pour monter au ciel.

C'est ce qui décida l'opulent et pieux Martin Ramirez, marchand en la ville de Tolède, à fonder après sa mort une église pourvue de plusieurs bénéfices ecclésiastiques : c'était, sans faire grand tort à ses héritiers, s'assurer d'être bien pourvu et bien considéré dans l'éternité, de même qu'il était en ce monde prospère et honoré.

Lorsque Martin Ramirez fut « atteint du mal de mort », le P. Pablo Hernandez, Jésuite, grand ami de la Madre Teresa de Jésus, lui fit entendre que la fondation d'un couvent du Carmel réformé serait un moyen plus neuf et plus efficace d'attirer l'attention du Juge devant lequel il allait comparaître. Le marchand mourut avant d'avoir eu le temps de prendre toutes dispositions légales, mais il chargea son frère, Alonso Alvarez « homme de bon sens et craignant Dieu [1] » d'entamer les négociations avec la Mère Fondatrice.

La Madre Teresa arriva à Tolède le 24 mars 1569. Elle n'amenait avec elle que deux des « jeunettes » d'Avila, Isabel de San Pablo et Isabel de Santo Domingo qui va devenir l'une des prieures les plus énergiques de la réforme. Julian de Avila avait pris les fièvres à Valladolid, il dut se refuser la joie d'accroître la série de ses histoires de voyages. Gonzalo de Aranda le remplaça : c'était un taciturne, il n'a rien raconté.

Doña Luisa de la Cerda reçut la Madre avec effusion et mit à sa disposition deux chambres, îlot de recueillement en sa maison princière. Teresa de Jésus avait beaucoup à faire : Alonso Alvarez se faisait représenter auprès d'elle par son gendre, Diego Ortiz, dit le Théologien, et doué pour la chicane autant que pour les discussions sur les points épineux de la doctrine. Il épuisait l'inépuisable patience de la Madre qui pourtant ne se refusait jamais à supporter ses fatigantes argumentations lorsque son petit garçon de quatre ans l'accompagnait. Elle avait prévenu le portier :

— Appelez-moi toujours lorsque Martinico viendra avec son père : j'aime cet enfant, il a déjà des vertus [2].

Elle adorait l'enfance et, rigide lorsqu'il s'agissait

d'observer la Règle, elle enfreindra ses propres Constitutions pour accueillir en ses monastères des nonnettes de neuf, douze, quatorze ans, dont elle ne se lasse point de vanter les mots naïfs, la grâce et la piété. Lorsque Diego Ortiz annonçait encore une fois que ses recherches d'un local pour y fonder le couvent avaient échoué, Martinico consolait Teresa.

L'autorisation tardait également à venir. Ces autorisations ont causé bien des tourments à la *Madre Fundadora.* En plus du bref que lui avait accordé le Supérieur général du Carmel, il lui fallait obtenir licence de la ville et de l'Évêché, sans parler de la bienveillance des autres ordres qu'elle devait s'efforcer d'acquérir; car si Augustins, Franciscains, ou Frères de la Merci n'avaient pas le pouvoir de lui interdire de faire un monastère ils pouvaient, par le jeu de leurs influences, susciter des difficultés.

C'est pourquoi Teresa de Jésus avait décidé d'entrer désormais comme une voleuse, et la nuit, dans les locaux de ses futurs couvents : une fois la première messe dite, les voisins tout comme les autorités réticentes céderaient devant le fait accompli, avec plus ou moins de menaces et de bruit. Au cours des pourparlers, sa diplomatie finissait par avoir raison des plus mauvaises volontés. « La Madre fuyait le mensonge, et usait de saintes ruses. Je n'ai jamais vu personne plus habile en l'artifice d'éblouir la vérité sans mentir [3]... »

La situation à Tolède se compliquait du fait de l'absence d'Archevêque : l'évêque Bartolomé Carranza attendait au fond des cachots secrets de l'Inquisition la conclusion de son procès : dans ses *Commentaires sur le catéchisme*, de nombreuses propositions avaient été relevées dans lesquelles des censeurs sévères croyaient voir l'infiltration du luthéranisme : il se mêlait de rapprocher du vulgaire la parole du Seigneur, et le théologien Melchor Cano lui trouvait « un relent d'illuminisme » parce qu'il affirmait qu'il est des gens « de si bon entendement et de jugement si pondéré, si bons, si dévots, qu'on pourrait leur donner toute l'Écriture sainte aussi bien qu'à beaucoup de théologiens qui savent le latin; non que je prétende que les sciences n'aient leur place dans l'Écriture, mais parce que l'Esprit Saint a ses disciples qu'il aide et illumine [4] ».

C'est alors que le grand inquisiteur Fernando Valdès publia son *Index* qui interdisait la traduction en langue castillane et la lecture de la plus grande partie des ouvrages mystiques : les *illuminations* de l'esprit devaient demeurer l'apanage du clergé, ou des privilégiés qui bénéficiaient de la direction d'un confesseur docte. Il semblait inadmissible de permettre aux gens du commun d'accéder à l'oraison. Solide préjugé de caste. Dix ans après ces événements, les ennuis de la Madre Teresa de Jésus furent la conséquence de ce préjugé.

Comment! Un homme qui n'était « ni illustre ni gentilhomme » se mêlait de vouloir être le patron d'un monastère? Cela n'était pas plus admissible que de permettre à la femme d'un charpentier de s'élever à la haute oraison.

En l'absence de l'archevêque, le gouverneur du Conseil du gouvernement de l'archevêché de Tolède, Don Gomez Tello Giron, était tout-puissant. C'est lui qu'on informa de la prétention incroyable du défunt Martin Ramirez et de ses héritiers. Les commentaires désobligeants allèrent un train d'enfer, et la Madre se heurta à des portes fermées : Doña Luisa de la Cerda elle-même se fit réticente et lointaine.

Le Père général Rubeo avait pourtant enjoint à la Mère Fondatrice de ne pas rebuter le donateur : le fait d'avoir acheté des objets pour les revendre ne rendait pas un honnête homme indigne d'acquérir une bonne place au ciel. Il lui écrivit :

« ... L'avarice, source d'innombrables crimes, dévore le travail du prochain, attire tout à soi, ne se lasse point de convoiter. Les peuples consumés par ce vice sont en danger, et les âmes trop assoiffées de richesses terrestres, celles qui dépensent dans les plaisirs ce qui fut acquis sans labeur sont mises au centre de la terre et justement tourmentées après sentence du Juge Très-Juste.

« C'est pourquoi les hommes qui craignent Dieu redoutent de se laisser prendre au piège des richesses, et consacrent aux églises la plus grosse part de leurs bénéfices.

« Toi, Révérende Mère Teresa, tu ne dois pas être surprise de voir le noble et dévot caballero Martin Ramirez désireux de s'unir à Jésus-Christ et à sa très sainte Mère en leur paradis, et donner à cette fin une partie de ses biens [5]... »

Le Père général n'hésitait pas à proclamer « noble et caballero » un marchand, de la seule noblesse qui compte : celle d'un cœur généreux.

La Madre Teresa estimait trop le travail pour mépriser ceux qui n'ont pas acquis leurs biens « sans labeur »; elle mettait le mérite au-dessus de la naissance, « car charges et titres ne compteront guère devant Dieu ». Diego Ortiz, mal à son aise dans son rôle de donateur, fut d'autant plus intransigeant que plus d'un *hidalgo* se chargea de l'humilier; il était des points sur lesquels la *Fundadora* ne pouvait céder, et ce ne fut pas de sa faute si tous pourparlers furent rompus enfin entre elle et ses marchands. Et les douze mille ducats promis s'envolèrent.

La voilà donc à Tolède sans donateurs, sans répondants, sans maison, sans argent, mal vue des puissants de ce monde, mais décidée à ne pas se tenir pour battue. Elle dit aux deux Isabelle :

— Maintenant que l'idole de l'argent s'est écroulée, je tiens cette fondation pour plus sûre que jamais...

L'aide humaine s'avérait encore une fois n'être que brins de romarin desséchés : Sa Majesté, encore une fois, allait montrer sa puissance.

Seule, la Madre Teresa se mit en quête d'une maison. Elle s'efforça, seule, d'approcher le Gouverneur auprès de qui elle avait été si bien desservie qu'il refusait obstinément de la recevoir. Heureusement, les églises étaient forum ou champ de foire; il s'y tramait des affaires moins pures que celle-ci. Teresa de Jésus guetta le Gouverneur près de l'autel où il avait coutume d'entendre la messe, et le fit supplier de venir lui parler dans la chapelle où elle s'était mise à l'abri des curieux. « Le Seigneur l'animait d'un grand esprit de décision [6]. »

Bien qu'il fût homme fort grave, et conscient de sa haute

dignité, elle mit tant de charme et de douceur dans ses propos, elle lui parla « avec si grande et si saine liberté [7] » que d'abord surpris, puis conquis, il écouta tout ce qu'elle avait à lui dire :

— Il est dur que des femmes qui ne souhaitent que vivre dans les rigueurs, la perfection, la claustration, soient empêchées de servir Notre-Seigneur par ceux qui ne souffrent rien de tout cela, et ne songent qu'à couler leurs jours douillettement [8]...

Elle ajouta « bien d'autres choses encore », et pour finir, ceci :

— Si cette fondation échoue du seul fait de Votre Seigneurie, pensez-vous pouvoir vous en justifier, lorsque vous vous trouverez devant Notre-Seigneur [9]?

La Madre restait « si douce et si gracieuse [10] » même lorsqu'elle menaçait un Gouverneur ecclésiastique des foudres de l'Éternel, elle émut si bien Don Gomez Tello Giron, qu'il lui accorda séance tenante l'autorisation demandée, à une condition : le couvent n'aurait ni rentes, ni donateurs, ni patrons. Il voulait ainsi empêcher la Madre d'élever des marchands à la dignité de patrons du Carmel.

Elle partit ravie, « croyant tout avoir, bien qu'elle n'eût rien [11] ». Il ne lui restait que trois ou quatre ducats. « Teresa de Jésus et trois ducats ce n'est rien, mais Teresa de Jésus, trois ducats et Dieu, c'est tout [12]. »

Elle se hâta de dépenser ses derniers sous : deux paillasses, une couverture, et pour la future chapelle, deux images dont l'une représentait Jésus succombant sous le poids de la Croix, l'autre le Seigneur méditant assis sur une pierre. L'essentiel pour trois pauvres nonnettes : de quoi prier, et dormir.

Mais « de maison, nul signe [13] ». A son habitude, Teresa de Jésus labourait, semait, agissait au maximum dans la mesure de ses moyens et même au-delà et, imperturbablement, elle attendait l'accomplissement de la promesse : « Frappez, et il vous sera ouvert. » Frappez c'est-à-dire travaillez.

Reconnut-elle l'artisan de cet accomplissement en un garçon qui l'aborda un jour dans une église? Sa mine, son habillement, étaient d'un *picaro* plutôt que d'un homme de bien. Lorsque les deux Isabelle le virent approcher, elles entourèrent leur Prieure, prêtes à la protéger : ces églises de Tolède étaient fréquentées par d'étranges dévots et déjà la Madre avait été bourrée de coups de poing par une femme qui l'accusait d'avoir volé un de ses patins. Entre les escrocs à la recherche d'un naïf et les tire-laine qui se contentaient d'une bourse, il y avait lieu de prendre garde : mais quel danger de cette sorte peut courir une pauvrette qui ne possède rien, et qui loue le Seigneur lorsqu'on lui cogne sur la tête? Elle avait beaucoup ri de l'histoire du patin.

Le pauvre hère salua courtoisement, dit s'appeler Andrada, et venir de la part de Fray Martin de la Cruz, Franciscain et ami de la *Madre Fundadora.*

— Fray Martin m'a dit : cherche la Madre Teresa de Jésus, mets-toi à sa disposition, aide-la en tout ce que tu pourras, et même plus que tu ne le pourras [14].

Point riche, misérable même, il ne pouvait donner que ce qu'il avait : sa personne, son obéissance, sa connaissance des moindres recoins de Tolède, et des jambes alertes pour courir la ville. Enfin, la plus vive faconde pour s'enquérir à tout venant.

La Madre l'écoutait avec un bon sourire, et pria ses filles de ne rien oublier du labyrinthe de ruelles où elle pourrait faire chercher celui qui disait être « son serviteur ».

L'honnêteté de ces propos et celle de ce visage plurent beaucoup à la Madre : elle aimait tant son peuple et ses petites gens qu'elle n'oublia point l'offre d'Andrada. Mais lorsqu'elle prétendit le faire appeler pour lui demander de chercher une maison, Isabel de Santo Domingo et Isabel de San Pablo, après avoir bien ri, se regardèrent avec consternation :

— Madre! Faire venir cet homme ici? Que dira le portier? Que dira Doña Luisa? Que diront ses suivantes, ses gens? Un étrange commis que le vôtre, et mis comme il sied pour traiter avec des Déchaussées! Quel espoir qu'un haillonneux trouve la maison que de riches marchands, un chanoine de la cathédrale, fils d'un gouverneur de Castille, et tant d'autres notables, ont cherchée en vain?

— Taisez-vous, dit Teresa de Jésus. Quel mal pourrait-on penser des pauvres pèlerines que nous sommes? Fray Martin est un saint : il m'a envoyé cet Andrada, il a eu ses raisons, toutes bonnes. Je le verrai donc [15].

Nul n'osait jamais répliquer au « Taisez-vous! » de la Madre. Andrada vint. Lorsqu'il répondit :

— Une maison? Rien n'est plus facile. Je vous trouverai cela », Isabel de San Pablo d'un haussement de sourcils signifia à la Madre que le pauvre bonhomme n'avait certainement pas toute sa tête à lui. Mais quelques jours plus tard, alors que les trois Carmélites écoutaient la messe dans l'église de la Compagnie de Jésus, il les aborda :

— La maison est trouvée.

Il apportait les clefs, on se hâta de la visiter, elle convenait parfaitement.

La Madre n'était jamais plus suave que lorsqu'elle avait une bonne raison de triompher :

— Sa Majesté nous prouve que nous devons nous garder de tenir à honneur de frayer avec les grands de la terre, sinon avec les pauvrets, tels qu'étaient ses apôtres [16]...

Mais elle rit sous cape, lorsque ses filles la supplièrent de ne pas montrer à Andrada que leur ménage se bornait à deux images, deux paillasses et une unique couverture : elles craignaient que le pauvre hère ne se désintéressât de plus pauvre que lui...

Le petit convoi d'emménagement et de fondation se forma aussitôt la nuit venue : il comprenait les deux Isabelle, Andrada et un Carme Chaussé porteur des ornements et vases sacrés que prêtaient les Mitigés. La Madre Teresa n'avait pour tout argent que cent réaux empruntés à la femme du maître d'hôtel de Doña Luisa de la Cerda [17].

La nuit se passa à balayer, nettoyer, accommoder, en essais de décoration naïve du misérable local. Il n'y avait pas place pour une chapelle : l'autel fut élevé dans une salle à laquelle les fidèles ne pourraient avoir accès que par la maison voisine, qui faisait également partie des locaux du futur couvent. Mais on n'avait pas prévenu les deux femmes qui l'habitaient, par crainte des bavardages. Elles furent éveillées par de grands coups dans le mur : Andrada et le moine mitigé perçaient leur cloison. Elles se crurent en enfer lorsqu'elles les virent surgir, et se répandirent en injures. La Madre sut les calmer en dosant habilement les douces paroles et les ducats.

A l'aube, tout était prêt. Doña Luisa de la Cerda et sa suite prirent place dans la chapelle tandis que la clochette de l'élévation carillonnait pour annoncer cette première messe : il n'y avait pas de cloche. Mais un petit enfant qui passait dans la rue voyant l'autel éclairé, les palmes, les images, s'écria :

— Dieu soit loué! Que tout cela est joli!

— Rien que par cette exclamation de louange dans la bouche d'un angelot, je tiens pour bien employé tout le mal que cette fondation m'a donné, dit la Madre à ses compagnes. Dieu voulut que l'accord avec Alonso Alvarez ne se fît pas afin que cette fondation soit celle du travail, et de la pauvreté [18]. Le pauvre Andrada a trouvé la maison, la pauvre femme d'un serviteur de grande maison a donné l'argent indispensable; enfin, sur ces pauvres, la bénédiction d'un petit enfant pauvre.

La Madre pensait à l'étable de Duruelo, à Fray Juan de la Cruz, à Fray Antonio de Jésus et elle louait Dieu.

Enfin, les trois Carmélites restèrent seules dans le monastère du Glorieux Saint-Joseph de la ville de Tolède, en bonne et due clôture. Le menu de ce jour faste consistait en quelques sardines qu'elles s'affligeaient tout de même de ne pouvoir griller, faute d'un peu de bois, lorsqu'elles trouvèrent dans la chapelle un fagot providentiel. Elles cuisirent leur repas dans une poêle d'emprunt, et un papier couvert d'une pierre afin qu'un souffle d'air n'éparpillât point le sel leur servit de salière.

La Madre exultait : jusqu'alors n'avait-elle pas aimé la pauvreté en femme à qui l'essentiel n'a jamais fait défaut? Tolède lui révélait la pauvreté totale, « blason de son étendard [19] ».

Une nuit, — les nuits, en mai, sont encore fraîches sur ces hauteurs, — elle eut froid et demanda à ses filles de la couvrir. Elles rirent beaucoup :

— Madre, vous avez déjà toutes les couvertures de la maison, c'est-à-dire nos capes [20]...

La Madre s'attendrit et rit avec elles.

Ah! Teresa de Jésus avait voulu frayer avec les marchands! « Une telle pauvreté, alors que la dame qui m'aimait tant était chez elle, peut sembler incroyable : j'en ignore la cause, sauf que Dieu voulut sans doute nous montrer les bienfaits de cette vertu. Je ne demandai rien à Doña Luisa de la Cerda, car je n'aime point à ennuyer les gens, et par bonheur elle ne s'aperçut pas de notre dénuement. Je lui dois beaucoup plus qu'elle n'aurait pu nous donner [21]... »

« Notre allégresse intérieure était si grande que je me rappelle souvent tout ce que le Seigneur inclut dans cette vertu. Notre pauvreté nous mettait en état de douce contemplation. Elle fut brève, car on s'occupa bientôt de nous pourvoir. Cela m'attrista comme si on m'enlevait beaucoup de bijoux en or. Je voyais mes filles dolentes et leur en demandais la raison :

« — Madre, que pourrions-nous avoir, sinon que nous ne sommes plus pauvres?

« Dès lors, le désir de la pauvreté grandit en moi, et ma dignité s'éleva bien au-dessus des biens temporels. Lorsqu'ils manquent, les biens intérieurs croissent; et certes, ils nous rassasient mieux, ils nous apportent une bien plus grande quiétude [22]. »

Au milieu de tout cela avaient surgi des difficultés avec la propriétaire qui n'entendait pas qu'on transformât en couvent ses locaux. Femme d'un « majorat », puissante, intrigante, elle alerta le Conseil ecclésiastique. Le gouverneur Tello Giron, absent, ne pouvait témoigner de son autorisation verbale; tout Tolède s'indigna « de l'audace d'une femmelette [23] » qui fondait un monastère contre la volonté des notables de la ville. On la menaça d'excommunication si elle persistait à faire dire la messe.

Quelle agréable ardeur elle éprouvait lorsqu'elle recevait le coup d'éperon d'une mauvaise nouvelle! Son sang courait plus vite, ses maladies s'envolaient. Tolède irritée trouva une femme que rien ne tirait de sa mansuétude; aux menaces, elle répondait doucement qu'elle obéirait, bien qu'elle n'y soit point obligée. Mais tout en tenant tête, ou, suivant le besoin, tout en opposant une force d'inertie inébranlable, tout en ayant froid, tout en ayant faim, elle se hâtait de terminer les travaux pour la prochaine venue de celles de ses filles qui allaient compléter la communauté; elle travaillait de ses mains lorsqu'elle n'avait pas à discuter au parloir, ne s'accordait même pas de répit pour l'oraison et la contemplation : c'est prier que de servir.

La veille de la Pentecôte, le gouverneur ecclésiastique Tello Giron, rentra, le Conseil se calma. Les travaux étaient terminés, la propriétaire maîtrisée et les moniales arrivées. Teresa de Jésus prit place au réfectoire « si heureuse de penser qu'elle pourrait enfin se délecter en Notre-Seigneur pour ces fêtes, qu'elle ne pouvait manger, tant son âme était comblée [24] ».

C'est alors qu'on vint l'appeler : un messager d'Ana de Mendoza y La Cerda, princesse d'Eboli, la demandait, d'urgence.

6. *Ana de Mendoza, princesse d'Eboli, 1569*

Les caprices de Doña Ana de Mendoza y La Cerda, princesse d'Eboli, étaient des ordres : elle avait connu Teresa de Jésus à Tolède, chez sa tante Doña Luisa de la Cerda, et son caprice immédiat était d'avoir en son duché de Pastrana un monastère fondé de sa main, tout comme elle eût exigé du soir au lendemain un vertugadin de la faiseuse à la mode.

Un carrosse était là qui ne repartirait pas sans emmener la Mère Fondatrice.

La Madre fit donner à manger aux gens de la Princesse, et quittant le réfectoire se hâta vers la chapelle. Elle s'écroula à genoux :

« Oh mes délices, Seigneur de toutes choses créées, mon Dieu! Jusques à quand devrai-je attendre votre présence? Quel soulagement offrez-vous à celle qui ne trouve de repos en ce monde qu'en vous? Oh vie longue! Vie pénible! Oh vie qu'on ne vit point! Oh seule solitude!

Oh combien sans remède! Mais quand, Seigneur, quand donc? Jusques à quand? Mon bien, que faire? Devrai-je désirer ne point vous désirer? Oh mon Dieu et Créateur! Vous blessez sans oindre la plaie [1]! »

Elle n'en pouvait plus. Car que demandait-elle, la fille de Notre-Dame du Carmel? Rien que vivre cloîtrée de la main de son Seigneur. Plus nombreuses chaque jour étaient celles qui, en ses colombiers, jouissaient du silence et de la paix en Dieu, à Avila, Medina del Campo, Valladolid, Tolède, ainsi que les frères de Duruelo. Mais elle? A peine avait-elle espéré y goûter qu'il lui fallait repartir.

Et pourtant, rien n'égalait sa joie, leur joie à toutes, lorsque à chaque fondation elles se trouvaient enfin séparées du monde par des épaisseurs de murs, tant de grilles, de verroux, serrures, Constitutions, interdictions. Là, nulle rumeur terrestre, nul être humain ne pouvait les atteindre, là, « foulant le monde aux pieds », elles étaient libres, reines et maîtresses du royaume de l'esprit. Ailleurs, comment respirer? « Un poisson jeté sur la berge ne saurait vivre : ainsi, les âmes faites pour les eaux courantes de l'Époux se meurent, prises aux filets du monde, si on ne les rend à l'eau vive [2]... »

Peut-être n'avait-elle pas mérité de jouir de la solitude qu'elle préférait à tout? Car à peine à l'orée de son oasis, elle devait retourner vers ce qu'elle « abhorrait [3] », le tumulte des gens, des affaires et de l'argent. Les travaux des fondations lui eussent été légers sans tous ces hommes et femmes à voir, à deviner, à solliciter ou à éconduire, à séduire ou à vaincre, à circonvenir ou à dompter : accommodation pour l'examen de l'infiniment petit, alors que son âme était accoutumée à l'infiniment grand.

« Aïe de moi, aïe de moi, Seigneur! Cet exil est très long, on y purge la lourde pénalité de désirer mon Dieu. Oh suave délassement des amants de mon Dieu! Aïe douleur! Aïe dolente de moi, Seigneur [4]! »

Elle supplia ce Seigneur et Conseiller de lui dicter pour la Princesse une lettre de refus qui ne l'offensât point : dans l'intérêt de l'ordre, elle ne pouvait mécontenter Doña Ana ni son mari le prince Ruy Gomez, l'homme du royaume le plus puissant auprès du Roi.

Ami d'enfance de Philippe II, le Portugais Ruy Gomez de Silva était demeuré à travers les années son intime conseiller. Le Roi, qui voulait l'honorer, ne lui avait pourtant pas fait un plaisant cadeau en lui donnant pour femme Ana de Mendoza y La Cerda, l'un des plus grands noms et des plus grandes fortunes de toutes les Espagnes. Elle était l'arrière-petite-fille de Don Pedro Gonzalez de Mendoza, cardinal et archevêque de Tolède, lui-même fils de l'illustre marquis de Santillana, guerrier fameux, et l'un des plus parfaits poètes du XVe siècle.

« La puissance dominatrice de Pedro Gonzalez de Mendoza fut telle qu'il fut surnommé « le troisième Roi d'Espagne », en un moment où les deux autres n'étaient rien moins que Ferdinand et Isabelle la Catholique, et sa vitalité si débordante qu'après avoir fait retentir le royaume de ses fastes politiques, guerriers, sociaux, il laissa plusieurs enfants naturels [5]. »

La princesse d'Eboli avait hérité la turbulence du grand aïeul. Elle était célèbre par sa beauté, bien qu'elle n'eût qu'un œil, ce que les flatteurs exprimaient « n'avoir qu'un soleil » : cela suffit à éclairer le monde et la cour d'Espagne. Elle n'était pas moins fameuse pour sa nature hautaine, querelleuse, et dénuée de scrupules. Elle avait maintenant trente ans, et le Roi la jugeait : « Elle veut tout ce qui lui passe par la tête, s'octroie toutes les libertés pour en venir à ses fins; ses colères et mauvais propos sont sans précédent chez une femme de son rang. » La cour redoutait le venin de sa langue, et son mari avait une fois pour toutes opté pour ne pas la contrarier. S'aliéner Doña Ana, c'était donc s'aliéner Ruy Gomez; s'aliéner Ruy Gomez, c'était s'aliéner Philippe II.

Le Seigneur ne dicta point de lettre à la Madre Teresa : il lui ordonna de partir pour Pastrana, car ce voyage était plus important qu'elle ne pouvait le penser. Il ajouta qu'elle ne manquât pas d'emporter la Règle et les Constitutions.

La joie que Teresa de Jésus éprouvait à obéir était si grande qu'elle coupait court à tous regrets. Lorsque les desseins divins la rejetaient dans le monde, elle ne quittait point Dieu, mais l'y emmenait avec elle.

Elle dut, en passant, s'arrêter à la cour : le soutien du Roi lui était nécessaire, en particulier pour les monastères de religieux, et on put voir alors la Madre Teresa de Jésus dans les rues de Madrid sollicitant l'appui de Princes et Seigneurs.

Sa réputation était déjà si grande que Doña Leonor de Mascarenhas elle-même s'était inquiétée de recruter de futurs Carmes Déchaux, et lui tenait en réserve Mariano de Azara et Giovani Narducci.

Si le petit frère Giovani, passé de l'atelier du peintre Sanchez Coello au désert, montrait « une grande simplicité dans les choses du monde [6] », Mariano de Azara méprisait ce monde du haut d'une grande naissance et d'une intelligence privilégiée. Napolitain, chevalier de l'ordre de Saint-Jean de Jérusalem, ancien intendant du palais de la reine de Pologne, il était, de plus, grand géomètre, grand mathématicien, et l'un des meilleurs ingénieurs de son temps.

Mariano et Giovani vivaient en ermites au désert du Tardon, dont l'ingénieur était trop souvent tiré par Philippe II. Après la victoire de Saint-Quentin, due en partie à ses travaux, le Roi l'avait sommé de canaliser le Tage et le Guadalquivir. Ses ouvrages accomplis, il retournait à la solitude.

Pour l'instant, il se préparait à partir pour Rome. Depuis le concile de Trente, les ermites devaient s'incorporer aux ordres réguliers, et Mariano voulait supplier le Pape de l'autoriser à demeurer dans le désert avec son compagnon.

Lorsque la Madre Teresa apprit par Doña Leonor que, non contents d'observer silence, solitude, ils pratiquaient pénitence, abstinence, jeûne, mortifications, vivaient de leur travail et non de mendicité, elle s'émerveilla : n'était-ce pas là l'essentiel de la Règle primitive du Carmel?

Elle montra à Mariano Azara la Règle et les Constitutions que le Seigneur lui avait commandé d'apporter : il pouvait s'épargner de solliciter une mesure d'exception qui sied mal à l'esprit de parfaite obéissance et, Carme Déchaux, vivre loin du monde « perdu par la cupidité [7] ».

Hostile à la société des hommes, Mariano Azara fuyait

encore plus celle des femmes : allait-il muter son froc d'ermite contre celui de Carme au premier appel d'une personne appartenant à ce sexe artificieux? Il demanda une nuit de réflexion, mais Dieu bouscula son sommeil et, avant l'aube, il était décidé, et « fort émerveillé d'avoir si promptement changé d'avis, particulièrement sous l'influence d'une femme [8] ». L'ordre divin était d'une admirable netteté; ne venait-il pas de recevoir du prince Ruy Gomez un très bon ermitage, situé à Pastrana même? L'invitation de Teresa de Jésus à ce moment précis, ne prouvait-elle pas que cet ermitage était voué à devenir le deuxième monastère de Carmes Déchaux?

Lorsque la Mère Fondatrice quitta Madrid, elle entraînait avec elle deux religieux de plus, et « la rose du Liban », Beatriz Brances, une amie de Doña Leonor de Mascarenhas, qui prendra à Pastrana l'habit du Carmel et le nom de Beatriz del Sacramento.

A Pastrana :

Histoires d'autorisations, comme toujours; mais accueil chaleureux du Prince et de la Princesse.

Attentes, comme toujours : la Princesse avait jeté la maison par terre, — tout sauf les murs, — et s'occupait d'enthousiasme à la faire reconstruire. Mais Teresa et ses filles étaient logées au palais, leurs chambres isolées des rumeurs du monde et des bavardages de suivantes et valets par des épaisseurs de tapisseries d'une beauté royale.

Travaux, comme toujours. Mais querelles, comme jamais : la Princesse était pointilleuse sur ses prérogatives et le cérémonial. L'obligation de voiler sa pensée, celle de passer parfois par des intermédiaires, éprouvaient Teresa, que le Roi des Rois avait accoutumée à plus de simplicité : « Avec lui je puis parler comme avec un ami, bien qu'il soit Seigneur, il n'est pas comme ceux que nous avons ici, qui mettent toute leur seigneurie dans une autorité postiche [9]... » Ana de Mendoza imposait une sœur Augustine, et la Madre ne voulait pas de religieuses formées à l'observance d'une autre Regle: elle lesinait aujourd'hui sur le montant de la rente qu'elle avait offerte hier, ergotera demain sur la régularité des allocations, trouvait mille sujets de discussion qu'elle se chargeait de faire dégénérer en sujets de dispute. C'eût été fonder un monastère sur un volcan si le Prince n'eût employé l'admirable bénignité acquise dans sa vie conjugale à plier la superbe aux exigences de la sainteté.

Plus libre pour le monastère de frères, il fut si généreux que l'art de Mariano Azara et quatre cents ducats amenèrent l'eau au sommet de la colline où se groupaient les ermitages; on fit ainsi de délicieux potagers et vergers où les oiseaux chanteurs se donnaient rendez-vous. Profitant de ce beau zèle, ces Déchaux s'octroyèrent le luxe de cellules plus semblables à des tombeaux qu'à des habitations propres à des vivants. Tout y était si rude, si sévère, orné ainsi qu'à Duruelo de croix et de têtes de morts, « que la dévotion la plus somnolente s'y éveillait, et s'y attendrissaient les cœurs les plus durs [10] ».

Le Prince faisait secrètement la dépense de tous les travaux « pour que le village ne renonçât pas à faire l'aumône aux moines », et aussi pour éviter que Doña Ana ne prît ombrage de ses générosités.

Les nonnes de la Princesse cousent les habits que vont revêtir les moines du Prince : Mariano de Azara devient Fray Ambrosio Mariano de San Benito, et Giovani Narducci, Fray Juan de la Miseria. Ni l'un ni l'autre n'ont voulu être ordonnés prêtres afin de s'en tenir aux plus humbles emplois.

Le P. Antonio de Jésus vint établir à Pastrana l'adoration perpétuelle : deux frères, nuit et jour, se tiendront en prière devant le Saint-Sacrement. « Il y implanta si bien cet exercice angélique qu'il s'y pratique encore aussi assidûment qu'aux débuts... Et tous ces religieux vivent dans un débordement de consolations célestes [11]... »

La fondation du monastère de religieuses eut lieu le 28 juin 1568. La Princesse avait pourvu la chapelle d'ornements d'or et d'argent, plus une extraordinaire abondance de reliques.

Dans un véhément carillon de cloches, en très solennelle procession, au milieu des cris d'enthousiasme, des chants, des danses, au rythme des litanies reprises en chœur par la foule, Teresa de Jésus, la prieure Isabelle de Santo Domingo la sous-prieure Isabelle de San Pablo, — toujours les deux Isabelle, — suivies de leurs sœurs en cape blanche et voile noir, pénétrèrent dans leur couvent.

Le concours de religieux, seigneurs et dames, villageois et villageoises, était immense; le Prince, recueilli; la Princesse resplendissante, plus que jamais semblable « à une pierre précieuse enchâssée dans l'émail de la nature et de la fortune », selon le madrigal d'Antonio Merez, secrétaire du Roi et son admirateur.

Cérémonie aussi édifiante que mirobolante. La cour et la ville parleraient longtemps de cette inauguration du monastère construit, financé, orné, par Ana de Mendoza y La Cerda, princesse d'Eboli, qui n'avait maintenant plus rien à envier à ses parentes, Doña Maria de Mendoza et Doña Luisa de la Cerda : elle avait, elle aussi, son Carmel...

La Madre Teresa de Jésus était si lasse de la cour et des courtisans qu'elle refusa de fonder un monastère à Madrid : pressée de retrouver les pauvres et les marchands, elle repartit en hâte pour Tolède.

Jusqu'au bout, la Princesse devait lui jouer de mauvais tours. Elle avait exigé qu'elle prît son carrosse, et un prêtre vit la Carmélite descendre de ce luxueux équipage devant le couvent. Il la fit demander au parloir, et l'insulta :

— C'est donc vous, la sainte qui trompez votre monde, et montez en carrosse?

Ce prêtre était fou, et il ajouta tout ce qui lui passa d'injures par la tête.

La Madre, le croyant en son sain jugement, l'écoutait humblement, sans chercher à se disculper :

— Vous êtes le seul qui osiez me montrer mes erreurs [12]...

Depuis ce jour-là, elle ne voyagea plus que dans les chariots les plus ordinaires et les plus incommodes.

7. *La Madre Teresa et ses filles, 1571*

La Mère Fondatrice ne devait pas demeurer longtemps en repos à Tolède. Plus volontiers qu'elle n'avait obéi aux ordres de la princesse d'Eboli, elle répondit à l'appel du recteur de la Compagnie de Jésus de Salamanque, et partit fonder un couvent dans la grande ville universitaire. Elle enleva à Malagon sa prieure, Maria del Sacramento, et n'emmena qu'elle : l'expérience lui avait démontré que deux femmes dures au mal surmontent les difficultés d'autant mieux qu'elles n'ont pas à soutenir le courage de jeunes sœurs timorées. Mais même lorsque Teresa de Jésus voyageait en discret appareil, se joignaient à elle des prêtres, des civils, — *caballeros* ou marchands, — qui tenaient à honneur de l'escorter. Le tout formait autour de son chariot hermétiquement clos un cortège bigarré : hidalgos en justaucorps, cape courte de couleur vive, roturiers enrichis dans le commerce et non moins chamarrés, réglaient le trot dur de leurs haridelles ou l'amble de leurs haquenées sur le pas des mulets des serviteurs de Dieu, noirs ecclésiastiques couverts de la *teja*, chapeau monumental, le nez chaussé d'énormes besicles de voyage qui protégeaient les yeux de la poussière et du soleil. Quant aux moines, le Seigneur les soutenait pendant les kilomètres qu'ils couvraient à pied, ou à dos d'âne.

Tels étaient les chevaliers servants de cette « dame errante [1] », qui les animait tous par sa conversation, plus gracieuse encore pour les petites gens, *mozos* et *arrieros*, que pour les prélats, et seigneurs séculiers. « Elle avait la bouche pleine de gaieté [2] » et mêlait aux propos joyeux des images célestes.

Une affectueuse familiarité était de règle entre ces voyageurs, et la Madre montrait tant de reconnaissance envers ceux qui lui rendaient service que tous se faisaient une joie de l'assister. Et pourtant, si cette troupe insolite « édifiait » certaines gens, nombre de bons chrétiens, et surtout de dévotes, prenaient des airs pincés ou blâmaient ouvertement cette Carmélite dont le train éveillait trop souvent les villages et villes de la Vieille Castille, attirait les médisants sur le pas de leur porte et fournissait aux langues oisives de trop fréquents sujets de conversation.

Le service de Dieu passait avant la crainte des commérages :

— Que Dieu soit loué et un peu mieux compris, et que le monde entier me crie après [3] !

Teresa de Jésus n'hésitait pas à faire de longs détours pour visiter les Carmels qui se trouvaient plus ou moins sur sa route. Hidalgos, marchands, curés, moines, valets, la suivaient : les racontars aussi.

Pour se rendre à Salamanque, elle passa par Avila. Chaque fois qu'elle se retrouvait à Saint-Joseph, le premier de ses colombiers, elle s'attendrissait :

— Je reviens à ma Mère [4]...

Cette fois-là, la Prieure, Maria de San Jéronimo, celle qui fut autrefois la sémillante Maria Davila, lui présenta deux novices.

L'une, Ana Garcia, était fille de paysans. Enfant, elle avait vécu avec Jésus si intimement qu'elle s'excusait auprès de lui lorsque les jeux de son âge la sollicitaient : « Je vais jouer, et reviendrai incontinent... » Jeune fille, elle effraya volontairement son premier prétendant en se montrant avec un torchon sur sa tête en guise de coiffure. Une vision l'amena au Carmel, à vingt ans. En songe, elle s'était vue dans un petit couvent remarquable par sa pauvreté, mais où l'amour de Dieu vibrait dans le silence. Elle demanda à boire : des religieuses vêtues d'une étoffe brune fort grossière lui tendirent une jarre poreuse, et jamais eau plus limpide ne l'avait mieux désaltérée. A cette description, le prêtre de son village reconnut le monastère de Saint-Joseph d'Avila, et parla d'Ana à la Prieure. Il venait d'être décidé qu'on adjoindrait à la communauté deux sœurs converses, et la jeune paysanne fut appelée. Elle reconnut la maison dans ses moindres détails, et même la jarre de terre. C'est ainsi qu'Ana de San Bartolomé devint la première converse du Carmel.

Teresa de Jésus aima immédiatement cette fille simple, timide, mais douée de tant de bon sens qu'elle en fera plus tard sa secrétaire, et si aimante, si douce, qu'elle en fera son infirmière, sa compagne inséparable.

L'autre novice était aussi brillante qu'Ana de San Bartolomé était effacée. Née à Medina del Campo, Ana de Lobera avait vingt-cinq ans; son passage dans le monde avait été si éclatant, sa réputation de beauté telle qu'on l'avait surnommée « la reine des femmes [5] ». Reine, elle le restera dans le cloître par ses talents, son énergie, et le haut degré de spiritualité auquel elle atteindra. Son entrée à Saint-Joseph fut aussi marquée d'un signe miraculeux : dans l'ermitage du Christ à la colonne, elle reconnut en l'image de Jésus le visage et les yeux d'un mendiant qui l'avait implorée un jour. Elle lui fit l'aumône et passa son chemin, mais émue par son regard à la fois plein de douleur et d'amour elle tourna la tête pour le revoir : il avait disparu. C'est à partir de ce moment qu'elle se détacha de toutes choses. La Madre, sourcière, détecta immédiatement la valeur exceptionnelle d'Ana de Jésus, et convint de faire d'elle la maîtresse des novices du futur couvent de Salamanque.

La Mère Fondatrice et Maria del Sacramento arrivèrent à Salamanque la veille de la Toussaint, octobre 1570. Elles n'apportaient pour tout mobilier qu'une botte de paille, car « là où nous avons de la paille, nous avons des lits [6] ». Une maison était prévue, mais les locataires, une bande d'étudiants, ne quittèrent la place avec force protestations que tard dans la soirée. Les deux voyageuses y entrèrent transies, fourbues, et effarées par le tintamarre d'une ville où les futurs docteurs de l'Université ne manquaient pas de se conduire en chenapans. La fatigue aidant, Maria del Sacramento fut prise de terreur en cette maison inconnue, mise au pillage par ses jeunes habitants. Dans le noir, qu'une chandelle trouait d'un point rougeâtre, des ombres inquiétantes oscillaient sur les murs. Les pauvres femmes, tremblantes, erraient de chambre en chambre, dans un désordre de jugement dernier, se signant à chaque pas, jetant de l'eau bénite, tandis que toutes les cloches de la ville sonnaient le glas : c'était la nuit des morts.

Longtemps la Madre Teresa se rappellera cette arrivée, chaque fois elle en rira et fera rire ses filles d'Avila, de Valladolid, de tous ses monastères, qui souvent la supplieront d'en refaire le récit :

« Maria del Sacramento n'arrivait pas à oublier que les étudiants avaient été furieux de partir; elle les imaginait cachés pour nous faire peur dans les greniers et recoins : c'eût été facile, il y avait de la place... Nous nous enfermâmes dans une pièce où j'avais jeté notre botte de paille, et passâmes la nuit sous deux couvertures qu'on nous avait prêtées.

« Lorsque ma compagne se vit enfermée, elle se calma un peu en ce qui concernait les étudiants, bien que jetant encore autour d'elle des regards anxieux. Mais le démon lui suggéra des idées capables de me troubler à mon tour : mon cœur est si faible qu'il suffit de peu de chose. Je lui dis :

« — Que cherchez-vous encore? Personne ne peut entrer.

« — Madre, si je mourais subitement, que feriez-vous, ici, toute seule?

« Elle fit si bien que sa terreur me gagna ; j'ai toujours eu peur des corps morts, même lorsque je ne suis pas seule avec eux.

« Pendant ce temps-là, sans répit, les cloches sonnaient le glas, car ainsi que je l'ai dit, c'était la nuit des âmes du purgatoire, et il était bien facile au démon de nous affoler par des enfantillages...

« Heureusement, je tombais de sommeil :

« — Ma sœur, si cela devait advenir, j'aviserais. Pour le moment, laissez-moi dormir...

« Nous venions de passer deux fort mauvaises nuits, et bientôt le sommeil nous guérit de la peur... [7] »

La Madre avait besoin de toute sa gaieté pour la soutenir : cette fondation de Salamanque fut si épineuse que des années plus tard la communauté était encore à la recherche d'un logement convenable; on ne parvenait pas à se tirer du maquis procédurier où se plaisait l'un des propriétaires, Don Pedro de La Banda. Teresa de Jésus écrivait à ce querelleur : « Veuille Notre-Seigneur donner à Votre Grâce un peu de calme [8]... » Et elle lui rappelait discrètement la brièveté de cette vie : « Le souci des biens de ce monde ne doit pas nous détourner de songer aux demeures célestes [9]... »

C'est pourtant là, au milieu de mille préoccupations, qu'elle commença à écrire le récit de ses fondations. Dieu lui en avait donné l'ordre, confirmé par son ancien confesseur, le P. Ripalda, qu'elle avait retrouvé à Salamanque, recteur de la Compagnie de Jésus. Elle commença le 24 août, « jour de saint Louis roi de France », fort contristée par « son manque de talent, sa balourdise, l'absence de tranquillité, et sa mauvaise santé [10] »... « Mon style est si pesant que j'ai peur de lasser, et de me lasser [11]... » A ses objections, le Seigneur répondait : « Ma fille, l'obéissance donne des forces [12]. »

Elle obéit donc. Elle dut entre-temps aller fonder un couvent à Alba de Tormes, patronné par Teresa de Layz, sous l'invocation de Notre-Dame de l'Annonciation, mais tout se passa bien, elle put faire vite, un mois à peine au début de 1571, et revenir soutenir le courage de ses filles salmantines.

La Prieure de Salamanque, fille de son oncle Francisco, Ana de Tapia, qui avait enfin renoncé à la mitigation, était devenue, dans le sillage de Teresa, Ana de la Encarnacion. La sous-prieure Maria de Cristo, Maria de San Francisco, Jeronima de Jésus, deux novices, Ana de Jésus enfin arrivée d'Avila, et Juana de Jésus complétaient le noyau initial de la communauté.

Quelle tendresse la Madre éprouvait pour ses novices! Elle avait des mots maternels pour s'inquiéter de la santé de Juana, à qui elle trouvait « une toute petite figure [13] ». Ana de Jésus partageait sa cellule, elle la regardait dormir, traçant sur son front de petites croix, lui donnait sa cape neuve, gardait pour elle la cape usagée.

Elle leur indiquait, un à un et par l'exemple, les grands principes de la charité carmélitaine, qui mettent tant de douceur au chevet des malades, suivant le conseil que lui donnait Jésus : « La Prieure qui ne pourvoirait pas au bien-être des malades agirait ainsi que les amis de Job : Dieu les éprouve pour le bien de leur âme, mais elle les exposerait à perdre patience [14]. » Et elle imposait à Ana de la Encarnacion de manger de la viande, la jugeant fatiguée [15].

On nous la montre au chevet des mourantes « leur caressant le visage, les soutenant de paroles tendres », et nul n'était plus qu'elle compatissante aux peines et misères. Elle était la consolatrice de toutes ses filles, de tout son entourage, et même des étrangers dont elle écoutait les plaintes, — elle qui jamais ne se plaignait, — « avec une pitié surnaturelle [16] ». Elle jugeait que plus nous sommes forts, plus nous devons nous pencher tendrement vers ceux auxquels un rien cause souvent grande peine.

Pour elle, chacune de ses filles était une âme en marche sur la route royale. Il n'est pas de poids et mesures dans le domaine de l'esprit, et souvent un petit effort témoigne en quelques-unes de plus de vertu que de grandes extases n'en manifestent en quelques autres. Aussi se refusait-elle à être tenue pour sainte en raison de ses visions et de ses ravissements, elle répétait sans cesse : *Yo que soy ruin...* « moi qui suis vile... » et donnait des preuves constantes d'humilité. Jamais elle ne manquait à demander l'avis des sœurs, et qui mieux est, elle s'y conformait. Au cours de ses visites dans les monastères, elle n'admettait point que les moniales s'adressent à elle et les renvoyait à leur Prieure, à qui elle témoignait autant de respect que si elle eût été, elle aussi, sa sujette. Dans la mesure où le lui permettaient les affaires de l'ordre et de ses fondations, le courrier, la charge qu'elle avait des âmes et des corps, elle prenait le temps, fût-ce sur son sommeil, de filer la quenouille, pour subvenir comme les autres aux besoins de la communauté.

Lorsque avec sa vivacité naturelle il lui arrivait de blesser une sœur par un reproche, ou par une de ces ironies qui lui échappaient, elle se jetait à ses pieds, et lui demandait pardon. De même, lorsqu'elle se prenait elle-même en faute; ses filles de Malagon contaient qu'un jour où elle s'était trompée en lisant un office, elles la virent se prosterner au milieu du chœur; elles en furent si émues qu'à force de pleurer elles en oubliaient d'aller la relever. Et elle signait ses lettres aux prieures, ces prieures qu'elle avait formées : « Indigne servante de Votre Révérence. »

Cela lorsqu'elle seule, la personnalité humaine qui avait nom Teresa de Jésus, était en jeu. Il en allait autrement lorsqu'il s'agissait de l'ordre, et elle exigeait des prieures le même dédoublement : elle les voulait, alors, exigeantes, fermes, capables de sévérité, et même de dureté. Les colères de la Mère Fondatrice étaient brèves, mais terribles, et d'une impitoyable lucidité; jamais elles ne signifiaient une perte de maîtrise, mais un élan vigoureux vers l'accomplissement. Ses lettres sont pleines de ces bouillonnements aussi vifs que la parole, puisque jamais elle ne se relisait; d'une lettre à l'autre, la colère s'apaise, mais la volonté demeure, s'impose, et gagne. L'ampleur de son pardon dépassait toute offense ou toute rancune, et elle priait particulièrement pour celles qui pouvaient craindre de l'avoir mécontentée [17].

Mélange de douceur et d'inflexible justice. Adresse incomparable dans l'art de manier les caractères, compréhension des natures les plus complexes. Ses filles de Salamanque ne se lassaient pas de l'entendre exposer des choses si subtiles : les récréations se passaient à l'écouter. Sans cesser de filer, la Madre parlait, l'extatique les mettait en garde contre le danger que l'on court à rechercher l'extase, et en dénonçait les faux semblants :

— J'en ai connu plus d'une, et de haute vertu, qui passaient sept ou huit heures dans un état qu'elles croyaient être de ravissement; le moindre exercice spirituel s'emparait d'elles de telle façon qu'elles se laissaient anéantir, persuadées qu'on ne doit pas résister au Seigneur...

Et la Madre ajoutait, avec sa façon de ne point mâcher les mots :

— De quoi, peu à peu, les tuer, ou les rendre idiotes, si on n'y porte pas remède [18]...

Une sœur demandait en quoi cet état d'anéantissement diffère du ravissement :

— Les apparences sont les mêmes. Mais le ravissement, ou union avec Dieu, est de courte durée, ses bienfaits sont immenses, il laisse l'âme baignée de lumière intérieure, l'entendement n'y est pour rien, le Seigneur agit seul sur la volonté. Dans l'autre cas, tout est fort différent : le corps est prisonnier, mais l'entendement, la mémoire, restent libres; ces facultés opèrent dans une sorte d'égarement [19]... J'estime que l'âme n'a rien à gagner à ces défaillances du corps [20]...

Et elle conseillait aux prieures de « proscrire expressément ces longues pâmoisons [21] »... d'interdire jeûnes et pénitences aux nonnes chez qui l'oraison provoque ces défaillances des sens, et de leur imposer des fonctions « suceptibles de les distraire [22] ».

Elle redoutait l'exaltation collective de l'imagination en ces lieux où des filles sont avides de se distinguer aux yeux de leur Seigneur, à moins que ce ne soit dans la communauté, ou à leurs propres yeux. Aussi ne se lassait-elle pas de répéter :

— La plus spirituelle est celle qui est la plus humble et la mieux mortifiée [23].

La mélancolie faisait dans tous les couvents d'Espagne de grands dégâts, les médecins étaient impuissants à soigner ces turbulentes, à moins qu'elles ne soient déprimées, ces agressives, à moins qu'elles ne soient gémissantes, qu'on appelle aujourd'hui neurasthéniques, et les moniales avaient grand-peur de ce mal. La Madre Teresa enseigne aux prieures comment le définir, le circonscrire, et propose des remèdes :

— La mélancolie commence par obscurcir la raison. Que ne font pas nos passions, lorsque la raison fait défaut? Les mélancoliques semblent bien portantes, et jugent la Prieure plus malade qu'elles...

Pour les caractériser, la Madre ne manquait malheureusement pas d'exemples :

— Elles veulent surtout en venir à leurs fins, disent tout ce qui leur vient à la bouche, trouvent chez les autres des fautes qui justifient les leurs, se complaisent en leur bon plaisir. Lorsque les passions ne sont pas mortifiées, qu'arrive-t-il, si rien n'oppose de résistance?... La Prieure doit donc gouverner non seulement leur vie intérieure, mais leur vie extérieure, avoir l'esprit d'autant plus clair que l'esprit de la malade est plus obscurci, contraindre celles qui ne se soumettraient pas de plein gré, et ne pas céder à une pitié inopportune... Une seule mélancolique trouble tout un couvent! [24]

Et c'est là que celle qui sait tant aimer montre qu'elle sait aussi tout sauver par la sévérité, lorsqu'elle est nécessaire :

— Ce mal est sans remède si on ne maîtrise pas les passions par tous les moyens possibles : par des punitions, si les paroles ne suffisent pas; si les punitions sont insuffisantes, par des châtiments; si un mois de cachot reste sans effet, qu'on n'hésite pas à en infliger quatre : c'est faire à ces âmes malades le plus grand bien...

Ce n'est pas sans regret que la Madre avouait :

— Croyez-moi : après avoir essayé bien des remèdes,

je n'en ai pas trouvé d'autres. La Prieure qui par pitié laisserait liberté entière aux mélancoliques aboutirait à une situation intolérable, et elles auront déjà beaucoup nui à leurs sœurs lorsqu'on voudra les guérir... C'est une grave maladie, il est parfois nécessaire de purger les humeurs par des médicaments, et la mélancolique séjournera à l'infirmerie. Les Prieures doivent les diriger sans qu'elles s'en aperçoivent, avec beaucoup de pitié, maternellement...

C'est là que Teresa de Jésus montre sa science dans la conduite des âmes et la connaissance du caractère :

— J'ai l'air de me contredire, car j'ai parlé de rigueurs. Elles doivent sentir qu'elles n'en viendront pas à leurs fins, l'obéissance doit leur être imposée, elles seraient en grave danger si elles se croyaient libres. Mais la Prieure doit éviter de leur donner des ordres qui provoqueraient leur désobéissance, car elles n'ont pas la force de se dominer. Elle doit les conduire avec autant de ruse que d'amour. Le travail est pour elles le meilleur des remèdes, il faut donc ne leur laisser que peu de temps pour l'oraison : l'imagination, fragile chez la plupart d'entre elles, leur fait le plus grand tort. De toute maladie, on guérit ou on meurt : on ne meurt pas de mélancolie, mais on n'en guérit que miraculeusement. Celles qui en sont atteintes souffrent mille morts d'afflictions, imaginations, scrupules, qu'elles appellent tentations. Si elles se refusaient à se prendre au sérieux, elles seraient immédiatement soulagées. J'ai en vérité grandement pitié d'elles...

C'est ainsi qu'au fond d'un Carmel, aux environs de 1571, Thérèse de Jésus devançait les travaux futurs de la psychiatrie. Ses filles, émerveillées, la supplièrent de consacrer un chapitre de son livre des *Fondations* à ce traitement des mélancoliques. Elles songeaient au temps où elle ne serait plus là, la *Mujer Grande*, la femme à la grande intelligence et au grand cœur : qui donc les comprendrait, si l'avenir ne retrouvait pas trace de ses intuitions géniales? Et elles étaient fières d'avoir été reçues en ces monastères où elle n'admettait nulle médiocrité :

— Je ne veux pas de nonnes sottes [25], disait-elle

Et d'une candidate qui lui avait semblé avoir la larme trop facile : « Peut-être prendrai-je cette pleurnicheuse [26]... »

Gaie, elle aimait les gens gais. Toutes ses filles savaient que « sottes dévotions », « saints renfrognés », n'étaient pas de son goût, pas plus qu'elle n'approuvait la prière « jusqu'à épuisement [27] ». Son rire était si communicatif que lorsqu'elle riait tout le couvent riait avec elle.

A Salamanque comme dans tous les monastères, lorsque la cloche sonnait pour la récréation, si la Madre se hâtait vers sa cellule, les novices, ses enfants gâtées, lui barraient la route :

— Madre... Votre Révérence ne reste-t-elle pas avec nous [28]?...

Tout en filant, on bavardait, on mimait des *coplas*, que les nonnettes déclamaient ou chantaient avec beaucoup de force émotive. Teresa de Jésus improvisait des poèmes que ses filles notaient au vol; on sent battre dans le rythme du vers le rythme de la musique, et parfois même, dans l'exclamation qui coupe une strophe, on devine le *desplante*, la brusque cambrure des reins qui est une figure des danses populaires :

Vertiendo esta sangre
Dominguillo, eh!
Yo no sé porqué [29]...

Ces romances sont illustrées de fines enluminures, et la vierge Marie y apparaît en fille de notable :

Es parienta del Alcalde,
U quien es esta doncella?
Ella es hija de Dios Padre,
Relumbra como estrella [30]...

Ana de Jésus fit profession à Salamanque. Ces fêtes nuptiales mettaient la Madre en verve, et sa ferveur pour l'Enfant Jésus que la professe portait dans ses bras et appelait « l'Époux » se manifestait en improvisations fraîches comme des bouquets de mariée de village.

Oh dichosa tal zagala
Que hoy se ha dado a un tal zagal
Que reina y ha de reinar.
Ya yo, Gil, estoy medroso,

No la osaré mas mirar,
Pues ha tomado marido
Que reina y ha de reinar [31]...

La tendresse, la gaieté, étaient pour Teresa de Jésus de si pures manifestations de l'amour du prochain, donc de l'amour de Dieu, qu'il lui arrivait, dans ces récréations, de s'enflammer d'ardeur impétueuse, et incapable de résister à l'élan de l'esprit, elle se mettait à danser, tournant sur elle-même et frappant dans ses mains comme dansait devant l'arche le roi David, comme dansent encore les filles de son pays et celles de ses Carmels; les sœurs l'accompagnaient « dans un notable élan de joie spirituelle [32] ».

Des années plus tard, lorsque Ana de Jésus accompagnée d'Ana de San Bartolomé viendra fonder des couvents du Carmel en France, les moniales françaises verront avec grand étonnement cette vénérable Mère « plus semblable à un séraphin qu'à une créature mortelle former certains tours dans le chœur, chantant et frappant des mains selon la manière espagnole, mais avec tant de majesté, de douceur et de grâce que saisi d'un saint respect on se sentait entièrement touché et élevé à Dieu [33] ». Ces danses ferventes étaient dans la pure tradition de Teresa de Jésus.

Il était entré à Salamanque une nouvelle novice douée d'une voix si cristalline, et d'un si joli génie d'invention pour la musique et les vers que la Madre Teresa lui demandait souvent de l'entendre. Un soir de Pâques où elle avait été fort triste toute la journée, à la récréation de l'après-dîner elle demanda à Isabel de Jésus en *cantarcillo*.

La voix angélique, sur un air de *villancico* [34] chanta des paroles exquises :

Veante mis ojos
Dulce Jesus bueno,
Veante mis ojos
Y muerame yo luego.

Vea quien quisiere
Rosas y jasmines,
Que si yo te viere
Veré mil jardines [35]...

L'ensemble harmonieux de ces mots, cette musique, ces moniales si belles et si pures sous leur voile noir, ces novices coiffées d'ailes de colombes, ce beau soir d'avril, apothéose de la Résurrection, émurent si fort Teresa de Jésus qu'elle sentit ses membres se glacer et elle tomba en extase : Maria de San Francisco la reçut dans ses bras. On la transporta, inerte, en sa cellule.

Lorsqu'elle revint à elle, « endolorie, les mains comme disloquées » [36], elle éprouvait dans tous ses os un grand embrasement qui s'épancha en strophes enflammées.

C'est ainsi que naquit l'un de ses plus beaux poèmes : *Je meurs de ne pas mourir...*

> *Vivo sin vivir en mi*
> *Y de tal manera espero*
> *Que muero porque no muero* [37]...

Depuis ce jour-là, lorsqu'elle était ravie en Dieu, ses filles l'entouraient et chantaient doucement le *cantarcillo* d'Isabel de Jésus. Pour Teresa, leurs voix se confondaient avec celles des anges.

8. Beaucoup de démons, 1571-1573

— Je redoute une nonne mécontente plus que beaucoup de démons [1]..., disait Teresa de Jésus. Un ordre du P. commissaire apostolique, le Dominicain Pedro Fernandez, va l'obliger à en affronter cent trente.

Cent trente religieuses de son ancien couvent de l'Incarnation, à Avila. Cent trente filles de tous âges, de noble condition pour la plupart, mais pauvres et offusquées de l'être. Beaucoup d'entre elles étaient, certes, des vierges sages, mais le plus grand nombre se conduisait en vierges pour le moins follettes. Cent trente Carmélites mitigées, fort contentes de leur relâchement, et auxquelles il advient ce qu'elles craignent depuis la fondation du couvent de Saint-Joseph : qu'on en vienne à les « réformer » contre leur gré. Et c'est leur ancienne compagne, Teresa de Ahumada, qu'on impose à ces cent trente filles confinées dans une maison trop étroite pour leur nombre, et qui ont tout loisir de se monter mutuellement la tête.

— Quelle faute si grave avons-nous donc commise pour qu'on nous ôte le droit d'élire par vote notre Prieure?

— On nous donne la seule dont la réputation soit, dans toute l'Espagne, à faire frémir.

Plus de visites, des grilles partout, plus de sorties, finis les bavardages dans les cellules, un jeûne effroyable, des pénitences à faire peur, le sang qui perle sur la peau cinglée par la discipline, le pain sec ou le cachot à la moindre désobéissance, au moindre retard à la chapelle, à la moindre inattention, à la moindre infraction à la Règle! Cette Règle faite pour des ermites du désert, et non pas pour de pauvres filles dont beaucoup eussent préféré le mariage au couvent, si tant de garçons n'étaient partis outre-mer avec Cortez, Pizarro, ou Almagro. Que n'avait-on condamné cette Teresa de Ahumada à la prison perpétuelle, alors que ses désobéissances l'avaient, il y a quelques années, si bien méritée!

Les nouvelles interrogeaient les plus anciennes :

— Vous l'avez connue : comment était-elle?

Quelques-unes parlaient de sa gaieté, de sa droiture, de sa compassion. D'autres évoquaient à la fois son amour de Dieu, et les gentilshommes qu'elle recevait au parloir. Toutes contaient qu'elle voyait le Christ, Notre-Dame, qu'elle tombait en extase ou s'élevait dans les airs.

— Et cela vient de Dieu?

— De grands théologiens ont reconnu que cela ne vient pas du démon.

En tout cas, elle avait trouvé trop douce la vie à l'Incarnation et elle était partie fonder des maisons plus semblables à des prisons qu'à d'honnêtes monastères.

Les toutes jeunes elles-mêmes avaient gardé le souvenir du scandale de la fondation du couvent de Saint-Joseph, ce procès qui avait duré des années, fomenté tant d'histoires, enfin fait tant de bruit que cela avait nui à notre sainte religion plus que ça ne l'avait servie.

Cette Teresa avait maintenant mission d'imposer à l'Incarnation son joug et ses rigueurs.

Le déplaisir d'avoir à se plier aux exigences de la Règle primitive s'aggravait d'humiliation, et les plus ferventes, celle mêmes qui se feront un jour servantes de la réforme et qui suivront la Madre, ainsi que tant de leurs sœurs l'avaient fait déjà, protestaient et s'irritaient comme les autres.

Quant à Teresa de Jésus, elle ne cachait point qu'elle eût préféré fonder quatre couvents plutôt que d'en réformer un seul. Surtout celui-là. La Règle de ses monastères était faite pour vingt et une moniales au grand maximum. Comment plier au recueillement, à l'obéissance, comment faire vivre dans le silence cent trente nonnes irritées, autant dire l'enfer et ses légions ?

Cent trente femmes! La Mère Fondatrice ne dissimulait pas un certain dédain pour son sexe. Que de caquets, fadaises, exaltations, potins, sensibleries, mensonges petits et grands, susceptibilités, exagérations, il lui faudrait subir, avant de dominer tout cela par la douceur! Lorsqu'elle faisait l'éloge d'une novice, elle la louait d'être « très éloignée des minauderies et enfantillages féminins; point encline au scrupule, et très droite ». Elle connaissait trop bien l'Incarnation pour savoir qu'elle n'y trouverait point les vertus d'honnête homme qu'elle demandait aux Carmélites.

Épouvantée à l'idée de se retrouver « dans cette Babylone », elle atermoie, malgré son caractère résolu, elle élude et se dérobe, elle dont le courage n'est jamais en défaut. Elle a de bonnes raisons : l'ordre du P. Pedro Fernandez la trouve en pleine réorganisation du couvent de Medina del Campo. Allait-elle quitter ses filles et son ouvrage pour s'imposer là où on ne souhaitait ni sa présence, ni la ferveur, ni le bon ordre, ni la paix? La logique était pour elle.

Mais un jour où elle suppliait Dieu pour son frère Agustin, le plus conquérant de cette nichée de conquistadores, celui qui semblait oublier, à guerroyer contre les Araucans du Chili, qu'il avait aussi un ciel à gagner, elle osa dire :

— Si je voyais, Seigneur, un de vos frères en un tel péril, que ne ferais-je pas, moi, pour le sauver?

Le Seigneur répondit à cette supplique imprudente :

— Oh, ma fille! Ma fille! Celles de l'Incarnation sont mes sœurs, et tu tardes! Prends courage, considère que je le veux; cela n'est pas aussi difficile que tu le crois. Ne résiste plus car mon pouvoir est grand [2]!

Non seulement Teresa de Jésus n'hésita plus mais, malgré l'heure tardive, le temps froid, elle décida de partir immédiatement. Où trouver un moyen de transport? Un porteur d'eau consentit à lui prêter deux mules; c'est ainsi qu'elle fit les vingt lieux qui séparent Medina del Campo d'Avila [3].

En attendant de prendre sa charge à l'Incarnation, elle s'installa à Saint-Joseph, où elle goûta un répit délicieux. Elle avait pris dans sa cellule la petite converse Ana de San Bartolomé et trouvait beaucoup de joie à parler de Jésus avec cette fille timide, simple, fervente et si intelligente. Ana disait à ses sœurs en son langage naïf :

— Vous êtes comme des anges. Mais la *Madre Fundadora* est un séraphin enflammé par l'amour de Dieu et du prochain.

Pourtant, la Madre avait choisi Ana de San Bartolomé comme compagne de cellule pour la même raison qu'elle avait pris Ana de Jésus à Salamanque : toutes deux avaient le sommeil lourd, et Teresa tenait à ce que nul ne fût témoin de ses ravissements qu'accompagnaient parfois des musiques célestes.

Le 6 octobre 1571, la Madre Teresa de Jésus vint prendre possession de sa charge de Prieure à l'Incarnation. Le Provincial, P. Angel de Salazar, Carme mitigé, était chargé de l'introniser.

Peut-être n'usa-t-il pas de diplomatie : les choses se seraient sans doute mieux passées si la Madre eût été laissée libre d'agir avec son tact coutumier.

La lecture des Patentes fut accueillie par des huées : cent trente femmes, jalouses de leur liberté, — fût-ce, pour les plus saintes, celle de servir le Seigneur comme bien leur plaisait et pour les autres la volonté nette de n'être pas privées des délices du parloir, des sorties, du port de pauvres bijoux mondains sur l'habit, — protestaient en même temps, revendiquaient leur droit de vote.

Le Vicaire provincial s'exaspérait :

— Enfin, ne voulez-vous pas de la Madre Teresa de Jésus?

Au milieu des « non » unanimes, on entendit pourtant la voix de Doña Catalina de Castro :

— Nous la voulons et nous l'aimons!

Cette énergique affirmation créa quelques secondes de flottement qui suffirent pour rallier à Teresa de Jésus quelques timides qui n'avaient pas osé aller à contre-courant; celles-là, forçant le barrage des rebelles qui continuaient à vociférer, voulurent entrer dans le chœur en procession, précédées du crucifix et de la nouvelle Prieure, ainsi que l'exigeait le cérémonial. L'opposition un instant débordée raidit sa défense, tandis que le P. Salazar gesticulait et haranguait en vain. Enfin, celles qui célébraient la Madre Teresa et celles qui la maudissaient et l'injuriaient à grands cris en vinrent aux mains.

Le bruit, le scandale, furent tels qu'on eût dit que le couvent s'écroulait : on envoya d'urgence chercher la justice.

La cause du tumulte, Teresa de Jésus, s'efforçait de modérer la colère du P. Salazar et excusait les révoltées :

— Cela n'est point étonnant... Il est bien dur de forcer qui que ce soit [4]...

Les alguazils aidant, le parti des chanteuses de *Te Deum* grandit, la Mère prieure put pénétrer dans le chœur et tout le monde la suivit.

Teresa de Jesus était restée si calme sur ce champ de bataille, serrant dans ses bras une statue de son Père saint Joseph qui l'avait accompagnée dans toutes ses fondations, la pitié avait si bien dominé en elle toute violence, toute vexation, qu'elle put communier le lendemain sans s'être confessée. Les cent trente, qui toutes avaient sur la conscience de mauvaises paroles, de mauvais coups, ou pour le moins de mauvaises pensées, en furent émerveillées :

— Teresa de Jésus serait-elle vraiment une sainte?

Au premier chapitre, la Madre, qui était distraite, en entrant dans cette salle où elle avait été vingt-sept ans

« pauvre nonnette » alla s'asseoir à la place qu'elle occupait autrefois. Son oubli fit éclater son rire communicatif; tout le couvent se détendit dans une hilarité générale. Que de naturel! Que d'humilité! avouaient ses ennemies. Et beaucoup murmuraient :

— Elle est vraiment sainte!

Non : elle ne s'imposerait pas à ces pauvres filles qui avaient réellement le droit de choisir leur Prieure.

Non : elle ne se chargeait point de les réformer d'autorité.

Non : elle n'allait point trôner au chœur et faire régner la crainte dans la grande et délicieuse maison qu'elle avait, autrefois, quittée avec peine... C'est alors qu'elle s'absenta du chœur pendant quelques minutes. Elle revint portant une statue de Notre-Dame, très belle, haute de plus d'une varre et magnifiquement vêtue de soie brodée et rebrodée, qu'elle mit à sa place, dans la stalle priorale. Elle lui donna les clefs, et s'assit à ses pieds.

— Votre Prieure, mesdames, la voici : c'est Notre-Dame de la Clémence...

Elle parla avec tant de sincérité, de justesse et de bonté que les cœurs les plus durs fondirent « comme cire au soleil [5] ».

Elle rappela qu'elle était fille de ce couvent et qu'elle avait souffert autant que ses sœurs de l'imposition qui la faisait Prieure contre leur gré. Mais ne devait-elle pas, comme elles toutes, obéir aux supérieurs?

— Je ne suis ici que pour vous servir et vous être autant que possible agréable. J'espère que Notre-Seigneur m'y aidera... Pour le reste, n'importe laquelle d'entre vous peut m'aider à me réformer moi-même. Ne redoutez pas mon gouvernement, car bien qu'ayant vécu avec les Déchaussées, je crois savoir par la grâce de Dieu, comment il sied de vivre avec celles qui ne le sont point. Mon désir est que nous servions toutes le Seigneur, dans la douceur [6]...

Elle mettait ainsi la grâce la plus féminine dans l'application de l'une de ses maximes qui rend le son viril d'une maxime d'homme d'État : « C'est grande chose que la modération dans le gouvernement [7]. »

« Que le Saint-Esprit soit avec Votre Grâce, et qu'il vous témoigne autant de charité que vous avez mis d'empressement à nous faire parvenir l'aumône de Don Francisco [1] ! »

C'est en ces termes que la Madre Teresa remercie l'intendant de Francisco de Salcedo qui vient de lui faire un important envoi de victuailles. Soixante-deux volailles : « Mais la pauvreté de cette maison est telle, il y a tant de malades, que tout cela était bien nécessaire [2]. »

Le saint gentilhomme s'était institué le pourvoyeur de l'Incarnation, comme il était celui de Saint-Joseph : légumes et poulets de ses fermes, des bouteilles d'*aloja*, cette boisson faite de miel et d'épices que les fiévreuses appréciaient tant, affluaient aux couvents. La moindre salade, la moindre corbeille de coings emplissait d'allégresse et de reconnaissance Teresa de Jésus; le monastère de l'Incarnation était si misérable que le nombre des moniales et surtout celui des séculières avait beaucoup diminué, le P. général Rubeo ayant interdit d'y recevoir des novices : elles eussent été en danger d'y mourir de faim.

La nouvelle Prieure commence donc par se transformer en sergent-fourrier : le premier miracle du Seigneur Jésus ne fut-il pas de donner du vin aux buveurs d'une noce? Ne donna-t-il pas du pain et des poissons aux multitudes qui l'avaient suivi sur la montagne? Ne multipliait-il pas, pour ses disciples, les pêches miraculeuses? N'a-t-il pas placé la demande de notre pain quotidien avant celle du pardon de nos offenses et de la protection contre tout mal? L'homme ne se nourrit pas « seulement » de pain, mais il est légitime qu'il en reçoive une juste ration.

La Mère Fondatrice, qui a établi sa réforme sur le travail et tance les Prieures qui laissent entendre qu'elles sont dans le besoin, se contraint à faire appel à la charité pour donner à manger à cent trente filles trop pauvres pour se suffire, et de trop bonne lignée pour faire œuvre de leurs doigts. Avant de les réformer, il faut les nourrir : la faim était pour beaucoup dans le désordre de ce monde en miniature qu'était l'Incarnation; c'est pour manger que les nonnes partaient souvent pour plusieurs mois dans leurs familles, ou chez de riches protecteurs du couvent; elles n'accouraient aux parloirs de si bon cœur que parce qu'on y grignotait autant qu'on y papotait.

La duchesse d'Albe, Doña Maria de Mendoza, Doña Magdalena de Ulloa, — qu'on appelait l'aumônière de Dieu, depuis qu'elle avait donné plus de cinq cents ciboires d'argent aux églises des Asturies et plus de seize mille ducats pour le rachat des captifs, — jouent périodiquement le rôle de Providence, ce qui n'empêche pas Teresa de demander pour sa propre subsistance quelques réaux à sa sœur Juana, dont les ressources étaient pourtant fort chiches : mais elle ne prend que son pain sur les vivres du monastère et trouve encore que c'est trop.

La pauvre Juana se vante-t-elle cette année-là de la prospérité de sa basse-cour? « Envoyez des dindons, puisque vous en avez tant [3]! » Elle épluche les comptes, signe chaque jour le livre de dépenses; le nécessaire doit être en suffisance, et le couvent est endetté : il faut payer les dettes, on les paie, elles sont payées!

La Madre avait fait venir de Valladolid Isabel de la Cruz, autrefois Isabel Arias, une « ancienne », comme elle, de l'Incarnation, et qui en connaissait l'esprit. Assistée de cette Sous-Prieure, « avec une bonne dissimulation [4] », elle entreprit, doucement, progressivement, les réformes nécessaires. Elle traitait ces moniales-là en pouliches rétives, tirait sur les rênes, mais savait offrir un morceau de sucre sur la paume de la main. Aux plus déshéritées, — on en comptait quatre-vingts, — elle donnait un réal par semaine; on s'émerveille de son adresse autant que de son cœur : cette mince somme d'argent rétablissait les pauvres dans leur dignité, les rendait libres, plus que ne l'avaient fait leurs libertés passées.

Car l'ère de l'anarchie était révolue. Pour le Carême, la Madre abolit toutes les visites, sans excepter pères et mères. C'était dans cette maison une révolution. Les habitués du parloir, cependant, ne se décourageaient point. Un gentilhomme, lassé de s'entendre répondre par la tourière que la nonnette dont il était le dévot ne le recevrait pas, se fit accompagner jusqu'à la porte de l'Incarnation par un groupe de jeunes cavaliers auxquels il jura de dire son fait à la Prieure elle-même avant d'être tous triomphalement admis au *locutorio*. Il somma donc Teresa de Jésus de venir lui parler.

La Madre, avec son rouet, s'installa derrière la grille, — car elle ne renoncait à filer que lorsque le visiteur était un prélat — et sans un mot d'impatience le laissa déverser son flot d'injures et de mauvais propos jusqu'à ce que son éloquence se tarît d'elle-même.

Elle prit alors la parole : quelques mots, mais sans réplique :

— Votre Grâce va désormais laisser ce monastère en paix. Si Votre Grâce insiste, j'en appellerai au Roi.

Le fanfaron baissait le nez en sortant du couvent, et ses amis renoncèrent à se moquer de sa déconfiture tant ils furent surpris du ton dont il leur dit :

— On ne plaisante pas avec la Madre Teresa de Jesus, et nous allons devoir renoncer au parloir [5]...

Le bruit de cette affaire se répandit dans la ville des saints, et les saints approuvèrent.

Dès le premier Carême, les mortifications que les moniales s'imposèrent spontanément au réfectoire furent « chose admirable [6] »; les plus jeunes apportaient à la Madre les menus objets mondains auxquels elles étaient restées attachées, — une bague, un miroir, un éventail; ces cent trente filles privées de leur jeunesse qui se rattrapaient, dans les récréations, par des danses profanes, et faisaient leurs délices de chansons et musiques à la mode, en vinrent petit à petit à préférer à tout les conversations sur Dieu, les anges, le ciel, que leur Prieure animait d'autant d'esprit que de spiritualité.

« Tout cela se passe en grande paix. On peut louer le Seigneur du changement qui s'est accompli en elles. Ce sont les plus rebelles qui sont maintenant les plus contentes et qui me le témoignent le mieux. Il y a vraiment ici de grandes servantes de Dieu et toutes font des progrès [7]. » Elles ne disent plus : « C'est la mort qu'un changement [8]... »

La Madre était triste malgré sa réussite : elle regrettait ses couvents réformés où une quinzaine de sœurs parfaitement recueillies, obéissaient au son de la cloche et vivaient dans le silence. Le climat glacial d'Avila lui convenait si peu qu'elle s'étonnait d'y être née. De plus, la noble simplicité des rapports semble avoir disparu dans la ville des chevaliers comme dans tout le reste de l'Espagne, le moindre petit hidalgo se fait donner du « Don » : « A Avila on ne trouve plus que cela, c'en est une honte [9]... » « Il faut maintenant appeler Illustre celui qu'on appelait Magnifique... Il faudrait créer une chaire où l'on enseignerait comment titrer les gens auxquels on écrit, et la façon de leur parler; pour les uns, il faut laisser la marge d'un côté, pour les autres, de l'autre... J'ai vu tant de transformations que je ne sais plus vivre... Je plains vraiment les spirituels que de saints projets obligent à demeurer dans le monde : ils portent une lourde croix [10]... »

Le tohu-bohu qui règne à l'Incarnation lui est plus pénible que le branle-bas de ses fondations. Elle doit s'y tenir sans cesse sur ses gardes, et n'a personne à qui se confier. Elle, si spontanée, ne connaît en ce couvent que contraintes imposées et subies. Elle est toujours vénérée par les uns, soupçonnée ou décriée par les autres. Il n'était guère permis, en ce temps, à une femme, de montrer tant d'énergie. Récemment encore le Provincial de l'ordre de Saint-Dominique demandait au P. Bañez :

— Qui est cette Teresa de Jésus dont on me dit qu'elle vous est très attachée? Il ne faut pas se fier à la vertu des femmes [11]...

— Votre Paternité va à Tolède, elle pourra la voir et constater qu'il est raisonnable de beaucoup l'estimer.

Ce provincial, Juan de Salinas, la vit à Tolède pendant tout le carême et la confessa presque tous les jours. Il s'arrangea joliment pour rester sur ses positions en déclarant au P. Bañez :

— Vous m'aviez trompé en me disant que la Madre Teresa est une femme; par ma foi, elle est homme, et des plus dignes de porter barbe.

Ce Père se montrait peu expert en féminité : car Teresa de Jésus reste femme dans la lutte autant que dans les manifestations extrêmes de son amour divin. Mais les hommes n'étaient alors que peu enclins à admettre que les femmes puissent être capables de force et de sagesse. Il fallut Teresa de Jésus et ses filles pour qu'un autre Dominicain, le propre visiteur apostolique des Déchaussées, le P. Pedro Fernandez, les juge capables de vivre selon la perfection évangélique.

Ce ne fut pas l'un des moindres mérites de la Mère Fondatrice que de prouver, par son exemple et celui des Carmélites qu'elle a formées, que les « actes héroïques » ne sont pas incompatibles avec la bonne grâce.

Lorsque Teresa de Jésus s'écrie : *De devociones a bobas nos libre Dios*, s'insurgeant contre les sottes dévotions, elle n'en fait pas l'apanage des femmes, pas plus qu'elle ne leur octroie l'exclusivité des « enfantillages », des superstitions, scrupules, mesquineries qu'elle leur reproche; à ses yeux, les « hommes graves » n'en sont pas exempts. Chez les uns comme chez les autres, elle s'en prend aux menues lâchetés, aux complaisances envers soi-même, d'autant plus sévèrement que les hommes, en ce siècle, se devaient d'être des guerriers. « Envers des femmelettes telles que moi, faibles et douées de peu de courage, il me semble qu'il sied d'agir ainsi que Dieu le fait, lorsqu'il m'accorde ses douceurs... Mais lorsque des serviteurs de Dieu, hommes de poids, doctes, intelligents, se préoccupent du fait que Dieu ne leur donne point une extrême dévotion, j'en suis fort mécontente. Qu'ils la prennent si le Seigneur la leur octroie et l'apprécient hautement... mais s'ils en manquent, qu'ils ne s'affligent pas, qu'ils comprennent qu'elle ne leur est pas nécessaire puisque Sa Majesté ne la leur donne point, et qu'ils restent maîtres d'eux-mêmes... Beaucoup ont commencé qui n'en finissent pas de finir; le fait de ne pas étreindre la croix, dès le début, les afflige, car il leur semble qu'ils ne font rien. Ce que Sa Majesté veut, c'est leur décision. Mais les afflictions dans lesquelles ils se complaisent ne font qu'inquiéter leur âme; s'ils sont inaptes à progresser en une heure, qu'ils en passent quatre [12]... »

L'esprit de décision de la Madre Teresa, son courage devant les réalités, qu'elles soient du domaine spirituel ou matériel, n'est pas un apanage masculin, mais celui des grands esprits et des beaux caractères.

Son visiteur, le P. Fernandez, estimait fort la Madre Teresa, ce qu'il lui dissimulait autant qu'il le pouvait. Tout bougon qu'il fût, il plut à Teresa de Jésus, qui aimait qu'on fût sans indulgence à son égard : « Il me donne la vie, je ne crois pas qu'il se trompe à mon sujet, ainsi que le font les autres, car Dieu lui a fait voir le peu que je suis; à chaque pas, il me surprend en quelques imperfections, ce qui m'est grande consolation; et je fais en sorte qu'il les connaisse bien toutes [13]. »

Tant d'humilité eut-elle raison des intransigeances du visiteur apostolique? Bien qu'il ne lui adressât, à elle, que des reproches, il chante ses louanges lorsqu'il doit la disputer à la duchesse d'Albe, qui l'appelait à Alba de Tormes: « Les cent trente religieuses de l'Incarnation vivent toutes ensemble avec autant de paix et de sainteté que les dix ou douze de votre monastère. Cela m'a bien surpris et beaucoup consolé. La présence de la Madre en est seule la cause. Si elle manquait un seul jour, tout ce qui est acquis ici serait perdu [14]... »

Si la Madre Teresa avait eu connaissance de cette lettre, elle eût répondu ce qu'elle écrivait à Doña Maria de Mendoza : « Ma Prieure fait ces merveilles [15]! »

En effet, Notre-Dame de la Clémence était restée dans la stalle prieurale où Teresa l'avait placée dès le premier jour. Tous les soirs, c'est à elle qu'elle confiait les clefs du couvent. A la place de la Sous-Prieure, elle avait mis saint Joseph. Les moniales accusaient ce bon saint de dévoiler à la Madre tous leurs petits méfaits, aussi avaient-elles baptisé sa statue « le bavard » (*el parlero*) et prétendaient qu'il en restait la bouche ouverte.

Le Seigneur se mit à prodiguer tant de grâces à cette maison que la Mère de Dieu y apparut, dans sa stalle de Prieure, entourée de la multitude de ses anges; elle y demeura tout le temps du *Salve Regina*.

Et puis, afin que les dernières soient les premières, et que ses « pauvres petites de l'Incarnation » soient guidées royalement sur la route royale de l'oraison, Teresa de Jésus leur avait donné comme confesseur le Frère Jean de la Croix.

Elle l'enleva d'urgence à Pastrana, où on l'avait fait venir d'urgence d'Alcalà pour enseigner aux moines du prince d'Eboli que la modération est une vertu. Partout où il y avait fort à faire, on appelait d'urgence Fray Juan.

Les moines de Pastrana « semblaient des hommes de pierre plutôt que de chair ». Ils s'exaltaient les uns les autres, l'église résonnait des coups dont ils se frappaient la poitrine; quand l'esprit ou la fureur les enflammait, ils ne pouvaient maîtriser leurs cris, qu'il s'agît de l'aveu public de leurs péchés ou de la manifestation de leur amour de Dieu. Quelques-uns étaient si particulièrement doués par le Seigneur de la grâce des larmes que le ruissellement de pleurs continuels creusait des ornières sur la peau desséchée de leur visage d'ascète.

Mortifications, pénitences, discipline, atteignaient au délire. Il advint qu'on flagellât le dos nu d'un novice devant un tas de bois vert dans l'attente du feu du ciel qui descendrait sans faute si le novice était bien saint ou bien rossé. N'en était-il pas ainsi advenu au prophète Élie, père et modèle de tous les Déchaux?

Leurs pieds étaient si tuméfiés par le froid et meurtris par les cailloux « qu'on eût dit des aubergines ». Un nouveau venu, Fray Jeronimo Gracian de la Madre de Dios, rebuté malgré son zèle par ces violences et ces rudesses, fut sur le point de renoncer au Carmel [16].

Fray Juan de la Cruz avait été chargé de rendre aux fanatiques le sens de la mesure. Il se montra si habile à détourner à des fins plus pures ce zèle insensé que la Madre Teresa jugea que nul mieux que lui ne serait apte à susciter l'ardeur chez des nonnes peu ferventes. Ce frère lui semblait être l'homme de la note juste.

10. Tu seras mon épouse, 1571-1573

— Mesdames, je vous donne pour confesseur un Père qui est un saint [1].

C'est en ces termes que la Mère prieure Teresa de Jésus présenta à l'Incarnation ce petit homme brun, décharné par la pénitence : Fray Juan de la Cruz. Bien qu'il eût trente ans, il semblait un tout jeune homme tant était clair et pur le regard de ses yeux noirs. « Sa tenue était calme, extrêmement modeste, sa seule présence invitait à la componction. Son visage reflétait une souveraineté céleste, et il imposait à la fois l'amour et le respect [2]. »

La Madre avait fait bâtir pour lui une cabane hors clôture, mais dans le voisinage immédiat du couvent : il n'avait point de temps à perdre en allées et venues, le travail abondait et pressait : cent trente religieuses à confesser au moins une fois par quinzaine, et surtout à diriger, depuis le choix de leurs lectures jusqu'à l'orientation sur les chemins du ciel.

A conduire individuellement : la Madre et Fray Juan avaient le plus grand respect de la liberté des âmes : chacune a sa voie propre, « le Seigneur octroie à chaque âme sa grâce, en cela je n'interviens point [3] ». Donc, pas de méthodes collectives, mais une minutieuse direction personnelle, sauf dans l'indication des grandes lignes de l'oraison et dans l'observation des vertus essentielles, amour, humilité, obéissance, silence. « Une âme contrainte ne peut bien servir Dieu, et c'est par là que le démon les tente [4] », dit la Madre.

Fray Juan de la Cruz répond en écho :

— Mieux vaut laisser aux expressions de l'amour toute leur ampleur, afin que chacune en fasse son profit à sa manière propre et selon l'abondance de l'esprit [5]...

C'est donc librement que les religieuses de l'Incarnation seront conviées à l'union avec Dieu : la Madre leur en montrera les délices et Fray Juan les difficultés. Il veut qu'on atteigne aux sommets spirituels même si tout s'évanouit et s'écroule, si les événements déçoivent notre attente : et il est inopérant de se troubler [6].

Il subdivise l'oraison en trois parties :

1° Représentation imaginaire des mystères sur lesquels on doit méditer.

2° Considération intellectuelle des mystères représentés.

3° Enfin, repos amoureux et attentif à Dieu où se recueille le fruit, où s'ouvre à l'illumination divine la porte de l'entendement. On passe de la connaissance naturelle à la connaissance surnaturelle lorsque l'âme se met dans ce repos pacifique, amoureux et tranquille à la fois [7].

Représentation, considération, illumination, amour : la Madre, en contrepoint, illustrait la théorie de ses vives images :

— Je suis sûre que Notre-Seigneur n'est pas mécontent que nous nous délections et consolions en contemplant ses actes et méditant ses paroles, de même qu'un Roi se réjouirait de voir un petit berger aimable dans sa naïveté regarder ses brocarts avec admiration, et se demander ce que cela peut être, et comment cela fut fait [8]...

Fray Juan tenait à ce qu'on exerçât un rigoureux contrôle sur l'imagination, car il ne s'agissait pas de confondre la contemplation avec les jeux de l'humeur et de la mélancolie. Et en cela aussi, il était d'accord avec la Madre Teresa. Il blâmait toute recherche sensible, affirmait que loin d'être un signe de perfection dans l'oraison, les plaisirs qu'on y trouve sont une marque de faiblesse. S'il parlait pourtant de la « multitude des douceurs que Dieu a cachées pour l'usage de ceux qui le craignent, des torrents de délices qu'il leur donnera à boire », c'est pour mieux leur faire sentir « ce poids de la gloire à laquelle l'Époux vous a prédestinées, le jour de son éternité où il a décidé de vous créer [9]... »

Ce poids de la gloire... La Madre ne fut pas exemptée des rigueurs du confesseur de l'Incarnation. Elle ne chercha pas non plus à les éluder et s'y prêta en toute humilité, bien que Fray Juan ait dit un jour devant elle, pour la taquiner plutôt que pour la mortifier :

— Lorsque vous vous confessez, Madre, vous vous disculpez très joliment [10]...

Il y a même lieu de croire qu'il fut plus sévère pour la Prieure que pour la plus petite des nonnes du couvent; n'était-elle pas elle-même d'autant plus dure qu'elle aimait davantage? Les offices terminés, le confesseur enjoignait à la Madre Teresa de se tenir de longues heures prosternée dans la chapelle : elle avait à se repentir d'éprouver trop de délices dans l'amour du Seigneur, ces *gustos*, ces plaisirs qu'elle était la première à proscrire. Elle se courbait et pleurait sur les grâces que Dieu lui prodiguait autant que sur ses péchés. Qu'y pouvait-elle cependant? Elle ne recherchait point manifestations et visions, elle ne sollicitait pas ces voix ni ces délectations. Dieu l'aimait, il l'avait choisie et attirée brusquement à lui alors qu'elle chancelait encore entre ciel et terre, en ce même couvent, il y avait près de vingt ans ; elle était aussi innocente de ces rapts de l'esprit qu'est innocente l'eau que le soleil absorbe et transforme en nuée.

Fray Juan, Fray Juan! Que pensa-t-il ce jour des Rameaux où Teresa, en communiant, fut ravie de telle sorte qu'elle ne put avaler l'hostie? Lorsqu'elle reprit ses sens, sa bouche était pleine de sang qui coulait sur son visage, — le sang même de la Rédemption, — elle éprouvait une excessive douceur, et le Seigneur lui dit : « Ma fille, je veux que mon sang te soit profitable... Je l'ai bien douloureusement versé, fais-en tes plus vives délices. C'est ainsi que je te rends l'invitation que tu m'as toujours faite en ce jour [11]. »

Depuis plus de trente ans la Madre avait coutume de communier ce dimanche des Rameaux pour préparer son âme à donner asile à Jésus : « La cruauté des Juifs à son égard me semblait si grande, ils l'avaient laissé aller manger si loin, après lui avoir fait un si grand accueil, que je lui disposais une demeure en moi [12]. » Ce jour-là, elle ne prenait aucune nourriture avant trois heures de l'après-midi, et donnait sa portion à un pauvre.

Une si tendre naïveté pouvait-elle offusquer Fray Juan? Qu'elle fût abreuvée du sang du calice, nourrie de pain par les mains de Jésus lui-même, attirée tout près du Père qui lui disait « des paroles très agréables [13] », jalouse de Marie-Madeleine et consolée par le Fils, « elle a été mon amie tant que je fus sur terre; c'est toi que j'ai choisie maintenant que je suis au ciel [14] », celui que la Madre appelait « mon petit Sénèque » n'en demeurait pas moins réticent : ces émotions et visions lui semblaient trop sensibles : pour lui, « l'âme unie et transformée par l'abondance des richesses et des dons célestes [15] » doit avoir « assujetti les passions et mortifié les appétits naturels ».

Fray Juan jugeait la Madre encore gourmande de ces joies; aussi, avec amour, ne lui passait-il rien, de même que le lapidaire ne passe rien au diamant qu'il taille. C'est ainsi qu'il finit de l'arracher à la gangue des « contentos », trop proches des joies de ce monde. Et il fit jaillir de la précieuse pierre l'étincelle qui monte à la rencontre de cette lumière qui luit dans les ténèbres, et que l'homme ne connaîtra point tant qu'il ne renaîtra pas de Dieu seul.

Ce fut un matin, à la communion. Jean de la Croix « rompit l'hostie pour en donner une partie à une autre sœur, dit Teresa de Jésus. Je pensai que ce n'était pas faute d'hosties, mais pour me mortifier : je lui avais dit beaucoup aimer les grandes hosties, quoique sachant bien que le Seigneur est tout entier dans la moindre parcelle. Sa Majesté me dit : « Ne crains rien, ma fille, nul ne pourra te séparer de moi. » Il me fit entendre que cela n'importait point.

« Alors, il m'apparut en vision imaginaire, ainsi qu'il l'avait déjà fait, mais au plus profond de moi-même. Il me donna sa main droite, et me dit : « Regarde ce clou : c'est la marque que dès aujourd'hui tu seras mon épouse. Jusqu'ici tu n'avais pas encore mérité de l'être; désormais tu veilleras sur mon honneur non seulement parce que je suis ton Créateur et ton Roi, mais en tant que mon épouse véritable. Mon honneur est tien, ton honneur est mien. »

« Cette grâce agit si puissamment que je restai hors de moi-même. J'étais comme égarée, je demandais au Seigneur de dilater ma petitesse, ou de ne point me faire une si immense faveur, ma faiblesse naturelle ne pouvait la supporter. Je passai cette journée dans l'enivrement. Il en est résulté depuis de grands bienfaits, mais aussi un accroissement de confusion et d'affliction, car je ne sers pas autant que je devrais le faire après avoir reçu une si grande grâce [16]. »

Telles furent les noces spirituelles de Teresa de Jésus. Ses sœurs, émues de voir dans leur couvent ces merveilles, n'approchaient plus qu'en tremblant du communicatoire, « heureux lit nuptial de telles épousailles [17] ».

Fray Juan avait coupé le fil ténu, mais encore solide, qui reliait Teresa de Jésus à sa volonté propre; libre enfin du poids de la matière inerte, détachée d'elle-même, dégagée du désir, elle avait accompli sa transfiguration.

Elle exprime l'ardente servitude de ces noces spirituelles dans ses *Conceptos del Amor de Dios*, ou *Pensées sur l'Amour de Dieu*.

C'est à Avila qu'elle écrivit ces pages passionnées et

lucides : tout le prouve [18]. C'est à Avila que le Seigneur lui dit : « Ne manque pas d'écrire les enseignements que je te donne, afin de ne pas les oublier. Tu souhaites bien avoir par écrit ceux des hommes : pourquoi estimes-tu que c'est perdre du temps que d'écrire les miens? Un jour viendra où tu en auras besoin [19]. »

Dès les premières pages des *Conceptos*, elle souligne son acte d'obéissance à l'ordre divin en répondant directement à la question : « Je tiens pour bien employé le temps que je consacrerai à traiter d'une matière si divine que je ne méritais pas de l'entendre [20]. »

Il se dégage du récit de ses visions et de certains passages des *Conceptos* un dialogue entre l'Épouse et l'Époux, à moins qu'elle ne se plaise à lui rappeler ses plus belles promesses :

Lui. — Mon honneur est le tien, ton honneur est le mien!

Elle. — Qu'il s'occupe de ce qui me concerne, et moi de ce qui lui appartient [21] !

Le Père. — Je t'ai donné mon Fils, l'Esprit-Saint et cette Vierge. Que peux-tu me donner [22]?

Elle. — Que puis-je faire pour mon Époux? Que peut faire celle qui fut si malhabile? Gâcher les grâces que vous m'avez faites [23]...

Lui. — Crois-tu, ma fille, que se délecter soit un mérite? Le seul mérite, c'est d'agir, de souffrir et d'aimer [24].

Elle. — *Soutenez-moi avec des fleurs.* Il ne semble pas que ce soit demander la mort, mais consacrer la vie à servir celui à qui on doit tant [25]... Qu'il n'y ait plus dualité entre Lui et Elle, mais une volonté unique, non pas en paroles, non pas en désirs, mais en actes.

C'en est fait : les délices de Teresa de Jésus ne seront plus désormais que d'agir pour l'Époux, avec lui, dans le renoncement volontaire à la pure contemplation : « L'âme demande d'accomplir de grandes choses au service de Notre-Seigneur et du prochain, et pour cela elle se réjouit de perdre ses plaisirs et la joie d'une heureuse mort. Car bien qu'elles sachent tout ce qu'elles perdront à cette existence plus active que contemplative, Marthe et Marie ne manquent pourtant jamais d'agir presque simultanément lorsque l'âme se trouve en cet état. L'intérieur s'exerce en activités qui paraissent extérieures, et lorsque les œuvres actives poussent sur cette racine, elles donnent d'admirables fleurs embaumées; elles naissent de cet arbre de l'amour de Dieu, pour lui seul, sans nul intérêt personnel, et le parfum de ces fleurs se répand, pour le bien de beaucoup; c'est un parfum qui ne s'évapore pas rapidement, et produit de grands effets [26]. »

La contemplation n'est plus une fin en soi : elle devient une force pour l'action, dans l'action.

Et parce que Teresa de Jésus ne cherche plus que le royaume de Dieu, tout lui est donné par surcroît : l'efficacité et la joie.

Malgré le ton paisible auquel elle se contraint dans ces commentaires du *Cantique des Cantiques* que sont les *Pensées sur l'Amour de Dieu*, destinées aux religieuses de l'Incarnation, — on le devine par les précautions qu'elle prend pour ne pas effaroucher par trop d'exigences des filles point entièrement encore déliées du monde, et par les détours, finesses, allusions discrètes, auxquels elle a recours pour les en détacher, — l'amour de l'Épouse éclate et se laisse emporter par le flot de l'amour de l'Époux : « ...Une sorte d'ivresse divine, qui ne sait ce qu'elle veut, ce qu'elle dit, ce qu'elle réclame [27]... Il veut la combler, la délecter plus encore, il la change en lui-même, et comme celles que l'excès du plaisir et de la joie fait défaillir, elle reste suspendue dans ces bras divins et sur cette divine poitrine. Elle ne sait plus que s'abandonner aux délices, nourrie de ce lait divin... Cette ivresse céleste dont elle est à la fois effrayée et ravie... cette sainte folie... *Ton sein est meilleur que le vin* [28]... tout imprégnée de cette innombrable grandeur de Dieu... Mon Époux, une seule goutte du vin précieux que vous me donnez me fait oublier toute chose créée... que je regarde mon Aimé et que mon Aimé me regarde... Je vous supplie, mon Dieu, par le sang de votre Fils, de me faire cette grâce : *Baisez-moi d'un baiser de votre bouche* [29] *!..* « Et que puis-je faire pour mon Époux [30]? »

Les nonnettes de l'Incarnation avaient grand besoin de sublimer ainsi leur conception de l'amour. Elles avaient au début, fort agacé la Madre par leurs ricanements niais de filles mûres demeurées dans l'âge ingrat :

« Je me rappelle avoir entendu un admirable sermon sur ces délectations de l'Épouse qui traite avec Dieu; il y eut tant de rires et ce que dit le prédicateur fut si mal pris, parce qu'il parlait de l'amour, que j'en fus épouvantée [31]. »

Teresa imitera la Samaritaine, « qui a si bien compris dans son cœur les paroles du Seigneur qu'elle quitte le Seigneur lui-même pour lui amener les gens de son village, et en récompense d'une si grande charité, elle mérite de voir le grand bien que fit Notre-Seigneur en ce lieu. Cette sainte femme, ivre de cette ivresse divine, allait par les rues poussant de grands cris. Enfin, ils l'écoutèrent, et ils furent nombreux à aller vers le Seigneur [32] ».

Teresa jeta ces cris d'amour que sont les *Conceptos* sur l'ordre de Jésus son Époux, mais avec l'autorisation de son confesseur. Fray Juan de la Cruz en prit donc connaissance, en discuta avec elle, et à cette mystique de l'amour-action peut-être opposa-t-il les arguments qu'il développera plus tard sur ce même thème du *Cantique des Cantiques*, dans son *Cantico Espiritual;* mais il donnera le pas à Madeleine sur Marthe :

« Lorsque l'âme est parvenue à cet état d'union de l'amour, il ne lui convient pas de s'occuper d'actions extérieures qui puissent l'entraver dans cette existence d'amour en Dieu, même pour son service. Car un peu de ce pur amour est plus précieux à ses yeux et pour l'âme, — quoiqu'il semble qu'on ne fasse rien, — que toutes ces autres actions à la fois. C'est pourquoi Marie-Madeleine se cacha au désert pendant trente ans pour se livrer véritablement à cet amour... Donc, lorsqu'une âme a en elle une parcelle de ce haut état qu'est le solitaire amour, ce serait lui faire grand tort que de l'occuper à des choses extérieures ou actives, pour importantes qu'elles soient, et ne serait-ce que peu de temps [33]. »

Les noces spirituelles de Teresa de Jésus, l'état de son âme qui s'ensuivit, exprimé dans les *Pensées de l'Amour de Dieu*, marquent la différence de tempérament qui existe entre la Prieure et son confesseur. Aimer, pour elle, c'est agir autant que contempler. Aimer, pour lui, c'est s'anéantir tout entier dans la contemplation.

Différence qui ne nuit cependant pas à leur profonde

communion de pensée. Teresa reconnaît devoir beaucoup à l'esprit et la vertu que le Seigneur a donnés à Fray Juan [34], « on le tient pour saint, et à mon avis il l'est et l'a été toute sa vie [35] ». Il est toujours le Père de son âme. Quant à lui, il est émouvant de le voir s'orienter vers l'action après la mort de la Mère Fondatrice, comme s'il eût voulu ne rien laisser perdre de ce précieux héritage. Les directives qu'il donne aux Prieures sont calquées si exactement sur celles de la Madre Teresa qu'il lui emprunte même ses expressions familières : « Examinez bien qui vous prenez au commencement, car celles qui suivront s'y conformeront... Dites aux sœurs que puisque Notre-Seigneur les a choisies comme premières pierres, qu'elles veillent à ce qu'elles sont... En ces commencements, qu'elles s'engagent à nouveau sur le chemin de la perfection, en toute humilité et détachement intérieurs et extérieurs, sans enfantillages, mais avec une robuste volonté [36]. »

Elle aurait souri avec tendresse, la Madre Teresa, si elle avait lu la lettre de son petit Sénèque à Ana de San Alberto, Prieure de Caravaca : « Je suis à Séville, occupé à déménager nos sœurs, qui ont acheté une très digne maison; bien qu'elle ait coûté quatorze mille ducats, elle en vaut plus de vingt mille. Elles y sont installées, et le Cardinal y posera le Très Saint-Sacrement en toute solennité le jour de saint Barnabé. J'ai l'intention de laisser ici un autre couvent de moines avant de partir... Vers la Saint-Jean, je pars pour Ecija où avec la grâce de Dieu nous en fonderons un autre, ensuite à Malaga [37]... »

C'est ainsi que Fray Juan deviendra Père fondateur.

Distincts dans leur nature et par leurs conceptions de la vie, Teresa et Juan sont identiques au moment où, dans l'envol de l'esprit, ils se dépassent.

Dans le petit parloir carrelé de rouge de l'Incarnation, la Prieure et le confesseur s'entretiennent souvent. En ce qui concernait l'état de l'âme de ses filles, Fray Juan pouvait être aussi précis que la Madre l'était habituellement. En ce qui concernait les lumières spirituelles, la Madre pouvait être aussi dégagée de tout lien terrestre que l'était Fray Juan.

Un jour de la sainte Trinité, assis de chaque côté de la grille, lui sur une chaise, elle sur son banc, ils parlaient de l'essence des Trois Personnes en Une, « cette œuvre merveilleuse[38 bis]», lorsque Beatriz de Ocampo, qui cherchait la Mère Prieure, la vit bien sur son banc et Fray Juan sur sa chaise, mais tous deux en extase et Fray Juan, transporté par l'envol de l'esprit, touchait le plafond.

Mais l'un et l'autre savaient que la perfection ne consiste pas en ces prodiges.

— Humilité, humilité! disait Teresa de Jésus.

Et Jean de la Croix répondait :

— Humilité!

Les « pauvres petites de l'Incarnation » s'acheminaient donc vers le ciel, précédées par l'homme « céleste et divin » qu'était Fray Juan. Le P. Pedro Fernandez en profita pour ne point laisser en repos la Mère Fondatrice. Il l'envoya à Alba de Tormes, la rappela à Avila et la renvoya enfin à Salamanque transférer les religieuses dans une nouvelle maison. Le P. Antonio de Jésus eut mission de l'accompagner, ainsi que quelques religieuses, toute une petite escorte, et naturellement Julian de Avila. Il allait encore une fois n'être bruit dans Avila que de Teresa de Jésus et de Julian! La Madre en riait beaucoup.

C'était en août et, pour éviter la chaleur, on décida de partir à la tombée de la nuit.

Cela débuta mal : Antonio de Jésus, puis une servante, piquèrent une tête du haut de leur monture.

La suite ne valut guère mieux. De ces aventures, Julian de Avila fit l'amusant récit à qui voulait l'entendre :

« Il faisait très noir, la bourrique qui portait l'argent destiné à Salamanque se perdit et ne reparut pas de la nuit; à force de recherches et de chutes dans la plus complète obscurité, il était plus de minuit quand nous arrivâmes à l'auberge. Le lendemain matin, un valet parti à la recherche de la bourrique perdue la trouva couchée à l'écart du chemin : son fardeau était intact.

« La nuit suivante, nous perdîmes bien plus que la bourrique, dont on disait pourtant qu'elle portait cinq cents ducats... »

Qu'est-ce à dire? On perdit la Madre Teresa de Jésus en personne :

« C'était encore la nuit, nous voyagions en deux groupes; celui qui accompagnait notre sainte Mère et que pour son honneur je ne nommerai pas, la laissa dans la rue d'un petit village en lui demandant de nous attendre, et partit au-devant des autres; mais lorsqu'il fut question de retrouver la Madre, il lui fut impossible de se rappeler où il l'avait laissée.

« Nous nous demandions les uns aux autres :

« — La Madre est-elle avec vous?

« Ils répondaient :

« — Non!

« — Elle est donc avec vous autres?

« — Elle a été avec nous, mais elle n'y est plus. Où est-elle passée?

« Nous nous trouvâmes donc dans toutes les obscurités, celle de la nuit, qui était épaisse, et celle bien plus obscure encore de nous trouver sans notre Mère. Nous ne savions que faire : avancer ou reculer? Nous nous séparâmes à nouveau, les uns pour chercher celle que nous avions perdue, les autres pour l'appeler à grands cris, dans l'espoir qu'elle nous répondrait d'un point ou d'un autre.

« — Madre Teresaaaaaa!

« — Madre Teresa de Jésuuuus!

« Au bout d'une longue angoisse nous vîmes arriver notre Madre avec sa compagne et un paysan qu'elle avait tiré de chez lui en lui donnant quatre réaux pour les mettre sur le bon chemin. Il s'en retourna très content de son argent, nous plus encore d'avoir retrouvé toutes nos richesses, et joyeux d'avoir ces aventures à raconter.

« Nous échouâmes dans une auberge si bondée d'*arrieros* couchés à même le sol qu'il était impossible de faire un pas sans marcher sur des harnais ou des hommes endormis. Nous trouvâmes enfin à caser notre sainte Mère et les sœurs que nous emmenions, bien qu'il n'y eût pas six pieds d'espace libre; pour tenir, elles durent donc rester debout. Ces auberges avaient ceci de bon que nous attendions avec impatience le moment d'en partir... [39] »

A Salamanca la Madre Teresa s'occupa de reconstruire une maison qui devait pourtant leur causer bien des ennuis, mais qu'importe? Il s'agissait de parer aux nécessités présentes. Plus de vingt ouvriers élevaient « plus de deux cents cloisons [40] », agençaient cellules et clôtures. La Mère Fondatrice dirigeait les travaux, et les ouvriers jugeaient ainsi qu'elle-même « que l'expérience lui donnait une bonne connaissance de ces choses [41] ».

Elle avait l'art de donner du cœur à l'ouvrage; le chef charpentier Pedro Hernandez raconta toute sa vie que la Madre Teresa apparaissait parfois au haut d'une lucarne, et donnait l'ordre d'apporter à boire pour tous les ouvriers. Un jour, il estima que sa générosité l'entraînait à une trop grosse dépense, — la mesure de vin coutait un réal et demi, — il n'en fit apporter que pour un maravédi et le versa parcimonieusement, mais lorsqu'il versait ce qu'il croyait être la dernière goutte, la jarre était encore pleine [42]...

Comment, abreuvés de vin miraculeux, manœuvres et maçons eussent-ils pu manquer de courage?

Cette maison terminée, ce sont de nouveaux départs, de nouvelles arrivées : Alba de Tormes, Medina del Campo, Avila enfin, mais pour fort peu de temps, car le branle-bas des fondations, ralenti trois ans, va recommencer.

11. L'ombre du Grand Inquisiteur, 1574.

En route pour Ségovie, la Madre Teresa était sans inquiétude : tout s'annonçait fort bien pour cette fondation. Elle se sentait d'autant mieux par les routes qu'elle y faisait moins de bruit et n'emmenait cette fois que Fray Juan de la Cruz, Julian de Avila, Isabel de Jésus, — la chanteuse du *Cantarcillo* de Salamanque — et un laïc, Antonio Gaytan [1] : quatre compagnons seulement mais des plus efficaces.

Veuf, possédant quelques biens, Antonio Gaytan s'était pris pour le Carmel réformé et pour la Madre Teresa d'un tel zèle qu'il l'avait suppliée d'user de lui autant que les besoins de l'ordre l'exigeraient : il n'était pas nécessaire de tenir deux fois cette sorte de discours à la Mère Fondatrice, et à partir de cet instant Antonio Gaytan n'eut plus de répit. Il mit à la tête de sa maison une duègne chargée de l'éducation de ses filles et accompagna Teresa de Jésus.

Il recueillait, en cours de route, les principes de spiritualité adaptés aux besoins de la vie quotidienne d'un brave homme de laïc : la Madre estimait que tout comme il est en ce monde des climats différents, des saisons, des changements de temps, les exigences de la vie intérieure de chacun varient suivant notre nature et nos occupations. Elle le rassurait lorsqu'il se plaignait de la lenteur de ses progrès dans l'oraison : « Soyez sans peine, cela n'est pas de votre faute [2]... » « Ne vous fatiguez pas trop à penser, ne vous affligez pas de vos défaillances dans la méditation. La plus grande grâce que Dieu nous fasse est de le louer sans cesse et de travailler à ce que tous le louent [3]... »

Elle lui réservait pour l'instant une mission dangereuse . le déménagement clandestin, — on peut dire l'enlèvement, — des quatorze religieuses du couvent de Pastrana, souffre-douleur de l'extravagante Ana de Mendoza y la Cerda, princesse d'Eboli.

Le Prince était mort un an auparavant. Sa femme n'avait pu se résigner à n'être qu'une veuve comme les autres : elle prit l'habit du Carmel à Madrid — un habit qu'elle avait fait rapiécer à l'avance — de la main même du prêtre qui avait donné les derniers sacrements à un mari si follement aimé qu'elle eût voulu ne pas lui survivre. Plantant là les gages de cet amour, ses dix enfants, elle monta dans un char hermétiquement clos, à l'imitation de la sainte Mère Teresa, et, renonçant à Satan qui ne renonçait pas à elle, partit pour Pastrana.

Lorsque la Prieure, Isabel de Santo Domingo, fut informée en pleine nuit de son arrivée, elle s'écria :

— La Princesse au couvent! Cette maison est perdue [4]!

Elle ne venait point seule : telle les veuves des Indes qui montent sur le bûcher avec toute leur suite, elle amenait des jeunes filles, ses *criadas*, et exigea qu'on les admît en même temps qu'elle au noviciat.

Elle exigeait! Cette femme ne savait qu'exiger! Curieux langage pour une Carmélite. Ce n'était qu'un commencement.

Il n'existait pour la Sœur Ana de la Madre de Dios — tel fut le nom qu'elle avait pris en religion — ni règles, ni Constitutions, ni sons de cloche, et encore moins était-il question d'obéir à qui que ce soit. Elle entendait parler quand elle en avait envie, recevoir, sortir, et fit communiquer sa cellule avec la rue. Imposant d'être servie et traitée avec tous les honneurs dus à ses titres, la Sœur Ana de la Madre de Dios malmenait la Prieure, se moquait ouvertement d'aumôniers, confesseurs, visiteurs :

— Qu'est-ce que les moines ont à faire dans *mon* couvent ?

Elle fit, enfin, tant de scandales qu'il fallut bien lui dire que c'était une trop grande fortune pour un pauvre monastère que de la posséder, et que seule la cour était digne d'elle : c'est ce que lui fit comprendre, poliment, mais très fermement, Isabel de Santo Domingo.

Ana de Mendoza, dite de la Mère de Dieu, ne se méprit pas sur le sens de paroles si courtoises, cria qu'on la chassait et en appela au Roi; elle se fit remettre une fois de plus, mais plus vertement, à sa place, dans l'univers des pécheresses mal repenties : Philippe II, excédé, l'appelait maintenant « une fameuse femelle ».

— Le premier de vos devoirs, lui intima-t-il, est de vous occuper de vos enfants.

Rentrée dans son palais, elle chercha un moyen de se distraire et le trouva : persécuter les pauvres Déchaussées; le moindre de ses sévices fut de supprimer la rente qu'elle s'était engagée à leur verser, c'est-à-dire les vouer à la famine, car nul ne pouvait les aider, dans ce village perdu.

La Madre Teresa ressentait tendrement et vivement toutes les peines de ses filles, et si elle n'emmenait que l'une d'elles pour cette fondation de Ségovie, c'était dans l'intention d'y faire venir les victimes de la princesse d'Éboli.

Tout s'annonçait vraiment très bien pour le nouveau couvent : une « grande servante de Dieu », Doña Ana de Jimena, tenait prête une maison où la première messe allait pouvoir être dite immédiatement. La Mère arrivait à son habitude *sin blanca*, mais la Providence ne manquerait pas de pourvoir à l'acquisition d'un édifice convenable et définitif : ce bon Seigneur n'y avait jamais manqué.

Teresa de Jésus rêvait donc à ses arrangements, ainsi

qu'on aime à le faire dans une voiture qui roule vers le but, lorsque Julian de Avila lui demanda à voir comment était rédigé le papier par lequel l'Évêque l'autorisait à fonder ce monastère.

— Un papier? Je n'en ai point. L'autorisation verbale d'un Évêque n'est-elle pas suffisante?

Les mulets peinaient dans les dures montées du Guadarrama, le chariot secouait ferme, et de plus, Julian de Avila se mit à bouder et grogner :

— L'Évêque est absent. Il suffit que le Proviseur soit du genre tracassier attaché aux paperasses... Enfin, n'y pensons plus!

A Ségovie, ils pénétrèrent dans la maison à la nuit close, on sonna la cloche le lendemain matin, Julian de Avila dit la première messe et posa le Très Saint-Sacrement : quoi qu'il arrivât, le couvent de Saint-Joseph du Carmel de Ségovie était fondé. Mais quelle peur s'en suivit! L'excellent aumônier, sans faux amour-propre, en fit le récit :

« Le Proviseur entra, et je ne vis jamais homme plus en colère. Il criait, demandant qui avait posé là le Très Saint-Sacrement. Les religieuses étaient déjà retirées en clôture, quant à moi, devant cette fureur, je me mis à l'abri sous un escalier. Notre homme tomba sur Fray Juan de la Cruz :

— Padre, qui a mis *ça* là? Enlevez-moi *ça* au plus vite, tandis que je m'interroge : dois-je oui ou non vous mettre en prison [5]?

« Il ne le fit point, parce qu'il s'agissait d'un religieux, mais s'il m'avait aperçu, moi, pauvre ecclésiastique, je tiens pour certain qu'il m'y eût envoyé. »

La Madre ne se laissa pas émouvoir par cet esclandre : elle ne s'inquiétait guère, une fois dite la première messe : toutes ses angoisses étaient « avant ». Elle tint tête au Proviseur avec autant de hardiesse que de courtoisie. Il n'osa pas défaire le monastère, mais afin qu'on n'outrepassât point son interdiction de célébrer la messe, il laissa là un alguazil qui fit grand-peur à tout le monde.

Alerte chaude, mais brève : on put attester devant ce Proviseur de l'authenticité de l'autorisation verbale donnée par l'Évêque, et tout rentra dans l'ordre.

C'est-à-dire que Julian et Antonio Gaytan furent libres

de partir en expédition à Pastrana, emmenant cinq chariots.

Les religieuses étaient prêtes. Depuis longtemps, sur le conseil de la Madre Teresa, la Prieure notait au jour le jour tout ce que la Princesse donnait, tant en objets usuels qu'en vases sacrés et ornements. Isabel de Santo Domingo, experte à la chicane comme si elle n'eût fait autre chose de sa vie, fit venir le *Corregidor*, un écrivain public et, inventaire en main, restitua tout ce qui n'appartenait pas en propre au couvent : le bagage des pauvres filles resta réduit à bien peu de chose.

Les deux sauveteurs, le prêtre et le laïc, en grand mystère, rasant les murs, et fort émus de jouer un si grand rôle dans une aventure où s'affrontaient le ciel et la cour, se glissèrent dans le monastère. Il fallut d'abord consommer les Saintes Espèces, puis, ainsi fortifiées, les moniales suivirent leurs ravisseurs en procession, mais à pas de loup, invoquant Dieu, mais dans leur cœur, et le silence qui précède l'aube semblait un silence d'embuscade : on pouvait tout redouter d'une ennemie aussi puissante que vindicative. Le bon Julian avoua que pour fuir ainsi il leur avait fallu plus de courage qu'il n'en faut d'ordinaire pour monter à l'attaque.

Les chariots attendaient fort loin. pour ne pas attirer l'attention du village. Enfin, les quatorze fugitives y montèrent et on put s'éloigner de Pastrana dans un grand tintamarre de mules au galop, de claquements de fouets et de cris d'*arrieros*.

A cela près que tout le monde faillit se noyer en traversant le Tormes que Julian de Avila compare à la mer, ils arrivèrent à Ségovie sains et saufs après plusieurs jours de galopade accélérée par les chemins les plus accidentés du monde.

La Madre leur montra toute la joie qu'elle ressentait, et nomma prieure du couvent de Ségovie cette Isabel de Santo Domingo qui avait donné de si belles preuves de sagesse, d'énergie et d'esprit, dans ses démêlés avec Doña Ana de Mendoza.

Et l'affaire fut tenue pour close.

Mais si la Princesse n'avait pas envoyé ses sbires à la poursuite de quelques misérables nonnes, c'est qu'elle tenait une plus éclatante vengeance.

Comment avait-elle su, au moment de la fondation des couvents de Pastrana, que la Madre Teresa avait écrit un récit de sa vie? Teresa de Jésus gardait secrète cette autobiographie, faite uniquement sur l'ordre de ses confesseurs, et pour eux seuls; elle se fût gardée d'une indiscrétion de la Princesse plus que de quiconque. Et comment sut-on que la Fondatrice en avait apporté une copie? Par l'imprudence — étant donné que sa malveillance n'est pas prouvée — d'une religieuse Augustine qu'Ana de Mendoza avait contraint la Madre d'accepter, et qui fut d'ailleurs promptement renvoyée. La tumultueuse dame fut prise pour ce récit d'un si violent appétit de curiosité qu'elle mit tout en action pour obtenir de le lire. Elle cajola Teresa, qui ne s'y laissa point prendre, et persista dans son refus. Piquée, Ana s'agita, tempêta, fit intervenir Ruy Diaz, qui supplia la Madre pour avoir la paix; enfin elle n'hésita pas à faire serment que son mari et elle seraient seuls à le lire. D'ailleurs, pourquoi tant de méfiance à son égard? Sa tante Doña Luisa de La Cerda n'en avait-elle pas eu un exemplaire chez elle?

Teresa de Jésus avait dû céder.

Tenace dans ses envies et ses rancunes, la Princesse ne l'était point dans l'accomplissement de la parole jurée : le récit de la *Vie* de la Madre Teresa traîna sur les tables du palais de Pastrana; les suivantes, les servantes, eurent tout loisir de s'en édifier ou de s'en moquer : on s'amusa beaucoup des visions de Teresa de Jésus, on les compara, en se jouant, aux duperies démoniaques de Magdalena de la Cruz. Le bruit de ces persiflages alla jusqu'à Madrid, la Princesse elle-même y ajouta son grain de piment ; pendant toute une saison ce fut l'un des meilleurs divertissements de la cour que d'amener ce sujet de conversation où l'esprit et la méchanceté d'Ana de Mendoza jetaient des étincelles.

Ah! cette Madre Teresa arrachait de ses griffes d'innocentes nonnes? La princesse d'Éboli se fit une gloire de dénoncer à l'Inquisition le *Livre de la Vie* de Teresa de Jésus, l'accusant de contenir « des visions, des révélations, et l'exposé d'une doctrine dangereuse [6] ».

Tandis que la dame borgne tramait ses intrigues, la Madre vivait dans la quiétude des âmes limpides, fort éloignée de s'imaginer jusqu'où la vanité ulcérée et la haine peuvent aller. Elle venait d'acheter pour le Carmel de Ségovie une bonne maison et y installa ses filles avec l'habituel cérémonial de la prise de possession : suivie des moniales, qui chantaient le *Laudate Dominum omnes gentes*, elle allait de pièce en pièce en agitant une clochette et ouvrant toutes les portes. Elles élevèrent un autel en ce lieu où désormais l'esprit du Seigneur régnerait seul.

Ce couvent était aussi humble qu'elle les aimait, bas de plafond sous les tuiles rousses, car « pour treize pauvrettes le moindre coin suffit [7]... » Les cellules ouvraient sur le patio. Là, Fray Juan de la Cruz fut un jour si transporté d'amour par la vue d'une image du Christ croulant sous le poids d'une croix en forme de pressoir qu'il alla en chancelant embrasser la grande croix sombre qui se détache sur le mur blanc du cloître, et resta extasié.

La Madre pouvait s'entretenir en paix avec ce Père de son âme, et jouir de la solitude dans une cellule haute où elle se retirait. « Il y a longtemps que je n'ai pu m'isoler ainsi, et c'est pour moi une grande consolation [8]. » Ses filles l'entouraient d'une tendresse parfois indiscrète, mais toujours douce à ce cœur si aimant que le mot « amour » est peut-être celui qu'elle prononce le plus souvent. Elle dit : « Je ne voudrais qu'aimer », « il n'est meilleur remède que l'amour [9] »... Parce qu'elle aime bien, elle conçoit qu'on l'aime bien aussi.

Lorsque la naïve Ana de la Santisima Trinidad qui la suivait partout la découvrait en oraison dans sa retraite, la Madre la grondait avec un sourire indulgent :

— *Urguillas!* Fureteuse! Ne me laisseras-tu jamais seule [10]?

Ces indiscrétions eurent une heureuse conséquence : Teresa de Jésus avait apporté à Ségovie le petit cahier des *Pensées sur l'Amour de Dieu* et le montra à son confesseur, le P. Yanguas. Ce Père n'était pas moins réputé pour la rudesse de ses vertus que par ses commentaires de saint Thomas. Il lut, et dit :

— A quoi bon vous fatiguer à écrire ces choses-là? Jetez-moi cela au feu.

La Madre ne répondit point, son visage ne trahit pas la

moindre émotion, un feu était allumé, dans lequel elle jeta ses feuilles.

Le P. Yanguas était « animé du zèle de saint Paul qui ordonnait aux femmes de se taire dans les églises de Dieu : c'est-à-dire qu'elles ne prêchent point en chaire et n'impriment pas de livres [11] ». Mais il y avait plus : l'Inquisition se montrait particulièrement sévère en tout ce qui touchait à la connaissance des Écritures. L'une des accusations qui avait pesé le plus lourdement sur les *Alumbrados* de Tolède avait été de se réunir en groupes, clandestinement, pour commenter les Saintes Écritures « dans les coins »; on les surnommait même « disciples des doctrines secrètes et des recoins »... Toujours la Madre Teresa prendra le plus grand soin de bien spécifier que la parole des Écritures lui apportait de grandes consolations lorsqu'elle lui était transmise par des théologiens aussi doctes que saints, mais elle ne fait point allusion à une lecture directe : pourtant, les citations qu'elle en fait, de constantes réminiscences, prouvent qu'elle les connaissait fort bien. Elle affirme que les mots de l'Évangile la plongent dans le recueillement mieux que les livres les plus savants [12], et le Seigneur lui-même lui dit : « Tous les maux du monde viennent de l'ignorance des vérités des Écritures, dont pas une virgule ne faillira [13]... » N'empêche qu'à Tolède, quand une candidate au noviciat qu'elle venait d'agréer dit qu'elle apporterait sa Bible, la Madre l'interrompit :

— Ma fille, restez chez vous! Nous n'avons besoin ni de vous ni de votre Bible! Nous sommes des ignorantes qui ne savons que filer et obéir [14]...

Aux beaux temps du grand inquisiteur Don Gaspar de Quiroga, c'était sagesse, et il y avait plus de prudence que d'étroitesse dans l'attitude du P. Yanguas. Bientôt Fray Luis de Leon sera jeté au cachot pour avoir traduit en castillan le *Cantique des Cantiques* sur la demande de l'une de ses pénitentes : il y resta quatre ans.

On peut concevoir la peur du P. Diego devant le « petit cahier » explosif de Teresa de Jésus. Il se défendit de s'être montré intransigeant en prétendant n'avoir parlé que sur le mode plaisant, et pour mettre à l'épreuve l'obéissance de la Madre : jamais il n'aurait cru qu'elle lancerait si vivement dans les flammes un si admirable écrit « qui ne contenait rien contre notre foi [15] ».

C'était mal connaître la joie qu'éprouvait la Madre à obéir, et son absence totale d'amour-propre d'auteur.

Le texte fut pourtant sauvé : une des « fureteuses » avait copié le manuscrit en cachette. Teresa le crut anéanti et n'y pensa plus. Chacune de ses retraites en marge des fondations contribuait davantage à la détacher de toutes choses créées. De Ségovie, elle écrit : « Je suis plus libre, intérieurement, de jour en jour [16]... »

Pendant ce temps-là, l'Inquisition, à Avila, recherchait non seulement son autobiographie, mais tous ses autres écrits. Le P. Domingo Bañez, résolu à soutenir la Madre Teresa de sa haute autorité, porta lui-même aux inquisiteurs l'ouvrage dénoncé, après y avoir fait de légères retouches ; il y avait joint quelques pages d'approbation.

Lorsque Teresa apprit quel danger elle courait, elle ne se troubla pas :

— Dieu sait avec quelle sincérité j'ai écrit ce qui est vrai.

Ne proclame-t-elle pas, d'ailleurs, dans ses livres grands et « petits », sa fidélité à l'Église, régulièrement et sur tous les tons? Dans le récit de sa *Vie :* « ... mettre les démons en miettes pour la plus petite des vérités de l'Église [17] »... Dans ses *Sept demeures de l'âme :* « Si je disais quoi que ce soit qui ne se trouve pas conforme aux vérités de notre sainte, l'Église catholique et romaine, c'est ignorance et point malice [18]... » Dans le *Chemin de la Perfection :* « En tout je m'en tiens aux vérités de la Mère sainte, l'Église romaine [19]. » Dans ses relations spirituelles à ses confesseurs : « Je me soumets à la correction de l'Église [20]. »

Se soumettre, pour elle, c'est amour.

Elle était plus sensible à l'inquiétude de ses filles qu'elle rassurait en leur rappelant :

Trouble est vain,
Peur est vaine,

à moins qu'elle ne haussât doucement les épaules :

— *Que mas da?* Et puis quoi?...

En quittant Ségovie pour rentrer à Avila elle s'arrêta à la grotte où saint Dominique avait vécu. Elle y demeura si longtemps prosternée que sa petite escorte s'impatientait. Avec beaucoup de bonne grâce, elle s'excusa : elle avait été retenue par le saint Frère Prêcheur qui lui était apparu. Il lui avait promis de l'aider en toutes choses et particulièrement dans ses fondations.

Qu'avait-elle à craindre de rien ni de personne, fût-ce des inquisiteurs?

12. Jeronimo Gracian de la Madre de Dios, 1575

Dans un paysage gris et bleu, enlevé à la pointe sèche dans la lumière froide, les chariots grinçaient, accrochés aux flancs de la sierra Morena. A chaque tour de roue, des pierres se détachaient du bord du sentier et roulaient dans le vide, rebondissant de rocher en rocher, éveillant, dans la profondeur, des échos qui faisaient trembler dix femmes vaillantes.

Les sept couvents de Carmélites que la Madre Teresa de Jésus avait fondés jusqu'alors se trouvaient « dans son quartier », à vingt ou trente lieues à la ronde d'Avila; elle s'aventurait, en ce mois de février 1575, vers Beas, aux confins de la Castille et de l'Andalousie, province de Jaen. Effrayée par l'éloignement et la perspective d'un voyage à travers de hautes montagnes, elle s'était pourtant laissé convaincre par la dévotion obstinée des donatrices, deux filles nobles, les sœurs Godinez, et par l'appât d'un climat particulièrement doux et délicieux. Elle emmenait les fidèles Julian de Avila et Antonio Gaytan, auxquels se joignait Gregorio Martinez, qui l'avait connue à Medina del Campo, et l'avait suivie. Ana de Jésus, cette belle Lobera dite « Reine du Monde », était du voyage, ainsi que Maria de San José, l'ancienne petite suivante de Doña Luisa de La Cerda. Il y avait encore Isabel de San Jeronimo, que le P. Juan de la Cruz avait guérie de la mélancolie, Ana de San Alberto, Maria del Espiritu Santo, Maria de la Visitacion, Isabel de San Francisco dont le style était si bon que la Madre la pria d'être l'historien du Carmel, la toute menue Leonor de San Gabriel, si gracieuse, si affectueuse, qu'elle était *ma Gabrielita* pour la Mère Fondatrice, enfin, Beatriz de San Miguel : toute enfant, celle-ci avait coupé ses boucles blondes et les avait apportées à sa mère dans un coffret :

— Je vous laisse cette parure et veux aller à Dieu.

C'est elle qui tenait dans ses bras l'enfant Jésus, qui était, lui, de tous les voyages.

Depuis des jours les pataches cahotantes cahotaient dans la sierra. Zigzags, grimpées, dégringolades n'en finissaient pas. Les mules allaient de plus en plus lentement, de moins en moins sûrement, et les charretiers eux-mêmes semblaient époumonés en poussant leurs *Arreeee!* pour animer les bêtes.

La Madre, à travers une fente des bâches qui fermaient sa voiture, devina de l'inquiétude dans une hésitation des *arrieros*; pourtant, l'instant d'après, ils s'engageaient dans un escarpement qui semblait bon pour des chèvres, mais peu fait pour des véhicules aussi pesants que larges. Elle flaira un danger.

De même que dans la tempête le capitaine ordonne de carguer les voiles et de tenir ferme la barre, la Madre commanda à ses filles de carguer la bonne raison qu'elles avaient d'avoir peur, et de ne rien lâcher de leur foi en la protection de Dieu :

— Ces hommes-là ne savent plus où ils vont. Prions, mes filles, demandons au Seigneur et à notre père saint Joseph de nous servir de guide [1]!

Alors, de loin, très loin, du fond du ravin, une voix monta, voix de vieux berger exercée à porter à de longues distances :

— Arrêteeeeez! Arrêteeeez! Vous roulerez dans des précipices si vous vous engagez par làààààààà!

Dans un fracas de sabots raclant la pierre, de rênes brutalement tirées, de harnais qui sonnent, d'essieux qui grincent, de roues qui butent, les chariots firent une brusque halte tandis que se répercutaient dans la montagne les cris des muletiers : « Arrêteeeez! *Pareeeen! Pareeeeeen!* »

La stupeur des bêtes et des hommes dura quelques secondes, suivie immédiatement d'un grand bruit de questions, de constatations, d'exclamations : ils étaient bien perdus dans la sierra Morena! Effectivement, ils roulaient vers un abîme! Cette voix montée du vide les avait sauvés. Mais comment se tirer de là? Comment tourner, dans une sente étroite, entre le roc et le vide? Où reprendre la bonne voie?

Les mains en cornet, ils interrogeaient le fond du précipice :

— Par où pouvons-nous passeeeeeer ?

Le fond du précipice répondit :

— Reculez doucement, vous ne risquez rien! A cent tours de roue en arrière vous retrouverez le bon chemiiiiiiin!

Dans le silence, la voix planait, l'écho la renvoyait comme un miroir très pur.

Un valet parti en éclaireur revint annoncer que le bon chemin était bien au point indiqué : un éboulement le dissimulait, qu'on déblaierait aisément. Tandis que quelques-uns des hommes de l'escorte s'y occupaient, les autres s'efforçaient de rejoindre le sauveteur demeuré invisible. Ils hélaient les lointains, scrutaient la profondeur, l'un d'eux se risqua même à descendre: en vain. Ce berger, où se cachait-il! L'air était si diaphane qu'on distinguait la moindre pierre aussi loin que pouvait porter le regard, et la sierra, fouillée par la lumière, si nue, qu'il semblait impossible de s'y dissimuler.

Le visage de Teresa de Jésus rayonnait d'amour, de larmes, de confusion :

— Cela m'afflige, disait-elle à ses filles, de les laisser chercher : ils ne trouveront personne. Mais on ne peut leur dire que la voix que nous avons entendue est la réponse de notre père saint Joseph à nos prières...

Il restait encore une journée de parcours en montagne, mais à partir de ce moment tout fut si facile, les bêtes allèrent si vite, que les muletiers grognaient et juraient :

— Drôle de besogne que de conduire des mules qui volent!

Sur le bord du Guadalimar, les Carmélites s'apprêtaient

à descendre des chariots pour la traversée du fleuve lorsqu'elles se trouvèrent transportées sur l'autre rive : il n'y avait plus moyen de dissimuler à quiconque que les anges du ciel portaient la sainte Mère sur leurs mains [2]...

Le bruit de ce prodige fut tel que le clergé de Beas, en surplis et portant la croix, tous les habitants, sans excepter les petits enfants, vinrent en procession au-devant de Teresa de Jésus, précédés de cavaliers qui faisaient faire à leurs chevaux « toutes les gentillesses du monde [3] ». Ils l'accompagnèrent à l'église où elle entra au chant du *Te Deum*, au milieu de la noblesse et des notabilités en grand habit d'apparat.

Tels furent les miracles joyeux. Il y en eut un effrayant : le nouveau couvent, contigu à l'église paroissiale, était installé dans l'ancienne maison du vicaire, et les religieuses autorisées à suivre par une lucarne les offices célébrés à la paroisse. Ce droit déplut si fort à un certain Alonso de Montalvo qu'il n'hésita pas à partir pour Madrid afin d'en obtenir l'annulation. Il revint tout fier :

— Dans trois jours, la lucarne sera fermée, ou on me fermera les yeux [4]...

Trois jours plus tard, on ferma ses yeux : il mourut subitement. C'est ainsi que le juste voit la rétribution des méchants, dit le psalmiste.

La vénération qu'inspirait la Santa Madre fut du délire, et le couvent de Saint-Joseph-du-Sauveur de Beas, inauguré le 24 février, devint une pépinière de saintes.

Les deux sœurs Godinez, donatrices de la maison et de six mille ducats, y prirent le voile, et les noms de Catalina de Jésus et Maria de Jésus.

Des deux, c'est Catalina qui est douée de forte personnalité : Catalina Godinez ou l'orgueilleuse convertie, c'est l'un de ces récits pittoresques tels que la Madre aimait à les écrire.

Elle avait été, à quatorze ans, si fière de sa beauté, de sa fortune, de son nom, qu'elle s'offusquait du peu d'ambition de ses parents lorsqu'il s'agissait de la marier : ne se contentaient-ils pas, pour elle, d'un « majorat », de l'aîné d'une grande famille? Elle ne comprenait pas d'où lui venait tant d'orgueil, mais jugeait humiliant d'être liée à un homme;

elle eût voulu que sa lignée commençât à elle seule![5]

Dieu allait se servir de son orgueil pour la vaincre. Un soir où elle songeait à ces projets d'union, levant les yeux, elle vit le crucifix et comprit soudainement que Dieu seul était un époux digne d'elle. Robuste caractère : elle fit sur-le-champ vœu de chasteté et de pauvreté. Les démons, à qui elle échappait, menèrent alors si grand tapage que son père éveillé par le bruit descendit en vêtements de nuit et l'épée à la main.

Ses parents ne permirent pas à Catalina d'entrer en religion, et s'obstinèrent même à la marier; pour faire peur aux prétendants, elle allait en cachette dans la cour de la ferme, mouillait son visage et l'exposait au soleil pour s'abîmer le teint, ainsi que fit Peau d'Ane. Elle passait en oraison tout le temps qu'elle pouvait dérober à la surveillance maternelle et se levait la nuit pour aller à tâtons baiser les pieds des servantes endormies : elle leur demandait pardon d'être contrainte de se faire servir par elles.

Affligée de toutes les maladies, guérie par miracle et rendue libre par la mort de père et mère, elle put enfin obtenir de la Madre Teresa de Jésus la fondation à Beas d'un monastère du Carmel dont sa sœur Maria et elle feraient les frais.

Un ange lui avait révélé l'existence du Carmel réformé : elle s'était vue dans une grande pièce conventuelle, éclairée par les cierges qu'une quinzaine de religieuses voilées de noir tenaient à la main. Lorsque Catalina leur avait demandé à quel ordre elles appartenaient, sans rompre le silence elles levèrent leurs voiles et montrèrent de beaux visages souriants. Le jour de sa prise d'habit, elle reconnut en ses nouvelles compagnes les visages de son rêve.

Ce ne fut pourtant point parce qu'elle y vécut dans ce halo de légende dorée que la Madre Teresa dit plus tard que jamais elle n'avait été plus heureuse qu'à Beas : c'est à Beas qu'elle rencontra Fray Jeronimo Gracian de la Madre de Dios.

« Jamais je ne vivrai de plus beaux jours que ceux que j'ai vécus avec mon Paul[6]... » Elle le surnommait ainsi, jugeant que tel l'apôtre, il était alternativement « sur les sommets ou au plus profond de la mer[7] », tant il avait l'enthousiasme et le découragement faciles. Elle l'appelait aussi « mon Élisée [8] », en raison de sa tête « grande et chauve ». Au P. Rubeo, supérieur général de l'ordre, elle écrivait : « Gracian est comme un ange [9]... » et à la prieure de Medina del Campo : « Oh ma Mère, combien j'eusse souhaité vous avoir auprès de moi ces jours derniers! Ils furent, sans exagération, les meilleurs de ma vie. Le P. Gracian vient de passer ici plus de vingt jours. J'affirme n'avoir pas encore apprécié cet homme à sa valeur. A mes yeux, il est parfait, et pour nous, il est mieux que ce que nous pourrions demander à Dieu. Que Votre Révérence et ses filles prient sa Majesté de nous le donner pour supérieur. Je pourrai alors me reposer sur quelqu'un du gouvernement de ces maisons : jamais je n'ai vu tant de perfection jointe à tant de douceur... Julian de Avila est fou de lui... (*está perdido por el...*) et il en est de même de tous ceux d'ici. Il prêche admirablement [10]. »

Teresa de Jésus exultait si bien qu'on eût pu croire que renaissaient en elle les engouements de Teresa de Ahumada. Elle avouait que son âme ne s'apaisait qu'en Dieu ou auprès de celui qui seul la comprenait : « Tout le reste m'est une si lourde croix que je ne le puis supporter [11]... » Dans ce cœur de soixante ans, ce fut un embrasement. Comment eût-il pu en être autrement, étant donné la nature généreuse de la Madre, et la contrainte dans laquelle elle avait vécu? Ceux mêmes que ses visions, ses voix, émerveillaient, ne les considéraient pas sans un certain effroi; le P. Juan de la Cruz les tenait pour une fièvre d'imagination, fruit de la complaisance dans les plaisirs de l'amour divin, et Teresa elle-même doutait parfois qu'elles ne fussent piège du démon. Il lui était aussi pénible d'être tenue pour sainte que pour un phénomène, et c'est pourquoi elle aimait, entre toutes, les novices les plus gaies, dont l'affectueuse familiarité était pour elle repos, abandon, tendresse.

Gracian, lui, lorsque Teresa lui dévoila les secrets de son âme ne s'étonna point d'une intimité pourtant étonnante avec le Seigneur; en bon théologien, s'appuyant sur les Saintes Écritures, il l'y autorisa. Ce fut un soulagement immense pour l'épouse du Christ si souvent tourmentée par son bonheur même : « Qu'il soit à jamais béni [12]! »

Celui qui lui apportait la certitude et la paix lui devint immédiatement très cher, et indispensable.

Et puis, il n'était pas « renfrogné » : il la fit rire dès les premiers jours.

Il y avait eu force prises d'habit à Beas, dont celle de Gregorio Ramirez, qui prit le nom de Gregorio Nacianceno Julian de Avila demanda plus simplement au P. Jeronimo Gracian de bien vouloir lui donner le scapulaire de l'ordre du Carmel pour lequel le brave aumônier se dévouait sans compter.

Le P. Vicaire fit grouper les novices dans le chœur, derrière la grille, il leur fit chanter le *Veni Creator* comme pour une prise d'habit, et simula le début de la cérémonie. Son sermon, sur les beautés de la vie monastique, dura une heure. Le bonhomme Julian était au désespoir : pouvait-il être fait moine sans l'avoir demandé, sans en avoir envie? Faire vœu de pauvreté alors qu'il avait plusieurs sœurs à nourrir? Mais peut-être la Madre Teresa de Jésus avait-elle eu une révélation à son sujet, lui enjoignant de se déchausser et vêtir de bure épaisse? Dans ce cas, pouvait-il résister à un ordre du Seigneur? « Il pâlissait, rougissait, transpirait, s'affligeait [13] », lorsque le P. Gracian, son discours achevé, lui remit tout simplement le scapulaire.

Julian de Avila fit la joie des moniales en racontant ses angoisses, la Madre en rit beaucoup, plus contente que jamais de son Pablo, de son Eliseo, de son Gracian.

Avec lui, elle pouvait prendre un ton désinvolte, se laisser aller à ses vivacités, ne point retenir un mot drôle, un élan affectueux. A lui, elle pourra écrire : « Vous m'avez bien fait rire et beaucoup amusée. Oh, mon Père! Votre Grâce n'avait guère besoin de jurer, même pas comme un saint, encore moins comme un charretier, car c'est bien là ce que j'ai compris... Je laisse ceci, en rappelant à Votre Paternité qu'elle m'a autorisée à le juger et à penser ce que je veux [14]... »

Elle l'aima comme une mère, comme une sœur, comme une sainte arrivée à un tel degré de pureté que les expressions les plus vives de l'amour ne peuvent sur ses lèvres prêter à équivoque. Car si elle n'eût pas été cette âme diaphane, elle ne les eût point osées : « Quel plaisir j'aurais eu à lui donner à manger, alors qu'il avait faim comme il le dit [15] ! » « Il est gras et en bonne santé : Dieu soit béni [16] ! » Le jour où il a signé une de ses lettres « Votre fils chéri », elle se dilate d'aise : « Vous m'avez bien amusée en écrivant *Votre fils chéri!* Et combien j'eus vite fait de me dire en moi-même que vous avez raison [17] ! »

Elle s'inquiète de lui, de sa fatigue, de sa santé, de ses habits, de son humeur, enfin, elle se réjouit de l'extrême bonté du « marieur » (*el casamentero*), le Christ lui-même, qui les a liés l'un à l'autre si étroitement qu'ils ne seront pas séparés par la mort, mais unis pour toujours [18]. Et la pensée du P. Gracian l'aide à mieux louer Dieu.

Qu'elle le conjure d'éviter de tomber de bourrique, — non sans malice, — qu'il lui inspire, lorsqu'il manque à lui écrire souvent, ce mot admirable, « l'amour, là où il est, ne dort point ainsi [19] »... qu'elle éprouve, vis-à-vis des prieures, — telle Maria de San José, — pour lesquelles il aura plus tard une vive amitié, un sentiment qui ressemble fort à la plus féminine des jalousies, tout cela, qui prouve que Teresa de Jésus avait un cœur, n'en implique pas moins que ce cœur était entièrement plein, bondé, d'un amour qui les englobait tous : celui de Dieu, et celui de son Ordre.

Le P. Gracian n'avait-il pas les mêmes idées qu'elle, ses goûts, sa méthode de direction des âmes? « Votre Paternité a grandement raison en ce qu'elle juge nécessaire pour la réforme, lorsqu'elle dit qu'on ne conquiert pas les âmes par la force des armes, de même que les corps. Dieu veuille vous garder auprès de moi, car vous me contentez bien [20] ! »

L'irruption d'un sentiment si ardent lui causa pourtant quelque inquiétude, mais un jour, après la communion, elle fut transportée en esprit dans un verger fleuri, si délicieux qu'il lui rappela les images du *Cantique des Cantiques :* « Je vis là mon Élisée, non pas tel qu'il est, un rien trop brun, mais d'une étrange beauté; il avait sur la tête comme une guirlande de grosses pierres précieuses; des jeunes filles, en grand nombre, marchaient devant lui, des rameaux à la main, chantant des cantiques à la louange de Dieu. J'ouvrais les yeux bien grands... Il me semblait entendre une musique d'anges et de petits oiseaux dont l'âme se délectait. Et on me dit : « Cet homme a mérité d'être parmi vous [21]. »

Qui donc était cet exaltant personnage, à qui le ciel lui-même octroyait ses lettres de créance?

Agé de trente ans lorsqu'il rencontra à Beas la *Madre Fundadora*, le P. Jeronimo Gracian de la Madre de Dios était déjà Visiteur apostolique des Carmes Déchaux et des Mitigées d'Andalousie. Fort érudit, doué d'une éloquence persuasive, d'une gaieté d'enfant et d'une austérité de Père du Désert, il « enchantait » par ses manières parfaites, douces et affectueuses, tandis que l'égalité de son caractère rendait son commerce apaisant.

Il s'apprêtait à entrer à la Compagnie de Jésus lorsqu'il connut les Carmes Déchaux; il préféra à l'habit des fils d'Ignace de Loyola celui des fils de Notre-Dame, qu'il prit à Pastrana.

Il avait toujours eu envers la Vierge une dévotion si tendre qu'il appelait *mi enamorada*, mon amoureuse, une image de Marie à qui, adolescent, il rendait fréquemment visite dans une église de Madrid. Ce don du pieux marivaudage le prédestinait à être le « fils chéri » de Teresa de Jésus.

C'était un cœur tendre, délicat et, bien que pétri de toutes les qualités qui font le succès dans le monde, si peu fait pour le monde que rien ne le guérit jamais de sa naïveté. Sa famille le destinait aux grands emplois de cour; l'appel de Dieu fut plus péremptoire que celui du Roi, et que le devoir d'aider à faire vire ses dix-neuf frères et sœurs. Car bien que son père ait été secrétaire de Charles-Quint, que ses frères Antonio et Tomas fussent secrétaires de Philippe II et Luis secrétaire de la vice-reine de Sicile, les bonnes grâces de ces souverains à l'égard de leurs grands commis se manifestaient si capricieusement et si chichement que cette famille de hauts fonctionnaires était aussi pauvre qu'elle était honorée.

Jeronimo Gracian était l'homme dont la *Madre Fundadora* avait besoin : « Bien qu'il n'ait pas été parmi les premiers, il vint à temps : j'eusse souvent regretté d'avoir tant entrepris si je n'avais pas eu une telle confiance en la miséricorde de Dieu. Je parle des monastères de religieux, qui prenaient le chemin d'une rapide décadence du fait de n'être pas constitués en province indépendante et de se trouver gouvernés par des mitigés [22]. »

Sur qui la Madre eût-elle pu compter? Les deux « premiers » frères de la réforme, Antonio de Jésus, Juan de la Cruz, semblaient tout désignés. Or, le P. Antonio manquait de bon sens, il était susceptible et grand faiseur d'histoires; quant au P. Juan, l'incomparable archange de la *Nuit obscure* se dérobait encore à l'effort obsédant de ces fondations, à ce qu'elles comportaient de tractations humaines, de *negocios*, de diplomatie : il ne s'y résigna que beaucoup plus tard. Et puis, Teresa de Jésus ne pouvait le manier à son gré : une sainte, fût-elle la plus intelligente, ne peut manier un archange.

Tandis qu'elle pouvait manier le P. Jeronimo Gracian.

La Madre Teresa de Jésus soumit le P. Jeronimo Gracian de la Madre de Dios par le moyen qu'emploient toutes les femmes, qu'elles soient saintes ou pécheresses, géniales ou sottes, pour enchaîner les hommes : elle lui jura obéissance, promit de ne faire, pendant toute sa vie, que ce qu'il lui commanderait, sauf contre Dieu et les supérieurs envers lesquels elle avait des devoirs. Elle s'engagea également à ne rien lui cacher de sa vie intérieure, de ses péchés, enfin, elle le mit « intérieurement et extérieurement [23] » à la place de Dieu.

Cela fait, le P. Gracian n'avait plus qu'à se soumettre.

Dans le plus bref délai, la *Madre Fundadora* écrivit à Philippe II pour le supplier d'établir en provinces séparées les Carmes Mitigés et les Déchaux : elle avait enfin trouvé l'homme qui pouvait assumer la responsabilité de l'ordre réformé : « ... Un père Déchaux nommé Gracian que je viens de voir... Bien que fort jeune, il est de telle sorte que j'en ai beaucoup loué Dieu; je crois qu'il l'a choisi pour le bien de notre Ordre [24]. »

Teresa de Jésus allait faire crouler sous le poids des travaux celui qu'elle s'était donné pour maître. Elle poursuivait un but : l'autonomie des Déchaux par rapport aux Chaussés, des frères retournés à la Règle primitive par rapport à ceux restés dans la mitigation, de ses pères vêtus de bure par rapport à ceux habillés de drap fin. Elle avait décidé de s'y employer jusqu'à la mort. De cette œuvre, le Père Jeronimo Gracian allait être l'instrument.

La *Madre Fundadora* révèle le fond de son cœur lorsqu'elle écrit à la prieure de Valladolid, sa cousine Maria Bautista : « Chose étrange, je ne suis pas plus gênée de tant l'aimer que s'il ne s'agissait point d'une personne [25]... » En effet, pour la grande réalisatrice, il n'était pas une personne, mais plus qu'une personne : il était le meilleur outil qu'elle ait trouvé pour tailler dans le granit ses fondations.

IV. La grande tempête

Je vis une grande tempête d'épreuves...
RELATIONS, XXXVII.

1. *Route vers le Sud 1575-1576.*

La *Madre Fundadora* n'aspirait qu'à retrouver sa Terre promise, la Castille, lorsque le P. Gracian lui demanda d'aller fonder un couvent à Séville [1]. Comme elle hésitait, il lui en donna l'ordre, avec de bonnes raisons : l'appui de l'archevêque Don Cristobal de Rojas était acquis, le nouveau monastère se peuplerait de novices bien dotées ; les Sévillanes semblaient n'attendre que l'arrivée de Teresa de Jésus pour prendre l'habit du Carmel, tout irait pour le mieux, dans la ville la plus riche de toutes les Espagnes.

Ces arguments n'apaisèrent pas les appréhensions de la Mère Teresa : l'Andalousie lui faisait peur. Elle redoutait son climat, ses mœurs, ses habitants, ses révoltes, — il y avait cinq ans à peine que la dernière insurrection des Maures avait été réprimée à dures peines par Don Juan d'Autriche, — elle craignait le ramassis d'aventuriers que les nefs en partance pour les Indes attiraient dans ses ports.

Le P. Gracian entonnait le panégyrique usuel :

— Le soleil se mire dans son opulence, sa grandeur, sa majesté... Elle est le lieu d'échange, la porte et le port des Indes... Rien au monde n'égale ce qu'on voit à Séville : à l'arrivée des galions, cent, deux cents chariots tirés par deux paires de bœufs traînant les barres d'or et d'argent vers la Maison royale du Commerce des Indes [2].

— Nous n'avons que faire de cet or, disait Teresa de Jésus.

Gracian décrivait les habits luxueux des habitants, les soies couvertes d'épaisses broderies, matelassées, incrustées ; de laine, point, mais velours, taffetas, damas, brocarts.

Et comme la Madre fronçait légèrement le sourcil :

— Il ne dépend que de nous, que de Votre Révérence, pour que les richesses qui servent actuellement à tant de vanités soient consacrées au soutien de notre religion.

— Ne dit-on pas, objectait la Madre, que les rues de Séville sont moins sûres que les défilés de la sierra Morena? Filous oisifs et querelleurs que ces gens-là... N'appelle-t-on pas Séville « la Babylone de la Grande Mer »?

Elle sait aussi que dans cette foule d'étrangers, les hérétiques s'infiltrent, agissent, la propagande luthérienne y est intense, l'Inquisition plus soupçonneuse qu'en Castille, la répression plus active même qu'à Valladolid, et si cruelle qu'il est préférable de ne pas avoir à faire preuve d'innocence devant son tribunal.

Mais Teresa de Jésus avait fait vœu d'obéir au P. Jeronimo Gracian de la Madre de Dios. Elle dut céder, et précipiter les préparatifs de départ, car on était en mai, et sa santé n'eût pas supporté le voyage par les grosses chaleurs.

Elle laissait Beas à Ana de Jésus, celle qu'un Provincial appellera « la capitaine des prieures », en qui Jean de la Croix verra un séraphin, et dont la Madre elle-même dira : « Ana a les œuvres, et j'ai le bruit... »

Toujours *sin blanca*, la Madre emprunta au couvent de Malagon un peu d'argent pour la route : le strict indispensable, car le P. Gracian tenait pour certaine la générosité des Andalous, et choisit six religieuses parmi celles de Beas : Isabel de San Francisco, Maria del Espiritu Santo, Isabel de San Jeronimo, Leonor de San Gabriel, Ana de San Alberto, et enfin la future prieure, Maria de San José. Non seulement intelligente, mais brillante, formée dans le cercle le plus raffiné de Tolède, chez Doña Luisa de la Cerda, Maria faisait partie d'une élite par le savoir autant que par la naissance, parlait latin et ne s'en cachait point, écrivait à ravir en prose, en vers, et ne demandait qu'à le montrer. La Madre, qui préférait un proverbe en bon parler populaire à une citation latine, raillait sa pédanterie, mais à sa manière, qui consistait à panser l'égratignure par un mot tendre : « Je me demande pourquoi je vous aime tant [3]... »

Jamais Teresa de Jésus n'emmenait une religieuse pour une fondation nouvelle contre son gré. Maria de San José, destinée au départ de Castille à être prieure de Caravaca, fut consultée :

— Renonceriez-vous à Caravaca, où vous êtes certaine d'être bien logée, bien rentée, pour courir avec nous les risques de cette fondation de Séville?

Maria de San José demanda si elle serait en tout cas prieure de l'un ou l'autre de ces monastères : par humilité, elle eût préféré n'être rien :

— Ma fille, répondit Teresa de Jésus, vous serez prieure, car faute de grives on mange des merles...

— Dans ce cas-là, je choisis Séville.

La Madre éclata d'un grand rire triomphant :

— Vous l'aurez voulu! Advienne que pourra! [4]

L'entrain et la résistance d'une jeune prieure trouveraient bon emploi dans une telle entreprise.

Et voilà de nouveau les chariots armés pour le voyage comme on arme un navire pour une longue traversée. Dans chaque voiture recouverte, afin que nul ne puisse deviner qu'elle transportait des filles qui couraient le monde pour mieux renoncer au monde, on suspendit le sablier ; il rappellerait que la vie conventuelle ne s'interrompait ni par monts ni par vaux; la clochette annonciatrice des heures de prière fut mise à portée de la main de la Fondatrice; enfin on entassa les vivres et les outres pleines d'eau.

Le 18 mai, à l'aube, après la messe où toutes communièrent, les chariots prirent la route du sud. Julian de Avila, Antonio Gaytan, Gregorio Nacianceno suivaient, à dos de mulet. Le P. Jeronimo Gracian de la Madre de Dios était parti pour Madrid.

Le soleil tapait si dru que dès le premier jour les provisions empestèrent, — bien qu'il n'y eût pas de viande, — l'eau même se corrompit, il fallut tout jeter. N'importe : une première halte dans un bosquet fleuri fut si délicieuse que la Madre, qui ne sentait jamais plus vivement la présence de Dieu que dans un beau paysage et s'oubliait à le louer, eut peine à retourner vers son chariot, où la chaleur était suffocante.

Le train du voyage s'établit. Régulièrement, la Madre agitait sa clochette, le murmure des prières se rythmait sur le pas des mulets, sur le grincement des roues énormes, en bois plein.

La clochette également préludait au silence. Alors, les *mozos de mulas*, les *arrieros*, les charretiers eux-mêmes se taisaient : il avait suffi d'un mot de la Mère pour qu'ils acceptent de se plier ainsi à la discipline des couvents. Les rumeurs de la route, les clarines lointaines d'un troupeau, ne rendaient que plus sensible la quiétude des filles du Carmel. Précieux silence : c'est en lui que l'âme étreint Dieu, que Dieu étreint l'âme, et l'instruit; de même que le temple de Salomon s'édifia sans qu'on entendît aucun bruit, c'est en silence que le Seigneur édifie en nous ses demeures [5].

Nouveau tintement de clochette, et la Madre, encore pailletée de lumière céleste, offrait aux *arrieros* une outre de « vin de la terre » pour les récompenser de s'être si bien tus. Ils reprenaient leurs chansons et, dans l'innocence de leur cœur, leurs jurons.

Pour la sieste, la caravane s'arrêtait sous un bouquet d'eucalyptus, ou sous un pont, et c'était l'heure de la gaieté, même lorsqu'il fallait disputer à un troupeau de porcs un peu d'ombre. La Madre Teresa était douée de l'élocution la plus vive et la plus pittoresque, son sens de l'humour donnait du piquant aux péripéties du voyage, et même aux pires ennuis. Qu'elle taquinât Antonio Gaytan sur son attachement aux biens de ce monde, — le brave homme dissimulait mal qu'il était inquiet de la marche de sa maison, à Alba de Tormes, — ou la Sœur Leonor de San Gabriel sur l'exiguïté de sa taille, jamais elle ne blessait, toujours elle amusait. Et lorsque la conversation prenait de la hauteur, elle enflammait de l'amour du Seigneur ses compagnes, ses compagnons. Elle improvisait des *coplas* que ses filles chantaient :

Marchons vers le ciel
Moniales du Carmel [6]...

Mais sur cette route ascendante elle ne perdait pas de vue les cailloux du chemin, et veillait à ce que celles dont l'âme lui était confiée ne s'y blessent point.

La première nuit, on coucha dans un ermitage, à même les dalles, car dans l'attente des générosités sévillanes promises par le P. Gracian, on n'avait même pas emporté de paillasses. Le matin, on déballa les vases sacrés et les ornements, seul bagage précieux, et Julian de Avila célébra la messe avant qu'on recommençât à rouler.

Au fur et à mesure de l'avance vers le sud, le soleil dardait de plus en plus fort, la chaleur condensée sous les bâches était si effroyable que les sœurs ne pouvaient s'y entretenir d'autre chose que des souffrances du purgatoire et de celles de l'enfer : gagner le ciel au prix de mille peines, c'était mériter de vivre éternellement au frais. Elles montraient toutes les six tant de courage que la Madre exultait :

— Avec des filles telles que vous, je m'aventurerais en terres turques [7] !

Elles n'eurent à manger au cours de ce voyage qu'un peu de pain, des fèves et quelques cerises, lorsqu'elles n'étaient pas contraintes de se passer de tout. La soif était la pire des tortures : ces Andalous vendaient leur eau aussi cher que le vin. Mais la Madre ne disait-elle pas :

— Dieu veuille nous donner beaucoup à supporter pour lui, ne seraient-ce que puces, lutins et mauvais chemins [8] !

Quels que soient le risque et l'imprévu, la Mère Fondatrice maintenait le calme en faisant respecter la Règle et les Constitutions. A la traversée du Guadalquivir, la force du courant entraîna l'un des bacs chargés de deux chariots, les sœurs elles-mêmes tiraient sur les câbles de halage qui se rompirent et le bac échoua par miracle sur un banc de sable; la petite troupe se trouva loin de tout lieu habité; la nuit tombait, les guides ne savaient plus où on était... — mon Dieu, merci pour les mauvais chemins! — Teresa de Jésus organisa la vie conventuelle sur les rives du fleuve comme si de rien n'était, alors que le ménage de ce couvent en plein vent se bornait à une statuette de l'enfant Jésus, six gourdes d'eau bénite et quelques livres de prière. Elles chantèrent complies et s'apprêtaient à dormir sous un rocher lorsqu'un riverain vint à leur aide, non sans proférer mille horreurs à l'adresse de nonnes et moines; mais il les ramena sur la bonne route et le voyage put se poursuivre jusqu'à l'étape prévue.

Leur pire épouvante, c'étaient les auberges, ces *ventas* sonores de cris d'hommes ivres, du raclement des guitares, du cliquetis des castagnettes et du son des tambourins, retentissantes de chansons, de jurons sacrilèges ou obscènes.

La Madre eut tout ce beau tapage autour d'elle alors que prise de fièvre elle commença à délirer et qu'il fallut bien lui trouver un lit. La soupente où on la logea était si sale, — merci, mon Dieu, pour les puces!... — la couche si dure, le soleil dardait tant de piquants à travers les fentes des tuiles, l'eau appliquée en compresses sur le front de la malade était si peu rafraîchissante, le tintamarre si effrayant qu'elle supplia qu'on la ramenât à son chariot : elle y serait moins mal.

On roula vers Cordoue, où on arriva de bon matin; déjà les gitans faisaient boire leurs chevaux aux fontaines, en houspillant de *piropos* [9] les filles qui emplissaient leurs jarres à l'aide d'un long roseau. Du fond des voitures closes, celles qui ne voyaient rien du monde extérieur saisissaient les rumeurs d'une vie tout autre que celle de leur Castille Vieille et Nouvelle : volubile, ardente, piaffante, bousculante; tout cela s'agitait autour de ces chariots venus d'audelà les sierras, couverts de poussière, chargés de mystère. Sautant sur les roues malgré les coups de fouet des *arrieros*, des gamins s'efforçaient de soulever les bâches, et leur rire montrait des dents blanches, aiguës, dans des faces brunes.

La Madre écoutait cette agitation stridente autour d'elle et ne pouvait maîtriser son angoisse. Quitte à manquer la messe, elle eût voulu fuir cette ville endiablée; Julian de Avila s'y opposa avec des arguments de strict théologien : il suffirait de rejoindre une église paisible sur l'autre rive du Guadalquivir. Mais lorsque les chariots atteignirent le pont, ses portes étaient encore fermées : le *Corregidor* luimême en gardait les clefs, on courut les lui demander; il dormait encore, on ne se fit pas scrupule de le réveiller.

Cependant, la rumeur de la foule grandissait autour des véhicules, qui se trouvèrent trop larges lorsqu'ils purent s'engager sur le pont : on scia ce qui dépassait. L'amusement des badauds tournait en frénésie : merci pour les lutins, mon Dieu!

Les sept Carmélites et leur escorte de religieux et laïcs atteignirent enfin cette église que Julian de Avila avait peinte si tranquille! On y célébrait la fête du Saint-Esprit non seulement par une grande procession, mais des danses; l'arrivée des nonnes vêtues de bure, en cape blanche, voilées de noir, fut une attraction imprévue si sensationnelle « qu'une entrée de taureaux n'eût pas fait plus de bruit [10] ».

La contrariété coupa net la fièvre de la Madre. Elle ne se tenait plus de hâte de quitter cet endroit; la petite troupe partit comme on prend la fuite, en pleine chaleur, et l'heure de la sieste se passa sous un pont. Au soir, l'ermitage d'Ecija fut une oasis de prières et de chants d'oiseaux où Teresa de Jésus, en présence du Seigneur, confirma son vœu d'obéissance au P. Jeronimo Gracian.

Bien court répit. A la Venta de Albino, nourries de quelques sardines conservées dans la saumure, sans une goutte d'eau pour étancher leur soif, les pauvres filles se crurent dans l'antichambre du diable : des individus « infernaux » se prirent de querelle entre eux et, vociférant des blasphèmes, se ruèrent les uns sur les autres les armes à la main; quarante épées voltigeaient, s'entrechoquaient, faisaient des éclairs dans le soleil, les arquebuses partaient; au milieu de la pétarade, les sœurs s'enfuirent de leur voiture et se précipitèrent dans celle de leur Mère Teresa pour mourir auprès d'elle. Elle les calma en riant de leur frayeur, et elle avait raison, car ces furieux disparurent soudain, par peur sans doute des alguazils.

Cette Dame errante et ses filles arrivèrent à Séville le 26 mai, après huit jours d'un voyage plein de péripéties que Maria de San José et Julian de Avila raconteront à qui mieux mieux. Toutes, elles louaient Dieu qui les avait abondamment servies en lutins, puces, mauvais chemins, et fait bon poids avec toutes sortes de mortifications.

2. La riche ville de Séville, 1575-1576

Le P. Ambrosio Mariano Azara de San Benito attendait la Madre et ses filles dans la maison qu'il avait louée pour elles : une toute petite bicoque, très pauvre, fort humide, sise Calle de las Armas, en plein centre de la ville. Les femmes qui l'habitaient cédèrent la place aux Carmélites, mais personne ne sembla songer que les nouvelles venues pouvaient avoir besoin d'assistance, en cette ville inconnue : on ne leur envoya pas une bouchée de pain, pas une jarre d'eau fraîche.

Elles trouvèrent pourtant là un humble ménage dont Maria de San José nous donne le détail :

« D'abord, une demi-douzaine de vieilles claies d'osier que le P. Ambrosio Mariano avait fait venir du monastère de Los Remedios; posées par terre, elles devaient nous servir de lits; deux ou trois paillasses fort plates et en mauvais état étaient réservées à notre Mère et aux plus fragiles d'entre nous. Ni draps ni couvertures, et deux oreillers que nous avions apportés. »

Voilà pour la literie. Quant au mobilier et aux ustensiles :

« Nous vîmes dans la maison une natte en fibre de palmier, une petite table, une poêle, un ou deux chandeliers, un mortier et un seau pour tirer l'eau du puits. Nous nous réjouissions de ce début d'installation, auquel il faut ajouter quelques pots et assiettes, lorsque les voisins qui n'avaient prêté tout cela que pour la journée firent reprendre qui son chandelier, qui son eau et sa table, de sorte qu'il ne nous resta absolument plus rien, ni poêle, ni mortier, et qu'on remporta même la corde du puits... [1] »

L'escamotage subit des pauvres biens de ce monde sembla aux errantes un intermède si comique qu'elles en oublièrent leurs soucis en riant de bon cœur.

Teresa de Jésus avait comparé l'âme à un jardin, et les diverses formes d'oraison aux différentes façons dont l'eau arrose la terre, la réjouit, la féconde. Avec quelle plénitude de jubilation elle a parlé du riche ruissellement des pluies! Lorsque l'août consumait sa Castille, il était toujours possible de trouver, sur une hauteur ou au creux d'un rocher, une source glacée. L'amour de Dieu lui-même lui est rafraîchissement : « Oh, vives fontaines des plaies de mon Dieu [2]! » Mais « le feu de Séville [3] » brûlait et desséchait la Madre jusqu'à l'âme : « Nous sommes ici comme en enfer [4]... » « Jamais je n'ai été aussi lâche, aussi pusillanime que je le fus alors; je ne me reconnaissais pas moi-même. Ma confiance en Notre-Seigneur ne m'abandonnait certes pas, mais mon caractère se montrait si différent que je compris que le Seigneur me laissait livrée à mes propres ressources pour me prouver que si j'avais eu jusqu'alors du courage, ce n'était pas à mes mérites que je le devais [5]. » « Je suis là, mais je veux que tu saches combien tu es peu de chose sans moi [6]... »

Dès son arrivée elle avait été aveuglée par la réverbération du soleil sur les murs blancs; tout contact était moite, le moindre souffle d'air apportait des odeurs de plantes mourant de soif, le parfum entêtant de jasmins pâles de chaleur. Elle s'affligeait de « l'abomination des péchés » étalée en ces terres où le climat même corrode l'âme : « On dirait que les démons y sont plus à l'aise pour nous induire en tentation [7]. » Il y avait on ne sait quoi d'agressif dans les choses, et de fuyant dans les êtres. « Les mensonges qui ont cours ici! Il y a de quoi s'évanouir [8]! » « Les gens de ce pays ne sont pas faits pour moi [9]... » Séville vous chasse ou vous avale, dit le proverbe. La Babylone de la Grande Mer n'avala point Teresa de Jésus.

Le P. Mariano lui-même n'était plus ce qu'il fut en Castille. Lorsque la Madre lui dit qu'il fallait, dès le lendemain, dire la première messe et exposer le Saint-Sacrement, il éluda : mieux valait attendre, et voir.

Houspillé trois jours durant par l'impatiente Fondatrice, il finit par avouer que l'archevêque Don Cristobal de Rojas, dont on avait tenu l'autorisation pour acquise, prétendait maintenant « qu'il n'était pas de son goût [10] » de permettre de fonder ce couvent. Il accueillerait volontiers la Madre Teresa de Jésus, à condition qu'elle dispersât ses filles dans différents monastères d'Andalousie, qui avaient grand besoin qu'on leur donnât l'exemple d'une vie plus recueillie. Mais de fondations, point : surtout sans revenus.

Ah, l'égoïsme des riches! Se pouvait-il « que dans une ville aussi opulente on eût moins de facilités que partout ailleurs pour une fondation [11] »? Les rumeurs qui parvenaient à Teresa étaient celles du trafic, ou des divertissements. Qui donc pensait à Dieu, dans le débordement de passions, la fièvre d'aventures, d'intrigues, la confusion qui faisaient du grand port méditerranéen une tour de Babel? Elles ne semblaient guère penser à se faire Carmélites, ces Sévillanes au parler enjôleur, à l'œil de braise, plus soucieuses de galants que du salut de leur âme. La Madre en voyait bien arriver quelques-unes, mais rien qu'à les voir cambrées dans leurs robes rondes, parées de hautes coiffures, ou ne montrant qu'un œil sous le châle qui les couvrait à la mode de leur pays, elle sentait que ce n'étaient point là oiselles pour ses colombiers.

Elle fût remontée en Castille de grand cœur, mais il eût fallu de l'argent pour le voyage : elle n'avait plus en poche qu'une seule *blanca*, rien à vendre, que les bâches qui fermaient les chariots; et personne, en cette ville gonflée d'or, qui puisse leur prêter quelques ducats. Le P. Mariano trouva péniblement de quoi permettre à Julian de Avila et à Antonio de Gaytan de rentrer. En leur disant adieu, la Madre décora Gavtan du titre de « mon bon fondateur », tant il l'avait assistee avec dévouement. Heureux lui qui retournait vers les eaux du Tormes, vers sa maison d'Albe, en pierres grises, comme il sied, et vers sa petite fille, que la Madre appelait « ma petite vermine [12] », et qu'elle aimait bien.

Le P. Mariano, à force d'insistance, finit par obtenir de l'archevêque la permission de dire la messe calle de las Armas, mais il interdisait d'exposer le Saint-Sacrement, de sonner la cloche, et de donner à la maison l'aspect extérieur d'un couvent : c'était condamner les nonnes à ne se nourrir que d'oraisons, car qui connaîtrait leur existence? Où étaient les Andalous munificents tant vantés au départ de Beas? Séville se montrait la plus avare des villes, ou la plus distraite des affaires de Dieu. Une grande dame, pourtant, « dont les yeux s'en allaient à la suite des saints et qui donnait ses entrailles aux nécessiteux [13] », fit de larges dons, mais elle appliquait si bien les lois de la charité qu'afin que sa main gauche ignorât ce que répandait sa main droite, elle chargea une béate de pourvoir anonymement aux besoins des Déchaussées : linge, vaisselle, marmites, argent pour acheter de l'huile et du poisson. Cette duègne avait ses pauvres d'élection, des filles de joie dont l'âme lui semblait en plus grand danger que celle des carmélites, et les aumônes de Doña Leonor de Valera allèrent aux prostituées.

Pendant ce temps, les sœurs dormaient fort mal sur leurs claies d'osier, ne mangeaient que des pommes, et il y eut des jours où un seul petit pain nourrit comme par miracle toute la communauté.

La Madre n'arrivait pas à secouer sa tristesse. Elle à qui le Seigneur avait révélé que la pauvreté est un privilège seigneurial pour accéder à son royaume s'inquiétait, s'affligeait. Car elle était venue à Séville contre la volonté de Dieu : c'était là son secret, la raison de son abattement. A Beas, la voix du Seigneur lui avait ordonné d'aller fonder un couvent à Madrid; elle s'en était ouverte au P. Gracian, qui, passant outre au commandement divin, maintint sa décision de l'envoyer en Andalousie.

« Obéis à ton supérieur, lui avait dit Jésus, mais il me le paiera [14]. »

C'est pourquoi la Madre n'était pas en paix à Séville, et qu'elle pourra dire : « Aucune fondation ne m'a coûté plus de peines, et mes plus grandes souffrances étaient intérieures [15]. »

Elle avait peur et pressentait l'orage.

Le chapitre général de l'ordre venait de s'ouvrir en Italie, la Madre savait que Gracian y serait attaqué; ce qu'il y avait d'humain dans ses angoisses à son sujet ajoutait à son trouble. Elle avait mis ses filles en garde contre l'attachement à ceux que nous aimons avec une lucidité qui ne lui permettait pas de s'y tromper : « Notre volonté s'emploie tout entière à souhaiter qu'ils ne meurent point; s'ils ont mal à la tête, notre âme nous fait mal; nous ne supportons qu'avec impatience leurs épreuves; et tout est à l'avenant... Amours infortunés, et je ne parle pas ici des amours coupables, dont Dieu veuille nous garder [16]! »

A Séville, Teresa de Jésus se trouva en proie à ses deux tendresses les plus vives : Maria de San José et Jeronimo Gracian. Gracian était absent, la Madre le savait menacé. Maria était présente, mais fuyante, renfermée, se targuant trop souvent de sa charge de Prieure pour opposer sa volonté à celle de la Fondatrice. Déjà on pouvait admirer ou blâmer en elle un art de la manœuvre, un sens de la bonne administration, qui lui vaudront plus tard de la part de la Madre quelques-unes de ses fameuses lettres « terribles »; elle la traite de « renarde », et dira d'elle : « Je vois dans cette maison de Séville une rapacité que je ne puis souffrir, et cette Prieure est plus habile que ne le demande son état... Je lui ai dit lorsque j'étais là-bas qu'elle n'a jamais agi sans malice à mon égard. Elle m'a fait beaucoup souffrir [17]. » Mais tout reproche semblait vain : « comme cogner sur de l'acier [18] ». Elle ne lui épargnait pas, de vive voix, les algarades, quitte à solliciter ensuite son pardon, de même que dans ses lettres les reproches alternaient avec éloges et mots tendres : « Je suis intolérable avec ceux que j'aime, car je voudrais que vous n'erriez jamais... et pour mauvaise que vous soyez, je souhaiterais avoir beaucoup de prieures telles que vous [19]. » Dans les réconciliations Maria restait distante : « Je vous traitais comme ma fille très chère, et j'avais mal de ne pas trouver en vous autant d'amour et de simplicité [20]. » Les défauts même de cette fille préférée étaient de ceux qui font les grandes prieures, aussi Teresa de Jésus lui demandera-t-elle beaucoup. Plus tard, elle regrettera ces dissentiments, tant l'absence de Maria de San José lui sera cruelle; sur ce ton mi-badin qui lui permet de faire avaler à ses correspondants bien des vérités, elle lui écrira qu'elle serait fort heureuse de faire le voyage afin de se quereller avec elle tout son saoul. Elle était peut-être beaucoup plus exigeante que Maria de San José n'était imparfaite.

Les novices andalouses ne la satisfaisaient guère. Elle s'extasiait sur leur talent de brodeuses, elle qui aimait tant qu'une femme soit adroite de ses mains, mais son goût de la franchise s'accommodait moins d'un penchant à l'intrigue et à la duplicité. Elles étaient d'ailleurs peu nombreuses; parmi celles qui, d'après le P. Gracian, attendaient impatiemment la Madre pour prendre l'habit, une seule était entrée le jour où la première messe avait été dite. Beatriz de la Madre de Dios était inquiétante, mais le P. Visiteur apostolique et le P. Mariano s'étaient engagés à la faire admettre au Carmel. Persécutée dans son enfance, torturée même, il lui était restée une soif de revanche qu'elle maîtrisait mal.

Elle avait sept ans à peine lorsqu'une sœur de sa mère la

prit en affection et songea à lui laisser ses biens. Ses servantes, qui guignaient le magot, décidèrent d'évincer la nièce et l'accusèrent de les avoir chargées d'acheter du sublimé pour empoisonner la tante à héritage. Rendue à ses parents, la petite Beatriz fut fouettée tous les jours pendant plus d'une année, et le moindre des mauvais traitements qu'on lui infligea fut de coucher sur la terre nue. Dieu la vengea de ses calomniatrices en leur donnant la rage; prises de remords avant de mourir, elles avouèrent leur mensonge. Mais de ces faux serments il restait quelque chose : lorsque à la première demande en mariage elle avoua à son père son vœu d'entrer en religion, il crut qu'elle avait commis une faute qui lui faisait craindre d'accepter un mari, et il la soumit à de telles violences, allant jusqu'à la pendaison dont elle ne réchappa que par la grâce de Dieu, qu'elle fut au lit trois mois sans pouvoir remuer. Sa mère, dit Teresa de Jésus, était bonne chrétienne.

Le Carmel de Séville refusa plus d'une de ces filles du Sud. On en admit pourtant une, dont la charité tait le nom. C'était « une grande béate, déjà canonisée par toute la ville [21]... »

La Madre avait hésité :

— Si celle-ci ne fait point de miracles, mes filles, ils ne s'en tireront pas à leur honneur [22]...

« La malheureuse, raconte Maria de San José, était encore plus sainte à ses propres yeux, et comme les louanges lui manquèrent chez nous, la rigueur de la Règle étant la pierre de touche qui révèle la valeur de ce qui ne brille qu'en apparences, elle fut bientôt mécontente de nous, qui étions plus encore mécontentes d'elle. Jamais il n'y eut moyen de la plier aux Constitutions; elle avait quarante ans, beaucoup d'autorité, et savait admirablement se tirer des difficultés : lorsqu'elle refusait de manger la même nourriture que nous, elle prenait la maladie pour excuse, prétendant qu'elle gonflait, et que nous pouvions lire dans Galien que ces mets ne lui valaient rien; d'autres fois, elle invoquait le manque d'habitude ou la grande chaleur qu'il fait en ces provinces. Notre Mère nous commandait de la supporter, de ne pas la brusquer, dans l'espoir que le temps corrigerait tout cela; elle l'autorisait même à se confesser et à s'entretenir avec des ecclésiastiques de ses amis [23]... ».

Qui eût pu supposer que cette personne cauteleuse, qui suivait du coin de l'œil les moindres gestes des Castillanes, contribuait efficacement à leur créer dans Séville une atmosphère hostile? Car suspicion et opposition étaient chaque jour plus sensibles.

Sans espoir humain d'en sortir : après trois mois de séjour dans une ville riche, nul n'était encore venu offrir à la Madre de l'aider au nom du Seigneur.

Le ciel lui envoya tout ce qui lui manquait par les mains qui lui étaient les plus chères : ses frères Lorenzo et Pedro arrivaient de l'Équateur. Lorenzo était aussi riche de l'or des Indes que de ses bons penchants.

Un jour du mois d'août, au parloir, derrière la grille, Teresa de Jésus leva son voile, ainsi que les Carmélites sont autorisées à le faire pour de proches parents : ses frères purent contempler le visage de celle qu'ils avaient quittée jeune, belle, mais tiraillée entre le monde et Dieu; ils la retrouvèrent si rayonnante de lumière intérieure que sa chair ne portait qu'à peine la marque de trente années.

Quant à elle, l'émotion ne l'empêchait pas de s'amuser du luxe de ces Indiens : le grave Lorenzo avait pris des habitudes fastueuses, en ce pays où de hautes fonctions l'obligeaient à mener grand train; quelle ostentation dans l'habillement! Les enfants eux-mêmes, Lorencito et Francisco, le cou raidi par des fraises empesées, étalaient sur le velours de leur habit leurs mains chargées de bagues; Teresita, la petite sœur de huit ans, s'empêtrait dans le brocart et portait aux oreilles, sur la poitrine, aux doigts, une fortune en émeraudes. Mais depuis que Teresa avait reçu de son Époux céleste les plus belles pierreries de son royaume, les joyaux d'ici-bas ne l'émerveillaient plus. Et elle riait : le contraste de cette opulente parenté avec le parloir minable où elle les recevait était un joli sujet de gaieté.

Teresita s'émerveillait d'entendre rire une sainte : son père, qui n'était que dévot, ne riait pas souvent... Les neveux s'apprivoisaient : ils n'avaient pas été sans redouter pour leur père que l'âge et son caractère inclinaient aux austérités, l'influence de cette parente prestigieuse, réformatrice d'un ordre déjà pénitent en un ordre encore plus pénitent, et dont on racontait que sa cellule d'Avila gardait la trace du sang de ses flagellations. Mais cette Révérende parlait plus gracieusement que quiconque, et lorsqu'elle nommait Dieu, c'était pour le louer, et dire qu'il est bon.

A l'heure du départ, Teresita ne voulait point quitter le couvent : il fallut lui promettre qu'elle viendrait habiter avec la Tia Teresa. Et si Lorenzo fit sonner un peu fort ses doublons dans la conversation, ce fut pour déclarer qu'il prendrait désormais à sa charge toute la dépense du monastère, et l'achat d'une maison.

Quelques jours plus tard, les sœurs avaient des lits, quelques ustensiles, enfin de quoi manger, et, une toile tendue au-dessus du patio rendait la chaleur supportable.

Teresita, vêtue d'une robe de bure à sa taille, trottait par le couvent « ainsi qu'un lutin familier », pour la grande joie des sœurs qui, aux récréations, ne se lassaient point de l'entendre raconter « des histoires de la mer et des Indiens [24] ». Brève accalmie.

3. *Les foudres du R. P. général*
1575-1576

En exigeant de la Madre Teresa de Jésus qu'elle fondât un couvent à Séville, le R. P. visiteur apostolique Jeronimo Gracian de la Madre de Dios avait non seulement désobéi au Seigneur, mais au Supérieur général du Carmel, le Révérendissime P. Juan Bautista Rubeo.

Ce n'était pas la première fois qu'il passait outre aux décisions du Père général sans qu'on puisse pourtant l'accuser de rébellion, car il se trouvait dans une situation difficile : pris entre l'arbre et l'écorce, c'est-à-dire entre Philippe II et le Général de son ordre. Les persécutions auxquelles Déchaux, Déchaussées, et leur Fondatrice, seront en butte pendant près de cinq années n'ont pas d'autre origine, en tenant compte de tout ce qu'y ajouta la malveillance des Chaussés. Cette malveillance allait dégénérer en haine, ainsi qu'il en est des différends entre frères. En un siècle où les femmes ne jouissaient que d'un mince crédit, les Mitigés supportaient mal l'éclatant succès de la réforme de Teresa de Jésus. La vénération dont on l'entourait, l'admiration que suscitaient ses filles et ses fils, leur était une offense perpétuelle en même temps que l'exemple de leurs austérités les brûlait à petit feu : il devenait par trop visible qu'ils étaient bien vêtus, bien chaussés, abondamment nourris, confortablement logés, et surtout peu mortifiés. Ils avaient été particulièrement inquiets du retour à la Règle primitive imposé à Avila au couvent de l'Incarnation : cette fièvre de rigueurs allait-elle gagner un à un tous leur monastères? Ils en auraient eu grand besoin : à Séville même, la justice n'avait-elle pas trouvé en plein jour « deux moines dans une maison infâme »? On les a emmenés publiquement en prison, ce qui fut très mal; car, ajoute la Madre qui raconte le fait, « les faiblesses ne me surprennent point, mais je voudrais qu'on prenne garde à l'honneur [1] ».

Lorsqu'un Déchaux, le P. Gracian, fut fait Visiteur des Mitigés, ce fut la panique, et la guerre s'ensuivit. Des excès barbares dans la pénitence, tels ceux des moines de Pastrana contre lesquels la Madre avait sévi par l'intermédiaire de Jean de la Croix, justifiaient les Chaussés à leurs propres yeux. C'est persuadés d'agir pour le bien de l'Ordre qu'ils décidèrent d'en finir avec la Fondatrice, ses moines frénétiques, ses nonnes extasiées. La nomination du P. Gracian leur fournit un prétexte qui avait les apparences d'une raison péremptoire : elle n'émanait point du Révérendissime Supérieur général.

C'est le roi, Philippe II, qui dans son zèle pour l'austérité monacale voulait porter la réforme de Teresa de Jésus au cœur même de la mitigation : son ardeur était telle qu'il jugea que le P. Rubeo allait trop lentement. Il obtint du Pape qu'il fît nommer par le nonce Ormanetto deux visiteurs, le P. Pedro Fernandez pour la province de Castille, et Fray Francisco de Vargas pour la province d'Andalousie, tous deux Dominicains.

Ces visiteurs dépendaient donc directement de la couronne et du Saint-Siège, qui pouvaient leur donner des ordres opposés à ceux du Supérieur général du Carmel.

Le P. Fernandez, fort prudent, se tira sans dommages de cette position épineuse et réussit à se faire bien voir des Chaussés : il se limita à placer chez eux quelques Déchaux chargés de les initier à un mode de vie plus austère.

Il n'en fut pas de même en Andalousie. Le P. Vargas opta pour fonder un grand nombre de monastères de Déchaux chargés de porter témoignage pour la stricte observance, telle qu'elle était pratiquée par les disciples de Fray Juan de la Cruz et Fray Antonio de Jésus. Le Nonce ordonnait ces Fondations. Le Révérendissime Père général du Carmel, Rubeo, ne les autorisait pas. Telle est la situation que trouva le P. Gracian lorsque les pouvoirs de Visiteur apostolique lui furent délégués par le P. Vargas.

Le voilà donc chargé d'agir en stricte opposition avec le Supérieur général de son Ordre pour obéir au Souverain Pontife, à son Nonce et au Roi. Pour accepter, il lui fallut autant de courage que d'inconscience.

Il quitta Pastrana avec le P. Mariano et partit pour l'Andalousie : tous deux y furent atteints par un ordre impérieux du P. Angel de Salazar, provincial des Carmes Mitigés ou Chaussés, et leur Provincial, puisque Chaussés et Déchaux n'étaient point érigés en provinces séparées, qui leur intimait l'ordre de réintégrer leur monastère de Castille sous peine d'être considérés « rebelles et contumaces ». On comprend pourquoi la Madre Teresa faisait de la séparation des deux branches de l'ordre son but essentiel.

Gracian passa outre à ce commandement en vertu de sa commission apostolique et poursuivit en Andalousie la mission que le Nonce lui confirmait.

Si le P. Gracian et le P. Mariano avaient seulement daigné suivre le conseil de la Madre Teresa qui les suppliait d'informer eux-mêmes le P. général Rubeo de la situation complexe dans laquelle ils se trouvaient! Elle savait bien qu'en lui manifestant une franche confiance on pouvait toujours compter sur la bienveillance de cet homme excellent. Mais les jeunes visiteurs se croyaient plus forts que la vieille Fondatrice, ils firent la sourde oreille, et le P. Rubeo ne fut informé de leur « rébellion » que par les protestations violentes des Chaussés.

Sa colère fut terrible. C'en était donc ainsi? Ses fils les plus chers, sa *figlia* bien-aimée, se dressaient contre lui? Il obtint contre Gracian et Mariano un bref révocatoire qu'il garda dans sa manche afin de le lancer avec plus d'éclat lors du Chapitre général de l'Ordre qui allait se tenir à Plaisance, en Italie.

La fondation du couvent de Séville se trouvait donc entreprise sur le commandement d'un Visiteur apostolique que son supérieur s'apprêtait à foudroyer; de ce fait, la Madre Teresa de Jésus paraissait également coupable.

Elle n'eut pas la possibilité de se disculper à temps : si la lettre dans laquelle elle s'efforçait de se défendre et surtout de défendre Gracian n'était pas parvenue au Père général avec un inconcevable retard, sa plaidoirie si vive, si sincère et si habile, eût peut-être tout sauvé. On ne peut lui reprocher que de charger Ambrosio Mariano des erreurs de jugement dont Gracian était tout de même en partie responsable, mais elle ne prendra conscience des maladresses de son favori que beaucoup plus tard. Elle dit au P. Rubeo : « Nous nous sommes querellés, en particulier Mariano et moi, car il est extrêmement impulsif, mais Gracian est comme un ange; s'il eût été seul, les choses se seraient passées autrement [2]... »

On est surpris de voir la lucidité de la Mère Fondatrice en défaut. Mais une femme ne peut porter seule la charge écrasante qu'elle assumait depuis des années. C'est en 1574 qu'elle écrit pour la première fois : « ... Je suis vieille et fatiguée [3]... » Huit ou neuf mois plus tard elle rencontre Gracian et voit en lui l'homme capable de la soutenir, de lui succéder. Il était loin d'avoir son intelligence, sa force, sa diplomatie, et surtout ses lumières, mais il était urgent qu'elle se persuadât que quelqu'un pourrait accomplir ce qu'elle ne pouvait plus embrasser seule. Son œuvre lui échappait par son extension. Qui n'eût agi de même, en des circonstances analogues?

Dans cette lettre au P. Rubeo, elle répète pour la deuxième fois, avec les mêmes mots : « ... Je suis vieille et fatiguée... tout cela m'a imposé un effort qui me dépasse [4]... » Cette constatation — on ne peut dire cette plainte puisqu'il s'agit d'une femme qui jamais ne se plaint — deviendra sous sa plume un refrain pendant tout son séjour à Séville.

A l'explication des faits, elle ajouta dans sa longue missive au P. Rubeo l'expression fidèle et véhémente de l'affection qu'elle lui portait, mais il était trop tard, on avait trop accumulé médisances et malentendus pour qu'il en soit touché : « Que Votre Seigneurie sache d'abord, pour l'amour de Notre-Seigneur, que tous les Déchaux ensemble ne me sont rien en comparaison de ce que compte pour moi l'habit seul de Votre Seigneurie. Il en est ainsi, et je donnerais mes yeux pour éviter à Votre Seigneurie le moindre mécontentement [5]. »

Un homme en colère, fût-il un saint homme, peut se refuser à croire en la vérité de sentiments si ardemment exprimés. D'ailleurs le Chapitre de Plaisance touchait à sa fin, et rien ne pouvait plus empêcher la foudre de tomber.

C'est là que nous en sommes.

Lorenzo de Cepeda cherche à acheter une maison pour y installer le couvent de Saint-Joseph. Depuis son arrivée, le jeûne des Carmélites est conforme à la Règle, et non plus le fait de leur extrême misère.

Novembre 1575 : le P. Gracian arrive à Séville, les ordres du Roi et du nonce Ormanetto sont formels : il doit visiter les monastères des Chaussés.

Le retour de son « fils chéri » n'apporta à la Madre Teresa qu'une angoisse de plus : les Chaussés étaient en révolte contre ce qu'ils jugeaient une intromission, et « une personne de poids a dit à l'Archevêque qu'ils iraient jusqu'à le tuer [6] ». Les voies de fait n'étaient pas rares, en cette époque où la loi du Seigneur ne parvenait pas toujours à vaincre les passions violentes dans les couvents mêmes. La Madre se rassura en se rappelant que des Franciscains, mécontents de leur Visiteur, ne l'ont tout de même pas occis... Mais lorsque le P. Gracian présenta à la *Casa grande* des Chaussés de Séville le bref du Nonce, il trouva, dit Maria de San José, les frères armés pour se défendre. La bagarre éclata, et de tels cris retentirent derrière les portes fermées qu'on vint dire à « notre Mère » qui se tenait en prières avec toutes ses moniales qu'on avait assassiné le P. Jeronimo Gracian. Mais elle n'était pas à la merci d'une fausse nouvelle. Notre-Seigneur calma son épouvante :

— Oh! Femme de peu de foi! Calme-toi, car tout va bien [7]!

Il y eut en réalité plus de bruit que de mal, mais la Madre eut si peur que longtemps elle suppliera Gracian de ne jamais prendre de repas chez les Chaussés, ni dans leur voisinage, de crainte qu'ils ne l'empoisonnent.

La novice sans nom, la sainte présumée, a quitté le Carmel, furieuse de reconnaître que tant d'austérités sont au-dessus de ses forces. Teresa de Jésus s'en est réjouie, sans songer que la vengeance est douce aux âmes basses : le terrain s'y prêtait. Car bien que l'Archevêque rendît parfois visite à la Madre Teresa, conquis par son rayonnement fait de tant de grâces humaines au service de la grâce divine, — il envoyait au couvent du blé, des vivres, — les Sévillans semblaient ne pas être revenus de leurs préventions. Les voisins considéraient sans bienveillance cette demeure où l'on célébrait la messe sans que jamais une cloche tintât pour inciter les bonnes gens du quartier à se joindre aux prières : n'y avait-il pas là quelque chose de suspect?

Un événement leur répondit : un jour, au grand émoi de la Calle de las Armas, l'Inquisition et son appareil firent irruption chez les étrangères. Contrairement à la coutume, tout se fit avec l'étalage « le plus scandaleux [8] ». Tout ce monde était venu en fort grand nombre. Juges et notaires pénétrèrent dans le couvent de Saint-Joseph, tandis qu'alguazils et familiers, attroupés dans la rue, montaient la garde devant les issues.

On perquisitionna, on interrogea Teresa de Jésus toujours rayonnante dans l'épreuve, ses filles affolées. Les chefs d'accusation portaient la marque visible des calomnies de l'orgueilleuse béate, la novice dont le Carmel taira le nom pour l'éternité, celle qui diffamait les Carmélites plutôt que de s'avouer vaincue par leurs vertus.

La Madre était soupçonnée de rien moins que de suivre les principes honnis des *Alumbrados* : cela pouvait mener loin une femme dont les écrits avaient été dénoncés, et dont les extases, tant de manifestations miraculeuses, attiraient dangereusement l'attention.

On faisait grief à ses filles de leur pauvreté même : n'ayant pas assez de voiles pour se présenter devant le communicatoire, elles se les passaient les unes aux autres, ce qui fut interprété par la novice-espionne comme « un cérémonial ».

Après avoir reçu l'eucharistie, elles se tournaient vers le mur pour se recueillir, car la grille de communion se trouvait dans un patio où le soleil dardait intensément : autre rit suspect.

On prétendait que la Madre contraignait les moniales à se confesser à elle... Teresa de Jésus se rappelait la novice sournoise qui marchait sans bruit et poussait souvent la porte comme par mégarde alors qu'elle s'entretenait avec l'une de ses filles, selon une habitude qui leur était chère à toutes. Que ne disait-on pas ? Les Carmélites réformées, — on l'assurait, — s'attachaient les unes les autres, pieds et poings liés, et se flagellaient mutuellement... « Plût à Dieu qu'ils n'aient dit rien d'autre ! » ajoutait Maria de San José...

Ce jour-là, les inquisiteurs repartirent comme ils étaient venus, décevant la foule qui espérait bien les voir emmener ces nonnes venues du Nord. La situation n'en restait pas moins grave. Suspension de procès ne signifiait que manque de preuves flagrantes ; ce tribunal s'efforçait toujours de les obtenir.

La menace rendit à la Madre tout son courage. « Non seulement je n'éprouvai nulle peine, mais une joie si peu habituelle qu'elle ne tenait pas en moi ; je ne suis donc pas surprise de ce que faisait le roi David lorsqu'il précédait l'arche du Seigneur, j'en aurais fait autant volontiers... Ne plus fonder de couvents, n'eût-ce été le mécontentement du Père général, eût été pour moi un grand repos. [9] »

Car les foudres du P. Rubeo venaient de tomber sur les Déchaux : le décret de Plaisance ordonnait la dissolution des monastères fondés sans l'autorisation du Père Rubeo, et condamnait les religieux à en sortir dans un délai de trois jours sous menace des sanctions les plus graves ; en cas de refus, on pouvait faire appel au bras séculier.

Quant à la Mère Fondatrice Teresa de Jésus, il lui était interdit de procéder à des fondations nouvelles, elle devait rentrer immédiatement en Castille et ne plus jamais quitter le couvent dans lequel elle choisirait de s'enfermer. Le P. Salazar la disait « apostate et excommuniée ».

La Madre eût voulu partir immédiatement : « On croit me faire du mal, mais cela m'est un tel bien que je crains de ne pas voir ce jour... Ce serait pour moi un grand bonheur de ne plus vivre dans le remue-ménage des réformes... [10] » « ... J'ai souvent désiré finir ma vie en paix; ceux qui s'efforcent de me la procurer croient me causer la plus grande peine au monde et autres bons desseins... [11] »

Le Nonce ne l'entend pas ainsi, et le P. Gracian lui commande d'achever pour le moins la fondation de Séville.

Jamais depuis la grave affaire de Saint-Joseph, à Avila, Teresa de Jésus ne s'était retrouvée dans une telle tourmente. Son horreur de l'Andalousie y ajoutait, elle flanchait, persistait à vouloir rendre hommage au P. Rubeo en lui obéissant, à lui, de préférence à tout autre.

Maria de San José trouva le seul argument :

— Votre Révérence ne peut partir. Que se passerait-il si l'Inquisition, qui enquête sur les faux témoignages levés contre nous par cette novice, venait ici vous prendre et ne vous trouvait point?

Maria avait raison, et la Madre s'en amusa :

— Vous avez, ma fille, une drôle de façon de me consoler en ma grande affliction : vous m'assurez que l'Inquisition va me mettre en prison! [12]

Elle retrouvait son rire : c'était une de ses façons de plier avec amour sous la main du Seigneur.

A partir de ce moment, la joie ne la quitta plus. Maria de San José qui partageait sa cellule, l'entendait souvent, la nuit, louer Dieu à voix basse ou chanter doucement : *Magnificat anima mea Dominum...*

Magnificat! Pour tout ce qui la heurte, pour tout ce qui la tue à petit feu, mais se transmue en joie sur le plan de l'esprit. Elle ne reste sensible qu'à ce qui ne la concerne point, au chagrin du P. Rubeo qu'elle a grièvement blessé malgré elle, au danger où se trouvent ses filles, ses fils, l'œuvre commencée. *No estamos para coplas* [13], « nous n'avons pas la tête aux chansons », écrit-elle à sa nièce Maria Bautista qui lui envoie quelques couplets. N'empêche que Gracian, sur qui les épreuves tombent « comme grêle », ne trouve plus en elle de réconfort : lorsqu'il lui répète tout le mal qu'on dit d'elle, sa joie est si grande qu'elle se frotte les mains... Elle déborde des grâces que lui fait le Seigneur, dont témoignent les deux relations spirituelles qu'elle a été priée de soumettre à l'Inquisiteur le P. Rodrigo Alvarez entre autres pièces de son procès, et il lui enseigne de grandes vérités. Un jour où elle s'effrayait de voir tant de majesté « en chose aussi basse que mon âme, j'entendis : « Elle n'est point basse, ma fille, car elle est faite à mon image [14]. »

Il lui fit comprendre comment Dieu est en toutes choses : « Il me donna comme exemple une éponge qui absorbe l'eau en elle [14]... »

Une autre fois, où elle jugeait « bien dure cette vie qui nous prive de l'admirable compagnie de Dieu », et où elle disait à part elle : « Seigneur, donnez-moi un moyen de supporter de vivre », il lui dit : « Songe, ma fille, que lorsqu'elle aura pris fin, tu ne pourras plus me servir comme tu le fais maintenant, et mange pour Moi, dors pour Moi, fais tout ce que tu feras pour Moi, comme si ce n'était plus toi qui vivais, mais Moi [15]. »

C'est à Séville qu'elle éprouve le désir « de ne pas mourir si vite [16] », car elle veut servir plus que jamais.

Comment n'eût-elle pas dansé comme David, cette femme que le monde traquait? Elle n'avait pas même besoin qu'on lui rende justice, et pourtant la novice anonyme était entrée dans un autre monastère où on la tenait pour folle. Et le renom de sainteté de Teresa de Jésus commençait à grandir à Séville.

Elle n'en était pas moins humble. La mortification la plus amère que pouvait lui imposer le P. Gracian était une confession générale, le souvenir de ses péchés lui étant un supplice alors que la mortification ordinaire de se rendre au réfectoire en portant une lourde croix lui semblait « récréation et délices ».

Cependant, le couvent était fiévreux : les jours de fête, les sœurs y représentaient la vie et le supplice des saints martyrs d'une façon « si vive et si fervente [17] » que Teresita, la petite nièce d'Amérique, en fut une fois terrifiée, et qu'il fallut l'emporter... L'impatience de la gloire exaltait ces religieuses; les persécutions ne leur donnaient-elles pas une chance d'être jetées par le bourreau tout droit au paradis?

La Madre les calmait, sachant maintenant qu'il s'agit de vivre, pour servir.

Le « négoce » de la maison nouvelle avançait. Don Lorenzo de Cepeda avait bien dû user du droit d'asile pour échapper à la prison à cause de démêlés avec un propriétaire, — mais peut-on trouver autre chose que chicane, dans une ville qui compte plus de quarante tribunaux? — les Franciscains s'opposaient à l'installation des Carmélites dans leur voisinage immédiat, mais la Madre n'en était plus à s'effrayer de si peu : on s'introduisit nuitamment dans la maison; quelques peureuses prirent bien « chaque ombre pour un moine [18] », mais devant le fait accompli « les Frères sont restés aussi muets que des morts [19] ».

La maison valait le risque. « Elle est telle que les sœurs ne cessent de rendre grâces. Tous disent que nous l'avons eue pour rien [20]... » La Madre se délecte à la décrire et en vient à ce qui est pour elle son principal attrait : « Le verger est très gracieux, la vue extrêmement belle [21]. » « Ce n'est pas peu de chose qu'une maison d'où l'on aperçoit les galères [22]... » On voit au loin miroiter sous le soleil le Guadalquivir

Couvert de rameaux verts et de voiles blanches [23]...

Dans la longue lettre qu'elle écrit au P. Ambrosio Mariano Azara pour lui rendre compte de l'achèvement de cette fondation, elle saute d'une idée à l'autre avec une verve étonnante. Elle n'oublie certes pas les persécutions : « J'ai grand-peur de ces choses de Rome... Je voudrais voir faite notre affaire des Déchaux, — la séparation de Réformés et Mitigés en deux provinces, — car enfin Notre-Seigneur ne peut tant supporter les Chaussés, et tant de malheurs auront une fin... » Mais l'impression de triomphe domine et la satisfaction sportive d'avoir surmonté les obstacles. C'est d'un ton jovial qu'elle apostrophe le P. Mariano : « Dieu me vaille! Quelle bonne condition est la vôtre pour induire en tentation! Ma vertu doit être grande, puisque je vous écris... Lorsque je considère combien la situation dans laquelle Votre Révérence m'a laissée était embrouillée, et combien vous vous désintéressez de tout, je ne sais que penser, sinon maudit soit l'homme, etc.[24] » Cet « etc. » coupe court aux lamentations de Jérémie et la Madre se laisse aller à l'allégresse. Joie un peu rude, qu'on attribuerait à une sorte de plénitude de bien-être physique après l'effort, s'il ne s'agissait pas d'une femme toujours malade. Son style est jeune et bien portant. Elle a soixante et un ans, mais ses phrases traduisent élans, ferveurs, boutades, sentiments, elles exposent, décrivent, morigènent ou bénissent sans un tremblement, et son enthousiasme n'a point de rides.

Elle va laisser à Séville, en Maria de San José, une grande prieure : « Son courage m'émerveille; elle en a beaucoup plus que moi-même[25]... » Les griefs sont oubliés. La Madre Teresa contemple son ouvrage et trouve qu'il est bon.

C'est l'expression de cette joie que le P. Gracian veut garder pour toujours. Il profite de la présence de Fray Juan de la Miseria pour faire peindre par l'ancien élève de Sanchez Coello le portrait de la Fondatrice. Elle dut se soumettre à « ne bouger ni la tête ni les yeux », tenir ses mains jointes à hauteur des épaules. Les séances de pose l'ennuyèrent beaucoup, elle se rattrapa d'un mot :

— Dieu te pardonne, Fray Juan! Tu m'as peinte laide et chassieuse[26]!

Il fit aussi le portrait de Teresita, qui ne lui valut que des compliments.

Restait à inaugurer le monastère de Saint-Joseph de Séville.

« J'aurais voulu qu'on posât sans bruit le Très Saint-Sacrement, car je suis ennemie de faire de la peine alors qu'il est possible de l'éviter. » Il s'agit de ne pas humilier ceux qui l'ont persécutée : une grande solennité parut au contraire indispensable pour faire connaître le couvent. L'Archevêque donna l'ordre de convoquer le clergé et de décorer les rues.

« Notre cloître servit d'allée d'entrée, le bon Garcialvarez l'orna, ainsi que l'église, admirablement, il dressa de beaux reposoirs et fit des prodiges d'invention. Il y avait entre autres une fontaine d'eau de fleurs d'oranger qui nous édifia beaucoup. La superbe organisation de notre fête fut pour toutes un grand réconfort, ainsi que les rues si bien pavoisées, tant de musique et de ménestrels; le saint prieur de Las Cuevas me dit qu'on n'avait jamais rien vu d'aussi beau à Séville. L'Archevêque lui-même posa le Très Saint-Sacrement.

« Vous voyez donc, mes sœurs, les pauvres Déchaussées honorées par tous; peu de temps auparavant, pourtant, on n'eût pas cru qu'il y eût de l'eau pour elles, bien que ce fleuve en roule beaucoup...

« L'assistance fut excessivement nombreuse [27]... »

Ce que la Madre ne dit pas, c'est qu'après la procession, elle s'agenouilla devant l'Archevêque et lui demanda sa bénédiction, qu'il lui donna. Mais à peine était-elle relevée que devant cette assistance « excessivement nombreuse » l'Archevêque de Séville, Don Cristobal de Rojas, s'agenouillait à son tour, et demandait à la Madre Teresa de Jésus, fondatrice des couvents du Carmel réformé, de le bénir.

Teresa de Jésus à son arrivée en Andalousie avait été reçue en indésirable, vilipendée, menacée, traînée devant l'Inquisition. On reconnaissait maintenant en elle une si grande image de toutes les perfections que l'un des plus hauts dignitaires de l'Église catholique, apostolique, romaine, la traitait ainsi qu'on traite les prélats et les saints.

Cela se passait le 3 juin 1576. La nuit même, à deux heures du matin, celle qu'on appelait maintenant à Séville comme en Castille *la Santa Madre* partait pour l'exil.

4. Exil, 1576-1577

Ses frères Don Lorenzo de Cepeda et Don Pedro, ses neveux Francisco et Lorencito, quelques laïcs, dont Antonio Ruiz, quelques moines, dont Fray Diego, qui est « un petit ange », accompagnaient Teresa de Jésus, et Teresita, la nièce, nonnette de neuf ans, faisait l'amusement de tous.

Don Lorenzo, déjà dévot, mais encore fastueux, épouvanté par le récit des péripéties de l'expédition Beas-Séville tint à ce que le retour fût rapide et commode; il prit à ses frais de bonnes diligences, des vivres en abondance faisaient partie du chargement. On prenait les repas dans les champs lorsqu'il n'y avait point de place dans les auberges, et si la Madre eut peur une fois, tout se termina le plus gaiement du monde; elle se hâta de conter l'événement à Gracian :

« Nous déjeunions sur l'aire lorsqu'un grand lézard se glissa entre ma tunique et la chair de mon bras, ce fut miséricorde de Dieu qu'il ne se fourrât pas ailleurs, je crois que j'en serais morte étant donné ce que j'ai ressenti... Mon frère attrapa le lézard prestement, et le jeta de telle façon qu'il sauta dans la bouche d'Antonio Ruiz [1]... »

Par Almodovar, après une halte à Malagon, on atteignit Tolède où les médisants firent des gorges chaudes du train dans lequel voyageait la Carmélite : « femme légère qui emmenait par les chemins, galants et dames [2]... »

Don Lorenzo insistait pour que sa sœur le suivît immédiatement à Avila, où il comptait s'installer et où elle avait le projet de demeurer, mais elle préféra s'arrêter quelques jours à Tolède : cet arrêt devait se prolonger un an.

Elle aime cette maison qu'elle appelle « ma maison de plaisance », *mi quinta de recreo*, s'amusant à un jeu de mot : Tolède était la cinquième de ses fondations, — *quinta* en espagnol, — et maison de plaisance se dit *quinta de recreo* [3]...

« Jamais je n'ai été mieux portante depuis des années, je jeûne comme les autres [4]... » « ... On m'a donné une cellule isolée comme un ermitage, très gaie, très jolie, qui donne sur le verger. Je suis très peu prise par les visites, et si j'avais moins de lettres à écrire [5]... »

Si la *Madre Fundadora* avait moins de lettres à écrire, l'inactivité lui pèserait abominablement. Déjà, lorsque ses directives ne sont pas vivement suivies, elle bout : « Jésus! Ce que c'est que d'être loin pour toutes ces choses [6]! » « Si j'y étais, j'aurais tôt fait de secouer tout cela [7]! »

Car de cette cellule, jour et nuit, elle continue à diriger par correspondance tous ses monastères, toutes les affaires de la Réforme. Elle entre dans les moindres détails, il n'est étamine ou bure pour les habits des sœurs des plus lointains couvents dont elle ne décide, choix de novice pour lequel elle ne donne son avis, avec sa façon de paraître conseiller plutôt que commander. Elle ne demeure d'ailleurs à Tolède que parce que les courriers y sont mieux organisés qu'à Avila. Tout ce qui lui échoit, tout ce qui se passe dans l'Ordre au cours des persécutions est dans ses lettres.

Correspondance austère? Elle a l'art de traiter rapidement, clairement, des questions graves et de reprendre aussitôt le ton primesautier qui nous rend familiers son sourire, son rire, le son tendre ou mordant de sa voix.

Pas une de ses lettres ne sent l'obligation ou la hâte; elle écrit comme on parle quand on a à la fois de l'esprit, du cœur, de la personnalité, du style, et quand on dispose de ce qui lui manquait : le temps. Car son énorme courrier est griffonné en courant : « Ne vous donnez pas le mal de relire ce que vous m'écrivez, dit-elle à son frère Lorenzo, je ne le fais jamais. Si je saute une lettre, ajoutez-la vous-même... Puisqu'on comprend ce que je veux dire, ce serait perdre du temps inutilement [8]... »

Les querelles entre Chaussés et Déchaux semblent évoluer vers un accommodement, la Madre est moins soucieuse qu'elle ne le fut à Séville. Le P. général Rubeo a envoyé en Espagne un délégué, le P. Tostado, qui n'a pas obtenu du nonce Ormanetto l'autorisation de porter le trouble dans les couvents réformés : il est parti pour le Portugal, Dieu veuille l'y laisser!

Gracian, toujours Visiteur apostolique, « transforme en amis les ennemis [9] » si pacifiquement que la Madre s'en émerveille. Au chapitre d'Almodovar réuni en août et septembre, il montre une modération et une charité admirables. On décide de persévérer dans la Réforme, malgré l'opposition des Chaussés.

Le P. Jeronimo Gracian de la Madre de Dios parle ainsi aux Déchaux :

« Une vague d'oppositions nous submerge. Elle ne provient pas d'ennemis, mais de Pères qui sont nos amis; non point de pécheurs, mais de justes; les intentions ne sont pas mauvaises, mais très bonnes; c'est la guerre la plus redoutable, car nous sommes d'autant plus faibles que notre adversaire est fort d'être ami, d'être saint et bien intentionné... Ils cherchent notre ruine sous des apparences d'amitié et d'union... Ils n'ont que trop de puissance humaine tandis que nous en manquons, bien que celle du grand Philippe qui nous assiste soit grande.

« La puissance divine est pour nous, qui a tiré notre Règle primitive de sa sépulture... et donné à la vierge Teresa la force de faire pour cette Règle ce que les nations n'avaient encore jamais vu... Prions Dieu pour nos ennemis, comme le Christ nous l'ordonne; souffrons et taisons-nous, car la patience est triomphante et le temps viendra où ils seront les premiers à prêcher notre obéissance, à défendre notre institution et à soutenir notre Règle primitive [10]. »

Les Réformés ne s'écarteront pas de cette attitude.

Ils le montrent, entre autres, dans cette histoire de Paterna, où on a envoyé trois religieuses Déchaussées pour réformer un couvent de Carmélites mitigées. Cela débuta si mal que les filles exemplaires, menacées de mort par des furieuses, passèrent la nuit barricadées dans une chambre à lutter pour les empêcher d'entrer. Les conseils de la Madre Teresa finirent par avoir raison des révoltées. Elle écrit aux réformatrices : « Ne soyez pas surprises qu'elles ne soient pas immédiatement telles que nous, c'est de la sottise; n'exigez pas aussi sévèrement qu'elles ne parlent pas entre elles, et autres choses qui ne sont pas un péché; des gens accoutumés à un autre genre de vie si différent leur en feraient commettre plus qu'ils n'en ôteraient. Il faut du temps, et que Dieu agisse, sinon on ne ferait que les désespérer [11]. »

Rien ne la déconcerte, et lorsqu'on élève contre l'une des trois Déchaussées de Paterna un faux témoignage, la disant « vierge et accouchée », elle se contente de dire que c'est « grande niaiserie [12] ».

Elle ne s'émeut pas davantage des calomnies qui pleuvent sur les filles et fils de Notre-Dame. « J'ai été très contrariée que notre Père — Gracian — démente les propos tenus contre nous, en particulier lorsqu'ils sont à ce point déshonnêtes. Mon avis est d'en rire, et de laisser parler [13]. » Elle va jusqu'à déclarer que « c'est de la part de ce père grande imperfection [14] ». « Il est étrange que rien de ce qui arrive ne puisse me troubler, tant la certitude d'un bon résultat est enracinée en moi [15]. »

Pourtant, elle recommande instamment à Gracian la

prudence : « Votre Paternité perdra avec le temps un peu de sa naïveté, dont j'entends bien qu'elle est d'un saint [16]... » Elle le met en garde, et ajoute : « Comme je suis malicieuse! Mais tout est nécessaire en cette vie [17]! »

Si nous n'avions pas sa correspondance, nous ignorerions un côté délicieux du caractère de la Mère Fondatrice : une gaieté de bonne sœur, qui prouve bien que les plus grands esprits peuvent garder sans dommage une fraîcheur enfantine au cours d'une vie confinée en Dieu. « J'ai reçu les noix de coco. C'est chose à voir. Les sœurs s'en sont beaucoup réjouies, et moi aussi. Béni soit celui qui les a créées, car vraiment, c'est à voir [18]... » Et Gracian lui-même procédera à la solennelle ouverture de ces fruits si curieux au cours d'une petite cérémonie...

Maria de San José est l'auteur de ces cadeaux : « Vous rêvez sans doute que vous êtes reine [19]... » Des bonbons de sucre rose, des corporaux « très galants », mettent Teresa de Jésus en joie, mais l'eau de fleur d'oranger a sa préférence, et surtout l'huile essentielle, ce qui lui permet de donner en passant de ces recettes qui l'enchantent : « L'huile de fleur d'oranger est excellente pour la maladie de cœur [20]... » « Pour le cœur, il faut respirer l'eau de fleur d'oranger, pas en boire [21]... »

On imagine la surexcitation des nonnettes de Tolède devant ces colis arrivés d'Andalousie. Les sœurs de là-bas sont si habiles brodeuses que la Madre leur demande de lui faire un pallium « tout en chaînette, avec des perles et des grenats ». Passant du futile au grave, elle précise dans la même lettre, au sujet d'une religieuse qui vient de mourir : « Il faut laisser le corps de cette petite sainte où il est, dans le chœur, car on doit nous enterrer dans la clôture et non pas dans l'église [22]. »

Persécutions et jeux des surnoms : de crainte que sa correspondance ne s'égare ou ne soit détournée par les Chaussés, elle a convenu avec Gracian de sobriquets pour les principaux personnages dont ils ont à s'entretenir. Elle met de l'humour dans le choix de ces noms de guerre, et aussi un sens de la métaphore qui fleure un rien le cultisme, ce qu'on ne trouve ni dans ses vers ni dans sa prose. C'est en se jouant qu'elle est de trente ans en avance sur son temps. Si le vieux nonce Ormanetto est tout simplement « Mathusalem », les Mitigés sont les « chats », ou les « oiseaux de nuit », parce qu'ils vivent dans les ténèbres; les Mitigées, « les cigales », allusion à leur bavardage; les Déchaux, qui dans la contemplation regardent Dieu fixement, sont les aigles, et elle appelle ses filles les Déchaussées « les papillons », à cause de leur simplicité. Les inquisiteurs sont les « anges », et « l'Ange majeur » le grand Inquisiteur général le cardinal Quiroga, ce qui donne des phrases comme celles-ci : « L'Ange majeur est très content d'avoir une nièce parmi les papillons [23]... » « Mathusalem est décidé à accomplir notre vœu de séparation des aigles [24]... »

Un autre personnage tient une grande place dans ces lettres, il a donc aussi son surnom : Josef est le nom de guerre de Notre-Seigneur... « Josef m'a dit... Josef m'a assuré... »

Persécutions et « petits onguents », « flacons d'eau rosée », et confirmation de son but inflexible : « Je consacrerai mon existence à notre érection en province séparée, car tout vient de là [25]. » Purges, sirop des Mèdes, et vives leçons de psychologie féminine : « Ce que vous me dites des habits me semble bon. Une fois fait, cela restera fait, après quelques jours de criailleries; il suffira d'en punir quelques-unes pour que les autres se taisent, car ainsi sont les femmes, craintives pour la plupart [26]. »

Lorsque le P. Mariano essaie de lui faire prendre une novice dont elle ne veut pas, avec quelle verve il s'entend répondre qu'il ne comprend rien aux femmes! « Que Votre Révérence ne se mêle plus de cela, pour l'amour de Dieu! Cette fille est bien dotée, elle peut entrer ailleurs, et non pas dans un ordre où, du fait qu'elles sont peu nombreuses, elles doivent être très, très sélectionnées. Votre Révérence m'amuse lorsqu'elle dit qu'elle aura tôt fait de la connaître : nous ne sommes pas si faciles à découvrir, nous autres femmes. Vous les confessez pendant des années et vous vous étonnez un jour de les avoir si peu comprises; car elles ne se connaissent pas elles-mêmes pour avouer leurs fautes, et vous les jugez sur ce qu'elles vous disent [27]... »

Elle donne l'ordre de préférer les novices « faites pour nous et qui nous aident à payer [28] »... Il y a Blanca de Jésus Maria, qu'elle appellera drôlement « celle aux lingots d'or [29] ». « Ne prenez pas la fille du Portugais si ce qu'elle doit apporter n'est pas déposé, car j'ai appris que nous n'en tirerions pas une *blanca*, et nous ne sommes pas en des temps où l'on puisse prendre des religieuses pour rien [30]...» « J'ai été épouvantée d'apprendre que la mère de Beatriz n'apporte que mille cinq cents ducats, bien qu'elle soit telle que nous gagnerions à la prendre même sans rien. En réponse à ce que vous dites du paiement des redevances, il est évident que ce serait grand bien que d'alléger les charges. Si avec la dot de Bernalda vous arriviez à trois mille ducats [31]... »

Est-ce là celle qu'on appelait *la Santa Madre?* Cette calculatrice de dot et revenus? Ah! Si ses filles avaient su comme elle « s'abandonner entièrement dans les bras du Seigneur [32] », elle n'eût pas eu besoin de recourir aux artifices humains! Lorsque les couvents se trouvaient endettés, affamés, la Madre s'affligeait du peu de foi de ses sœurs : « C'est avoir peu de foi en Dieu que de penser qu'il n'est pas assez puissant pour donner à manger à ceux qui le servent [33]... » Puis elle se résignait à gérer et administrer. S'ensuivaient ces directives farouches auxquelles elle se hâtait de transgresser la première : « Quant à cette petite esclave, ne vous opposez nullement à son admission. Pour sa sœur, c'est plus difficile, mais recevez-la aussi... et vous les tirerez d'une grande peine [34]. » « Donnez-nous de bons talents, et vous verrez que la dot nous laisse indifférentes [35]. » « Elle n'a que deux cents ducats : je la préfère à une sotte [36]. » « Cette autre novice, prenez-la aussi, puisqu'elle est excellente ; il nous en faut beaucoup, puisqu'il en meurt beaucoup. Elles vont au ciel, n'ayez pas de peine [37]... »

Telle est l'attitude de Teresa de Jésus devant la mort. Nous sommes loin de l'appareil païen des regrets éternels. Nous la voyons exaspérée d'avoir à se servir d'un sceau qui représente deux tibias entrecroisés sous une tête de mort : « Que mon sceau arrive vite, car je ne puis souffrir de sceller mes lettres avec cette mort, mais bien avec celui dont je voudrais qu'il scelle mon cœur, J. H. S. [38]. » Pour elle la mort est bien résurrection, donc allégresse. Lorsque Petronila de San Andres mourut « comme un ange », la Madre Teresa vit Sa Majesté les bras ouverts à la tête de son lit et les séraphins l'accueillir au Paradis [39]; elle interdit les chants funèbres et composa des *coplas* joyeuses que les Carmélites chantèrent en dansant autour du cercueil. Déjà, des années auparavant, elle avait écrit au sujet de sa sœur Maria tant aimée : « J'ai éprouvé une grande joie en apprenant sa mort [40]. » Elle avait su qu'elle était restée quelque huit jours en Purgatoire et le Seigneur la lui montra entrant dans la gloire.

Bien des saints ont pactisé avec la douleur des survivants : la Madre les console avec infiniment de douceur et de tact, mais leur rappelle aussi combien fugitive est leur propre existence : « Que Votre Grâce considère qu'elle n'a pas une longue vie à vivre; tout est si bref que votre solitude ne durera qu'un moment [41]. » Et elle envoie au veuf deux melons « quoiqu'ils ne soient pas aussi bons que je le souhaiterais... »

Elle ouatait ainsi d'un mot gracieux, ou d'un cadeau, ce qu'il pouvait y avoir d'apparente dureté dans son détachement des choses créées. Mais, capitaine, ne devait-elle pas veiller à la discipline? Elle en impose de féroces : « Il ne convient pas qu'une sœur sorte de sa maison, qu'elle soit prieure ou sujette, sauf pour une fondation [42]... Bien que j'aie licence de changer de couvent une sœur à qui le climat fait du mal, les effets de ces changements sont intolérables; mieux vaut que quelques-unes meurent, plutôt que de nuire à toutes [43]. » Est-ce la même femme qui cette même année consacre lettres sur lettres à la maladie de la prieure de Malagon, Brianda de San José, s'inquiète d'elle dans les moindres détails? « Je suis épouvantée qu'on vous ordonne de vous lever par ce temps. Par charité ne le faites pas; il y a de quoi vous tuer, cela est pénible même pour celles qui sont grasses et bien portantes [44]... » Elle fera elle-même le voyage pour aller chercher la Mère Brianda, et l'amènera à Tolède, où la température est plus douce. Ce qui ne l'empêchera pas de conseiller à Maria de San José une vigoureuse thérapeutique pour calmer une démente : « Quelques coups de fouet la feront peut-être taire, et ne lui feront aucun mal [45]... »

L'art de diriger, qu'elle exerce magistralement, semble être l'art de se contredire sans se dédire, et de céder sans mollir. Elle est assez forte pour se permettre d'être bonne sans qu'on puisse jamais l'accuser de faiblesse. Lorsqu'elle sévit, c'est avec une promptitude et une énergie qui ne permettent pas de douter de la fermeté de son caractère.

Après le départ de Brianda de San José, le couvent de Malagon fut troublé par une question de préséance surgie entre la remplaçante intérimaire de la prieure, Ana de la Madre de Dios, et Beatriz de Jésus : cela prouve bien que la Madre savait admirablement ce qu'elle disait lorsqu'elle demandait qu'on ne déplaçât les moniales sous aucun prétexte, sauf les nécessités des fondations nouvelles; mais lorsqu'elle enfreignait elle-même ses propres directives et appliquait le remède d'une main rude, elle savait tout aussi admirablement ce qu'elle faisait. L'aumônier de Malagon l'apprit sans délai :

« Les lettres de Votre Grâce m'ont fait la plus grande peine; c'est une mort pour moi que de penser que dans une de ces maisons les choses vont plus mal que chez les Chaussées d'Andalousie... Je ne puis manquer d'en accuser Votre Grâce... Votre Grâce verra où aboutissent les querelleurs qui me causent de tels soucis. Je vous prie de le dire de ma part à cette Beatriz. Mon état d'esprit à son égard est tel que je ne voudrais même pas qu'on la nomme devant moi [46]... » *Cette Beatriz* était sa cousine germaine, mais elle exigeait de sa parenté plus que de quiconque.

Elle entre dans le détail des disputes et s'en prend directement à l'aumônier : « Si Votre Grâce ne débrouille pas ce que le démon a commencé à ourdir, tout cela ira de mal en pis. Votre absence me sera pénible, mais je vois que vous tenez à votre tranquillité plus qu'à me rendre service [47]. »

La lettre est adressée au Très Magnifique et Révérend Señor le licencié Villanueva. C'est donner à un homme bien des titres pour lui signifier son congé.

Il faut reconnaître qu'il laissait s'instaurer chez ses pénitentes d'étranges coutumes : « J'ai appris ici certaines mortifications auxquelles on se livre à Malagon : la Prieure ordonne aux sœurs d'échanger des gifles lorsqu'elles s'y attendent le moins; on parle aussi de pincements... Le démon semble enseigner la façon de perdre les âmes... Et on me révèle cela maintenant [48] ! » Il y a tout lieu de penser que si la *Madre Fundadora* eût été libre de circuler, elle n'eût fait qu'un bond jusqu'à Malagon.

Pour tenir en main onze couvents de femmes et de nombreux monastères d'hommes, nul n'avait son autorité, mais nul n'avait son tact et son habileté. Doser rigueurs et affabilité, montrer toujours la compréhension la plus large, c'est ce qu'elle voulait, c'est ce qu'elle faisait. Aussi, alors qu'à Tolède il lui était impossible de bouger, écrit-elle pour les Visiteurs — en particulier pour le P. Gracian — des instructions très précises. Si elle s'en excuse, c'est pour donner plus de force à ses recommandations :

« Il peut sembler fâcheux à un supérieur d'entrer dans tous les détails qu'il trouvera ici, mais il serait beaucoup plus ennuyeux pour lui de constater l'absence de progrès chez ses sujettes s'il passait outre. Pour saintes qu'elles soient, tout cela est nécessaire. Les femmes que l'on veut gouverner doivent entendre qu'il y a un chef qui ne se laissera fléchir par rien au monde, qui fera respecter toutes les règles de l'Ordre et punira l'infraction; elles doivent voir qu'il y veille particulièrement, et savoir non seulement qu'il les visitera chaque année, mais qu'il sait ce qu'elles font chaque jour [49]... »

La Madre n'ignorait rien de ce qui se passait au jour le jour dans les couvents de sa réforme.

Aussi vivement qu'à un aumônier trop indulgent, elle s'en prend à un Visiteur tracassier :

« Vous constatez maintenant les ennuis que causent les Actes rédigés par le P. Fray Juan de Jésus. J'ai été fatiguée rien qu'à les lire : que serait-ce si je devais les observer ? Voilà ce que craignent mes religieuses : la venue de pesants prélats qui les surchargent, les écrasent. Croyez-moi : notre Règle n'admet pas les gens pesants, elle l'est déjà bien assez elle-même [50]... » En espagnol, ces pesants prélats, ces gens pesants, se confondent avec les gens assommants. Cette nuance transparaît dans la lettre de la Madre.

Elle n'était pas, elle, de ces ennuyeux. Son rire éclate, ses bons mots font des étincelles. Gracian a-t-il chargé Maria de San José de veiller à la bonne marche du couvent de Paterna? « Que vous devez être fière d'être maintenant à moitié Provinciale... Je ris de me voir accablée de courrier, si bien que je me mets à écrire des impertinences [51]... »

L'éponge est depuis longtemps passée sur les malentendus avec la prieure de Séville dont les lettres sont pour la Madre la meilleure des récréations. Elle se réjouit de la multitude des détails qu'elle y trouve, et déclare qu'elle en vit, *con esto vivo* [52]... A cette même Maria elle cherche joyeusement querelle : « Vous avez bel air de ne pas admettre qu'il n'y a personne comme Teresita! Sachez donc que ma *Bela* (Isabel Dantisco, novice de huit ans, qui faisait à Tolède les délices de la Madre qui adorait les enfants) est d'une adresse extraordinaire. Avec quelques malheureux petits bergers, des nonnettes et une image de Notre-Dame, elle nous émerveille aux fêtes et récréations par ses inventions et ses *coplas*, qu'elle nous chante. Elle ne me cause qu'un ennui : je ne sais comment corriger sa bouche, qui est pincée; elle rit très froidement, et elle rit tout le temps. Cette bouche, je la lui fais fermer, ouvrir, je l'empêche de rire. Elle dit qu'elle n'y peut rien, que c'est la faute de sa bouche. Ne répétez cela à personne, mais j'aimerais que vous me voyiez en train de corriger sa bouche. Je vous raconte tout cela pour vous faire rire [53]... » « Ah! quelle cervelle de Fondatrice [54]! »

Il est vrai que cette petite Isabel, *la mi Bela*, est la jeune sœur de Gracian. Cette famille ensorcelle Teresa. Lorsqu'elle fait la connaissance de Doña Juana Dantisco, sa mère, elle jette sur le papier une fougueuse lettre à ce « Paul », cet « Élisée », ce « fils chéri » : « Je suis folle de sa simplicité et de sa clarté, en cela elle avantage son fils... Nous étions ensemble comme si nous nous étions vues toute notre vie... Votre Paternité m'a amusée en m'autorisant à ouvrir mon voile pour sa mère : on dirait que vous ne me connaissez pas, moi qui voudrais lui ouvrir mes entrailles... Je me suis demandé laquelle de nous deux Votre Paternité aime le plus, et j'estime que la Señora Doña Juana a un mari et d'autres enfants à aimer, tandis que la pauvre Lorencia (Teresa de Jésus se donnait à elle-même ce surnom dans quelques-unes de ses lettres à Gracian) n'a au monde que ce Père. Dieu veuille le lui garder pour sa consolation [55] ! »

Est-il beaucoup de personnes canonisées qui aient à leur actif de si chaudes paroles à l'adresse d'un mortel? Un mois plus tard elle lui écrira : « Que Votre Paternité demande à Dieu de faire de moi une vraie moniale du Carmel, car mieux vaut tard que jamais [56]... »

Et voilà qui est admirable : à travers ses mots piquants ou plaisants, tout comme dans le récit de sa *Vie* et dans les plus hautes pages de son *Château de l'âme*, elle parle avec une humilité profonde de ses manques, de ses défauts, de la peine que lui coûte tout progrès vers la perfection. Elle n'était pas douée pour la sainteté, mais elle est *devenue* une vraie moniale du Carmel, elle est devenue la grande sainte d'Avila, et l'un des esprits les plus rayonnants de ce monde, sans cesser pour cela de pétiller de gaieté, de grâce, et souvent même de malice. Pour elle, le signe de la croix est vraiment le signe *plus;* elle reste tout ce qu'elle est, plus l'apport grandiose de l'esprit en elle, et son prolongement dans le monde par elle. Teresa de Ahumada + Dieu = sainte Thérèse de Jésus.

La pénitence la plus austère, la vie d'action la plus dure et la plus exigeante ne l'ont jamais guérie d'être femme. En elle, c'est la féminité qui s'épure et se sublime.

Et Teresa de Ahumada de Jésus a certainement transfiguré dans l'amour divin plus de filles d'Ève que ne l'ont fait les saintes « renfrognées ».

5. *Don Lorenzo de Cepeda, Indien*

Elle lui écrivait autrefois : « *Señor...* » Maintenant elle commence ses lettres : « Jésus soit avec Votre Grâce. » Elle terminait autrefois : « De Votre Grâce vraie servante. » Elle termine maintenant : « Je baise plusieurs fois les mains de Votre Grâce. » Il s'agit de son frère Lorenzo de Cepeda.

Il était son bienfaiteur; il est maintenant, en plus, son disciple et son confident. Les missives qu'elle lui adresse de Tolède sont interminables, car si elle le dirige au spirituel, au temporel elle l'administre.

Tout régisseur du Conseil municipal de Quito qu'il est, trésorier des Caisses royales, alcade de la capitale de l'Équateur, gendre de Don Francisco de Fuentes l'un des conquérants du Pérou qui participèrent à la capture d'Atahualpa, Don Lorenzo, homme charmant, — mon frère ne cessera d'être galant qu'en cessant de vivre [1], — Don Lorenzo, homme grave et pieux, — il mérite le nom de Carme, dit Maria de San José, — Don Lorenzo, homme opulent, — ses terres aux Indes valent 35.000 pesos, il a apporté en Espagne 45.000 pesos en marchandises et épargné 28.000 pesos or, — Don Lorenzo, homme mûr, — il a cinquante-sept ans, — fait auprès de sa sœur Teresa figure de petit garçon.

Il n'ose déplacer une paille sans lui demander avis, et bien lui en prend. Sans elle, il serait mal entouré, mal logé, gaspillerait sa fortune à jeter de la poudre aux yeux, perdrait son âme en faisant de la paresse vertu, et ses garçons seraient fort mal élevés.

« ... Que Votre Grâce n'oublie pas de ne pas prendre pour le moment de confesseur attitré, et pour votre maison le moins de gens possible : mieux vaut choisir petit à petit que de renvoyer [2]... »

Il a loué une maison à Avila : « Prenez garde, car il me semble avoir entendu dire que l'une des chambres de cette maison d'Hernan Alvarez de Peralta est croulante : faites bien attention [3]. » On a conquis les Indes, mais on est susceptible de se laisser entortiller par un propriétaire un peu ficelle.

Il veut faire figure. La vaine gloire du père n'est rien auprès de celle de ses fils. Aussi se hâte-t-elle de lui adresser un « mémoire » sur l'éducation de Lorencito et Francisco :

« ... Si on ne s'occupe pas immédiatement de ces enfants, j'ai grand-peur qu'ils ne se mêlent bientôt aux autres vaniteux d'Avila. Il faut que Votre Grâce les envoie tout de suite à la Compagnie et qu'ils prennent bonnet [4] », le bonnet d'étudiants.

« Votre Grâce est encline au point d'honneur, mortifiez-vous en cela. Je voudrais que vous n'achetiez pas de mule pour l'instant, mais seulement un bidet que vous utiliseriez pour les voyages et le service. Quant à ces enfants, il leur suffit de se promener à pied : laissez-les étudier[5]. »

Teresa représente la vieille Espagne, celle du travail, de la sobriété, de la vie simple et patriarcale; Don Lorenzo et ses fils personnifient l'Espagne nouvelle, celle de l'outre-mer, de l'argent facile, de la vie luxueuse et de l'oisiveté. Deux époques s'affrontent en ces deux êtres qui se chérissent. Teresa l'emporte, naturellement, et il est dommage que chaque conquistador, de retour au pays, n'ait pas eu auprès de lui une sœur Teresa, douée d'un instinct aussi clair de l'économie : l'or des Indes n'eût pas appauvri le royaume.

Don Lorenzo achète à cinq kilomètres d'Avila, dans la vallée de l'Adaja, une belle terre à blés et pâturages : quatorze mille ducats.

Presque aussitôt il le regrette et se lamente : cela va l'occuper excessivement... Il aurait mieux fait de placer son argent; cette somme, bien investie, donnerait, sans travail, de bonnes rentes. Le riche homme croit avancer un argument péremptoire lorsqu'il écrit à la Carmélite : « J'aurais ainsi plus de temps pour l'oraison. »

C'était mal la connaître. Elle éclate :

« Ne recommencez plus! Ne faites que louer Dieu de cet arrangement! Ne croyez pas que si vous aviez plus de temps votre oraison en vaudrait mieux. Détrompez-vous : le temps bien employé à veiller au bien de vos enfants ne nuit pas à l'oraison. Dieu donne souvent plus en un instant qu'en de longues heures : ses œuvres ne se mesurent pas au temps... Jacob, qui s'occupait de ses troupeaux, n'en était pas moins saint, ni Abraham, ni saint Joachim. Mais tout nous fatigue, lorsque nous voulons fuir le travail [6]... »

Ah, conquistador! Il avait pris là-bas l'habitude de mener grand train et de faire travailler des esclaves! C'est ainsi que plutôt que de travailler lui-même, il eût préféré faire travailler l'argent à sa place, pour se ménager des loisirs; cela n'agréait point à Teresa, quand bien même ces loisirs seraient consacrés à s'entretenir avec Dieu : nous devons le servir « comme il le veut et non pas comme nous le voulons [7] ». « Dieu a donné mieux que des biens à vos enfants, il leur a donné l'honneur [8]. » L'honneur de familles telles les Cepeda y Ahumada, l'honneur d'hommes tels qu'Alonso Sanchez y Cepeda, leur père, qui ne dédaignait pas, lui, d'accomplir ses devoirs de propriétaire rural. Et la Carmélite se moque doucement de l'alcade de Quito : « Ne croyez-vous pas que collecter vos rentes vous donnerait aussi du travail [9] ? »

L'Indien Don Lorenzo se le tint pour dit.

Voilà donc les fils à l'école, le père occupé à gérer ses terres. Le temporel est réglé, en route pour le spirituel.

Elle fait lire à son frère le *Chemin de la Perfection*, en particulier le chapitre XXX où elle commente ces quelques mots du *Pater* : « Que votre règne arrive », et l'invite ainsi à s'abandonner à la volonté du Seigneur : cette volonté est labeur. Ce n'est pas en vain que la Fondatrice à mis dans les Constitutions de l'ordre de Notre-Dame : « Quiconque veut manger doit travailler [10]. »

Le disciple fait d'admirables progrès. Dans les lettres que Teresa lui écrit, les confidences fraternelles alternent avec les conseils les plus concrets qu'elle ait donnés, et les plus sensés.

Elle lui avoue sa grande angoisse de l'instant :

« Sachez que depuis plus de huit jours je suis dans un tel état que je serais mal en point pour m'occuper de tant d'affaires, si cela durait. J'ai recommencé à avoir des ravissements, et cela me fait bien de la peine, car cela m'est advenu plusieurs fois en public et à matines. Il n'y a pas moyen d'y résister, ni de dissimuler. J'en reste si confuse que je voudrais me cacher je ne sais où. Je prie Dieu instamment de m'éviter cela en public; demandez-le lui aussi, cela comporte de grands inconvénients, et il ne me semble pas que l'oraison y gagne. Je suis comme ivre...

« Louons le Seigneur l'un pour l'autre [11] ! »

Car Lorenzo lui fait part de grandes grâces que le Seigneur lui a accordées, à lui aussi. Sa sœur lui en parle avec sa prudence coutumière: « Je ne sais que vous en dire, c'est plus que vous ne devez en comprendre, et le commencement de beaucoup de bienfaits, si vous ne les perdez pas par votre faute [12]... »

Elle essaie pourtant de définir cet état, et retrouve les délicieux balbutiements du récit de ses premières extases : « C'est une grande peine sans douleur, sans motif, extrêmement savoureuse... C'est une blessure que fait à l'âme l'amour de Dieu, on ne sait où, ni comment, ni si c'est blessure, ni ce que cela est; on éprouve seulement une savoureuse douleur, et l'on s'en plaint ainsi :

Sans blesser vous faites mal,
Et sans douleur vous défaites
L'amour pour les créatures...

Car lorsque l'âme est vraiment touchée par cet amour de Dieu, celui qu'on éprouve pour les créatures s'évanouit sans peine aucune [13]. »

C'est en réponse à une question angoissée de ce frère qu'elle touche au point très épineux des retentissements physiques de l'amour mystique; elle le fait avec une extraordinaire délicatesse ou plus exactement, avec une sublime indifférence :

« Des turpitudes qui s'ensuivent, ne faites aucun cas; cela ne m'est jamais advenu, Dieu, dans sa bonté, m'a toujours épargné ces passions, mais j'entends que la vive délectation de l'âme cause un mouvement naturel; cela s'émoussera avec la faveur de Dieu, si vous n'y faites pas attention. Plusieurs personnes m'ont parlé de cela.

« Les frémissements disparaîtront également; car l'âme, devant ces nouveautés, s'effraie, et a bien de quoi s'effrayer. Plus ce sera fréquent, plus elle deviendra habile à recevoir ces grâces. Que Votre Grâce résiste autant qu'elle le pourra à ces frémissements et à toute chose extérieure, afin de ne pas en prendre l'habitude; cela n'aide point et gêne plutôt.

« La chaleur que vous dites éprouver n'a aucune importance; elle pourrait seulement nuire à la santé si elle était excessive; mais cela aussi disparaîtra comme les frémissements. Ces choses sont, à mon avis, ce que sont les complexions, et comme Votre Grâce est sanguine, le grand mouvement de l'esprit, avec la chaleur naturelle qui se rassemble au sommet et arrive au cœur, peut les causer; mais, comme je le dis, cela n'ajoute rien à l'oraison.

« Je crois avoir répondu à ce que vous me dites : le fait de vous retrouver ensuite comme si rien ne s'était passé. Il me semble que Saint Augustin en parle aussi : l'esprit de Dieu passe sans laisser de traces, comme la flèche n'en laisse point dans l'air. Je me rappelle maintenant vous avoir répondu à ce sujet, mais j'ai reçu une telle multitude de lettres depuis celles de Votre Grâce [14]... »

C'est ainsi que Teresa de Jésus témoigne d'une santé parfaite et plane bien au-dessus de ce qu'on appellerait aujourd'hui refoulements et complexes, en accordant pourtant au « naturel » la place qu'il se charge de prendre sans notre autorisation. On n'est pas mieux équilibré.

Et c'est ainsi qu'elle traite au courant de la plume de ces graves questions de vie spirituelle, au milieu de l'abondance du courrier qui l'écrase, et qui concerne les affaires les plus variées.

La suite de cette copieuse lettre à Don Lorenzo comprend deux recettes : l'art de guérir les rhumatismes et maux de tête en faisant brûler des pastilles odorantes, et l'art de porter cilice...

« Lorsque vous aurez de la difficulté à bien vous recueillir au moment de l'oraison, ou lorsque vous voudrez faire quelque chose pour le Seigneur, mettez ce cilice que je vous envoie; cela éveille l'amour, à condition que vous ne le portiez en aucun cas après vous être habillé, ni pour dormir. »

Mais elle se méfie des excès de zèle de son frère : « Je ne le fais pas sans peur... »

« Écrivez-moi comment vous vous en tirez avec cet enfantillage... Et je ris : car vous m'envoyez des fruits confits, des gâteaux, de l'argent, et je vous envoie des cilices! [15]... »

Elle est bien bonne! La Madre a sa crise de gaieté.

Il n'est pas très facile à diriger, Don Lorenzo, à cause de son empressement même. Ne s'avise-t-il pas de méditer sur l'honneur que ce serait d'être damné? Teresa le ramène gentiment au paradis : « Je ne sais pourquoi vous désirez ces peurs et terreurs, puisque Dieu vous conduit par la voie de l'amour... La forme d'oraison qu'il vous donne est bien plus haute sans comparaison que de penser à l'enfer [16]... »

N'a-t-il pas fait vœu de perfection sans la consulter? « Voilà une jolie façon d'obéir [17]! » Elle s'occupera de le lui faire transmuer. De même, elle réussit à le détourner de l'idée de se faire moine : « La moinite » (*frailia*) de mon frère n'alla pas plus avant [18]... »

Il va si loin dans la pénitence qu'il avoue porter le cilice vingt-quatre heures. « Nouvelle mode, je ne crois pas que les Déchaussées elles-mêmes s'y montrent aussi habiles [19]... » Mais elle tempère ces fringales de mortification : « Dieu préfère votre santé à vos pénitences, et que vous obéissiez [20]... »

Il lui parle d'élans de ferveur qui le prennent la nuit, et le forcent à se lever pour prier : « Il ne sera pas mauvais de vous asseoir un moment sur votre lit, à condition d'avoir toujours autant de sommeil que votre tête en a besoin, car on peut en arriver à ne plus pouvoir faire oraison [21]... »

Elle insiste : « Il importe de ne pas manquer de sommeil... six heures au moins... Un bon sommeil n'est pas l'une des moindres grâces que nous fasse Dieu... N'ayez pas peur de dormir... » Et elle ajoute : « J'ai tant de travail ce soir que cela m'a empêchée de faire oraison. Je n'en éprouve aucun scrupule, de la peine seulement [22]... »

Si elle considère qu'il est important d'éviter pour moines et religieuses les occasions de scrupule, elle s'emploie également à les écarter de ceux qui vivent dans le monde, qu'ils soient laïcs ou ecclésiastiques.

Parmi ceux qui lui demandaient des directives spirituelles était un grand prélat, un grand seigneur, l'archevêque Don Teutonio de Braganza. Est-il inquiet de n'avoir éprouvé que tiédeur, pendant une longue période passée à voyager? Il écrit à Teresa de Jésus.

« Que Votre Seigneurie ne s'effraie point : les fatigues du déplacement, le dérèglement de l'emploi du temps, en sont la cause. Lorsque Votre Seigneurie retrouvera sa tranquillité, l'âme retrouvera la sienne [23]. »

Il lui confie un jour qu'il se sent poussé à abandonner l'oraison. La réponse qu'elle lui fait montre à quel point elle connaissait le mécanisme de la pensée, celui des différents plans de la conscience : « N'en faites aucun cas. Louez le Seigneur du désir que vous avez de faire oraison, croyez que votre volonté l'entend ainsi, et qu'elle aime à se tenir avec Dieu. Lorsque vous vous sentez angoissé, efforcez-vous d'aller là où vous pouvez regarder le ciel, promenez-vous, vous n'en perdrez pas pour cela le temps de l'oraison. Il faut de l'art pour manier notre faiblesse, et ne point opprimer la nature. Le tout est de chercher Dieu, et les moyens de nous approcher de lui. L'âme se conduit par la douceur [24]... »

On comprend que nul ne lui échappe, que nul n'échappe par son intermédiaire à la vie parfaite.

Elle ne donnait à chacun que ce qu'il pouvait admettre et supporter; jamais elle ne manquait à l'amour au nom du Christ. En cette année qu'elle passa à Tolède, elle eut le chagrin d'être déçue par Don Francisco de Salcedo. Le saint gentilhomme vit la presque totalité de son bien engloutie dans un procès et il ne montra pas le courage qu'on était en droit d'attendre de sa piété. Non : il ne s'agit pas de le lui reprocher, ni de lui faire la leçon en un moment où il a besoin d'amitié :

« Priez Dieu, écrit-elle à son frère Lorenzo, afin qu'il comprenne et cesse d'être inquiet. Voilà ce qui arrive lorsque nous ne sommes pas entièrement détachés. Mais quand Dieu nous a fait cette grâce, concevons que nous ne consolerons pas ceux qui sont encore liés en leur parlant ainsi, sinon en leur montrant que leur chagrin nous peine [25].»

« Aujourd'hui, alors que je songeais que Dieu distribue ses biens à son gré, je m'étonnais qu'un homme tel que Don Francisco, qui le sert sincèrement depuis des années, soit si affligé de perdre une fortune qu'il distribuait aux pauvres bien plus qu'il n'en usait. Je me disais qu'à sa place je ne m'en soucierais que fort peu, mais je me suis rappelé combien j'ai été anxieuse lorsque je vous ai vu en danger, à Séville : nous ne nous connaissons pas nous-mêmes. Fuir tout pour le Tout est ce que nous avons de mieux à faire pour ne pas être esclaves de choses aussi basses; mais considérons qu'ils n'en sont pas capables [26]... »

Elle savait « qu'il n'est âme si géante qu'elle n'ait besoin souvent de se retrouver enfant [27] ».

Aussi, voyant son frère très tendu dans l'oraison, s'avisa-t-elle de lui donner une leçon de bonne humeur, même dans les choses de Dieu. Il lui demandait des thèmes de méditation, et le sujet qu'elle lui donna, — une parole qu'elle avait entendue, « Cherche-Moi en toi », — l'avait rendu si perplexe qu'il demanda au grave Francisco de Salcedo, au plus grave encore P. Jean de la Croix, et à ce bonhomme de Julian de Avila, de rédiger ce que leur suggéraient ces paroles du Seigneur, ainsi qu'il le ferait lui-même, et d'envoyer le tout à la Madre Teresa.

Tout accablée de travail qu'elle était, éperdue de maux de tête, elle veilla cette nuit-là encore plus tard que d'habitude et entreprit de leur répondre sur le ton du *Vejamen :* mot à mot, vexation. C'était un exercice auquel se plaisaient les étudiants, pour se moquer les uns des autres.

Afin qu'ils ne se fâchent point de son irrévérence, elle commence par déclarer « qu'elle les aime tous beaucoup, car ils l'ont tous aidée au milieu de ses épreuves [28] », et poursuit en distribuant quelques jolies chiquenaudes.

Au saint gentilhomme le tout premier. Certains passages de son commentaire « la contentent bien », mais « je n'ai pas l'intention de louer moindrement ce que tous vous avez dit ». Elle le critique pertinemment et en détail.

« Ce qu'il y a de pis, s'il ne se dédit pas, c'est que je vais être obligée de le dénoncer à l'Inquisition, qui est près d'ici. Car après avoir dit tout le long de son papier : ceci est de saint Paul et du Saint-Esprit, il affirme avoir signé des niaiseries. Qu'il fasse vite amende honorable; sinon, il verra [29]... »

Julian de Avila « commence bien et finit mal; il n'a donc point droit à la gloire ».

Il semble avoir compris son sujet tout de travers, « mais je lui pardonne ses erreurs, car il en a écrit moins long que mon P. Jean de la Croix [30] »...

Et ce P. Juan de la Cruz? On le voit se laissant enlever sur les hauteurs, répondant non pas à côté du sujet, mais à mille lieues au-dessus, et c'est lui, le plus saint, le plus savant, que la Madre taquine le plus gaiement :

« Cette réponse est d'une très bonne doctrine pour quiconque ferait les exercices de la Compagnie de Jésus, mais pas en ce qui nous concerne. Il nous en coûterait cher de ne pouvoir chercher Dieu qu'une fois que nous serions morts au monde. Madeleine ne l'était point, ni la Samaritaine, ni la Chananéenne, lorsqu'elles l'ont trouvé.

« ...Dieu me préserve de gens si spirituels qu'ils veulent

tout tourner en contemplation parfaite, advienne que pourra. Cela dit, nous lui sommes reconnaissants de nous avoir si bien fait entendre ce que nous ne demandions pas. C'est pourquoi il convient toujours de parler de Dieu, nous en tirons le bénéfice que nous attendions le moins [31].

« Il en fut ainsi du Señor Lorenzo de Cepeda, que nous remercions de sa réponse et de ses couplets. Car s'il en dit beaucoup plus qu'il ne peut en comprendre, l'amusement qu'il nous a causé nous incite à lui pardonner le manque d'humilité avec lequel il se mêle de choses si élevées, comme il le dit lui-même...

« ...Qu'ils se corrigent tous; moi aussi je me corrigerai, afin de ne pas ressembler à mon frère en manquant d'humilité [32]... »

Tous prirent joyeusement la joyeuse « sentence ». Sauf Don Lorenzo, peu accoutumé à être plaisanté. Il émet quelques plaintes, et sa sœur le console :

« ... Je savais que vous seriez fâché; mais on ne pouvait répondre sérieusement; si Votre Grâce a bien lu, vous verrez que je n'ai pas manqué de louer quelque chose de ce que vous avez dit; sans mentir, je ne pouvais parler autrement de la réponse de Votre Grâce. Je vous assure, vraiment, qu'après une journée surchargée d'affaires et de lettres, — on dirait que le démon parfois les accumule, — j'avais la tête dans un tel état que je ne sais même pas ce que j'ai dit, ma nuit fut mauvaise, la purge m'a fait du mal. C'est miracle que je n'aie pas envoyé à l'évêque de Carthagène une lettre que j'écrivais à la mère du P. Gracian, je me suis trompée en mettant l'adresse, je ne me lasse pas de rendre grâces à Dieu [33]. »

Ces explications détaillées calmèrent l'amour-propre irrité de l'Indien.

Ce n'est pas sans malice que Teresa termine sa lettre · « Dieu vous garde, et fasse de vous un saint... »

Tandis que la Madre est à Tolède, en cette année de 1577, arrive un jeune Crétois qui commence à peindre pour l'église de Santo Domingo el Antiguo des saints tels qu'on n'en a jamais vus, tant la vie spirituelle rayonne sur leur visage. Son nom, Domenico Theotocopoulos, est si long à prononcer que les Tolédans le surnomment *El Greco*.

6. *Et puis il se livra... 1577*

Au début des persécutions, la Madre Teresa de Jésus avait dit :

— Si Dieu prête un ou deux ans de vie au Pape, au Roi, au Nonce, et à notre P. Gracian, tout s'arrangera très bien. Mais nous sommes perdus si l'un d'eux vient à nous manquer [1].

Or, le nonce Ormanetto meurt. Il avait été le défenseur le plus puissant du Carmel réformé : puissance faite de sainteté, car il mourut si pauvre que Philippe II dut faire les frais de ses obsèques. A peine était-il enterré que le Tostado quittait le Portugal et rentrait en hâte à Madrid; il rôdait à la cour, à pied d'œuvre, prêt à se prévaloir de son autorité de délégué du supérieur général de l'Ordre, le P. Rubeo. Le Roi ne l'avait pas encore autorisé à visiter les monastères de Déchaux et Déchaussées, mais il avait des appuis, il intriguait, qu'allait-il advenir?

Le branle-bas de combat de Teresa de Jésus fut un appel à la prière, dans tous ses monastères : « ... afin que s'accomplisse ce qui doit être pour le meilleur service de Dieu [2] ».

Tolède donne l'exemple : dans le patio, dans le chœur, dans les cloîtres, les filles de la Vierge évoluent en processions rogatoires, multiplient les pénitences, et ne rivalisent que de ferveur :

— Ne négligez rien, disait la Madre, *no se descuiden* [3].

C'est toujours son cri de vigie : « Ne dormez pas! Ne dormez pas! »

Elle ajoutait souvent :

— Mais restez calme.

Car son entourage commençait à s'affoler. Gracian était nerveux, le P. Antonio de Jésus ne valait pas mieux. Alors que tous deux, à Tolède, logeaient à l'hôpital du cardinal Tavera, ils virent un soir, à complies, un spectre leur apparaître derrière l'une des fenêtres de la chapelle : une sorte de poulpe monstrueux, aux queues multiples, aux serres énormes. Ils se hâtèrent de communiquer à la Madre ce qu'ils jugeaient être un sinistre présage, mais à leur nez et à leur barbe « elle rit beaucoup de voir le courage des deux capitaines de son escadron changé en poltronnerie [4] ».

Un spectre ne suffisait pas à effrayer Teresa de Jésus.

« *Señor*, nous n'avons pas de pain. » Voilà ce que le bon Francisco de Salcedo voulait écrire à l'évêque d'Avila, au nom des nonnes de Saint-Joseph : la Madre s'y opposa. Non, elle ne se plaindrait pas : même affamée, même persécutée. « Pour grandes qu'aient été mes épreuves en cette vie, je ne me rappelle pas avoir prononcé des paroles d'affliction [5]. »

Elle avait dû quitter brusquement Tolède, au début de juillet 1577 et rentrer à Avila pour faire mettre le monastère de Saint-Joseph sous la juridiction du P. Gracian. Elle trouva le premier de ses colombiers dans une misère extrême mais elle dit de la famine ce qu'elle pensait des attaques et des diffamations « cela ne me causait pas trop de peine [6] ». Elle reçut alors un choc qui eût anéanti quiconque, et réussit à la faire chanceler : deux des leurs, deux Déchaux ont trahi! Et trahi qui? Deux Déchaux ont trahi le P. Jeronimo Gracian de la Madre de Dios!

C'est le commencement de la lutte sans merci. Il est magnifique de voir la Mère Fondatrice se dresser, tour à tour indignée, mordante, revendicatrice, ou magnanime dans son immense pardon des injures : gémissante, jamais.

Elle écrit au Roi, et son ton est royal :

« La grâce du Saint-Esprit soit toujours avec Votre Majesté. *Amen*.

« J'ai été informée d'un mémoire qu'on a remis à Votre majesté contre le P. Maître Gracian, tel que je suis épouvantée des ruses du démon et de celles des Pères Chaussés car ils ne se contentent pas de diffamer ce serviteur de Dieu, — il l'est en vérité, et nous édifie toutes, il ne visite pas un couvent qu'on ne m'écrive qu'il y a ravivé l'esprit, — mais ils cherchent maintenant à discréditer ces monastères où le Seigneur est si bien servi. Ils ont utilisé à ces fins deux Déchaux dont l'un a souvent prouvé qu'il manque de jugement; de lui, et d'autres Déchaux acharnés contre le P. Gracian, les moines vêtus de drap ont voulu se servir, en leur faisant signer des extravagances. Si je ne craignais point le mal que peut faire le démon, je rirais des accusations qu'ils portent contre les Déchaussées ; pour mon habit, ce serait monstrueux.

« Par l'amour de Dieu, je supplie Votre Majesté de ne pas consentir à ce que ces témoignages infâmes soient portés devant les tribunaux ; le monde est tel que, bien que le contraire soit prouvé, un soupçon peut demeurer.

« Que Votre Majesté, par l'amour de Notre-Seigneur, considère cela comme touchant à son propre honneur et à sa propre gloire [7]. »

Qui étaient les traîtres ? Le F. Miguel de la Columna, et surtout le P. Baltazar de Jésus, celui dont la Madre Teresa avait cousu l'habit de ses propres mains lorsqu'il était entré dans l'ordre, à Pastrana. Esprit turbulent, ambitieux, amer, il ne pouvait souffrir le P. Gracian. Déjà, auparavant, la rumeur de certaines intrigues par lui manigancées avait beaucoup peiné la Madre, « en ce qui concerne son âme [8] ». La vue même de Gracian lui était si odieuse que pour le fuir, il allait se tapir « dans sa tanière ».

C'est cette haine que les « vêtus de drap » avaient exaspérée et utilisée. La Madre Teresa, n'y tenant plus, ajoute à sa lettre à Philippe II un *post-scriptum* où elle réfute les plus dangereuses des calomnies contre Gracian :

« Si cela est nécessaire, nous toutes, religieuses Déchaussées, ferons serment que jamais nous ne lui avons entendu dire ni vu faire la moindre chose qui ne soit propre à nous édifier ; il pousse à tel point le scrupule que même pour les chapitres, où il semble indispensable de pénétrer dans la clôture des couvents, il se tient habituellement derrière la grille [9]. »

D'après ce paragraphe, on entend qu'on accusait le Visiteur d'intimité coupable avec ses sujettes. Gracian était naïf, il ne voyait pas le mal et soupçonnait encore moins qu'on puisse en inventer là où il n'y en a point. La Madre, qui connaissait bien la malice du monde, le mettait pourtant en garde : les Déchaux, épiés par les Chaussés avec une extrême malveillance, devaient plus que jamais être circonspects.

Teresa de Jésus insiste à satiété : « ...Si un moine doit rester dans ce couvent, que Votre Paternité lui recommande instamment de ne voir les sœurs que le moins possible.

Mon Père, il faut beaucoup y veiller. Je ne voudrais même pas que l'aumônier les voie aussi fréquemment, car bien qu'il soit excellent, de toutes ces excellences les malicieux peuvent tirer de bien vils commentaires, en particulier dans les petites localités, et, d'ailleurs, en tous lieux.

« Que Votre Révérence veuille bien croire que tout ira d'autant mieux que vous éloignerez vos filles de tout commerce particulier, quand bien même tous seraient des saints. Je ne voudrais pas que vous l'oubliiez [10].

« Toutes ces religieuses sont jeunes. Pour plus de sûreté, il ne faut pas qu'elles voient de moines. Je ne redoute rien autant que cela pour ces monastères [11]. »

« Il n'y a aucune raison pour voir un religieux sans être voilée, à quelque ordre qu'il appartienne, et moins encore nos Déchaux. On peut traiter des choses de l'âme sans lever son voile [12]... »

Lorsque le P. Gracian était en Andalousie, la Madre avait si peur que les Chaussés ne l'empoisonnent qu'elle avait demandé à Maria de San José de lui servir ses repas dans le parloir du couvent. Mais là encore toutes précautions devaient être prises afin de couper court à la médisance :

« Que personne ne mange jamais au parloir, afin de ne pas créer un précédent, sauf le P. Gracian, dont la situation est si difficile; mais cela peut être fait sans qu'il en soit parlé [13]... »

Il n'en fallait pas tant pour que les Mitigés se jettent sur la réputation de ce pauvre P. Gracian. On se mit à guetter les pénitentes qu'il avait dans le monde tout autant que ses filles du Carmel; c'est ainsi qu'on l'accusera d'intimité suspecte avec la marquise d'Elche et sa petite-fille : il avait en effet passé toute une nuit à Evora « à parler de choses spirituelles [14] ».

Son ingénuité donnait beau jeu à ses ennemis.

Peu de temps après ce mémoire scandaleux, le P. Baltazar de Jésus et Fray Miguel de la Columna attestèrent avoir été contraints par les Chaussés, sous menace de toutes sortes de sévices, de signer des papiers qu'ils n'avaient pas lus. Ces infamies pourtant suivirent le P. Gracian toute sa vie.

Quant à la Madre, elle prend avec son humour habituel les « jolis hauts faits » qu'on lui prête ainsi qu'à ses nonnes :

— Je suis honteuse de ce que ces messieurs ont dit de nous ; ils nous mettent dans l'obligation d'être telles qu'ils nous peignent, afin de ne pas prouver qu'ils ont menti [15]...

Tout cela n'était qu'un début.

Le nouveau nonce, Felipe Sega, était arrivé à Madrid. Prévenu contre les Déchaux par le cardinal Boncompagni, protecteur des Chaussés, il avait pris fait et cause pour les ennemis de la réforme térésienne. L'audace de ceux que la Madre appelait *los gatos*, les chats, ne connaîtra plus de bornes. Déjà le P. Antonio de Jésus est obligé de se cacher à Tolède dans les combles de l'hôpital Tavera, ce qui ne lui évitera pas d'être mis en prison. Il sera promptement relâché, mais la grande offensive des Mitigés contre les Réformés est déclenchée.

Le nonce Sega ne retire pas à Gracian son mandat de Visiteur, mais il lui interdit de visiter le moindre couvent. Le Roi et le Conseil de Castille émettent un avis opposé, sans prouver efficacement au P. Gracian qu'ils le soutiennent. Il se retire à Alcalà, puis à Pastrana, et vit en ermite, dans l'austérité, la pénitence, priant particulièrement pour ses persécuteurs et supportant ses épreuves dans l'allégresse, « comme un Saint-Jérôme [16] ».

Ce sont les religieuses de l'Incarnation qui, en prouvant leur attachement à la *Madre Fundadora*, fourniront le premier prétexte à violences : celles qui six ans auparavant s'étaient révoltées contre la Réformatrice se révolteront, cette fois-ci, pour elle.

Elles sont à la veille des élections d'une nouvelle prieure, et ne veulent que la Madre Teresa de Jésus. Le Tostado en a décidé autrement : il envoie le Provincial des Chaussés présider aux élections, « muni de grandes censures et excommunications » pour celles qui donneraient leur voix à la Fondatrice.

La Madre raconte les faits avec tant de vivacité et de verdeur que, malgré son tourment, la femme d'esprit qu'elle est ne peut se retenir de rire de la ridicule colère d'un homme grave :

« ... Comme si de rien n'était, cinquante-cinq religieuses

votèrent pour moi. Chaque fois qu'on lui remettait un vote, le Provincial excommuniait et maudissait; avec le poing, il pilonnait les billets en tapant dessus, et les brûlait. Il y a quinze jours qu'elles sont excommuniées, elles n'ont pas le droit d'entendre la messe ni d'entrer dans le chœur, même lorsqu'on n'y dit pas l'office divin; personne ne peut leur parler, ni les confesseurs, ni leurs propres parents.

« Ce qu'il y a de plus beau, c'est que le lendemain de ces élections pilonnées, — *elecciones machacadas*, — le Provincial revint et leur commanda de tout recommencer. Elles répondirent qu'il n'y avait aucune raison, car elles avaient déjà voté. Ce que voyant, il les excommunia à nouveau, il convoqua les autres, au nombre de quarante-quatre, et fit élire une autre Prieure. Il en appela au Tostado pour confirmation.

« C'en est fait, les autres tiennent bon et prétendent n'obéir à cette Prieure qu'en tant qu'assistante.

« Voilà, en somme, ce qui s'est passé. Tous sont épouvantés d'une si grave offense. Quant à moi, je n'ai nulle envie de me voir en cette Babylone [17]... »

La nouvelle Prieure imposée par les Chaussés était Doña Ana de Toledo.

Les confesseurs auxquels les excommuniées n'avaient pas le droit de parler étaient le P. Juan de la Cruz et le P. German de Santo Matias. On les avait confinés dans la cabane construite par la Mère Fondatrice aux abords du monastère. Jean de la Croix tenait la Mère au courant, il réussissait à lui faire passer des billets où il la suppliait d'intervenir; il estimait que rien n'était plus dangereux pour l'âme de ces pauvres filles que la confusion dans laquelle elles se trouvaient.

La Madre écrivait lettre sur lettre à Madrid et suppliait qu'on agisse non seulement pour que l'excommunication soit levée, mais pour que les rebelles consentent à obéir à Doña Ana.

La Madre ne voulait que la paix, c'est de paix qu'elle parlait à Jean de la Croix lorsqu'il parvenait, « se cachant bien », à tromper la vigilance des Chaussés au cours d'un long trajet, pour venir jusqu'à elle. Ces entrevues si brèves leur étaient un grand réconfort. Non pas qu'ils aient à chercher l'un dans l'autre un courage qu'ils puisaient à sa source, dans la constante présence de Dieu, mais ils goûtaient ensemble « au fruit délicieux de l'oubli de soi et de toutes choses [18] ».

Par son intermédiaire la Madre faisait passer à ses filles de l'Incarnation des consignes de soumission et de pardon; pourtant, les Chaussés accusaient le P. Juan de la Cruz d'encourager ses sujettes à la révolte.

Rumeurs dans Avila, la ville des rumeurs :

...Les Chaussés ont offert au P. Juan de la Cruz de quitter la bure de la réforme et de revêtir la robe de la mitigation. Il a dit non...

...Les Chaussés, furieux, veulent s'emparer par la force du P. Juan de la Cruz et du P. German...

Pendant trois jours et trois nuits, les parents et amis des religieuses rebelles et ceux des confesseurs montèrent la garde armée autour de la petite maison de bois. Le danger sembla écarté, ils rentrèrent chez eux.

La nuit du 3 au 4 décembre, le Prieur des Chaussés de Tolède, le P. Maldonado, assisté d'alguazils — les décrets de Plaisance autorisaient les Chaussés à faire appel au bras séculier contre les Déchaux, — enfonçait la porte et enlevait les deux moines. Déjà la Madre disait de ce Prieur : « Il est mieux doué que quiconque pour faire des martyrs [19]... »

Tout Avila commente avec indignation :

...Ils les ont emmenés en prison comme des malfaiteurs...

...Ils leur ont donné les verges deux fois, et les plus mauvais traitements imaginables leur ont été infligés...

...Maldonado a traîné le P. Juan à Tolède...

...Le Prieur des Chaussés d'Avila s'est chargé du P. German, qui crachait le sang : on l'a vu...

...Tous deux sont des saints [20]...

...Le P. Juan s'est laissé prendre comme un agneau...

...Au matin, il réussit à leur échapper...

— A leur échapper? Il s'est enfui? Il est sauvé?

Le chœur du petit peuple tremble de respect :

— Il ne s'est pas enfui pour éviter le martyre, mais il est retourné dans sa maison proche de l'Incarnation pour faire disparaître des papiers concernant la réforme. Il s'est enfermé à clef, et tandis que les Chaussés luttaient avec la porte, il a mangé les documents qu'il lui était impossible de détruire autrement.

Ce n'est dans la ville qu'un frémissement d'angoisse :

— Et puis?...

— Et puis il se livra [21].

C'est ainsi, par les commentaires glissés de bouche à oreille, que la Madre Teresa apprit le crime des Chaussés et le danger mortel où se trouvaient Jean de la Croix et German de Santo Matias. Quel cri elle poussa! Le jour même, elle adressait au Roi une lettre, ou plutôt de véhémentes conjurations :

« C'est un scandale dans toute la ville. Chacun se demande où ils prennent l'audace d'en agir ainsi, dans une localité si proche de la résidence de Votre Majesté; ils ne semblent redouter ni la justice ni Dieu.

« Je suis accablée de savoir nos Pères entre leurs mains; il y a plusieurs jours qu'ils voulaient les prendre; je préférerais les savoir prisonniers des Maures, on pourrait en attendre plus de pitié. Ce frère, si grand serviteur de Dieu, est tellement affaibli par ce qu'il a subi que je crains pour sa vie.

« Pour l'amour du Seigneur, je supplie Votre Majesté de le faire promptement libérer et de donner des ordres afin que les vêtus de drap ne fassent point tant de mal à ces pauvres Déchaux : ils se taisent, et subissent, c'est donc un bienfait pour leur âme, mais le scandale est partout. Les Chaussés disent qu'ils les perdront, car le Tostado leur en a donné l'ordre.

« Si Votre Majesté n'apporte pas le remède, je ne sais où nous aboutirons, car nous n'avons personne d'autre que Votre Majesté sur terre [22]... »

Sur terre. Mais il est plus haut protecteur qu'un roi. Elle écrit le 7 décembre : « Les persécutions sont telles, et de si mauvaise digestion, qu'il ne nous reste qu'à en appeler à Dieu [23]. »

Et elle prie, avec tout l'abandon dont elle est capable :

« ...Je vais là où je fais oraison, et je commence à parler au Seigneur, en un langage simplet, car souvent je ne sais ce que je dis; c'est l'amour qui parle, et l'âme est si hors d'elle que je ne vois point la différence qu'il y a entre elle et Dieu. L'amour sait qui est Sa Majesté, mais il s'oublie lui-même, il croit être en Lui comme en chose propre sans séparation, et dit des folies [24]...

« Oh, mon contentement et mon Dieu! Que ferai-je, moi, pour vous contenter? Misérables sont mes services, quand bien même j'en rendrais beaucoup à mon Dieu. Car pourquoi dois-je demeurer en cette misérable misère? Pour que s'accomplisse la volonté du Seigneur. Mon âme, quel meilleur bénéfice? Espère, espère, tu ne sais ni le jour ni l'heure. Veille, tout est bref, bien que ton désir fasse paraître douteux ce qui est sûr, et long ce qui est bref. Sache que plus tu combattras, plus tu montreras ton amour à ton Dieu, et plus tu te délecteras avec ton Aimé, en des joies et délices qui n'auront point de fin [25].

« Oh, mon Dieu et repos de toutes les peines, comme je déraisonne [26]...

« Oh, mon âme! Quelle admirable bataille est cette peine, et comme tout se manifeste au pied de la lettre! Donc, *mon aimé est à moi et je suis à mon aimé* [27]. Qui oserait séparer et éteindre deux flammes si ardentes? Ce serait travailler en vain, car elles ne font plus qu'une [28]... »

Teresa de Jésus montrait un visage si serein que sa nièce Teresita s'en émerveillait : était-ce là l'effet de l'abandon à Dieu? La paix seigneuriale d'une âme que l'amour divin maintient si haut au-dessus des événements qu'elle les regarde sans trouble, et sans se laisser prendre dans leur filet [29]?

Alors que tout semblait crouler autour d'elle, la Madre hélait Dieu à la rescousse. Plus encore que la recherche des secours humains, c'est l'oraison qu'elle prône aux persécutés. Mais son bon sens toujours imperturbable ajoute : « L'oraison, à condition de ne pas prendre sur le temps du sommeil indispensable au corps [29bis]. »

A Gracian, qui lui écrit qu'il prend sur son sommeil pour réfléchir aux solutions possibles, elle conseille de dormir et de faire oraison, ce qui lui vaudra mieux que de tirer des plans : « Les biens que prodigue le Seigneur en ce cas-là sont immenses, et je ne serais pas surprise que le démon cherche à vous les enlever. Dieu ne nous fait pas cette grâce de l'oraison lorsque nous le voulons, nous devons l'apprécier lorsqu'il nous l'accorde; en un instant, Sa Majesté vous donnera de meilleurs moyens de le servir que tous ceux que pourrait rechercher l'entendement... Si nous nous éloignons de Dieu quand il nous veut, nous ne le trouverons pas quand nous le voudrons[30]... »

La Madre obtenait la paix et l'endurance au milieu de cette « tempête d'épreuves[31] », car elle ne cherchait que Dieu.

Les jours passaient. Que faisait le Roi? Son aide n'était-elle, comme toute aide humaine, que romarin desséché?

Teresa de Jésus comptait les heures : déjà plus de deux semaines que les deux Pères avaient été emmenés, elle ignorait toujours où ils étaient, ce qu'on faisait, si Philippe II était intervenu [32].

De nouvelles rumeurs parvinrent jusqu'à elle :

... On a arraché au P. Juan de la Cruz sa robe de bure, on lui a imposé de force le drap des Chaussés...

...Un jeune muletier, alors qu'on emmenait le P. Juan à Tolède, bouleversé par sa douceur dans les mauvais traitements que lui infligeaient ses bourreaux lui offrit de le faire évader...

— Il s'est donc évadé?

— Non. Il a refusé. Il a répondu qu'il préférait à la liberté cette occasion de souffrir pour le Seigneur [33].

Il a refusé! Retour sempiternel aux mêmes questions, où est Fray Juan, que fait-on de lui, et le Roi, et le Roi, et le Roi!!! Pourquoi ne répond-il point, comment se fait-il qu'il n'ait pas agi!!!

Pour la première fois, une lettre de la Madre Teresa de Jésus au roi d'Espagne reste sans écho.

Philippe II se taisait, mais le diable s'acharnait.

Nuit de Noël 1577. Un coup de vent des enfers éteignit la lampe que Teresa de Jésus tenait à la main alors qu'elle descendait un escalier pour se rendre à la chapelle, elle manqua le pas, tomba, et se cassa le bras gauche.

— Le démon eût voulu me faire bien pis[34], dit-elle.

Elle offrit sa souffrance pour la sauvegarde de « ce petit saint de Fray Juan ».

7. Les hautes heures de la nuit, 1577

Lampe qui éclairait Teresa de Jésus alors qu'en sa cellule, « aux hautes heures de la nuit », elle écrivait le *Château intérieur*, ou les *Sept demeures de l'âme*, est-ce cette lampe que le diable éteignit et brisa? N'importe : le livre est terminé depuis un mois.

La Madre avait été contente du récit de sa *Vie*, mais les *Demeures* lui font pousser un cri d'allégresse : « On sait avec certitude que ce joyau, — la *Vie*, — est dans les mains de Don Gaspar de Quiroga, — le Grand Inquisiteur Archevêque de Tolède, — et qu'il le loue beaucoup; il dit qu'il ne le rendra que lorsqu'il en sera lassé. S'il venait ici, il en verrait un autre qui le surpasse, car il n'y est question que de Lui; les ciselures et les émaux en sont plus délicats; l'orfèvre n'était pas aussi expérimenté lorsqu'il fit le premier ouvrage; l'or est en celui-ci d'un titre plus élevé, et les pierres mieux enchâssées. Exécuté sur l'ordre du Maître Verrier, il a bon air, à ce qu'on dit [1]... »

Est-ce là celle qui fait de l'humilité la vertu essentielle? Celle qui à Ségovie jeta au feu le manuscrit des *Pensées sur l'amour divin* sur un mot de son confesseur? C'est une seule et même femme, et sa double attitude ne fait que mieux marquer son total détachement. L'humilité absolue n'a rien de commun avec les grimaces de la fausse modestie. Dans ses *Demeures*, la Madre proclame d'ailleurs : « L'humilité, c'est être dans la vérité [2] », *la humildad es andar en verdad*. Ce n'est pas elle qu'elle loue, mais celui qui l'habite et qui l'inspire.

Elle était à Tolède en mai 1577 lorsque parlant de l'oraison avec le P. Gracian elle regretta de ne pouvoir mieux s'exprimer :

— Oh! que ce point-là était donc bien expliqué dans le *Livre de ma Vie* qui est à l'Inquisition!

Gracian venait de lui faire rédiger *Manière de visiter les monastères*, et compléter son histoire des fondations jusqu'au récit mouvementé de la fondation de Séville; il estimait, ainsi qu'elle-même, « que la manière de visiter les Déchaussées était comme enseignée de Dieu [3] », et s'était « réjoui de trouver les *Fondations* « chose fort savoureuse [4] ». La Madre Teresa était accablée de courrier, d'affaires, de soucis, anxieuse de ses fils et de lui en particulier? Un excédent de travail obligeait cette femme de soixante-deux ans à veiller jusqu'à une et deux heures du matin, sans qu'elle s'arroge le droit de se lever plus tard? Qu'à cela ne tienne : la Madre a d'autres tours de force à son actif.

Elle parle cependant à Gracian de ses maux de tête :

— Je ne passe pas de jour sans entendre beaucoup de bruit, et écrire me fait très mal [5], il y a plus de six mois que ma tête est en mauvaise fortune [6]...

Son médecin lui a interdit d'écrire passé minuit, et lui a demandé de ne le faire que le moins possible de sa main; elle dicte maintenant presque tout son courrier, mais elle ne saurait dicter un ouvrage de cette sorte.

« Beaucoup de fleuves torrentueux s'écroulant en cataractes, beaucoup de petits oiseaux et sifflements [7]... » telle est la symphonie bucolique, mais assourdissante, qui grondait sans arrêt dans la tête de Teresa de Jésus lorsque le P. Gracian lui imposa d'écrire le *Château intérieur*.

— Notez ce dont vous vous souvenez, ajoutez-y d'autres idées, et faites un nouveau livre, sans nommer la personne en qui ces choses se sont passées [8].

Après sa santé déplorable, la Madre allégua son incapacité, mais la vaillante ne se plaignait qu'en riant :

— Comment veut-on que j'écrive? Que les théologiens le fassent! Ils ont étudié, tandis que je ne suis qu'une sotte. Que voulez-vous que je dise? Je mettrai un mot pour un autre, et risquerai de nuire. Il y a déjà tant de livres sur l'oraison! Pour l'amour de Dieu, qu'on me laisse filer mon rouet, aller au chœur, suivre la Règle comme les autres sœurs : je ne suis point faite pour écrire, je n'ai pour cela ni santé ni tête [9]...

La Madre était sincère. Elle ignorait le latin, en des temps où le latin était indispensable, et n'en cite jamais sans faire de fautes; son horreur de toute pédanterie la pousse constamment à escamoter le mot technique, sa plume hésite lorsqu'elle y est forcée : « ... Ce qu'on appelle, je crois, théologie mystique [10]... » « ... Je ne sais pourquoi on dit illuminative : je suppose qu'il s'agit de ceux qui font des progrès [11]... » Elle écrit : « Celui qui connaît les fontaines », au lieu de « fontainier [12] », parle de « je ne sais quels actes [13] », et dit volontiers : « Voici une comparaison qu'il me semble avoir lue ou entendue quelque part [14]... »

Les femmes n'avaient pas le droit d'être savantes, et ce droit, la Madre Teresa était loin de le revendiquer : si son humilité ne l'en eût empêchée, son extrême féminité aurait suffi à la retenir. « Le Seigneur sait dans quel état de confusion j'écris la plupart de ces choses [15]... » « J'ai été si souvent dérangée pendant que j'écrivais ces trois pages que j'ai oublié ce que j'avais commencé à dire [16]... » Ce grand écrivain mystique est ce que sont la plupart des femmes auteurs : une femme qui écrit, c'est-à-dire que l'œuvre à accomplir ne lui donne pas le droit de vivre autrement que toutes les femmes. La vie autour d'elle ne s'arrête point pour ça. Elle ne le savait que trop, et reculait devant l'accablante perspective.

Elle consulta son confesseur, qui la décida par des supplications : la Madre ne savait point refuser une joie à ses amis, elle aimait beaucoup le P. Velazquez, qui était « aussi content de venir la voir une fois la semaine que si on lui eût donné l'archevêché de Tolède [17] ». Il en sera d'ailleurs récompensé en recevant plus tard l'évêché d'Osma. Et la Madre céda.

Encore une fois, par obéissance, dans le seul but réaliste et pratique d'exposer les voies d'accès aux merveilles du royaume intérieur, elle va faire œuvre d'écrivain de génie. Son style, comme toujours alerte, familier, sera serti, cette fois, de toutes les pierres précieuses de la Gloire.

L'obéissance donne des forces à la vieille fondatrice qui ne dort que trois heures à peine. Elle lui donne aussi des lumières, car rien n'est plus finement coloré des scintillements du prisme que ce récit des aventures de l'âme partie à la conquête d'elle-même à travers les sept demeures du château intérieur, jusqu'à sa fusion en Dieu.

Il s'agit de ce for intérieur dont nous nous expulsons nous-mêmes brutalement lorsque sous le coup d'une émotion violente ou d'une colère, nous pouvons dire : « Cela m'a mis hors de moi... » Ce for intérieur, ces Demeures dans lesquelles ceux qui sont le plus éloignés de l'idée d'une présence divine en eux-mêmes pénètrent cependant, pour quelques brefs instants, lorsque la vie leur impose de réfléchir, de s'examiner, pour agir avec plus de sagesse ou de droiture : « Je suis rentré en moi-même... », disent-ils.

Cette conquête de l'âme est, en somme, l'exploration et la maîtrise de tous les plans de conscience. Celui qui l'entreprend s'allège du poids de la personnalité temporelle par l'obéissance et l'humilité, pour accéder aux plans plus élevés de l'esprit; de même, le voyageur qui préfère l'avion au chemin de fer doit renoncer à ses lourds bagages. Ce voyageur se retrouvera piéton plus d'une fois, alors que l'âme métamorphosée dans l'esprit ne perdra plus ses ailes.

Le 2 juin 1577, à Tolède, la Madre Teresa se tenait devant son papier « comme chose bien sotte, ne sachant ni quoi dire ni comment commencer [18] ». « Je suis, au pied de la lettre, comme les oiseaux à qui on apprend à parler, et qui ne savent que ce qu'on leur enseigne : ils le répètent souvent. Si le Seigneur veut que je dise du nouveau, Sa Majesté me le donnera... Si je parviens à l'exprimer, il est bien entendu que cela n'est pas de moi; je suis douée de peu d'entendement, et je n'aurais nulle habileté pour des choses semblables si le Seigneur, dans sa miséricorde, ne m'en donnait point [19]... »

Sa Majesté tenait à ce qu'elle dise du nouveau : elle eut la vision du plan de son ouvrage : « Dieu lui montra un très beau globe de cristal, en forme de château, avec sept demeures, et dans la septième qui était au centre, le Roi de Gloire, immensément resplendissant [20]... »

La Madre Teresa fit mieux que d'intégrer dans ce thème tout ce qu'elle savait, et même tout ce que « Sa Majesté » lui dictait : elle allait y mettre tout ce qu'elle était, y inclure l'expérience de sa vie de contemplation et d'action, parvenue au plus haut degré de la perfection consciente. Comme chacun de ses ouvrages, le *Château intérieur* est un acte.

Son langage dans les effusions de l'amour divin est le langage mystique du temps, embaumé des aromates du *Cantique des Cantiques*, frémissant des caresses qu'échange la Sulamite avec le Bien-Aimé; le cadre, « ce délicieux et beau château [21] », cette forteresse où habite le Roi, ces salles où vont et viennent « les gens » prêts à lutter contre l'ennemi qui menace ses murs, rappelle que Teresa de Ahumada avait beaucoup aimé les romans de Chevalerie.

Les Demeures ; Teresa de Jésus considère donc l'âme « comme un château taillé dans un diamant ou du très clair cristal [22] »; il y a en ce château un grand nombre de salles, « de même qu'il est au ciel beaucoup de demeures [23] ».

« Les sens sont les gens qui y vivent... Nos facultés sont les gouverneurs, majordomes, maîtres d'hôtels [24]... »

La porte d'entrée de ce château est l'oraison.

L'âme qui erre dans la *Première Demeure* est touchée par la grâce, mais tant de « choses venimeuses, couleuvres et vipères [25] » grouillent autour d'elle qu'elle ne distingue pas la lumière qui émane de la chambre du Roi. Le diable profite de ces ténèbres pour tendre ses chausse-trapes. La voyageuse n'y échappera que par la persistance dans l'oraison, la connaissance d'elle-même et la confiance en la bonté de son Roi.

Elle se préparera à entrer dans les secondes Demeures en se libérant des affaires non indispensables, conformément à son état : « Sans ce commencement, je tiens pour impossible l'accès à la chambre principale [26]. »

L'âme qui pénètre dans les *Deuxièmes Demeures* est déjà une fidèle de l'oraison. Dieu l'invite à aller plus avant d'une voix si douce que la pauvre petite se désespère de ne pouvoir obéir immédiatement « et elle éprouve plus grande peine que lorsqu'elle n'entendait rien [27] »...

Elle a peur, et grand froid, la lumière est encore faible, les tentations l'assaillent, tels reptiles venimeux. Elle amène sa volonté à l'obéissance de Dieu, commence à se recueillir, non pas « à la force du poignet [28] », mais par la douceur...

L'ennemi est aux portes des *Troisièmes Demeures*, « on mange et dort armé, au cas où il parviendrait à s'ouvrir une brèche [29] »... L'âme évite le mal, aime à entendre louer Dieu et montre pour le bien « de jolies dispositions [30] », mais l'amour ne la transporte pas encore au-dessus de la vaine gloire ni des convenances de l'intérêt temporel immédiat.

« Elle s'impatiente de trouver fermée la porte qui conduit auprès du Roi, dont elle se dit la vassale, mais considérez les saints qui y sont entrés et vous verrez la différence qui existe entre eux et nous [31]... Dépassez le taux de vos « œuvrettes », *obrillas*... Votre amour ne doit pas être fabriqué par l'imagination, mais prouvé par des actes [32]. »

Détachés du monde, maîtres de leurs passions, prompts à obéir, ne s'occupant que de leurs propres erreurs et se gardant de juger le voisin, les hôtes des Troisièmes Demeures vivent dans le silence et l'espérance [33].

La grande aventure commence dans les *Quatrièmes Demeures*. Ici, le Roi prodigue ses grâces « quand il le veut, comme il le veut, et à qui il veut [34] ». L'âme doit être prête à les recevoir, comme le Chevalier errant est prêt à saisir toute chance nouvelle. Ici, les bêtes rampantes et venimeuses n'offrent que des occasions héroïques de triompher.

« Il ne s'agit pas en cette demeure de beaucoup penser, mais de beaucoup aimer [35]. » Si des actions ne s'ensuivent pas, « nous n'avons pas lieu de croire que nous fassions de grandes choses [36] ». Elle rejoint ainsi saint Paul qui enseigne : « La connaissance enfle, mais l'amour construit [37]. »

Demeures du recueillement, de la quiétude; l'âme y perçoit de plus grandes lumières, l'appel du Roi est un sifflement suave si pénétrant qu'elle oublie ses égarements passés, les choses extérieures, et ne songe qu'à pénétrer plus avant [38].

Lorsque l'âme accède aux *Cinquièmes Demeures*, elle se fiance au Roi.

« ...Pour grossière que soit la comparaison, je n'en trouve point d'autre que le sacrement du mariage pour me faire comprendre. Car bien que tout soit d'ordre spirituel dans ce que nous disons, — il y a des milliers de lieues entre les joies spirituelles que donne le Seigneur et les plaisirs que doivent éprouver les époux, — là tout est amour, dans une telle limpidité, avec tant de délicatesse et de douceur qu'on ne saurait l'exprimer [39]. »

C'est l'oraison d'union, dans laquelle l'âme travaille à sa métamorphose, comme le ver à soie file le cocon où il s'enferme pour renaître papillon.

« Cette union n'est pas encore les noces spirituelles, mais de même qu'en ce monde lorsqu'il s'agit d'un mariage on cherche à ce que les prétendus se connaissent et s'aiment, ici l'Époux est tel qu'il suffit à l'âme de le voir pour être immédiatement plus digne de lui donner sa main... Elle est si amoureuse qu'elle fait tout pour que rien ne vienne rompre ces divines épousailles. Il lui suffirait d'un penchant vers autre chose que Lui seul pour tout perdre, et c'est perte plus immense qu'on ne saurait le dire [40]... »

Ce n'est pas tout que de se délecter en ces Cinquièmes Demeures; « l'amour n'est jamais oisif [41] », « le Seigneur veut des œuvres [42] ».

Dans les *Sixièmes Demeures* l'âme vit dans l'étroite intimité de son Dieu, et pourtant elle ne cesse de le désirer. Il lui parle, la ravit en extase, la soulève en l'attirant à lui « comme l'ambre attire la paille [43] », « la blesse d'une si savoureuse blessure qu'elle ne voudra jamais en guérir [44] ».

Le Roi fait don à l'Épousée de ses joyaux, connaissance de la grandeur de Dieu, parfaite connaissance de soi et humilité parfaite, mépris des choses de la terre si ce n'est pour les utiliser au service d'un si grand Dieu [45].

Elle veut publier de par le monde les merveilles « du grand Dieu de la Chevalerie [46] », peu lui importe qu'on se moque d'elle, pourvu qu'il soit loué, et « advienne que pourra [47] »!

« Oh la bonne folie, mes sœurs [48]! » Elle n'a plus peur de l'enfer, ne se soucie plus ni de peines ni de Gloire, aimer est sa seule affaire, « l'âme et l'esprit en elle sont un, comme le soleil avec ses rayons [49] ».

Dans l'union des Cinquièmes et Sixièmes Demeures, l'âme et Dieu « sont pareils à deux cierges si près l'un de l'autre que mèches, cires, lumières, ne font qu'un, mais on peut les séparer et on retrouve deux cierges [50] »...

Dans les *Septièmes Demeures*, l'âme est en Dieu et Dieu est dans l'âme « comme l'eau du ciel tombée dans un fleuve ou fontaine ne fait qu'une seule eau, où l'eau du fleuve est inséparable de celle qui est tombée du ciel... ou comme la lumière qui entre par deux fenêtres dans une chambre : bien que séparée à l'entrée, tout n'est qu'une clarté [51] ».

Telle est l'intime fusion des noces spirituelles dans la chambre secrète où règne Sa Majesté. « L'âme et Dieu y jouissent l'une de l'autre dans un immense silence [52]. »

Les paroles que le Seigneur dit à l'âme en ces Demeures « font œuvre en nous [53] », elles ont force d'actes. Car ce haut état d'oraison, celui où le ver à soie devenu papillon a enfin achevé sa métamorphose, s'accomplit dans un but essentiel : l'action. « C'est à cela que tendent les noces spirituelles : donner naissance à des œuvres, des œuvres, toujours des œuvres [54] ! »

Les forces de l'Épouse sont décuplées, « non pour se délecter, mais pour servir [55] ». Marthe et Marie sont désormais inséparables, car « comment Marie, toujours aux pieds du Seigneur, le nourrirait-elle, si sa sœur ne l'y aidait [56] »?

Il fallait la Mère Fondatrice, la Mère Prieure, celle qui ravitaillait ses filles de l'Incarnation en même temps qu'elle les initiait à l'oraison, pour traduire en langage concret les subtiles réalisations de la mystique.

L'âme contemplative et active est enfin prête au combat lorsqu'elle atteint ces sommets des Septièmes Demeures. Que craindrait-elle? « La mort même ne l'effraie pas plus qu'une douce extase [57]... »

Teresa de Jésus avait commencé à écrire le *Château intérieur* à Tolède le 2 juin. Son départ pour Avila l'interrompit à mi-juillet, elle ne put le reprendre qu'en septembre, et mit le point final le 29 novembre.

Sans cesse dérangée, harcelée, bousculée, au cœur de la grande tempête d'épreuves, elle avait mis trois mois pour jeter sur le papier, d'une écriture nette et sans ratures, « dont la rapidité égalait celle des notaires publics [58] », un des plus clairs traités d'oraison qui soient au monde.

Aux hautes heures de la nuit. Mais quelles nuits!

Un soir, à Tolède, Maria del Nacimiento avait un message à lui remettre et entra dans sa cellule. La Madre, assise par terre devant sa table basse, sa longue plume en main, étrennait un cahier neuf.

Elle se retourna vers celle qui entrait et retira ses lunettes pour la voir, car elle était presbyte, mais avant même d'avoir baissé les mains elle fut ravie en extase, et y resta longtemps.

Maria del Nacimiento, émerveillée, se tint en prières auprès d'elle.

Lorsque Teresa de Jésus reprit conscience, le papier blanc était entièrement couvert de son écriture...

Comme Maria s'exclamait, la Madre lui ferma la bouche de son vif et familier :

— *Callate boba!* Sotte, tais-toi! — et jeta le cahier dans un tiroir qu'elle ferma.

8. Femme inquiète et vagabonde 1576-1578

Menaces, calomnies, excommunications, emprisonnements, souffrances causées par de constants bourdonnements d'oreilles, tout allait bon train en ce début d'année 1578, et semblait prouver que celui que la Madre appelait « barbiche » — *Patilla,* — c'est-à-dire le diable, menait à vive allure son offensive contre Déchaussées et Déchaux. C'était bien « la grande tempête d'épreuves » dont Teresa de Jésus avait eu autrefois la vision : « Tout comme les Égyptiens persécutent les enfants d'Israël, nous serons persécutés; mais Dieu nous fera passer à pied sec, et nos ennemis seront enveloppés par les vagues [1]. »

La Madre souffrait beaucoup de son bras cassé, mais peut-être plus encore d'être entravée dans son activité : jamais désormais elle ne pourra se passer d'assistance pour s'habiller; Ana de San Bartolomé va devenir sa compagne inséparable, elle la suivra partout, écrira sous sa dictée, l'aidera même à mettre son voile. Pour une femme que ni la sainteté ni l'âge ne guérirent jamais de sa vivacité de gestes et d'humeur, c'était un dur renoncement. La nuit, la bonne Ana restait parfois des heures à genoux devant la porte de la cellule de la Madre, attendant le moment où elle aurait besoin d'elle.

Dieu allégeait tant de peines par de petits miracles, tel ce jour où, la bouche desséchée par la fièvre, Teresa ne pouvait rien manger, sauf un peu de melon, s'il y en avait eu. Ana, qui était aussi son infirmière, se désespérait, mais quelle chance de trouver du melon en janvier?... On frappa au tour : la moitié d'un melon y était déposée.

Il lui prodiguait aussi ses consolations spirituelles : contrainte pendant plus d'un mois à ne pas quitter sa cellule, la Madre ne pouvait recevoir l'Eucharistie. Une Sœur lui demanda :

— N'est-ce pas la pire des privations pour Votre Révérence?

Elle répondit :

— Je tiens pour un tel privilège d'avoir à me soumettre à la volonté de Dieu que je suis tout aussi heureuse que si je communiais comme de coutume [2].

Qui donc, auprès d'elle, eût osé craindre, douter, se lamenter?

Elle ne dissimulait pas à ses filles les dangers, ni les calomnies qui les éclaboussaient toutes lorsque d'infâmes propos s'attaquaient à l'une d'elles. Tenue au courant des affaires de l'ordre, elle exigeait qu'on ne lui cachât rien des outrances de l'opposition, ni des « jolis hauts faits » qu'on lui imputait.

Lorsqu'elle recevait la nouvelle d'accusations particulièrement offensantes, elle faisait convoquer la communauté à son de cloche, s'excusait en souriant d'avoir à répéter certains mots malsonnants prononcés en présence du nonce par des hommes graves et lisait :

« ...Les Chaussés prétendent qu'on devrait livrer cette vieille... à des Blancs et à des Noirs afin qu'elle se repaisse de se mal conduire. Car sous prétexte de fondations, elle emmène des femmes jeunes de ville en ville afin de leur en donner l'occasion [3] ... »

Elle faisait taire les murmures scandalisés de ses filles :

— Il paraît également que nous nous préparons à partir pour les Indes, quelques pauvres nonnettes à bord d'une caravelle, pour fonder outre-mer des couvents... N'y a-t-il pas de quoi rire? Ces saints hommes disent sur moi bien d'autres choses encore qu'il ne sied pas de répéter [4]...

Le rouge montait au front de celle que la Madre appelait « la Flamande », Maria de San Jeronimo pâlissait jusqu'aux lèvres, Ana de San Bartolomé et beaucoup d'autres éclataient en sanglots. La Madre les consolait :

— Ils me font le plus grand bien, car si je ne suis pas coupable de ce dont ils m'accusent, j'ai offensé Dieu en tant d'autres occasions que ceci paie pour cela [5]...

Un jour, des nouvelles arrivèrent de Rome même : il importait particulièrement aux Chaussés que l'irritation contre la Mère Fondatrice fût grande dans la ville papale afin qu'une province indépendante ne soit pas accordée aux Déchaux.

Un gentilhomme, très attaché à Teresa de Jésus, le comte de Tendillas, était allé y demander l'autorisation de fonder en Espagne deux nouveaux monastères du Carmel réformé. Le prélat qui le reçut parut choqué :

— Je suis surpris d'entendre Votre Illustre Seigneurie parler d'une nonne aussi vile qu'infâme. Il est bien connu qu'elle a de mauvaises mœurs, et n'a pris ce prétexte de fonder des couvents que pour mieux se livrer à ses impudicités.

Le comte de Tendillas, fils du vice-roi de Naples, ne craignait personne; il ne cacha point l'horreur que ces outrages lui causaient :

— Doucement, Père! N'ajoutez rien, car des oreilles chastes et castillanes, ne sauraient écouter semblables propos sur une femme dont la sainteté est si bien reconnue que de son vivant même l'Espagne la tient pour sainte. Grands et prélats d'Espagne nous découvrons devant elle. Votre Révérence me choque et m'offense.

Le Père chercha une excuse :

— Que Votre Seigneurie me pardonne, mais je ne fais que répéter ce qu'on m'écrit d'Espagne à son sujet.

Il tira de son courrier une lettre qu'il tendit au comte. Ce qu'il lut était écrit de la main même d'un prélat :

« J'ai souvent entretenu Votre Révérence de cette simulatrice de Teresa, et de la malice avec laquelle elle met sur le compte de la fondation de monastères de religieuses déchaussées les libertés qu'elle prend pour se mal conduire. La justice de Notre-Seigneur vient de la dénoncer à tous les yeux : il y a quelques jours, alors qu'elle prétendait aller fonder un couvent en certaine ville de ces Royaumes, la voiture fermée dans laquelle elle voyageait se disloqua soudain au beau milieu de la place de Medina del Campo, et le peuple qui s'y trouvait, — une foule fort nombreuse, — put voir ladite nonne en train d'offenser Dieu avec un certain moine [6]... »

Bien qu'on en eût conté de toutes les couleurs sur la Madre Teresa, celui qui avait mission de lui transmettre ces nouvelles inventions était fort mal à l'aise. La Madre le rasséréna par un sourire : car qu'est-ce que l'humilité qui n'est pas souriante?

— Eh mon fils! Je ferais peut-être bien pis que tout cela si Notre-Seigneur ne me conduisait par la main. Je ne m'afflige qu'en songeant aux dangers auxquels expose son âme l'homme qui parle ainsi. Et je consentirais à subir de bien plus graves offenses, de bien plus grands tourments, pour que ses péchés lui soient pardonnés [7].

Le nonce Sega traitait la Madre Teresa de Jésus de « femme inquiète et vagabonde [8] », il la déclarait désobéissante, contumace, l'accusait d'inventer de mauvaises doctrines, de sortir de la clôture malgré l'interdiction du concile de Trente, et d'enseigner, bien que saint Paul ait défendu aux femmes de le faire. Il prétendait qu'elle avait fondé ses monastères sans l'autorisation du Pape ni celle du P. général de l'ordre. A ce même nonce Sega, elle écrit pourtant en toute humilité.

Tant de mansuétude bouleversait les Sœurs : les actes de leur Madre dépassaient en grandeur ses paroles. Elles la voyaient rayonner d'amour et de pardon, et parfois même entourée d'un halo de lumière céleste. Elles répétaient le mot de l'évêque d'Avila, don Alvaro de Mendoza : « Quiconque veut être traité par la Madre Teresa de Jésus comme le meilleur de ses amis n'a qu'à élever contre elle un faux témoignage... »

Elle se défendait d'avoir le moindre mérite :

— J'y suis si accoutumée qu'il n'est pas étonnant que ces choses me trouvent insensible [9]... On dirait que j'ai au-dedans de moi une planche sur laquelle les coups pleuvent sans atteindre mon cœur [10]...

Ces calomnies pouvaient cependant avoir les plus graves conséquences; en cette année 1578 venait d'éclater le scandale des *Alumbrados* de Llerena. L'Espagne entière s'épouvantait de ce que le procès révélait de la luxure et du cynisme de ces hérétiques. Les Chaussés n'allaient-ils pas essayer de faire confondre la Madre Teresa, ses filles, ses fils, avec ces illuminés? Le danger était tel que Teresa de Jésus parvenait difficilement à persuader les Carmélites de pardonner les injures comme elle les pardonnait, d'aimer leurs détracteurs comme elle les aimait.

— Notre Madre est une sainte, disaient-elles, et nous ne sommes que de pauvres nonnettes...

Un jour, elle répondit avec un éclair de malice juvénile dans les yeux :

— Mes filles, sachez qu'on n'a porté de faux témoignage contre moi que trois fois :

« La première fois, ce fut au temps de ma jeunesse, alors qu'on me disait belle.

« La seconde, ce fut lorsqu'on s'avisa de prétendre que j'avais des talents : fort grand mensonge aussi...

« Le troisième de ces faux témoignages, ce fut de déclarer que j'ai quelque vertu. Celui-ci m'est entre tous difficile à supporter, car je suis seule à bien connaître mes fautes[11]. »

Les petites sœurs de Saint-Joseph ajoutaient en elles-mêmes ce que la Fondatrice eût tenu pour un quatrième faux témoignage : « Notre Madre est adorable. »

Elle l'était effectivement, au sens humain et au sens céleste de ce mot. Pour l'admettre, il suffit de la voir successivement se cabrer, s'amadouer, agir en femme sensible, en grand diplomate, et en âme angélique, dans une affaire qui ajouta bien des mesquineries et des querelles aux graves angoisses des persécutions.

Un Père Jésuite, excellent ami de Teresa de Jésus, le P. Gaspar de Salazar, ayant parlé de quitter la Compagnie pour se faire Déchaux, les fils de saint Ignace dramatisèrent l'affaire. Le P. Salazar fit preuve d'une grande hypocrisie; pour prouver son innocence, il accabla les Carmes, puis il les renia en des termes dignes des pires détracteurs de la réforme : « ...Je me demande comment on peut dire que je souhaite commander à des gens qui ont plus de poux que de bons règlements de vie [12]... » Car ce Père prétendait que les Déchaux avaient essayé de l'attirer en lui promettant des honneurs. Lesquels? Ceux d'un ordre dont les meilleurs étaient diffamés et traqués? Belle acquisition!

Il s'ensuivit, entre la Madre Teresa de Jésus et le Recteur de la Compagnie un échange de lettres où le style de la Fondatrice est plus vif, plus parlant que jamais, en même temps qu'elle montre une prudence admirable. Gracian fut seul à savoir combien il lui coûta de se maîtriser :

— Le Provincial de la Compagnie m'a écrit sur cette affaire une lettre si déplaisante que j'aurais aimé lui répondre bien plus durement que je ne l'ai fait. Sache Votre Paternité que leurs menaces m'effraient si peu que je m'émerveille de la liberté que m'accorde le Seigneur : j'ai donc dit au Recteur que lorsqu'il s'agit de Le servir, toute la Compagnie, le monde entier, ne m'empêcheraient pas d'aller de l'avant, mais que je ne suis pour rien dans ce qui s'est passé [13].

Tout se calma enfin; le P. Gaspar de Salazar resta Jésuite, absous par son Recteur, « comme si ce qu'il voulait faire eût été une hérésie [14] ». Il fallait renouer avec la Compagnie de bonnes relations, sans pourtant courber la tête devant l'injustice. La Madre suivait à l'égard des calomniateurs une ligne de conduite digne et sage [15] : elle jugeait nuisible de se laisser attaquer, sauf s'il était possible de paraître ignorer les insultes. Elle cachait donc autant que possible à ses adversaires qu'elle n'ignorait rien de leurs propos injurieux; mais le P. Recteur de la Compagnie de Jésus s'en était pris directement à elle, elle voulut ne rien sacrifier de sa fierté, la fierté d'une fille de Notre-Dame, tout en demandant humblement pardon de n'avoir pas eu tort. Elle nuança donc avec une ravissante finesse sa réponse au Recteur Gonzalo Davila, qui l'avait malmenée :

« Il y a longtemps que je n'ai été aussi mortifiée que je le fus aujourd'hui par l'écriture de Votre Grâce, car je ne suis pas humble au point de vouloir qu'on me tienne pour aussi orgueilleuse... Jamais je n'ai eu plus envie de déchirer une lettre provenant de Votre Grâce. Je vous assure que vous savez fort bien mortifier, et me faire comprendre le peu que je suis. Votre Grâce croit que je prétends donner des leçons : Dieu m'en préserve! La faute en est à l'affection que je vous porte, qui me fait vous parler librement sans prendre garde à ce que je dis.

« ...Je commets la grosse erreur de juger d'après moi-même de ces choses de l'oraison, Votre Grâce n'a donc pas à tenir compte de ce que j'en dis, car Dieu vous donne sans aucun doute des talents bien supérieurs à ceux d'une femmelette... »

Après avoir fait part au P. Davila des particularités de sa vie intérieure, elle le loue gracieusement, car quel saint homme est assez saint pour ne pas aimer la louange? « ...Je voudrais que mon supérieur soit tel que vous[16]... » et reconnaît par où elle a péché : « ... Je me corrigerai de suivre mes premiers mouvements, puisque cela me coûte si cher... »

C'était passer l'éponge sur ces vilaines histoires avec autant de bonne grâce que de noblesse. La Compagnie pouvait-elle, après cela, persévérer dans l'humeur? On peut d'ailleurs se demander si elle se fût montrée aussi rigoureuse si réforme et réformatrice eussent été mieux en cour : « Comme on a peu d'amis en ces temps difficiles[17] ! » « Épreuves et persécutions ne cessent de pleuvoir sur cette pauvre vieille[18]. » Maria Bautista elle-même, sa cousine, celle qui avait donné « sa légitime » pour aider à la fondation de Saint-Joseph, et actuellement prieure du couvent de Valladolid, n'a-t-elle pas permis à un Chaussé de donner l'habit à l'une des sœurs de Gracian? « Je ne comprends pas l'envie qu'à cette petite Prieure de contenter ces moines[19]... » C'était trahir la réforme que de céder à ses persécuteurs.

Ces défections étaient d'autant plus amères à la *Madre Fundadora* qu'elle n'était vraiment vulnérable qu'aux attaques de ceux qu'elle aimait. Leurs perplexités, l'insinuation du doute dans leur esprit, les blâmes animés des meilleures intentions la troublaient, la torturaient.

Elle échangeait avec ses fidèles d'innombrables lettres, leur demandait aide et conseils. Correspondance clandestine, car le moindre mot de la main de Teresa de Jésus eût certainement pris, au pouvoir des Chaussés, une autre signification que celle qu'elle lui donnait. Correspondance hâtive. Pedro, le serviteur qui portait ce courrier toujours urgent n'était pas plus tôt de retour à Avila qu'il devait repartir. La Madre s'inquiétait des dangers qu'il courait, de sa fatigue, et sa compassion pour lui l'emportait sur la nécessité d'envoyer ses messages au plus vite. Un jour où, sans même avoir dîné, il se précipitait pour porter un pli qu'elle venait de lui confier, elle l'arrêta :

— Vous ne sortirez pas d'ici avant d'avoir mangé deux œufs que j'ai fait cuire moi-même [20]...

Elle était toujours prête à croire qu'elle se trompait et que ses amis avaient raison. Les plus vaillants de ses fidèles devaient alors lui démontrer le bien-fondé de ses dires et de son action, soutenir son courage.

Le témoignage le plus éclatant lui vint d'Ana de Jésus. Le Provincial des Mitigés ayant annoncé sa visite, la belle prieure de Beas lui répondit : « La Madre Teresa n'a pu, comme Élie, se vêtir de poil de chameau, soit; mais elle troqua votre drap fin et votre étamine contre la serge la plus rude et la plus grossière. Et elle imite le prophète en tout ce qui est possible : le jeûne, la retraite, la pénitence et l'oraison. Je le répète à Votre Révérence, plutôt que de nous séparer de notre tronc, nous perdrions mille fois la vie. A mon avis, Votre Paternité et tous les Chaussés vous en êtes séparés; ces Frères n'imitent point leur Père saint Élie, puisqu'ils recherchent des vêtements fins, la compagnie au lieu du désert, et au lieu d'une continuelle oraison, les nouvelles [21]! »

Des déclarations aussi formelles rendaient confiance à la Madre, et ses sœurs pouvaient à nouveau l'entendre dire ce qu'elle répéta obstinément pendant ces années furieuses :

— Vous voyez bien tout ce qui arrive? Eh bien! C'est pour le mieux [22]!

L'un de ces fidèles était le P. Yepez. Il affirme que Dieu lui-même la fortifiait. Un jour qu'il commentait avec elle de récents et graves événements, il la vit soudain s'abstraire de la conversation; elle sortit de cette rêverie aussi brusquement qu'elle y était entrée, et dit :

— Nous avons encore beaucoup à souffrir. mais l'Ordre ne sera pas amoindri [23].

Il tint ces mots pour une prophétie.

Au milieu de tout cela, la Madre Teresa gardait la présence d'esprit de s'occuper des moindres besoins de ses monastères. C'est ainsi qu'elle demande pour son frère Lorenzo l'autorisation de pénétrer dans la clôture du couvent de Saint-Joseph de Séville pour y relever le plan d'un « petit four que la Prieure a fait construire pour cuire les repas, et qui sera un trésor pour moines et moniales, s'il est tel qu'elle le dit [24] »...

Ce petit four, la Madre veillera elle-même à son installation, et deux ans plus tard, elle ne négligera pas de noter qu'il a fallu le démolir, bien qu'il ait coûté cent réaux : il dépensait plus de bois qu'il ne convenait [25].

Le service de Dieu est, comme le génie, « une attention sans fin apportée aux détails [26] ».

9. L'enchantement de Fray Juan, 1578

— Je ne me porte pas plus mal que d'habitude, disait Teresa de Jésus, les épreuves sont pour moi santé et médecine [1].

Sa plus grande souffrance était de savoir ses Déchaux traqués, emprisonnés, torturés. Ces Déchaux, dont elle eût voulu qu'ils apparaissent ainsi que des gens d'un autre monde [2].

Fray Gregorio Nacianceno, le Prieur de la Peñuela ainsi que son compagnon Fray Juan de Santa Eufemia, Fray Gabriel de la Asuncion, étaient en prison, ou ils en sortaient à peine, ainsi que le P. German de Santo Matias. Le P. Juan de Jésus Roca ayant été parler au nonce Sega, celui-ci, pour toute réponse, le fit incarcérer à Madrid, au couvent des Chaussés.

De ces violences, la Madre s'efforçait de tirer des conclusions : « Les Chaussés exagèrent, la rage les aveugle... Ils n'en feraient pas tant s'ils avaient de la tête [3]... » Mais ne sont-ils pas d'autant plus à craindre qu'ils sont hors d'eux? C'est pourquoi Teresa de Jésus est si inquiète du P. Jean de la Croix. Depuis des mois, elle est sans nouvelles de lui.

Janvier : « Nous ne savons où on l'a emmené [4]... »

Mars : La Madre a le pressentiment des souffrances du P. Juan, d'autant plus que le P. German s'est évadé : « Il est bien, dehors... Je suis dans l'angoisse à l'idée qu'on puisse appesantir encore les accusations sur Fray Juan. Dieu traite terriblement ses amis, et en vérité il ne leur fait point tort, puisque c'est ainsi qu'il a traité son fils [5]. »

« ...On dit qu'ils ont envoyé Fray Juan à Rome [6]... »

Avril : « On pourrait rappeler au Roi combien il y a de temps que ce petit saint de Fray Juan est en prison [7]... »

Mai : La Madre se perd en conjectures sur le silence absolu qui s'est fait autour de la disparition de Jean de la Croix, et les « enchantements » des romans de Chevalerie lui reviennent en mémoire : « Je suis épouvantée de cet enchantement de Fray Juan de la Cruz et de la lenteur de toutes ces affaires [8]... »

Août : « N'oubliez pas de voir s'il est possible de faire quelque chose pour Fray Juan de la Cruz [9]... »

« Rappeler au Roi... N'oubliez pas... » Se préoccupe-t-on si peu de lui? Bien que Doña Guiomar de Ulloa qui est avec la Madre à Saint-Joseph, désireuse de prendre l'habit, pleure son Fray Juan de la Cruz, ainsi que toutes les sœurs, « par on ne sait quel tour du destin, personne ne pense jamais à ce saint [10] ».

Cela n'était pas un tour du destin : le Padre Juan avait si bien réussi à vivre ainsi qu'il le voulait, « tout enveloppé de silence [11] », qu'il passait inaperçu aux yeux des hommes et s'effaçait de leur souvenir comme il eût voulu s'effacer de ce monde.

Il disait à ses filles :

— Ce qui nous manque, ce n'est pas d'écrire ni de parler, car habituellement cela surabonde, sinon de nous taire, et d'agir. Car parler distrait; le silence et l'action concentrent notre esprit et lui donnent des forces... Souffrir, agir, nous taire, fermer nos sens par l'usage et le goût de la solitude, dans l'oubli de toute créature et de tout événement, quand bien même le monde croulerait [12].

Sur Fray Juan de la Cruz le monde avait croulé, il était enseveli, « enchanté » dans le silence. Il ne s'adressait désormais qu'à Dieu seul, en un langage compris de Dieu seul, celui du silencieux amour.

Mais Dieu savait où était Fray Juan : au couvent des Chaussés de Tolède, prisonnier dans un cachot exigu, au pain et à l'eau, flagellé tous les jours par tous les moines à tour de rôle. Sa tunique collait sur les plaies de ses épaules. Il endurait tout avec amour et patience, et ne s'attristait qu'en pensant aux peines de Teresa de Jésus.

L'expression d'une âme si pure dans un si doux regard ne faisait qu'exaspérer ses bourreaux, ainsi que la force que montrait ce petit homme. Il les rendait fous de colère par sa façon de se tenir immobile, muet, lorsque les plus éloquents des Chaussés l'exhortaient à renier la réforme et à adopter leur Règle mitigée. Lorsque les promesses s'avéraient impuissantes, on passait aux menaces, puis aux coups. Ces moines l'insultaient :

— « Lime sourde! » [13].

Obstinément, Fray Juan se taisait.

Il ne parlait qu'à Dieu, il ne se plaignait qu'à lui, avec de tels accents que les mots de ce silencieux vibrent à travers les siècles :

Adonde te escondiste,
Amado, y me dejaste con gemido?
Como el ciervo huiste,
Habiendome herido...

. . . .

Y todos mas me llagan
Y dejame muriendo
Un no sé qué que quedan balbuciendo...

. . . .

Oh cristalina fuente,
Si en esos tus semblantes plateados
Formases de repente
Los ojos deseados
Que tengo en las entrañas dibujados [14]...

Dieu se cachait-il? « Où il n'y a pas d'amour mettez de l'amour et vous obtiendrez de l'amour. » Ce même axiome, la Madre Teresa le condensait virilement en trois mots : « Amour obtient amour », *amor saca amor* [15].

Fray Juan était amour, et n'obtenait que haine. Pourtant, autour de lui, la sévérité se relâchait. Peut-être les Chaussés se lassaient-ils de fustiger un homme frêle à qui ils ne parvenaient pas à arracher une plainte? Par deux fois, ils virent son cachot illuminé et accoururent, car il lui était interdit de s'éclairer la nuit, mais dès qu'ils entrèrent la clarté surnaturelle disparut. Ils le tinrent dès lors pour un saint, ou un sorcier. Optèrent-ils pour la sainteté? Eurent-ils peur de faire un martyr de ce saint? Ils lui donnèrent un geôlier moins rude, un jeune Frère, Juan de Santa Maria, qui lui passa de quoi écrire et lui permit de prendre parfois un peu d'air dans la salle voisine de son cachot. Mais mieux que cela : il aima son prisonnier. A force de donner de l'amour, Jean de la Croix commençait à obtenir de l'amour.

Il ne songeait pas à s'évader : il avait, dans sa prison, la souffrance, le silence, et cette immense aventure qu'est l'action intérieure. Ce fut Notre-Dame qui prépara son évasion et lui ordonna de s'enfuir.

Un jour de l'octave de l'Assomption, elle lui fit voir en esprit une fenêtre haut placée dans une galerie qui donnait sur le Tage et lui dit qu'elle l'aiderait à descendre par là. Elle lui enseigna aussi le moyen de dévisser les serrures de sa prison, celle du cachot et celle de la salle prochaine.

Il profita du quart d'heure que son geôlier lui accordait pour aller « au lieu humble » tandis que les moines étaient au réfectoire et alla reconnaître la fenêtre que Notre-Dame lui avait signalée, bien qu'il dût pour cela traverser tout le couvent. Le soir même, il acheva de desserrer les vis de sa serrure et lâcha les fers du cadenas.

Il attendit que tout fût endormi : il était temps de partir. La première porte céda, mais deux voyageurs, deux Frères, étaient couchés dans la salle qu'il devait traverser. Il hésita, mais ne put résister à la Mère de Dieu qui lui commanda de passer outre, et lui assura qu'elle l'aiderait.

Il ouvrit donc la porte; comme il la tirait à lui, un des fers tomba, et le bruit éveilla les dormeurs :

— Qui va là? cria l'un d'eux.

Le silence les rassura, la Vierge ferma leurs yeux, boucha leurs oreilles, appesantit leurs sens, et Juan de la Cruz franchit les corps étendus.

Il avait fait de ses deux vieilles couvertures et d'un lambeau de tunique une corde qu'il attacha à l'appui de la fenêtre,

— une barre de bois, — vers laquelle l'avait guidé la voix intérieure. Cette voix lui ordonnait maintenant de se laisser glisser dans le vide. Il obéit, descendit le long de sa corde, et arriva au bout pour constater qu'elle était trop courte d'au moins trois mètres.

Suspendu par un fil au-dessus des escarpements du Tage, il se demandait où il allait tomber. Sa confiance en Notre-Dame lui donna le courage de sauter.

Il atterrit dans une cour qu'il reconnut pour celle de l'enclos hors clôture du monastère royal de la Conception franciscaine : un mur le séparait de la place Zocodover.

La voix, qui provenait d'une zone lumineuse, lui dit : « Suis-moi », et le guida jusqu'au pied de ce mur. Fray Juan leva la tête; le mur était si haut qu'il s'y appuya, désespérant d'avoir la force d'en entreprendre l'escalade, mais il se sentit soulevé dans les airs et se retrouva, libre, de l'autre côté.

Il faisait encore nuit. Le marché s'apprêtait, les marchandes, lanterne en main, poursuivaient de moqueries ce moine à peine couvert de haillons sanglants qui leur semblait émaner des murailles du couvent des Franciscaines : il n'en fallait pas tant pour exciter leurs rires. Il leur échappa en se faufilant de maison en maison. La lumière qui l'avait guidé s'était éteinte, mais il gardait, intérieurement, une grande confiance et un grand éblouissement.

A cinq heures, alors que sonnait l'angélus, il frappa à la porte du couvent de Saint-Joseph du Carmel.

Lorsque la tourière, Leonor de Jésus, vint dire à la Prieure que le P. Juan de la Cruz était là, et qu'il lui demandait « de venir à son secours et de le cacher, car si les Chaussés le rattrapaient, ils le mettraient en miettes », la Mère Ana de los Angeles était au chevet de la sœur Ana de la Madre de Dios qui, fort malade, n'en eut pas moins un excellent réflexe :

— Ma Mère, je me sens si mal que je ne me résoudrai pas à prendre ma purge sans m'être confessée...

Un moine ne pouvait pénétrer dans la clôture que pour y absoudre une moniale incapable de se traîner jusqu'au confessionnal.

C'est ainsi que la grosse porte s'ouvrit pour Fray Juan,

et se referma derrière lui. Il était temps : les Chaussés, qui ne comprenaient pas comment la mince corde faite de lambeaux d'étoffe avait pu soutenir le poids d'un homme, ne comprenaient pas davantage comment cet homme avait pu sauter de si haut sans se tuer ; ils étaient pourtant forcés d'admettre l'évidence : leur prisonnier leur avait échappé. Déjà ils faisaient irruption à Saint-Joseph ; escortés d'alguazils, ils perquisitionnaient dans le parloir, la chapelle, la sacristie.

Tout le couvent vibrait d'immense émotion silencieuse, les sœurs mêlaient pleurs de joie, actions de grâces, prières. Fierté de l'infirmière, Teresa de la Conception, qui eut l'honneur d'apporter son repas au P. Juan de la Cruz. Il ne prit que quelques poires cuites avec de la cannelle ; la fatigue, la joie, l'émotion surtout d'être dans ce couvent qui avait été « la prison » de la Madre Teresa de Jésus l'empêchaient de manger.

Vers dix heures du matin, lorsque les portes de l'église furent verrouillées, on put l'y enfermer, vêtu d'un habit de clerc que les sœurs déclarèrent ne point lui aller mal. Car toutes voulurent l'approcher, et la communauté passa une soirée très douce : les moniales filaient et cousaient dans le chœur tandis que le P. Juan leur parlait [16].

Il leur parlait, non plus de ses souffrances et dangers, mais de Dieu, des Mitigés qu'il tenait pour ses bienfaiteurs :

— Ils sont libres maintenant des fautes que leur faisait commettre ma misère [17].

Il leur récita aussi d'une douce voix monotone les poèmes qu'il avait composés en prison, et une sœur les transcrivit.

Enfin, il les entretint longuement de Notre-Dame, qui l'avait délivré, et des fruits délicieux de l'amour divin qu'il avait cueillis dans sa solitude :

« Heureux néant et heureuse cachette du cœur [18]... »
« Les biens immenses de Dieu ne tombent qu'en des cœurs vides et solitaires [19]... »

A la nuit close, un chanoine prévenu par la Prieure vint le chercher dans son carrosse et le mit à l'abri à l'hôpital Santa Cruz. Aussitôt qu'il le put, il partit pour Avila.

Fray Juan revit la Madre Teresa de Jésus, la Madre Teresa revit son « petit saint de Fray Juan ». Il était encore

« si consumé et défiguré qu'il semblait une image de la mort ».

Pas plus que Teresa de Jésus, il n'avait l'habitude de se plaindre :

— En ce qui me concerne, n'ayez point de peine, car je n'en éprouve aucune [20].

Il échappe pourtant à la Madre un cri de révolte :

— Je ne sais comment Dieu permet des choses semblables [21] !

Elle parle à Gracian de cette entrevue en un style décousu, haletant des battements de son cœur :

— Votre Paternité ne sait pas encore tout. Il a passé ces neuf mois dans un si petit cachot qu'il y tenait à peine, pour petit qu'il soit lui-même; en tout ce temps, il n'a pas changé de tunique, bien qu'il ait été à la mort. Trois jours avant son départ, le Supérieur lui donna une chemise à lui; et nul ne le voyait jamais [22].

Ainsi parlait Teresa de Jésus, qui aimait tant la propreté. Et elle qui, enfant, avait voulu mourir aux mains des Turcs :

— Je l'envie immensément. Il est admirable que Notre-Seigneur ait trouvé en lui si grande abondance de forces pour un tel martyre, et il faut que cela se sache, afin que tous se gardent de ces gens [23].

Elle fait écho au sentiment de Fray Juan :

— Dieu veuille leur pardonner [24] !

Mais elle crie aussi justice pour ses fils : « Il faudrait informer le Nonce de ce qu'ils ont fait de ce saint de Fray Juan, sans qu'il ait commis la moindre faute, car c'est lamentable. Qu'on le dise à Fray German, il s'en chargera, il a beaucoup de courage pour ces choses-là [25]. »

Juan de la Cruz ne dit pas à la Madre Teresa qu'il avait laissé en souvenir à son bon geôlier la seule chose à laquelle il tînt en ce monde : la petite croix d'un bois exquis qu'elle lui avait donnée pour sa prise d'habit et qu'il portait toujours sous le scapulaire, sur son cœur. Mais il ne regrettait pas plus ce trésor qu'il ne regrettait d'avoir tant souffert : l'ardeur que la Mère Fondatrice mettait à le défendre, la chaleur avec laquelle elle le suppliait de prendre soin de lui, lui causait une joie qu'il jugeait trop humaine ;

— Voyons plutôt les richesses gagnées dans le pur amour, et sur le chemin de la vie éternelle [26]...

Bref instant de détente et de plénitude. Fray Juan doit se rendre au Chapitre d'Almodovar. La Madre Teresa en est fort mécontente et s'en prend à Gracian :

— J'ai été très peinée de voir combien il a souffert et m'afflige qu'on le laisse partir, bien qu'il soit si malade. Dieu veuille ne pas nous le faire mourir. Que Votre Paternité veille à ce qu'il soit bien soigné à Almodovar, qu'on ne l'envoie pas plus loin, je le demande en grâce, ne manquez pas d'y aviser. Voyez, n'oubliez pas. Je vous dis qu'il n'en restera pas beaucoup de tels que lui à Votre Paternité s'il vient à mourir [27]...

Pour que Gracian pense à Jean de la Croix, il faut que la Madre lui rappelle combien il lui est utile.

A peine sorti de son « enchantement », Fray Juan y rentre à nouveau. Déjà Teresa de Jésus doit redire sans cesse : « N'oubliez pas Fray Juan... »

On paie de l'oubli des hommes l'enivrement du silencieux amour.

10. Une matinée de jugement dernier. Noël 1578

Quelques jours avant l'évasion du P. Fray Juan de la Cruz, on avait communiqué solennellement à la Prieure de Saint-Joseph d'Avila, — au mépris de la *Madre Fundadora* qui était pourtant présente, — un contre-bref du nonce Sega : il révoquait le P. Gracian de ses fonctions de Visiteur apostolique, et, annulant toutes dispositions prises par son prédécesseur, il s'octroyait le gouvernement des monastères du Carmel réformé. Cela était signifié en un style tel que Teresa de Jésus, pourtant accoutumée au langage de ses ennemis, n'en pouvait croire ses oreilles.

Bouillante d'indignation, tout en louant le Seigneur de la conduire par la voie des humiliations qu'il a lui-même suivie, elle se jeta sur sa plume pour avertir les Prieures de tous les monastères : « ... Voir tant d'infamies... Le Nonce ne laissera peut-être pas ces loups aussi libres qu'ils l'espèrent [1]... », convoqua Julian de Avila, l'envoya à Madrid reconnaître immédiatement le Nonce pour supérieur, et surtout le supplier de ne pas livrer les Déchaux à la merci des Mitigés.

Elle gardait la tête claire, l'affolement de ce nouveau désastre ne l'empêchait pas de voir loin : « Je n'ai pas trop de peine; c'est peut-être le meilleur chemin à prendre pour que nous soyons érigés en province séparée [2]. »

Vers Gracian, qui la laissait ignorer l'endroit précis où il se trouvait, elle lança au hasard une lettre qui commençait par un abattage mérité : « Que Votre Paternité me dise où il est, par charité, qu'il ne fasse pas la bête lorsque j'ai à l'informer de quelque chose, de même que je me trouve sotte devant le chiffre que Votre Paternité a changé sans m'en avoir prévenue... J'ai peur qu'ils cherchent à s'emparer de Votre Paternité; s'il en était ainsi (Dieu vous en préserve!) vous feriez mieux de partir... Je vais écrire à quelques personnes afin qu'on calme la colère du Nonce à votre égard, lui faire dire que nous lui obéirions tous de grand cœur, si ce n'était que le Tostado est prêt à nous détruire... Tout ce qui n'est pas l'assujétissement aux moines vêtus de drap me semble acceptable.

« Ne craignez rien, mon Père [3]... »

Sans cesse, elle doit soutenir Jeronimo Gracian. Ce Père était plus ardent que courageux; il demandait à Dieu des épreuves sans être toujours de taille à les endurer et se laissait déborder par les affaires de l'Ordre qui reposaient entièrement sur lui, depuis qu'il était interdit à la Madre d'agir. Mais il savait admirablement se faire pardonner : « Il a peur comme un homme, mais il écrit comme un ange [4]... »

La *Madre Fundadora* avait le don rare d'allier l'amour de la solitude et de la contemplation avec la possibilité d'en sortir pour « négocier » avec le monde, armée de lucidité, de prudence, et même de ruse. Le succès de ses entreprises était pour elle la réalisation sur terre de la volonté de Dieu. Lorsqu'elle avoue : « Je suis vieille, fatiguée, mais pas mes désirs [5] », elle témoigne de la vigueur de ce goût de l'action, sous l'étendard « du capitaine de l'amour, Jésus, notre bien [6] »!

Yepes, qui l'a vue vivre, dit que les difficultés étaient pour elle « comme l'étincelle qui ne tombe dans la mer que pour s'y éteindre, comme le flot qui ne bat le rocher que pour s'y briser, comme les coups qui frappent le diamant sans l'obscurcir ni l'entamer [7] ». On peut même dire qu'il fut, ce diamant, taillé à multiples facettes, et rendu plus précieux, plus éblouissant.

Une douleur fit jaillir du cœur de Teresa de Jésus des feux admirables : la mort du P. Général Rubeo, celui qui avait autorisé la fondation des monastères, et l'y avait tant aidée; affirmant qu'elle faisait pour l'Ordre plus que tous les Carmes d'Espagne, il lui enjoignait naguère de fonder « autant de couvents qu'elle avait de cheveux sur la tête [8] ». Ce même P. Rubeo l'avait ensuite reniée, abandonnée à ses persécuteurs. Blessée dans son sentiment de la justice, dans son respect, dans sa tendresse, elle ne se lassait pourtant point de chercher le moyen de lui témoigner qu'elle l'aimait toujours. Elle venait justement de charger Roque de la Huerta d'intervenir : « Qu'on le persuade de ne pas croire ce qu'on lui a dit de Teresa de Jésus; car en vérité jamais elle n'a agi autrement qu'en fille très obéissante; il sait bien qu'elle ne mentirait pour rien au monde, il sait aussi ce que peuvent dire des gens passionnés qui ne la connaissent pas; qu'il permette donc qu'on l'informe et, en tant que pasteur, qu'il ne condamne pas sans jugement et sans écouter les deux parties. Si ce qu'on lui dira semble sans valeur, que Sa Seigneurie la punisse, qu'il lui impose une pénitence, mais qu'il ne la laisse pas en disgrâce; n'importe quel châtiment sera plus doux pour elle que de le savoir fâché; les parents pardonnent de grandes fautes à leurs enfants; comment, à plus forte raison, ne pardonneraient-ils pas lorsqu'il n'y a nulle faute, mais seulement le grand effort de fonder ces monastères avec la certitude de le contenter? Car en plus de le tenir pour son supérieur, elle a pour lui un très grand amour [9]... »

Le P. Rubeo ne devait pas connaître cet acte de soumission filiale. La nouvelle de sa mort jeta la Madre dans un désarroi « extrêmement tendre ». Elle écrit à Gracian : « Le premier jour, pleure que pleureras, sans pouvoir rien faire d'autre, dans une grande tristesse pour toutes les peines que nous lui avons infligées, et que certes il ne méritait pas. Si nous lui avions fait part de tout, tout eût été simple. Dieu pardonne à ceux qui nous en ont toujours empêchés; j'aurais été d'accord sur ce point avec Votre Paternité, et pourtant vous ne me croyiez guère [10]... »

Jamais l'inimitié des Chaussés à l'égard des Déchaussés n'aurait dégénéré en persécutions si, au premier malentendu, appel avait été fait à la grande bonté du P. Général. La Madre, sait bien que Gracian, à ce moment-là, a été coupable : elle l'a suffisamment supplié, alors, d'écrire au P. Rubeo. Mais elle préfère lui trouver des excuses plutôt que de lui pardonner : c'est la vraie charité.

Avec le P. Rubeo, le dernier espoir de conciliation disparaît. Il faut se résoudre à cette guerre insidieuse où l'intrigue et les machinations ont autant de part que la violence, avec, pour adversaires, le Nonce, le Tostado, tandis que le roi Philippe continue à se taire. « Les Chaussés ne croient plus aller contre Dieu car ils ont avec eux les prélats. Ils ne se soucient pas du Roi qui se tait, quoi qu'ils fassent [11]... »

La Madre donne à Gracian des directives précises pour les démarches qu'il doit faire, les gens qu'il convient de voir, les mots à prononcer, et rappelle chaque fois leur but essentiel : obtenir pour les monastères réformés province indépendante. Elle le flatte : « Je vois qu'à Madrid Votre Paternité fait beaucoup en un jour », mais il a beau faire beaucoup, cela n'est pas suffisant, et l'aveu lui échappe : « Je me ronge de n'être pas libre de faire ce que je demande qu'on fasse [12]. »

Elle lui dit nettement ce qu'elle a à dire, avec le respect dû à un supérieur, malgré quelques jolies impatiences çà et là, et des réserves constantes : « Je vois que vous avez raison; mais [13]... » Il y a toujours un « mais ». Gracian, le plus souple de ses instruments, n'est pas un instrument parfait.

En ce mois d'août où les persécuteurs redoublent de fureur, le nonce Sega a fulminé contre lui l'excommunication. Cela plonge dans la mélancolie le pauvre « Pablo » le malheureux « Élisée ». La voilà pourtant, l'épreuve qu'il demandait au ciel! Il est contraint de se cacher. La Madre

Teresa souffre dans son cœur de voir son fils chéri « se faufiler comme un malfaiteur à l'ombre des toits [14] ». « Le Seigneur a trouvé le moyen de me faire pâtir en assenant les coups là où ils me font le plus de mal. » Mais elle souffre peut-être plus dans son âme héroïque lorsqu'elle voit qu'il a peur. Il se noie dans un verre d'eau, elle trouve « mon Paul bien sot, avec ses scrupules [15] » lorsqu'il lui demande s'il est obligé d'aller à la messe : les Chaussés qui le guettent ne seraient-ils pas capables de le surprendre et de l'enlever? La Madre interroge des théologiens : non, il n'y est pas forcé, à moins qu'il puisse le faire en toute sécurité. Elle le console, cela s'arrangera, « car de même que Dieu veut que le mal soit découvert, il découvre le bien ». Il continue cependant à se lamenter : « Si menant une bonne vie vous êtes aussi chagrin, qu'auriez-vous fait à la place de Fray Juan [16]? »

Voilà bien la cuisante comparaison. La Madre l'insinue avec beaucoup de douceur, car son style est si parlant qu'il suggère le son de la voix, toujours affectueux pour Gracian, même lorsque les mots sont durs. Malgré sa partialité, elle était trop lucide pour ne pas le juger. Lorsque du désespoir il saute à l'euphorie, mais sans agir, elle s'irrite : « Que Votre Paternité me réponde immédiatement, ne nous contentons plus d'espérances, par charité! Tous sont épouvantés de voir que nous n'avons personne qui négocie pour nous, les autres font donc ce qu'ils veulent [17]. » Elle lui signale la venue d'un de leurs amis : « Il me semble que Votre Paternité doit le voir, même si cela vous fatigue [18]. »

Gracian restait bien celui qu'un monstre imaginaire avait épouvanté, à l'hôpital de Tolède.

Il était maintenant reclus chez les Chaussés de Madrid. On l'y traitait dignement. Pourtant, il se laissa tenter par les propositions qu'on lui fit de quitter la Réforme. Avec quelle pitié, quelle prudence, la Madre se penche sur ce cœur faible : « ...Restez ferme dans la justice, même si vous vous trouvez en péril. Bienheureuse souffrance, lorsque, si grande soit-elle, elle ne prévaut pas contre la justice. Je ne suis pas étonnée que ceux qui aiment Votre Paternité cherchent à vous dégager, mais il ne serait pas bon d'abandonner la Vierge en ces temps difficiles... Dieu nous en préserve... Ce ne serait pas fuir les épreuves, mais nous y enfoncer car elles finiront, avec la grâce du Seigneur, tandis que celles d'un autre ordre dureraient peut-être toute la vie. Votre Révérence doit y réfléchir [19]. »

Oui : qu'aurait fait le P. Gracian à la place de Fray Juan?

Le bruit avait couru de son intention de passer à l'ordre de Saint-Augustin. Sa mère, Doña Juana Dantisco, lui fit savoir qu'elle ne le considérerait plus comme son fils. Quant au comte de Tendillas, il alla le trouver, et la main sur le manche de son poignard, il lui dit calmement :

— Il paraît que vous voulez abandonner l'habit de Notre-Dame du Carmel. S'il en est ainsi, j'ai fait vœu de vous poignarder [20].

Gracian affirma qu'il n'avait jamais pensé à quitter la Réforme, et qu'il n'y avait là que calomnies des Chaussés. Il refusa l'offre que lui faisait le Comte de l'aider à s'évader et il reprit courage. La Madre se moquait doucement de ses sautes d'humeur et s'occupait elle-même d'envoyer à Rome des messagers secrets, sous un déguisement, afin d'échapper à la police des Mitigés : le temps du roman de chevalerie n'est plus, celui du roman picaresque est né. Ces émissaires auront pour mission de mettre la papauté au courant des horreurs de cette guerre entre frères et de faire entendre combien il est nécessaire que ceux qu'on dit réformés, bien qu'ils soient les tenants de la Règle primitive, les héritiers authentiques du prophète Élie, soient indépendants des Mitigés. Elle suppliait ses monastères de fournir l'argent de cette coûteuse aventure. Elle avait bon espoir : cette année 1578 finissait dans un rayon de soleil.

Le 24 décembre, au matin, la porte du monastère de Saint-Joseph dut s'ouvrir devant les envoyés du Nonce qui apportaient à la Madre Teresa de Jésus un décret. Ce décret, sous menace des peines les plus sévères, soumettait Déchaux et Déchaussées au Provincial et aux prélats des Mitigés de Castille et d'Andalousie.

Pour la réforme, c'était le coup de grâce. « Une matinée

de Jugement dernier [21] », dira la Madre. « Tous ceux qui étaient présents, gens de justice, théologiens, gentilshommes, étaient épouvantés. » Les termes de ce décret étaient si violents que la Madre eût voulu se boucher les oreilles; mais elle n'osait ni bouger, ni parler.

Pedro, le domestique qui était à la porte lorsque les délégués du nonce Sega arrivèrent, se hâta de prévenir Don Lorenzo de Cepeda qui accourut, assisté du Corregidor. A quoi bon? Les Chaussés ne respectaient même pas le Roi; ils avaient pris l'habitude de faire tout ce qu'ils voulaient, nul ne les en empêchait.

Pendant qu'ils énonçaient les termes du décret, la Madre Teresa regardait un papier que l'un d'eux tenait en main, et s'attendait à ce que l'excommunication soit fulminée contre elle mais on se contenta de lui signifier son transfert dans un autre monastère, pour le reste de ses jours. « S'il s'agit d'un monastère de la mitigation, ils me traiteront encore plus mal que Fray Juan de la Cruz! Bien que pour souffrir autant que lui, je n'aie pas ses mérites [22]. »

Il lui était interdit de correspondre avec le P. Gracian.

Teresa de Jésus avait fait face à l'ennemi triomphant avec sa dignité et son calme habituels; on l'avait même vu sourire au moment où sa souffrance était la plus vive; c'est qu'alors elle se détournait des hommes pour ne plus regarder que Dieu son Père, dont la volonté était que son œuvre s'écroulât. Mais, lorsque les délégués furent partis, elle quitta la grille brusquement, sans un mot pour Lorenzo; il la vit s'effacer dans l'ombre, pour la première fois courbée par le chagrin; ses filles s'écartaient pour la laisser passer, atterrées de son silence, muettes elles aussi, et sans consolation; la Madre s'avouait vaincue.

Enfermée, seule, dans sa cellule, elle n'ouvrit pas à Ana de San Bartolomé qui lui apportait à manger; à genoux derrière la porte, Ana entendait Teresa de Jésus prier, d'une voix coupée par les soupirs et les sanglots. Elle s'accusait d'être seule cause de tout le mal : la tempête cesserait si on la jetait à la mer, comme Jonas [23].

Aux Heures, on la vit arriver à la chapelle, marchant

comme en rêve; elle s'agenouilla, rigide; son visage semblait pétrifié; sur cette face grise, les larmes coulaient en telle abondance qu'elles inondaient le sol.

Le soir, pourtant, Ana osa pénétrer dans sa cellule : on allait chanter le grand office de Noël, elle supplia la Madre de prendre quelque chose, afin de ne pas tomber en faiblesse. Un repas léger l'attendait au réfectoire...

Teresa hocha la tête, s'appuya sur le bras de la bonne petite converse, et consentit à la suivre pour ne pas l'affliger.

Elle resta longtemps immobile devant son assiette; rien ne semblait pouvoir l'arracher à la vision de son œuvre en ruine. Ana de San Bartolomé n'osait plus insister. Mais soudain elle vit Notre-Seigneur Jésus, en sa robe de lin, debout près de la table; il déplia la serviette de Teresa de Jésus, rompit son pain, et la fit manger lui-même, comme on fait manger un enfant, bouchée après bouchée.

Il disait :

— Ma fille, mange. Je vois combien tu endures de peines... Prends courage : ça n'est rien [24]...

Teresa mâchait son pain sans cérémonie, sans que l'émerveillement lui contractât la gorge.

Les noces spirituelles avaient été au ciel une fête grandiose, avec un grand concours d'anges et d'archanges, mais c'est, aujourd'hui, la vie quotidienne de l'Épouse avec l'Époux. Dans la salle commune, une petite sœur converse se tient seule auprès d'eux.

Il y a déjà tant d'années qu'ils s'aiment! L'un pour l'autre, l'un avec l'autre, ils ont tant lutté, tant souffert! Et malgré ces combats, dans ces combats même, ils ont connu tant de joies! De leur union, des œuvres magnifiques sont nées. Jamais l'Épouse n'a cessé de parler de l'Époux autrement qu'avec une adoration confiante et candide : « ... Ce qui lui semble bien me semble bien, ce qu'il veut, je le veux. Je ne sais où me mène cet enchantement [25]... »

Cet enchantement la conduit vers l'Amour et la Gloire, enfin « pour toujours ».

11. *Notre roi catholique Don Felipe, 1579.*

C'est une femme transfigurée qui entra dans la chapelle de Saint-Joseph d'Avila tandis que les cloches carillonnaient la messe de minuit. Le visage de la Madre, dont la teinte terreuse avait tant effrayé ses filles, se colora du feu des sept esprits de Dieu. Elle chanta d'une voix céleste l'évangile de saint Jean, elle dont la voix n'était pourtant ni claire ni juste. Toutes s'émerveillaient de voir combien vivement elle avait repris courage lorsque éclata le répons des matines : « Aujourd'hui la véritable paix est descendue du ciel pour nous. Aujourd'hui par tout l'univers les cieux ont distillé le miel. Aujourd'hui a brillé pour nous le jour de la rédemption nouvelle, de la réparation antique, de la félicité éternelle. Aujourd'hui... »

A partir de cette journée « de jugement dernier » achevée dans la gloire, Teresa de Jésus ne se départit plus d'un calme souriant. Le 28 décembre elle écrivait déjà à Don Roque de la Huerta, l'un des plus fidèles soutiens de la réforme, une lettre où tintait la joie : « ...Que cette semaine de Noël, cette entrée dans l'année soient aussi heureuses pour Votre Grâce qu'elles le sont pour moi du fait des bonnes nouvelles que vous me donnez. Les deux premiers jours j'ai eu beaucoup de peine, mais depuis le matin de Saint-Jean l'Apôtre nous sommes toutes consolées[1]. »

Depuis que le P. Gracian était reclus chez les Chaussés, les affaires de l'ordre, à la cour, étaient entre les mains d'un nouveau venu dans le Carmel réformé, Fray Nicolas de Jésus Maria, que la Madre appelait encore il y a un an *el Señor Nicolao Doria* car il appartenait à la famille des Doria de Gênes. Grand brasseur d'affaires et d'argent, homme riche, homme puissant, avide de plus encore de richesse et de puissance, son goût des opérations sur les changes et monnaies l'avait amené à Séville, centre des tractations entre la Méditerranée et le Nouveau Monde. Il montra tant d'habileté dans ces opérations que l'archevêque, Don Cristobal de Rojas, le pria de remettre en sain équilibre le trésor de l'Archevêché qu'une administration fantaisiste avait réussi à compromettre. Son succès fut tel que Philippe II, instruit des talents de ce Génois, l'appela à la cour afin que les finances publiques bénéficient à leur tour de ses bons offices. Mais dans cette caverne d'Ali-Baba le Seigneur pénétra à son tour comme un voleur et, à l'étonnement de tous, le courtisan, l'ambitieux, le manieur d'or et d'argent préféra à un évêché que lui offrait le Roi la pauvreté de moines persécutés : il prit à trente-sept ans l'habit du Carmel, l'habit de Déchaux, de la main de Jeronimo Gracian de la Madre de Dios.

Il mit au service de l'ordre son art des affaires et son adresse à se plier aux lois de la nécessité; il parvint à passer aux yeux des Mitigés pour un extravagant que le joug des Réformés avait abêti, et lorsque le nonce Sega fit enfermer ceux qu'il estimait les plus importants parmi les Déchaux, il laissa « ce bon Nicolao » bien tranquille, libre de négocier. Il fit preuve d'une rouerie admirable en habitant à Madrid le monastère même des Chaussés, ce dont la Madre ne cesse de le louer : « Nous nous écrivions souvent et traitions des choses nécessaires. Pendant tout ce temps-là je fus en mesure d'apprécier ses perfections et sa sagesse. Je l'aime beaucoup dans le Seigneur [2]... »

Le P. Nicolas Doria parvint à dissimuler aux Mitigés tout ce que ses relations à la cour d'Espagne et à Rome, ses entrées auprès du Roi, lui permettaient d'agiter quotidiennement pour la réforme. Et saint Dominique, sanctifiant la ruse pour la bonne cause, envoyait son chien, son grand danois blanc moucheté de noir, accompagner cet Italien matois jusqu'à la porte des grands : tout danger écarté, le chien disparaissait. Saint Dominique tenait la promesse qu'il avait faite à la Madre de l'aider, et des signes de cette sorte consolaient les filles du Carmel.

Car il n'y avait nulle trêve dans la violence des persécutions. Elles s'étendaient jusqu'à Séville où Maria de San José était déposée, contrainte sous menace d'excommunication de livrer les lettres de Teresa de Jésus, et les moniales sommées de jurer sur le crucifix que les faux témoignages élevés contre elles, contre la Mère Fondatrice, le P. Gracian, les couvents réformés, étaient la vérité, rien que la vérité.

Leur Mère et Capitaine leur dépêcha un ordre du jour de vaillance et d'amour : « Sachez que je ne vous ai jamais autant aimées, et que vous n'avez jamais eu si belle occasion de servir Notre-Seigneur. Oraison, oraison, mes sœurs! Et que brillent maintenant l'obéissance et l'humilité. Quel beau temps pour cueillir le fruit de votre décision de servir Notre-Seigneur!... En ces persécutions, soyez l'honneur des filles de la Vierge; si vous vous aidez, le bon Jésus vous aidera ; car quoiqu'il dorme en mer, lorsque souffle la tempête il fait taire les vents[3]... »

« Efforcez-vous d'être gaies... Vous êtes avec vos sœurs, et non point en Barbarie[4]... »

La nouvelle Prieure, cette Beatriz de la Madre de Dios que son père avait voulu pendre lorsqu'elle refusa un mari qui ainsi l'échappait belle, s'était montrée coupable de bien des intrigues et de quelques trahisons. La Madre Teresa incitera ses victimes au pardon : « Ayons crainte, mes sœurs, car si la main de Dieu s'éloignait de nous, quel mal ne commettrions-nous pas? Croyez-moi : cette sœur n'a ni assez d'esprit ni assez de talent pour être responsable de toutes ses inventions : le démon l'a instruite... Que Dieu soit avec elle... Des prières, mes Sœurs, des prières pour elle, car beaucoup de saints, après avoir succombé, sont revenus à la sainteté... Ne lui témoignez nulle inimitié... Croyez-moi, cette âme est bien tourmentée... Rappelez-moi au souvenir de la Sœur Beatriz de la Madre de Dios[5]. »

Les excès mêmes auxquels la haine poussait les Chaussés devaient enfin se retourner contre eux : voici venir le moment où « les ennemis seront enveloppés par les vagues ».

Plusieurs grands seigneurs, dont le comte de Tendillas, allèrent dire au Roi qu'ils se tenaient pour personnellement outragés par tant d'injures faites à la Madre Teresa de Jésus et au Carmel réformé, et ce trop prudent monarque dut sortir de sa réserve. « Notre Roi catholique Don Felipe » fit appeler le nonce Sega :

— J'ai été informé de la guerre que les Chaussés font aux Déchaussées et Déchaux du Carmel. Je juge fort suspectes ces attaques contre des gens qui ont toujours montré tant d'austérité et de perfections. On m'a dit que vous n'aidez point les Déchaux : montrez-vous dorénavant favorable à la vertu [6].

Le Nonce du Pape n'avait qu'à obéir au souverain de toutes les Espagnes.

Par un bref du 1er avril 1579, il délia le Carmel réformé de l'obédience aux prélats mitigés et le plaça sous la juridiction du P. Angel de Salazar qui, bien que Chaussé, était grand ami de la Madre Teresa et de la réforme. On pouvait tenir toute l'affaire pour heureusement conclue, et la Fondatrice peut s'exclamer :

— Lorsque je considère les moyens dont a usé le Seigneur pour que les malices et cruautés des ennemis du Carmel ne fassent que contribuer à son accroissement, je suis hébétée d'admiration [7]!

Il ne restait à obtenir pour couronner ce succès que l'établissement de Déchaux et Déchaussées en province indépendante.

Voilà donc le P. Ambrosio Mariano, le P. Jeronimo Gracian, le P. Antonio de Jésus, tous les fils de Notre-Dame, sortis de leurs cachettes ou tirés de leurs prisons. Le P. Juan de la Cruz, nommé recteur du Collège de Baeza, va quitter le Calvario de Beas, où aux questions de la prieure Ana de Jésus, de Beatriz de San Miguel, de Catalina de San Alberto, il répondait par des anticipations de la *Nuit obscure* ou du *Cantique spirituel*, les admirables ouvrages qu'il rédigea dès 1578.

Cet innocent de Jeronimo Gracian n'est pas plutôt hors de danger et de souci qu'il est repris d'un grand appétit d'épreuves. La Madre Teresa ne l'entend pas ainsi :

— Laissez-nous tranquilles, pour l'amour de Dieu, car vous ne seriez pas seul à les subir. Reposons-nous pendant quelques jours [8]...

Maria de San José lui cause le même genre de difficultés, et elle se hâte de lui écrire :

« ...Que Votre Révérence, ma fille, laisse maintenant de côté les sottes perfections et cesse de refuser d'être à nouveau Prieure. Nous désirons tous que vous repreniez votre charge, nous nous y employons, et vous vous amusez à des enfantillages : car il n'y a là rien d'autre. Cela n'est pas l'affaire de Votre Révérence, mais celle de l'Ordre tout entier [9].

C'est encore se soumettre à la volonté de Dieu que d'accepter, avec bonheur et reconnaissance, ses bienfaits.

La Madre ne voulait pas qu'on boudât à la joie; elle estimait qu'il y a temps pour les épreuves et temps pour la jubilation. Et elle affirmait à la fin des persécutions :

— La santé du corps, je la souhaite; mais je suis contente de celle de mon âme [10].

Elle disait aussi :

— Lorsqu'il s'agit de gouverner, je ne suis plus celle que je fus : tout se conduit maintenant dans l'amour. Je ne sais si cela vient du fait qu'on ne me donne nulle raison de sévir, ou peut-être ai-je compris qu'on agit ainsi plus efficacement [11].

Cette allégresse, ces progrès dans l'amour, tels sont les fruits cueillis par Teresa de Jésus sur l'arbre de la croix. C'est un signe admirable qu'un surcroît de mansuétude, surtout lorsqu'il est né d'un surcroît de souffrance; mais il acquiert, pour la Mère Fondatrice, toute sa valeur lorsqu'il s'avère plus favorable à l'action.

C'est un message d'organisation et d'action que Notre-Seigneur la chargea de transmettre aux Déchaux, un jour qu'en oraison son esprit s'éleva si impétueusement que dans la suspension des sens elle fut admise au secret conseil de Dieu :

« Dis de ma part à ces Pères Déchaux qu'ils s'efforcent d'observer quatre conditions; tant qu'ils les garderont, cet Ordre ira croissant, mais s'ils les négligeaient, il tomberait en décadence :

« La première : accord entre les chefs.

« La seconde : qu'il n'y ait que peu de frères dans chaque maison.

« La troisième : qu'ils ne traitent que le moins possible avec les séculiers, et uniquement pour le bien de leur âme.

« La quatrième : qu'ils enseignent par des actes plus que par des paroles [12]. »

C'est ainsi que son Père et son Époux affirmait et glorifiait pour l'avenir ce qu'elle avait accompli.

Teresa de Jésus avait toujours enseigné par des actes,

mais jamais son témoignage ne fut plus éclatant que pendant la tourmente. Pas un instant, pendant quatre ans, on ne trouva ses actions en contradiction avec ses paroles. Pas un instant, par peur, ou par faiblesse, elle n'agit autrement qu'elle ne le conseillait.

Le résumé limpide, la pure condensation de ses ouvrages mystiques, on les trouve dans sa vie, et particulièrement au cours de ces dernières années. Elle a démontré, au jour le jour, l'efficacité de son enseignement du *Chemin de la Perfection*, prouvé que le château de l'âme a bien Sept Demeures, que « Sa Majesté » attend l'homme au plus profond de lui-même; et ce sont ses grandes pensées qui ont engendré ses grandes actions [13].

Hautes vibrations de l'âme : maintenues au diapason le plus élevé par la louange continuelle du Seigneur et la bienveillance envers tous les hommes.

Renoncement à soi-même : sans lequel le pardon des injures serait difficile, inutile l'effort de vaincre la vaine gloire, et le fécond abandon à la volonté de Dieu impossible. Lorsque Teresa de Jésus dit « que tout n'est rien, moins que rien, qui est éphémère, et ne contente point Dieu [14] », et « qu'il lui reste assez de dignité pour tenir pour peu de chose les biens temporels [15] », elle le prouve par des actes.

Liberté : dans la sûreté de sa conscience, elle est libre: « c'est une grande chose [16] »...

Absence de toute crainte : parce qu'on ne peut servir Dieu dans l'inquiétude, elle opte pour l'espérance [17]. Elle ne cherche que le royaume de Dieu et sa justice, au mépris de toute prudence apparente, et tout lui vient en effet par surcroît. C'est peut-être dans ce rejet total et conscient de toutes affaires humaines dans les mains divines qu'elle témoigne du plus parfait accord entre son intelligence et sa spiritualité. Elle va vers le plus sûr, « car Dieu sait ce qui nous convient [18] »; « il sait mieux ce qu'il fait que nous ne savons ce que nous voulons [19] ».

Elle agit, elle intrigue même, elle n'épargne aucun effort, passe ses nuits à écrire des lettres et des livres, ses journées à régir, soutenir, animer, combattre, mais ceci fait, « la meilleure des négociations est de nous taire et de parler avec Dieu [20]». En somme, agir aussi énergiquement que si on ne priait pas, et prier aussi ardemment que si on n'agissait point. Toujours les deux inséparables : Marthe et Marie.

« Oraison, oraison, mes sœurs [21] ! » « Et que toute décision grave passe d'abord par la prière [22] ! » « Écoutons Dieu ainsi qu'on écoute le meilleur des amis... Lorsque nous nous appliquons à faire sa volonté, nous n'avons rien à craindre [23]... » « Il prend tout en main [24]. » « Car c'est un très bon ami que le Christ, si nous voyons en lui un homme avec ses faiblesses et ses souffrances; et il nous tient compagnie. Lorsque nous en prenons l'habitude, il nous est très facile de le trouver auprès de nous [25]... »

Ainsi ce bon ami ne la quittait point. C'est aux moments où toute logique semble interdire l'espoir que la Madre Teresa est la plus forte : les amis s'éclipsent, ou flanchent, le Roi se tait, la haine redouble de violence contre la réforme, il ne reste que Dieu, mais « Dieu suffit ».

Et le triomphe éclate. Tant il est vrai que « lorsque nous commençons à placer notre confiance en des ressources humaines les ressources divines peuvent nous faire défaut [26] ». « Pour tout faire lui-même, le Seigneur n'attend que notre décision de tout lui abandonner [27]. »

Ce que Teresa de Jésus enseigne par des actes, après l'avoir affirmé en paroles [28], c'est qu'il n'est meilleur remède que l'amour pour Jésus, le bon amant. Cet amour, c'est dans l'action qu'il se prouve, et c'est au milieu des occasions de désobéir, de désespérer, de haïr, de mentir, de s'enorgueillir d'un succès ou de se laisser accabler par un échec que la bonne amante Teresa témoigne de son obéissance, de son espoir tenace, de sa compassion et de son humilité.

Le ciel et la terre, la réalité palpable et la réalité invisible, le naturel et le surnaturel, sont en elle en admirable équilibre. Et lorsqu'elle parle de « la santé de son âme », elle emploie l'expression juste.

12. Les neuf Béates de Villanueva de la Jara, 1580

Le premier geste du P. Angel de Salazar avait été de rendre à la *Madre Fundadora* une entière liberté : c'est-à-dire qu'elle était à nouveau libre d'obéir ailleurs qu'enfermée dans un couvent. Qu'allait-on exiger d'elle? Elle se le demandait avec quelque appréhension, et ne tarda pas à en être informée : à cette femme âgée, usée par la maladie, les travaux, la lutte, la pénitence, on n'ordonnait rien moins que de reprendre le branle-bas de ses voyages et de ses fondations.

Le 25 juin 1579, accompagnée d'Ana de San Bartolomé et d'une petite escorte, dont un moine grincheux, elle prit congé de ses filles d'Avila, de sa nièce Teresita, de son frère Lorenzo, de ses bons et fidèles Francisco de Salcedo et Doña Guiomar de Ulloa. Elle avait le cœur lourd, mais se raidissait contre l'attendrissement des adieux :

— Regardez-la, la pauvre petite vieille! En route pour Medina del Campo, Valladolid, Malagon, Alba de Tormes, Salamanca! Je vous dis que cela me fait rire, car je me sens le courage de faire beaucoup plus [1]!

Des kilomètres à n'en plus finir, sous le soleil qui dévaste en été la Castille, et sans que la Madre dans ses chariots hermétiques puisse se délecter à la vue des vastes horizons qu'elle aimait.

Bien qu'elle ait insisté pour qu'on ne lui fasse pas de bruyante réception, ses monastères l'accueillirent triomphalement. Elle en fut bien émue, et ne cessait de répéter :

— Qu'ai-je donc fait pour qu'on m'aime tant [2]?

Grande fut sa joie de constater que ces maisons allaient fort bien, surtout en considérant leur pauvreté première.

A Valladolid, elle reçut une bonne nouvelle : le nonce Don Felipe Sega demandait lui-même au Roi la séparation des Déchaux et Mitigés en deux provinces indépendantes. Elle pouvait donc espérer voir l'accomplissement de ce qu'elle souhaitait, — souhaiter, ce qui pour elle équivalait à vouloir.

Une ombre sur sa joie : les menaces d'une guerre de succession entre l'Espagne et le Portugal la touchèrent si vivement qu'elle écrivit à son ami Don Teutonio de Braganza, archevêque d'Evora, pour le supplier de faire entendre à l'un des prétendants, son neveu le duc de Bragance, qu'il devait avant tout éviter un conflit : « ...Si Dieu devait permettre que les choses en viennent à ce mal extrême, je désire la mort, afin de ne pas voir... Dieu veuille que la vérité soit comprise sans donner lieu à une telle tuerie. Car en ces temps où il y a si peu de chrétiens ce serait grand malheur qu'ils se tuent les uns les autres[3]... »

Il n'était point question, en cette guerre, pas plus qu'en toute autre guerre, de « vérité », sinon de ces « noirs intérêts » dont Teresa de Jésus avait horreur. La guerre éclata, conduite par son vieil ami le duc d'Albe, que Philippe II tira de la prison où il lisait le récit de sa *Vie* pour le mettre à la tête d'une armée d'invasion de trente-cinq mille hommes d'infanterie et deux mille cavaliers.

Au plus fort de l'été, la Fondatrice put faire à Salamanque une halte de deux mois. Elle retrouva bien là les éternels conflits pour la possession d'une maison, mais disait de la Prieure :

— Nulle ne m'assiste aussi bien que la Mère Ana de la Encarnacion.

La vie des moniales était si exemplaire, leur oraison portait de si beaux fruits, qu'elle remerciait cette Prieure :

— Ana, Dieu vous récompensera de me former d'aussi bonnes filles [4].

Elle y retrouva Isabel de Jésus; tendrement, elle s'affligeait de sa maigreur et l'appelait auprès d'elle :

— Venez ici, ma fille... Chantez-moi votre *Cantarcillo*...

Et la gentille sœur, de sa voix légère, reprenait les couplets auxquels la Madre devait l'une de ses plus douces extases :

Veante mis ojos
Dulce Jesus bueno...

En novembre, nouveaux adieux, nouveaux départs. La Fondatrice arriva à Malagon le 25, exténuée par une longue route, mais transportée de joie : elle tenait enfin les nouveaux bâtiments que Doña Luisa de la Cerda avait tant tardé à lui accorder. Pour la première fois depuis qu'elle fondait couvent après couvent, elle se trouvait libre de construire un monastère où elle voulait, comme elle le voulait.

Le régisseur de Doña Luisa l'avait accompagnée alors qu'elle parcourait Malagon à la recherche d'un terrain :

— Pas ici : on y bâtira un jour un monastère de Franciscains...

Ils errèrent encore, au milieu des terres rouges que la *Madre Fundadora* regardait moins qu'elle ne regardait le ciel. Et c'est à une colombe qui vint se poser sur la plus haute branche d'un joli bois d'olivier qu'elle reconnut l'emplacement de son colombier...

Elle avait décidé elle-même des plans avec un bon architecte tolédan, et signé en même temps que Doña Luisa un cahier des charges d'une extrême précision. Cette maison témoignerait pour l'avenir du goût de Teresa de Jésus pour les matériaux rustiques — chaux et brique, poutres en bois non raboté, — de son sens de la proportion et de la bonne distribution. Si les cellules sont petites, les galeries sont larges, les dégagements commodes, les dépendances pratiques. Les moindres aménagements prouvent son esprit d'organisation et que certaines recherches d'hygiène ou de facilité dans le travail n'étaient point pour elle incompatibles avec la pénitence : elle y installa un filtre pour avoir de l'eau plus pure, de grandes jarres poreuses pour garder l'eau plus fraîche, ainsi qu'un moulin à bras pour moudre les amandes, excellent aliment pour ses filles.

Levée à l'aube, la Madre se hâta vers la construction : ce fut pour entendre les entrepreneurs lui annoncer qu'on estimait à six mois la durée des travaux.

— Nous emménagerons, assura Teresa de Jésus, dans deux semaines.

Et elle prit elle-même la direction du chantier. Assise, malgré le froid, sur un banc de pierre, elle présidait à tout, passait partout, appuyée sur la canne qu'elle ne quittait plus depuis sa chute à Avila, trouvait, pour chaque problème, la solution la plus expéditive, encourageait d'un mot, et même d'un coup de main. Elle n'était libre d'aller dire ses Heures que vers minuit, mais agir c'est prier.

Et le 8 décembre, ainsi qu'elle l'avait annoncé, les moniales, en procession, firent leur entrée dans le nouveau couvent bien et dûment achevé. Elles étaient si joyeuses, en quittant leur obscur recoin, de se pavaner dans ces claires galeries que la Madre, aussi contente qu'elles, les comparait à de petits lézards se promenant au soleil [5].

Et elle n'a nulle envie de repartir. Tout n'a pas été sans peines au cours de ses récents déplacements. Les persécutions et la campagne de calomnies contre les Déchaussées et leur Fondatrice ont laissé dans certains esprits des relents de méfiance; dans un bourg de la Manche, l'entrée de la Madre dans une église provoque un scandale qui interrompit le Sacrifice de la Messe : on cria au sacrilège lorsqu'on la vit s'approcher de la Sainte Table, et les menaces furent telles qu'elle dut se réfugier au plus vite dans sa voiture. Ces violences la touchaient plus qu'elles ne le faisaient autrefois; elle qui a tant aimé qu'on l'aimât se réjouit encore plus qu'elle ne le faisait auparavant du moindre signe d'affection, et s'émeut de l'aimable querelle qui éclate à son sujet entre le duc d'Albe et sa femme Doña Maria Enriquez : lequel des deux la Madre Teresa préfère-t-elle? Elle les départage : Dieu seul a toute sa préférence [6].

A Malagon, elle est entourée de tendresse, et elle a la paix.

Elle écrit à Gracian :

« — Ici, il n'est pas plus question de Teresa de Jésus que si elle n'existait pas. Je ne songe donc pas à m'en aller, sauf si on me l'ordonne, car j'ai souvent été désespérée de tant de sottises que j'ai entendues. Lorsqu'on dit de vous, comme on le dit là-bas, que vous êtes une sainte, il faut bien l'être, et cela n'a ni queue ni tête. Riez si vous le voulez, mais fabriquez-en une autre : cela ne vous donne d'autre mal que de le dire [7]... »

Mais le repos n'est pas fait pour elle : le P. Angel de Salazar lui ordonne d'aller fonder un couvent à Villanueva de la Jara. Il va falloir partir :

« — Recommandez-moi toutes au Seigneur, car je suis fatiguée, et bien vieille [8]... »

Il était neuf filles nobles qui depuis des années vivaient en recluses dans le petit bourg de Villanueva de la Jara situé à peu près aux deux tiers de la route entre Tolède et Valence. Elles ne sortaient jamais, et seules les deux plus vieilles avaient le droit de tirer les verrous de la lourde porte lorsque quelqu'un appelait. Il n'y avait point de Prieure, mais chacune des neuf béates assumait à tour de rôle la responsabilité de commander.

Neuf filles de la noblesse, très simplettes, très pauvres, attirées en ce lieu par la réputation de sainteté d'une bien étrange personne, Doña Catalina de Cardona.

Fille du duc de Cardona, Doña Catalina avait été gouvernante du prince Don Carlos, fils de Philippe II, et du fameux bâtard de l'empereur Charles-Quint, Don Juan d'Autriche. Agée de quarante ans, elle s'enfuit de la cour pour vivre au désert de la Roda dans une pénitence et des rigueurs si effrayantes que ses cilices ensanglantés, la discipline qu'elle se donnait pendant des heures avec des chaînes, causaient autant d'épouvante que d'admiration. Dans la grotte où elle se tenait comme enterrée vivante les démons ne la laissaient pas en repos : ils empruntaient, pour se jeter sur elle, l'apparence de mâtins énormes ou de serpents. Avait-elle cependant un calendrier dans sa thébaïde? Elle était réputée ne manger que les dimanches, mardis et jeudis.

Lorsqu'elle se décida à prendre un habit religieux, elle opta pour celui du Carmel, mais non pas l'habit féminin : elle voulut celui des moines, car cette pénitente, porteuse de cilices, ne pouvait supporter une coiffe sur la tête. Sa réputation de sainteté était si grande que la princesse d'Eboli, toujours à l'affût de célébrités, l'envoya chercher en voiture dans son désert et la fit venir à la cour où elle retrouva ses anciennes amies.

Le Nonce apprit un jour qu'il se passait à Madrid cette chose scandaleuse : un moine Carme Déchaux se promenait en carrosse entouré de dames de la haute noblesse et, penché à la portière, il bénissait la foule. Il demanda d'urgence que ce moine lui soit amené afin de le punir du mauvais exemple qu'il donnait ainsi que de sa présomption. Ce Déchaux en sa présence se révéla être Doña Catalina qui, accoutumée qu'elle était à bénir, bénit le Nonce comme tout un chacun. Il n'en fut pas amadoué, mais cette fille du désert en travesti était trop puissante dame pour qu'il puisse se montrer très sévère. Le roi Philippe en personne ne l'avait-il pas conviée à passer huit jours à l'Escorial avec la princesse Juana?

Il essaya de la convaincre d'entrer dans un couvent :

— Je ne veux pas vivre au milieu de nonnes maniérées, affectueuses, mielleuses, dont l'imagination ajoute encore à nos faiblesses natives [9]...

Il la laissa aller comme elle était venue, dans son froc de moine. En retournant à sa solitude — désormais fort peuplée par la foule des dévots qui se pressaient pour la voir, — elle s'arrêta quelques jours au Carmel de Tolède; les sœurs qui eurent le privilège de l'approcher affirmèrent à la Madre Teresa qu'il émanait de son habit fort grossier et extrêmement sale une odeur de sainteté d'autant plus admirable « qu'étant donné la chaleur qu'il faisait elle aurait plutôt dû sentir mauvais [10] ».

La sainte Cardona venait de mourir; le récit qu'on fit des tortures qu'au nom du Seigneur elle s'était imposées éveillèrent en Teresa de Jésus un vif sentiment fait de confusion et d'émulation mêlées : elle s'était toujours reprochée de n'être qu'une médiocre pénitente. Par bonheur, Dieu veillait, et un jour qu'elle s'affligeait de ne pas obtenir de ses confesseurs l'autorisation de se mortifier davantage, au point de se demander si elle ne ferait pas mieux de leur désobéir, il lui dit :

— Ma fille, pour ça, non! Le chemin que tu suis est le meilleur, car il est sûr. Tu vois toutes les pénitences auxquelles elle s'adonnait? J'apprécie beaucoup plus ton obéissance [11].

Grâce à cet ordre bien net, la Madre Teresa de Jésus demeura le vivant témoignage d'un céleste bon sens.

Ce n'est donc pas sans angoisse qu'elle apprit que les neuf pauvres et nobles béates de Villanueva de la Jara, ces ferventes de Doña Catalina, la suppliaient de transformer leur ermitage en couvent du Carmel : serait-il possible de leur imposer une règle raisonnable? Jusqu'alors elles avaient fait de leur mieux : elles portaient déjà le scapulaire de Notre-Dame, lisaient les offices et les Heures tant bien que mal et plutôt mal que bien : leur ignorance était seule coupable, car faute de savoir lire, elles passaient des heures à les épeler. Elles jeûnaient sept mois l'an, sans compter les jours de disette, filaient pour gagner leur maigre pitance et payer les messagers qu'elles envoyaient à la Madre Teresa de Jésus, à travers la Castille.

Car elles ne se lassèrent point de la harceler. Les premières démarches remontaient au retour de Séville, en 1576; depuis, les pauvres béates ajoutaient les prières aux requêtes et négociations : elles faisaient neuvaine après neuvaine, se traînant à genoux depuis l'entrée de l'ermitage jusqu'à l'autel de leur église, précédées par la petite fille âgée de cinq ans que l'une d'elles, une veuve, avait bien été forcée d'enfermer avec elle.

La Madre hésitait toujours, les béates n'en insistaient que mieux, tant et si bien que leur persévérance eut raison de ses scrupules. Elle avait de plus été bien informée par le P. Antonio de Jésus qui au cours des persécutions était venu se cacher dans leur voisinage chez les Déchaux du Socorro de la Roda; attendri par leur bonne volonté, édifié par leur ferveur, il obtint de la Mère Fondatrice qu'elle vînt elle-même leur donner l'habit.

La *Madre Fundadora* décida d'emmener pour les instruire quatre religieuses choisies pour leur bon sens autant que pour leur haute oraison; elle prit à Malagon une des lumières du Carmel, Ana de San Agustin, et Elvira de San Angelo; le P. Antonio de Jésus vint chercher tout le monde. La Madre se réjouit de le revoir frais et gras, et déclara que les épreuves sans doute convenaient à la santé car elle-même ne s'était jamais mieux portée.

On se mit en route, Ana de San Bartolomé était naturellement du voyage, et c'est elle qui fit le récit de la marche triomphale que furent ces vingt-huit lieues, au cours du mois de février 1580. On était repassé par Tolède, pour y prendre deux autres fondatrices, Constanza de la Cruz et Maria de los Martires.

A Robledo, la maison de la duègne « amateur de vertu » où la petite caravane fit halte pour dîner fut assaillie par les dévots, on mit deux alguazils pour en garder les portes, mais les plus fervents sautèrent par-dessus le mur : il fallut bien emprisonner quelques personnes pour que la *Santa Madre* puisse se reposer.

Sa précaution de repartir le lendemain trois heures avant

le lever du jour s'avéra inutile : partout on l'attendait, partout on l'acclamait. Un riche laboureur était posté sur la route et la conjura de prendre chez lui une collation préparée en son honneur. Il avait fait venir de trente lieues à la ronde ses enfants, petits-enfants, gendres, brus, toute sa parenté, tous ses serviteurs, afin que Teresa de Jésus leur donne sa bénédiction. Il avait également réuni ses troupeaux, et le tintement des clarines se mêlait au murmure des prières de cette foule agenouillée en habits du dimanche. C'était une belle assemblée, digne des temps bibliques ou des noces de Gamache par tant de noblesse rustique comme par les tables dressées et couvertes de mangeaille, mais sans descendre de voiture la Madre bénit bonnes bêtes et bonnes gens, et suivit son chemin.

Les moines de La Roda étaient venus au-devant d'elle : « pieds nus, dans leurs habits de bure, ils attendrirent la Madre qui se crut aux temps fleuris des saints pères du désert [12] » : ils lui apportaient en hommage deux exquises statuettes : une Vierge au fin sourire et un enfant Jésus. Entre le couvent du Socorro et Villanueva tout n'était que banderoles, rameaux et reposoirs, la population se joignit à la procession; Ana de San Agustin vit s'animer la statue de Jésus qui allait de la Madre à l'ostensoir, et de l'ostensoir à la Madre... Le visage de Teresa de Jésus n'exprimait nul étonnement, Ana de San Bartolomé, qui en voyait tout autant, se taisait... Et lorsque Ana de San Agustin crut opportun de s'exclamer, la Madre lui cloua le bec de son catégorique :

— Sotte, tais-toi [13]!

C'est ainsi, précédée du fils de Dieu, que la *Fundadora* fit son entrée dans Villanueva de la Jara au milieu d'un tourbillon de peuple enthousiasmé, de clameurs, de carillons, de chants, qui glorifiaient dans l'amour du Seigneur quelques humbles Déchaussées.

Mais elle avait hâte de connaître ses nouvelles filles, les neuf béates si nobles et si pauvres. Derrière la grosse porte de leur ermitage, les recluses l'attendaient en tremblant : n'allait-elle pas repartir, effrayée de leur dénuement? C'était mal connaître la Mère Fondatrice. Elle les adopta d'emblée, bien qu'aussi vivement frappée par leur saleté que par leur ferveur. Ces pieuses créatures portaient le même vêtement — une robe laïque, mais austère, — depuis leur entrée dans la vie dévote et croyaient prouver au Seigneur leur détachement du monde en ne se lavant guère. La Madre Teresa commença donc par s'emparer d'un balai, et de son bras valide, elle se mit fermement à faire le ménage. La communauté suivit son exemple.

Elle resta à Villanueva de la Jara un mois qu'elle consacra à donner figure de monastère à cette maison minable; soucieuse de l'agrément, elle planta même une vigne de ses mains.

Le P. Antonio de Jésus enseignait aux nouvelles Carmélites à lire leurs Heures un peu mieux qu'en ânonnant, les sœurs venues de Malagon et de Tolède leur montrèrent, par des actes, la vertu d'obéissance et cette autre vertu éminemment thérésienne, la mesure en toutes choses, l'amour de Dieu pouvant seul être démesuré sans danger.

Lorsque la Madre Teresa de Jésus repartit, elle laissait, dans un couvent misérable, mais astiqué dans ses moindres recoins, ces âmes déjà sur les chemins du ciel.

Teresa de Jésus s'en remettait à Dieu pour toutes choses délicates et même périlleuses, et se hâtait de les oublier, lorsqu'il n'était pas possible d'agir. C'est ainsi qu'elle ne pensait que fort rarement au récit de sa *Vie* qui était toujours au pouvoir de l'Inquisition. Qu'y pouvait-elle? Rien. Il était donc inutile de s'en préoccuper : les affaires de l'Ordre retenaient ailleurs son attention.

Après avoir achevé la fondation de Villanueva de la Jara, elle demeura quelque temps à Tolède et profita de ce séjour pour aller voir le cardinal Don Gaspar de Quiroga, archevêque de Tolède et grand inquisiteur général. Gracian l'accompagna, car il s'agissait de demander l'autorisation de fonder un couvent de Déchaussées à Madrid, « sans nous rappeler le livre ».

Mais le Cardinal, cet homme à long nez, à la bouche amère, dont le Greco a peint la longue barbiche blanche sur son habit de pourpre et le regard plus las encore qu'il n'est sévère, aborda ce sujet dès le début de l'entrevue :

— Je me réjouis de vous connaître, car je le souhaitais

beaucoup : voyez en moi votre chapelain, je vous aiderai autant que cela sera nécessaire. Je tiens à vous dire qu'il y a plusieurs années qu'un livre de vous a été présenté à l'Inquisition ; sa doctrine fut examinée avec grande rigueur. Je l'ai lu en entier, et je soutiens que sa doctrine est très sûre, très vraie, et profitable. Vous pouvez le faire reprendre dès que vous le voudrez; je vous donne l'autorisation demandée, et je vous prie de toujours me recommander à Dieu [14].

Et voilà encore une affaire heureusement conclue.

13. Je vois enfin l'Ordre de Notre-Dame tel que je l'ai souhaité

« *Que crains-tu?* »

A soixante-cinq ans la Madre Teresa gardait le teint frais et un air d'étonnante jeunesse, mais à Vallad olid elle manqua mourir du catarrhe universel; elle était bien changée, maigrie, veillie, lorsqu'elle se releva, et ne s'en remit jamais tout à fait.

Cette épidémie de grippe fit en 1580 des ravages dans toute l'Europe, plusieurs des amis de Teresa de Jésus en moururent, dont le saint gentilhomme Don Francisco de Salcedo, Don Cristobal de Rojas archevêque de Séville, le P. Baltazar Alvarez, son ancien confesseur, qu'elle pleura beaucoup. Nul n'était plus fidèle dans ses affections que cette femme détachée « de toute chose créée ». Dix ans auparavant, elle écrivait déjà à Don Francisco : « Dieu veuille vous laisser la vie jusqu'à ce que je meure, car pour ne pas être sans vous j'obtiendrais du Seigneur qu'il vous appelle très vite [1]... » Et voilà qu'il la devançait.

En cette même année, elle perdit le plus cher de tous, son frère et fils spirituel, Lorenzo de Cepeda. « J'ai quatre ans de plus que lui, et moi je n'en finis pas de mourir [2].... »

C'est ainsi que la Madre, cette éternelle malade douée d'une résistance stupéfiante, se vit privée de ses affections les plus éprouvées. La blessure fut profonde, il lui arriva de gémir :

« — Pourquoi Dieu m'a-t-il laissée en ce monde pour voir

mourir tant de ses serviteurs [3]? » Elle rechuta à Valladolid, son cœur flancha, un début de paralysie de la langue fit craindre qu'elle ne perdît l'usage de la parole, ses douleurs de tête, ses bourdonnements d'oreille ne lui laissaient plus de répit. Mais, et c'est là le plus grave, elle resta sans courage. Il est pathétique de voir se débattre contre elle-même celle qui a victorieusement lutté contre le nonce Sega, contre le Tostado et des centaines de moines mitigés. Ses filles avaient connu leur Madre tel un capitaine plein d'audace, terrassant l'ennemi par contre-offensive brusquée, sans s'attarder aux escarmouches contre tentations et défaillances. Mais à Valladolid, son corps exténué n'est plus capable d'obéir aux exigences de l'esprit, elle recule, elle a peur, elle veut capituler.

Elle analyse elle-même ce qu'elle appelle sa pusillanimité : « Ça n'est rien que d'avoir mal, de souffrir de grandes douleurs si l'âme bien éveillée loue Dieu, et considère que tout vient de sa main. Mais d'une part souffrir, et d'autre part rester dans l'inaction, voilà une chose terrible [4]... J'avais même perdu, dans ma faiblesse, la confiance que Dieu avait bien voulu me donner en la nécessité d'entreprendre ces fondations... »

Autour d'elle, on accusa l'âge. Trop vieille, la Madre? Non pas, mais « ligotée par le démon ou la maladie », prise de panique, tiède, et sans volonté.

Elle se refusait à aller fonder les monastères de Palencia et de Burgos, ainsi que le P. Angel de Salazar, sans pitié pour sa fatigue, lui en donnait l'ordre. Et non seulement nul ne parvenait à lui rendre du cœur, mais tous, autour d'elle, même la prieure Maria Bautista, commençaient à douter.

Sa tiédeur cependant n'était pas telle qu'elle ne souhaitât pas connaître la volonté de Dieu. Un jour, après la communion, alors qu'elle l'interrogeait, il lui répondit d'un ton de reproche : « Que crains-tu? Quand t'ai-je fait défaut? Je suis celui que j'ai toujours été. Ne manque pas de faire ces deux fondations [5]. »

La Madre s'exclama :

— Grand Dieu! combien vos paroles diffèrent de celles des hommes! Elles me communiquent tant de courage et de décision que le monde entier s'y opposerait en vain [6]...

Teresa de Jésus a prononcé son grand mot : décision. L'esprit de décision, la volonté, ont acquis en elle une puissance telle qu'à partir du moment où elle en a décidé toute chose peut se tenir pour accomplie : car « le Seigneur aide ceux qui décident de le servir et glorifier ».

Elle envoya le P. Gracian à Palencia en avant-garde; il trouva tant d'obstacles qu'il eut tôt fait de se décourager. Il rencontra heureusement aussi un gentilhomme « de cape et d'épée », Suero de Vega, assez zélé pour ne pas craindre de tancer un saint moine :

— Il me dit tant de choses sur l'excellence d'une foi vive et de la confiance en Dieu, et avec un tel esprit, qu'il me communiqua sa ferveur [7]...

Et d'un. Le chanoine Reinoso entreprit aussi de l'aider très efficacement. Il était « de belle taille, le teint blanc, les pommettes un peu colorées par une inflammation du foie qui le rendait plus beau encore à cause des éruptions qu'elle lui causait [8]... »

Et de deux. Du fond de la mer Pablo remontait sur les crêtes des vagues, et se laissait porter. Mais dans une ville qui se prétendait trop pauvre pour nourrir quelques nonnes, il fallait encore convaincre le plus enragé : le *Corregidor*. Teresa de Jésus avait chargé le P. Gracian d'obtenir de cet homme dur une autorisation qu'il n'avait encore donnée à personne :

— Il me reçut très mal, se mit en colère, et me dit d'un ton furieux : « Allez, Père, et qu'on fasse vivement ce que demande la Madre Teresa de Jésus. Elle doit cacher dans son sein une provision du Conseil royal de Dieu, car bien contre notre gré, nous devons en passer par tout ce qu'elle veut [9]. »

Ce compte rendu de la situation parut à la Madre si encourageant qu'elle opta pour le départ immédiat. Le diable, encore une fois, avait suscité d'apparentes difficultés, d'autant plus graves qu'elles étaient intérieures. « On sait bien qu'il n'en vient jamais à ses fins, mais il inquiète [10]... » La détermination bien déterminée de Teresa de Jésus, comme toujours, lui fit échec.

Et voilà à nouveau la Mère Fondatrice par monts, vaux et chemins. Non pas en chariots couverts, mais à dos de mulet, au plus froid de l'hiver, par un brouillard si dense que les cavaliers avaient peine à s'apercevoir les uns les autres. Elle arriva à Palencia brisée, mais le lendemain matin, 29 décembre 1580, la première messe fut dite et le couvent fondé. Là comme ailleurs, elle bataillera pour l'achat d'une maison, et contre l'opinion de la ville tout entière, elle finira par installer les Carmélites dans le voisinage immédiat d'un certain ermitage de *Nuestra Señora de la Calle*, — Notre-Dame de la Rue, — où il se passait des choses si peu édifiantes que le Seigneur voulut que la présence de ses filles mît fin au scandale.

La Madre déclarera que c'est la Prieure, Ines de Jésus, qui a tout fait pour cette fondation :

— Je ne sers plus à rien, si ce n'est par le bruit que fait Teresa de Jésus [11].

Le monastère de Saint-Joseph de Notre-Dame de la Rue, de Palencia, à peine établi, elle part fonder un couvent à Soria, répondant à l'appel de Doña Beatriz de Beamonte y Navarra — *Beamonte* étant une forme espagnole de Beaumont —, descendante des rois de Navarre, qui met à sa disposition son palais, et une rente de cinq cents ducats.

La route de Palencia à Soria est souvent en plaine, l'eau y abonde, la Madre s'en délecte :

« — Cela fut pour moi grande récréation... Souvent la vue des rivières me tenait compagnie [12]... » Pour elle, l'esprit de Dieu se meut au-dessus des eaux. Un détail du voyage l'amusa : l'évêque d'Osma, son ancien confesseur le P. Velasquez, avait envoyé au-devant d'elle son alguazil portant haut son insigne de commandement; la foule s'attroupa et crut qu'on emmenait ces nonnes dans les cachots de l'Inquisition. Et son humilité autant que son sens de l'humour tirèrent de cette équivoque le maximum d'agrément.

A Soria, encore une fois, elle s'occupera de l'organisation du monastère dans les moindres détails, en particulier des rigueurs de la clôture :

« ... Derrière la grille du parloir, on ajoutera, en retrait, un grillage de bois, fait de barreaux fort minces, mais si rapprochés que la main la plus menue ne puisse s'insinuer au travers; par-dessus, un voile épais sera cloué. On n'ouvrira ce grillage que pour les proches parents, et la Mère Prieure en gardera la clef.

« ... La grille du communicatoire sera également verrouillée. La Prieure seule aura le droit de l'ouvrir.

« ... Une lucarne particulière permettra à Doña Beatriz de Beamonte de s'entretenir avec les religieuses, mais un voile sera tiré au cas où ses suivantes l'accompagneraient [13]. »

La Madre Teresa insiste pour qu'une nièce de Doña Beatriz, Doña Elvira, ne vienne que rarement « car elle est jeune mariée, et ses vêtements sont ceux qui conviennent à cet état... » Il s'agit de ne pas donner aux recluses la nostalgie de la parure.

Grilles aux fenêtres qui donnent sur le verger, grilles au chœur, grilles au moindre jour de souffrance.

Mais autant que de leur total isolement du monde, la Madre s'inquiète de la santé de ses filles, — qu'elles n'habitent les cellules récemment construites que lorsque les murs en seront parfaitement secs! — et de leur sécurité : « En sortant de matines, qu'on allume une petite lampe qui durera jusqu'au matin, car il est dangereux de rester sans lumière; tant de choses peuvent arriver! Le péril serait grand si une sœur avait un accident, et qu'on se trouve dans le noir. Une chandelle à petite mèche tordue est une faible dépense [14]. »

Le choix de la Prieure pour Soria avait étonné le P. Gracian :

— Jésus, Mère! Ignorez-vous que Catalina de Cristo ne sait pas écrire, et à peine lire? Elle ignore tout de l'administration et sera incapable de gouverner.

— Taisez-vous, mon Père! — car Gracian comme les autres se faisait imposer silence, le cas échéant. Catalina sait beaucoup aimer Dieu, son esprit est très élevé : il n'en faut pas davantage pour savoir diriger, et elle sera tout aussi bonne Prieure qu'une autre [15].

Cette Catalina de Cristo, parente de la Madre, grande femme au visage sévère décharné par des mortifications excessives, avait commencé par trouver la discipline trop douce, trop molle la paillasse de son lit, les prières trop brèves, et la maigre ration des jours de jeûne trop abondante et trop savoureuse. Son père, le plus fanatique des hommes, était hanté par la crainte des *Alumbrados*. Pour mettre sa fille à l'abri de livres et feuillets clandestins, il avait trouvé un moyen souverain : ne pas même lui montrer les lettres de l'alphabet. Cloîtrée dans la maison paternelle, autorisée à n'aller à la messe que de grand matin, elle sortait de l'église avant le sermon, de peur que le prédicateur ne soit contaminé par la secte maudite. Catalina de Balmaceda grandit donc sans voir âme qui vive; loin de se dégoûter de la solitude, elle s'y accoutuma au point de se terrer neuf mois dans une cave, et finit par obtenir d'entrer au Carmel.

La Madre Teresa la chérissait d'autant plus qu'elle avait eu beaucoup de mal à lui apprendre qu'il sied de tempérer l'austérité par un peu de sens commun et beaucoup de douceur à l'égard du prochain; elle y parvint, et n'hésita pas à lui imposer la difficile épreuve de gouverner ses sœurs et de donner le ton à un nouveau couvent. Et elle put écrire de Soria au P. Gracian : « La Prieure est très bien [16]. »

C'est ainsi, une à une, et souvent en se fiant à ce que son intuition lui révélait de la qualité de ses filles beaucoup plus qu'aux apparences, que la Madre Teresa de Jésus forma sa couronne de grandes Prieures.

La loi de Dieu, la Règle et les Constitutions.

Et c'est point par point, en vingt ans d'observations quotidiennes minutieusement enregistrées, attentive aux moindres réactions, aux détails les plus insignifiants tout comme aux généralités les plus importantes, modifiant ceci, tenant compte de cela, appelant l'expérience à la rescousse contre la tradition et la tradition à l'aide contre les innovations hasardeuses, qu'elle acheva d'ériger, en cette même année 1581, la Règle et les Constitutions de l'ordre réformé de Notre-Dame du Mont-Carmel.

Pendant les quelques mois qu'elle passa à Palencia, cette préoccupation ne quitta pas la Mère Fondatrice : les Déchaux, réunis en chapitre à Alcalà de Henares, devaient y adopter définitivement des Constitutions. Jusqu'à la dernière minute, envoyant au P. Gracian message sur message, elle ne cessa d'y apporter retouches et amendements.

Elle supplie, en premier lieu, d'éviter tout ce qui pourrait être prétexte à scrupules pour les âmes timorées :

« Au sujet des chausses d'étoupe ou de bure, que Votre Paternité veille à ce qu'il ne soit rien précisé : qu'on dise seulement qu'elles peuvent porter des chausses, sinon elles se feront des scrupules sans fin... Là où il est dit « béguin de chanvre », dites de toile. Et voyez si vous pouvez enlever la clause qui leur défend de manger des œufs et, à la collation, du pain : en cela, il suffit d'observer ce que l'Église impose, sans rien y ajouter. C'est les rendre scrupuleuses, donc leur faire du mal [17]. »

Les hommes comprendront-ils jamais ces nuances-là? Les inconvénients de l'excès de zèle leur échappent, et la Madre avait fort à faire pour protéger ses filles même contre le P. Jeronimo Gracian. Elle le lui reproche d'ailleurs sans ambages : « Antonia nous a dit tant de choses ordonnées par Votre Paternité que toutes nous en avons été scandalisées. Croyez-moi mon Père, ces maisons vont bien, il n'est nullement besoin de les surcharger de cérémonies. Que Votre Paternité ne l'oublie pas, par charité! Veillez seulement de très près à ce que les Constitutions soient observées, sans demander rien d'autre; elles feront beaucoup si elles les suivent bien [18]. »

« Par charité », encore, elle le conjure de ne pas oublier tout ce qui concerne le port rigoureux du voile noir devant le visage.

Et « par l'amour de Dieu », elle le suppliera de stipuler que les lits et le linge de table doivent être toujours d'une propreté impeccable. Elle voudrait mettre la propreté dans les Constitutions, tant elle l'aime, tant elle la juge indispensable, et tant les moines, — non pas ses filles, heureusement... — s'en soucient peu [19].

Celle que déjà de son vivant on appelait « docteur mystique » — ce qui devait d'ailleurs lui déplaire fort — fait stipuler que les Prieures seront en tête de liste pour le balayage, « afin qu'elles donnent en tout le bon exemple [20] ». Et elles devront « se faire aimer afin d'être obéies [21] ».

Sa connaissance du cœur humain, son sens de la justice,

se montrent tout entiers en une seule phrase de ces Constitutions : « Ne jamais châtier qu'après apaisement de la passion [22]. » Et sa compassion veille, qui tempère les rigueurs à l'égard de celles qui subissent le châtiment d'une « faute plus grave ». La coupable est évidemment flagellée, confinée dans une cellule, « privée de la compagnie des anges »; mais la Madre ajoute : « Que la Mère Prieure se montre pitoyable, et envoie une Sœur qui sache la consoler; et s'il y a en elle humilité de cœur, qu'on considère ses bonnes intentions [23]. »

Quant à sa bien-aimée pauvreté, elle l'inscrit dans la Règle en termes exquis : « Que la pauvreté, toujours présente, mette en toutes choses son parfum [24]... »

Comme elles portent la marque de Teresa de Jésus, ces Constitutions! Comme elles partent de la terre, attentives aux cailloux du chemin, pour s'élever, progressivement, sûrement, degré par degré, jusqu'au ciel!

Elle exige des novices « santé et entendement ». A quelqu'un qui s'étonne, elle explique :

— Notre-Seigneur leur donnera ici la dévotion; nous leur enseignerons l'oraison. Mais un bon entendement? Il ne dépend pas de nous de le leur inculquer [25]. Et le démon sait très bien tirer parti du manque d'intelligence [26]...

Teresa de Jésus ajoute, sur le point épineux des dots : « Lorsque la personne nous contente, qu'on la reçoive même si elle ne peut donner d'aumône à la maison, comme ce fut fait jusqu'à présent.»

Enfin, « la loi de Dieu, la Règle et les Constitutions de l'ordre » sont définitivement adoptées au chapitre d'Alcalà de Henares. Il ne reste plus à la Mère Fondatrice que d'attendre « qu'elles soient imprimées, afin qu'on n'y puisse rien changer [27] ». A la fin de l'année, elle aura la joie de tenir le livre dans ses mains.

C'est à Palencia également qu'elle apprend que Déchaux et Déchaussées sont enfin érigés en province indépendante par le pape Grégoire VII. Cette bulle accordée sous forme de bref est le couronnement de l'œuvre de la *Madre Fundadora*. Le P. Jeronimo Gracian de la Madre de Dios est élu Provincial de la nouvelle Province qui comprend tous les monastères jusqu'ici fondés en ces royaumes, et tous ceux qui seront dorénavant fondés, de religieux comme de religieuses, qui observent la Règle primitive...

Teresa de Jésus voit non seulement la réforme accomplie et parachevée, mais prolongée, perpétuée. « C'est l'une des plus grandes joies que je pouvais recevoir en cette vie. Maintenant nous sommes tous en paix, Chaussés et Déchaux, nul ne nous empêche plus de servir Notre-Seigneur [28]. »

Vingt-deux monastères, trois cents moines, deux cents moniales, détaille la bulle du Saint-Père, seront désormais libres, devant les hommes comme devant Dieu, parce que tous soumis à une Règle austère, immuable, par laquelle ils renaîtront de Dieu seul.

Lorsque la cloche éveille les sœurs de Palencia, à cinq heures du matin, la Madre Teresa de Jésus peut enfin suivre par la pensée ce qui se passe dans ses douze autres colombiers : A Avila, Medina del Campo, Malagon, Valladolid, Tolède, Salamanque, Alba de Tormes, Ségovie, Beas, Séville, Caravaca, Villanueva de la Jara, les colombes de la Vierge, voiles noirs ou voiles blancs, vont lisser leurs plumes dans l'eau lustrale de la prière et roucouler pour le Seigneur Jésus.

Pour Jésus, et pour ceux qu'il a préférés à tous autres : les pécheurs, les malades, les désespérés, ceux qui meurent, ceux qui luttent, ceux qui subissent, ceux qui font la guerre, ceux qui veulent la paix, ceux qui cherchent l'amour, ceux qui trouvent les larmes.

La Madre voit des colonnes de lumière se hausser jusqu'au ciel telles l'échelle de Jacob : les prières y montent à la rencontre des anges, partout, à la même heure.

Cloches : travail. Cloches : récréation au ronron des rouets. Cloches : offices, cloches, discipline, cloches, pénitence. Cloches : examen de conscience : où qu'elle soit, quoi qu'elle fasse, dans tous les couvents du Carmel, à la même minute, chaque Carmélite s'agenouille et purifie la transparence de ce cristal de l'âme dont Teresa de Jésus a décrit la beauté; et deux cents cœurs limpides reflètent le visage de leur Roi.

Une seule occupation n'a point d'heure fixe : le repas. « L'heure de manger ne saurait être concertée, car elle dépend de ce qu'envoie le Seigneur. L'hiver à onze heures et demie, lorsqu'il y a de quoi [29]... »

Et à huit heures du soir la cloche sonnera le silence : jusqu'à prime du jour suivant, toute parole ne s'adressera qu'à Jésus ou aux hôtes des demeures célestes. Et tant d'adoration vibrera dans ce silence qu'il rafraîchira, mieux que ne le fait la rosée, ce monde toujours en feu.

La Madre voit cette blanche garde de l'amour gagner toute la terre, et à travers les siècles, des milliers d'âmes actives dans l'oraison peupler les couvents du Carmel.

« Dieu a suffi » à la Mère Fondatrice.

Elle se rappelle les commencements, *sin blanca;* la louange, l'adoration, l'enivrement de Dieu, l'élèveraient jusqu'aux nues si elle ne se penchait vers la terre pour bien considérer l'ouvrage accompli. Et elle écrit à Maria de San José :

« Enfin, je puis parler comme saint Siméon, car j'ai vu l'ordre de la Vierge tel que je le désirais. Je vous prie donc de ne pas demander à Dieu que je vive, mais qu'il m'accorde d'aller me reposer : je ne vous suis plus utile désormais [30]. »

Ana de San Bartolomé est entrée dans la cellule sans être aperçue; elle voit Teresa de Jésus poser tous les deux ou trois mots sa plume, elle l'entend pousser de profonds soupirs. De son visage émanent des rayons si éblouissants que la petite sœur a peine à en soutenir l'éclat [31].

V. Il est temps de nous voir, mon aimé...

1. *Avila, 1581*

« Vous allez voir ce qu'on ordonne à la pauvre petite vieille [1]... »

A peine rentrée de Soria, la Madre Teresa de Jésus fut élue Prieure du couvent de Saint-Joseph, à Avila.

Elle protesta avec beaucoup de bonne grâce, trouva, en abondance, des raisons pour qu'on choisît une Prieure plus digne. Mais le P. Provincial Jeronimo Gracian lui commanda de ne témoigner de son humilité qu'en baisant le sol, et alors qu'elle était ainsi prosternée, il entonna le *Te Deum.*

L'ennui de la Fondatrice n'était pas feint : les années, la maladie, la responsabilité de toutes les fondations passées et à venir l'accablaient. « Elles m'ont faite Prieure pour raison de famine... Voyez-moi, avec mon âge et mes occupations, essayer de m'en tirer [2]! »

Il ne s'agissait pas de faim spirituelle, mais du pain quotidien. Elle écrit à ses autres monastères : « Toutes, demandez-moi à Dieu de quoi donner à manger à ces sœurs [3]! » La Madre, encore une fois, commença par s'ingénier à nourrir ses sujettes, persuadée qu'il est vain de s'occuper efficacement de l'âme de pauvres filles « qui n'ont à déjeuner que fort peu de choses, et rien à souper [4] ». Il eût fallu, en cette année 1581, que les saints de la ville changent ses pierres en pains.

Depuis dix ans, la situation de l'Espagne s'était aggravée. On se rappelle le dénuement du monastère de l'Incarnation en 1571; par les livres de comptes tenus cette même année par la Madre Teresa de Jésus à Medina del Campo, on constate qu'au cours d'une semaine les sœurs ne tiraient que onze réaux de leurs travaux, tandis que les dépenses en pain, huile, œufs, poisson, miel, riz, légumes et un peu de mouton pour le valet montaient à soixante-dix-neuf réaux. Les aumônes atteignaient une trentaine de réaux, sans compter les dons en nature que les dévots déposaient dans le tour.

En 1581, le travail des moniales était aussi mal rémunéré, — elles ne devaient pas faire les prix elles-mêmes, mais prendre ce qu'on leur donnait, — et le coût de la vie avait quintuplé; au cours du dernier voyage de la Madre, Ana de San Bartolomé offrira quatre réaux pour deux œufs et n'en trouvera point. Les produits étaient précaires, en Castille : à Tolède, la Madre s'affligeait de la pénurie, et n'eussent été les colis qu'envoyait de Séville Maria de San José, — même du poisson, gardé frais dans un pain, au cours de ce long voyage, — les Carmélites, auraient souvent jeûné en dehors de la Règle. Teresa de Jésus signale qu'on ne trouvait pas de tissus de laine, en cette ville de tissages, mais par contre des aunes de brocart d'or : l'économie espagnole était déséquilibrée. Les aumônes aux couvents se faisaient de plus en plus faibles et de plus en plus rares, car pour réduire leur train sans nuire à la gloriole les hidalgos passaient le plus de temps possible dans leurs terres si mal cultivées qu'ils n'en tiraient que peu de revenus, et s'y désintéressaient des monastères.

La malédiction de l'or est un fait : la conquête fit de l'Espagne un royaume nouveau riche qui perdit le goût du travail et prit celui de l'ostentation. Osuna, dans les *IV*e et *V*e *Abécédaires* trace un tableau vigoureux de l'époque et décèle ce premier ennemi, la paresse : « Voyez ces nobles déchus de leur état : ils vivent péniblement dans l'oisiveté. En public, on les voit sortir avec de longues manches et toutes les apparences du luxe; à la maison, ils jeûnent bien des jours, non par dévotion, mais faute d'avoir à manger. Vous leur dites : « Prenez donc du service chez un Seigneur, ou travaillez. » Ils vous répondent : « A Dieu ne plaise! »

Le deuxième ennemi de l'Espagne est l'orgueil : « A bien

des hidalgos, un cheval et deux valets suffiraient, mais, ambitieux, ils veulent avoir à l'écurie deux palefrois et une mule, plus trois ou quatre valets pour le service. Résultat? Dans ce noble logis, personne ne mange à sa faim...

Et Osuna de décrire : « ... Un page en fastueuse livrée dont les mains élevées avec cérémonie portent deux plats d'argent l'un sur l'autre. Devant ce page si encombré d'argenterie un majordome ouvre la marche en grand costume et la canne à la main. Mais si par hasard vous demandez : « Que portez-vous, messieurs, dans ces plats? » Ils vous répondront : « Un radis! »

« L'écuyer a pour but d'égaler le gentilhomme, les pauvres gens s'habillent de Courtray alors qu'il devraient se contenter de simple bure. »

C'est à cette époque qu'on commence à parler des tristes sires qui, dans leurs beaux habits dont la cape cache l'usure, se curent les dents ostensiblement alors qu'ils n'ont point dîné. Les Lazarilles et les Rinconetes prennent la place des Amadis et des Olivante.

Confondant richesse et puissance, Charles-Quint et Philippe II avaient fait de l'or l'instrument de leur politique d'expansion; les mercenaires leur coûtaient encore plus cher que les espions. Quant aux nobles, qui ne combattaient que pour la gloire et entretenaient de leurs deniers leurs régiments, ils se ruinèrent à suivre l'Empereur. Dans ce dévouement, l'orgueil aussi avait sa part : « Le duc de Bejar, ayant appris la volonté de l'Empereur de combattre le Turc prit par la porte de Salamanque et rejoignit l'Empereur en Spire avec un si grand appareil d'armes, un tel faste de gens et de dépenses que les princes étrangers durent bien remarquer l'Espagnol et s'en émerveiller, mais sa maison et ses descendants s'en sont ressentis jusqu'à aujourd'hui... »

On se mit, dans le pays tout entier, à rêver plus qu'à compter : tels ces gens qui lorsqu'ils espèrent dix mille francs font pour vingt mille francs de projets et trente mille francs de dettes. Le trésor de Montezuma apporté par Cortès ne suffit pas à payer un seul des voyages de Charles-Quint.

Guerres sans fin, flotte ruinée, noblesse fastueuse et

oisive, excès de fonctionnaires, abus des pensions, bref : chaque Espagnol attendait qu'un peu de l'or royal se déverse dans sa bourse alors que le Roi attendait que les galions déversent dans ses coffres l'or des Indes; cependant, souvent, les corsaires anglais, français, hollandais, se servaient les premiers.

Si les grands parvenaient à vivre d'emprunts et d'hypothèques, le peuple était misérable. Déjà « les marchands se liguent entre eux, organisent des monopoles. En temps de disette, les spéculateurs achètent tout le blé qui arrive dans les ports pour le revendre très cher. Les opulents propriétaires de Burgos centralisent toute la laine de Castille et l'expédient en France ou en Angleterre. Conséquence : des familles entières sont privées de leur gagne-pain, les métiers à tisser ou à filer doivent chômer [5]... »

La Madre Teresa qui, elle, savait compter aussi bien que rêver, estimait à trois cent mille maravédis de rente ce qu'il fallait à un couvent pour subsister, c'est-à-dire pour que treize pauvrettes — vingt et une au plus — exercées au jeûne n'y meurent pas de faim.

Sur les quatorze couvents de Déchaussées qui restaient des quinze fondés par la Madre en dix-neuf ans, rares étaient ceux où les religieuses ne manquaient pas du nécessaire. Ces heureuses exceptions étaient dues à un entourage exceptionnellement charitable, — tel était le cas de Palencia — ou aux dons non moins exceptionnels pour la collecte et l'administration dont témoignait une Prieure, — tel était le cas de Valladolid, grâce à Maria Bautista. La Madre Teresa de Jésus la taquinait d'ailleurs sur la tendance qu'elle avait à « accaparer [6] », à « pourvoir sa petite maison sans considérer le bien de toutes [7] ». A Caravaca, Alba, Beas, même à Séville que le gouvernement imprudent de Beatriz de la Madre de Dios avait suffi à endetter, les Carmélites connurent la disette. Mais les plus pauvres restaient les couvents d'Avila; à l'Incarnation les dernières élections s'étaient effectuées dans un grand calme, « car la famine a changé ces nonnes en agneaux... » Mais la détresse ne donne toujours pas ces résultats calmants, et Teresa de Jésus allait mettre tout en œuvre pour nourrir le premier de ses colombiers.

Elle donnait une telle importance à la bonne administration qu'elle passait sans transition du spirituel au temporel, comme dans les instructions données au P. Gracian :

« Il sied d'examiner avec soin et attention les livres de comptes et ne pas passer là-dessus légèrement. Les maisons pourvues de revenus doivent établir leurs dépenses en fonction de ces revenus, et s'en contenter tant bien que mal : sinon, elles s'endetteront, les supérieurs trouveront inhumain de ne pas autoriser leurs familles à pourvoir les religieuses; je préférerais voir un monastère se dissoudre plutôt que d'en arriver là. C'est pourquoi j'ai dit que les maux temporels peuvent engendrer de grands maux spirituels; c'est donc d'une importance extrême [8]. »

« Les monastères sans revenus doivent se garder de contracter des dettes; si la dépense est raisonnable, si les sœurs ont la foi et servent bien Dieu, rien ne leur manquera. Il faut savoir quel traitement, quelle ration leur allouer, ainsi qu'aux malades, veiller à ce que toutes aient le nécessaire; l'expérience a prouvé que le Seigneur l'accorde toujours, lorsque la Prieure est diligente et courageuse [9]. »

« Regarder le travail effectué, chiffrer ce que chacune a gagné de ses mains; cela comporte un double avantage : encourager et remercier celles qui ont fait beaucoup, et servir d'émulation aux autres monastères; car en plus du bénéfice temporel, c'est en toutes choses grand profit que de tenir grandement compte du travail [10]. »

« Veiller à ce qu'il n'y ait de recherches excessives en rien [11]... Ne pas consentir à ce que les maisons soient vastes, ni à ce qu'elles s'endettent par travaux ou agrandissements, sauf en cas d'urgence. Qu'on ne tienne pas cela pour un petit détail qui ne peut faire grand mal, mais qu'on sache qu'il vaut mieux supporter les ennuis d'une maison insuffisante que d'être tourmentées par les dettes ou le manque de nourriture [12]. »

La Madre avait en ce qui concerne l'argent la même liberté qu'en tout le reste : c'était pour elle un moyen qu'elle utilisait sans mépris comme sans attachement; elle n'était asservie ni par la pauvreté ni par l'abondance. Une novice douée de talents et de vertus était-elle admise au Carmel sans dot, la Madre rendait grâces : « Gloire à Dieu! » Mais elle dit tout aussi librement : « Je me suis réjouie de l'entrée de cette religieuse qui est très riche. Tout s'arrange bien. Gloire à Dieu [13]! »

Le fait que des filles pourtant vouées à la pauvreté l'aient choisie parce qu'elles espéraient non seulement se perfectionner dans l'amour de Dieu sous sa direction, mais aussi se nourrir un peu mieux ne la scandalisait pas. Elle se mit immédiatement à l'œuvre, croula sous le « fracas » des lettres et des affaires, et continua à travailler une partie de la nuit aidée par deux secrétaires, Ana de San Pedro, la Flamande, dont elle appréciait la belle écriture, et Ana de San Bartolomé.

Et tenacement, avec sa terrible douceur, après avoir mis à l'écart le fidèle Julian de Avila dont l'âge avait fâcheusement affaibli l'autorité, — « Dieu nous garde des confesseurs trop âgés [14] » — elle reprit en main la conduite des âmes.

Avec amour, mais sans entrain. Elle n'arrivait pas à vaincre la tristesse qu'elle ressentait à chaque retour dans sa ville natale; elle souffrait d'y être non pas seule, car la solitude était pour elle un délice, mais isolée : surtout depuis la mort de Lorenzo de Cepeda et de Don Francisco de Salcedo. Plus que de leur absence elle était affectée par la désertion de ceux qui restaient : son goût de la perfection ne faisait que croître dans un monde qui semblait y renoncer.

Et puisque son cri de guerre : « Ne dormez pas! » semblait ne retentir que de Carmel en Carmel, elle s'engagea à aller fonder un couvent de plus, à Burgos, tombeau du Cid, ville des rois, ancienne capitale de la Vieille Castille.

Lorsque son amie de toujours, Juana Suarez, qui était demeurée à l'Incarnation lui dit affectueusement : « Vous avez fondé assez de ces colombiers... Il est temps de vous reposer... » elle pensa sans doute : « Dieu nous garde des conseillères trop âgées [15]. »

Le Père Jean de la Croix.

C'est alors que Fray Juan arriva à Avila avec tout l'appareil et les mulets nécessaires pour emmener avec lui la Madre Teresa de Jésus fonder le couvent des Déchaussées de Grenade. Mais elle avait promis de se rendre à Burgos.

La Madre ne mentionne ce passage que brièvement, on peut attribuer à la hâte l'indifférence qu'elle témoigne. Elle écrit à un prédicateur qu'elle admirait beaucoup, Don Pedro Castro y Nero : « ... Je voudrais ne vous fatiguer que le moins possible... Je le suis, ce soir, par un Père de l'ordre, bien qu'il m'ait évité d'envoyer un messager à la Marquise, car il traversera Escalona [16]... » Le lendemain, à Gracian : « Les religieuses sont parties aujourd'hui, ce qui m'a fait grand peine et laissée bien seule. Elles n'en éprouvent aucune, en particulier Maria de Cristo qui a tout fait pour s'en aller. » Antonia del Espiritu Santo, qui accompagnait également Fray Juan, était l'une des quatre premières du couvent de Saint-Joseph, l'une des plus fidèles compagnes de la Madre. De ce petit saint de Jean de la Croix, pas un mot. Si : « Fray Juan de la Cruz aurait beaucoup voulu envoyer un peu d'argent à Votre Révérence, il comptait le faire s'il lui eût été possible de prendre sur ce qu'il a pour le voyage, mais il n'a pas pu. Je crois qu'il s'efforcera d'en faire parvenir à Votre Révérence [17]. »

Gracian avait besoin d'argent pour payer les frais d'impression des Constitutions : c'est maintenant pour la Fondatrice le but essentiel. Elle en oublie tout le reste, elle en oublie la personne de Fray Juan. Les femmes d'action, — comme les hommes du même type, d'ailleurs, — sont sujettes à ces éclipses de la sensibilité à l'égard de ce qui leur tient à cœur lorsque l'idée qu'elles ont en tête les obsède. La Madre s'attendrira sur son *Santico* au premier instant de loisir, et lui écrira des lettres lumineuses.

En attendant, Jean de la Croix s'en retourna avec les mulets et voitures qu'il avait préparés pour « elle ». Il s'en retourna en chantant : il chantait quand il avait de la peine...

Sur les sentiments de la Madre Teresa, sur le chagrin de Fray Juan, les témoins sont muets : mais il suffit de connaître celui que la Fondatrice appelait « mon petit Sénèque » pour savoir que s'il se méfiait des élans du cœur, c'est parce que le sien n'était que trop sensible. Il bouillait de joie en allant la chercher, et son désappointement fut infiniment amer : il l'aimait plus qu'il ne l'a jamais dit.

Il l'a dit une fois, ou plutôt il l'a gémi, quelques mois avant de recevoir cette preuve d'un isolement sans remède, dans une lettre jetée comme une bouteille à la mer vers Catalina de Jésus :

« A la sœur Catalina de Jésus, Carmélite Déchaussée, où qu'elle soit...

« Jésus soit avec votre âme, ma fille Catalina. Bien que ne sachant pas où vous êtes, je veux vous écrire ces lignes, avec la confiance que notre Madre vous les enverra si vous ne vous trouvez pas avec elle; si tel est votre cas, consolez-vous en pensant que je suis ici plus exilé que vous ne l'êtes, et plus seul. Car depuis que cette baleine m'a avalé et vomi dans ce port étranger, — il était à Baeza, en Andalousie, et pas plus que Teresa il n'aimait « ces gens », — je n'ai plus jamais mérité de la voir, ni elle, ni les saints qui sont là-bas. Dieu a bien fait, car la détresse est une lime et nous nous préparons de grandes joies en souffrant dans les ténèbres. Dieu veuille que nous n'y restions point. Que de choses je voudrais vous dire! Mais j'écris en aveugle, sans croire que vous recevrez ceci. C'est pourquoi je m'interromps sans achever. Recommandez-moi à Dieu. D'ici, je ne veux rien vous dire de plus, parce que je n'en ai pas envie... [18] »

No tengo gana... Soupir de lassitude sans borne, cri des entrailles du petit homme céleste, dont la Madre disait alors qu'il était l'aumônier de l'Incarnation :

— Il n'y a pas moyen de parler de Dieu avec mon Père Jean de la Croix parce qu'il entre aussitôt en extase, et vous avec lui [19].

Ils étaient faits pour s'entendre, et ne pas s'entendre. Leur forme de sensibilité est d'essence trop distincte. La force de refus de Juan de la Cruz, sa douceur désespérée, rend la Madre plus virile dans ses rapports avec lui qu'elle ne l'est en réalité, et peut-être même un peu brusque. Un jour, un grand Espagnol — Don Miguel de Unamuno — pourra appeler Teresa de Jésus *Padraza*, « la grande Père » et Jean de la Croix *Madrecito*, « le petit Mère » sans que cette boutade paraisse injuste. Juan de la Cruz admirait sans bien comprendre l'étonnante adaptabilité de Teresa de Jésus à toutes circonstances, son génie de mondanité, son aisance dans la joie comme dans l'épreuve, son déploiement naturel dans l'action: Teresa de Jésus prisait à sa valeur supraterrestre « cette âme à qui Dieu communique son esprit [20] »; elle le présentait ainsi aux religieuses de Beas : « C'est un homme céleste et divin; depuis son départ, je n'ai trouvé personne comme lui dans toute la Castille; nul ne me guide aussi bien sur les chemins du ciel. Son absence me laisse dans une solitude incroyable. Vous avez en ce saint un grand trésor, ouvrez-lui votre âme, vous verrez le profit que vous en tirerez et combien vous avancerez en esprit et perfection; car Notre-Seigneur l'a doué en cela d'une grâce particulière... Mon Père Juan de la Cruz est vraiment le Père de mon âme, et l'un de ceux à qui je me suis confiée avec le plus de fruit [21]. »

Pourtant, le refus d'être heureux même en Dieu que Fray Juan de la Cruz opposait aux délices que la Madre Teresa trouvait sans les chercher dans l'amour divin créait entre eux un sublime malentendu. Les visions, les voix, n'étaient pas de son gré. Il avoua à Maria de Jésus avoir connu à Tolède les ténèbres les plus denses de la Nuit obscure, le délaissement total : « Je lui ai demandé s'il recevait en prison les consolations de Dieu, il me dit que ce fut chose rare; et je crois qu'il m'a dit n'en avoir jamais éprouvé, que tout souffrait, âme et corps. »

Juan de la Cruz était un esprit douloureux, et Teresa de Jésus une nature heureuse. Rien de plus ardent et de plus déchirant que l'amour mêlé d'envie que ces esprits-là éprouvent pour ces natures-ci.

La Madre n'avait jamais caché à Juan de la Cruz que ses exigences l'effrayaient. Il faut se rappeler le jeu du *Vejamen*, où certes elle plaisantait, mais la vivacité du trait trahit une sorte de soulagement; chaque argument est trop conforme au profond réalisme de Teresa de Jésus pour ne pas être sincère.

Elle l'aimait beaucoup : son désespoir alors qu'il était « enchanté », ses efforts pour le faire libérer, sa joie de le retrouver en témoignent, mais l'admirant immensément, elle eût voulu l'aimer davantage. Quant à lui, l'aimant plus qu'il ne se permettait d'aimer un être humain, il eût voulu l'admirer moins, car il ne l'approuvait pas intégralement. Il lui arrive plus d'une fois d'écrire qu'il ne développe pas un point d'oraison car « ... la bienheureuse Teresa de Jésus notre Mère a écrit sur ces sujets spirituels des choses admirables [22]... » mais il l'admirait aussi pour des raisons instinctives et de ce monde : tel l'enfant empêtré dans sa timidité admire l'aisance et la grâce natives d'un autre enfant.

Lorsque la Mère Fondatrice l'avait appelé au monastère de l'Incarnation, il avait tout quitté pour accourir.

Cette fois, c'est lui qui avait besoin d'elle et venait la chercher : elle ne le suivit point.

Il ne reste pas une seule des lettres de la Madre à Jean de la Croix. Un jour, il dit soudain à l'un de ses Frères qu'il était encore un bien auquel il demeurait attaché. Il tira d'un sac des papiers couverts d'une écriture à la fois gracieuse et ferme, qu'il brûla : c'étaient les lettres de Teresa de Jésus.

2. *La ville des rois, 1582*

Tout était prêt pour la fondation de Burgos. Une riche veuve, Doña Catalina de Tolosa, qui avait déjà deux filles au Carmel, avait obtenu l'autorisation de la ville; le nouveau couvent pourrait s'inaugurer dans sa propre maison : les grilles, le tour y étaient posés, la clôture établie pour les premières religieuses. L'Archevêque avait formellement promis son autorisation et fait l'apologie de ces Déchaussées. Ne se nommait-il pas, d'ailleurs, Don Cristobal Vela? N'était-il pas le fils de ce Don Blasco Nuñez Vela, premier vice-roi du Pérou, pour qui et avec qui les frères Ahumada y Cepeda s'étaient battus à Iñaquito? Son oncle, Don Francisco Vela y Nuñez n'avait-il pas été le parrain de la petite Teresa de Ahumada? Les deux familles ne possédaient-elles pas, à Avila, des maisons voisines? La Mère Fondatrice et l'Archevêque de Burgos étaient parents, et mieux que parents : liés par des souvenirs et des affinités.

La Madre hésitait à partir fonder un monastère sans tenir son autorisation écrite depuis les mésaventures de Ségovie, mais dans ce cas, qu'avait-elle à craindre? Rien d'autre que les pluies, torrentielles cette année-là, les froids de janvier, les chemins défoncés, noyés, et sa santé déplorable. Elle était si malade qu'elle songea à déléguer à sa place la Prieure de Palencia Inès de Jésus. Son divin Conseiller la réprimanda :

— Ne t'occupe pas de ces froids, car je suis la vraie chaleur. Le démon déploie toutes ses forces contre cette fondation, déploie les tiennes en mon nom, et ne manque pas d'y aller en personne : ce sera très profitable [1].

Le P. Provincial Jeronimo Gracian de la Madre de Dios et la future prieure Tomasina Bautista venaient d'arriver d'Alba de Tormes; la Madre avait dû recommander au Provincial qu'ils ne fassent pas route ensemble : le P. Gracian, dans sa naïveté, n'imaginait pas qu'un religieux et une religieuse dans les auberges et par les chemins puissent prêter à de mauvais propos. Elle ne se lassait pas de le conseiller maternellement et s'attendrissait :

— Qu'il est bon de vouloir faire ce voyage pour prendre soin d'une vieille femme malade! « Ils semblent tenir à ma vie [2]... »

Les principaux personnages de cette expédition étaient donc la Mère Fondatrice, le P. Gracian, Fray Pedro de la Purification venu de Grenade, Tomasina Bautista, Inès de la Cruz, Catalina de Jésus à qui le P. Jean de la Croix a écrit sa lettre pathétique, une converse, un frère lai, Ana de San Bartolomé et la nièce Teresita. Plus tout un petit monde d'arrieros, valets, et hommes d'escorte.

Les chariots quittèrent Avila à l'aube du 2 janvier 1582. On dut s'arrêter à Valladolid pour prendre une religieuse de plus : Catalina de la Asuncion, l'une des filles de Doña Catalina de Tolosa. Ses sœurs et la prieure Maria Bautista l'aimaient tant qu'elles prétendaient ne pas la laisser partir. La Madre, avec son « astuce céleste » [3] parla donc d'emmener une sœur indispensable à la communauté : et Catalina de la Asuncion lui fut abandonnée.

D'Avila à Medina del Campo il n'avait cessé de pleuvoir que pour neiger; de Medina del Campo à Valladolid, le ciel, la terre, ruisselèrent sans arrêt; la Madre y arriva avec un commencement de paralysie qui l'agitait de tremblements, lui nouait la langue; une plaie à vif dans la gorge lui faisait cracher le sang, l'empêchait de prendre autre chose que des liquides pour compenser les fatigues de ce long voyage. Les médecins déclarèrent que si elle ne repartait pas immédiatement il serait plus tard impossible de la transporter.

Ça n'était pas le moment de penser à sa santé : elle quitta Valladolid sous des trombes d'eau.

A Palencia, c'est sous des banderoles et des guirlandes qu'elle arriva : cette ville la vénérait et la reçut en triomphe. La foule était si dense devant le monastère où on l'attendait qu'elle eut beaucoup de mal à sortir de sa voiture pour atteindre le cloître dont les reposoirs illuminés, les chants, faisaient un paradis.

Mais tout paradis sur terre est de courte durée : la Mère fut d'ailleurs fort malade en celui-là, ce qui ne l'empêcha pas, après deux jours de halte, de foncer dans le déluge.

Partir par un temps pareil était d'une audace incroyable : un valet envoyé en éclaireur revint annoncer que les chemins étaient impraticables. Cet avis n'entama pas la décision de Teresa de Jésus qui avait décidé de n'obéir qu'à Sa Majesté, au mépris des circonstances. Le Seigneur ne lui avait-il pas dit, alors qu'elle hésitait à fonder ce couvent de Burgos : « Que crains-tu [4]?... »

Nul dans la région n'avait souvenir d'inondations semblables. Le long du Carrion et de l'Arlanzon, les *arrieros*, aidés par les moines, parvenaient à dure peine à tirer des ornières les chariots embourbés tandis que les Carmélites pataugeaient en sandales dans les flaques. Au sommet d'une côte à pic sur la rivière, la Madre Teresa vit l'une des voitures qui la précédait chavirer dans le vide : l'un des valets parvint à la retenir en s'arc-boutant aux roues, avec l'aide de Dieu : la force humaine n'y eût pas suffi, et les rescapés bénirent en lui « un ange plutôt qu'un homme [5] ».

Après cet incident, la Mère exigea d'aller en tête, afin de n'exposer qu'elle.

Ce soir-là, pour se reposer de leurs frayeurs et de leur

fatigue, les pionnières du Carmel ne trouvèrent qu'une auberge si pauvre qu'il n'y avait pas de lits [6].

Il s'agit, le lendemain, de franchir l'Arlanzon alors que des passerelles de fortune remplaçaient les ponts emportés par la crue. L'aubergiste épouvanté suppliait la plus têtue des saintes d'attendre quelques jours que le passage fût possible, mais elle avait décidé de poursuivre, et cet homme excellent ne put faire autre chose que de les guider de son mieux. Il les conduisit au point le moins dangereux.

Lorsque la caravane arriva au bord de la rivière, on ne voyait qu'une énorme nappe d'eau sous laquelle les pontons se devinaient à peine; ils étaient si étroits qu'à la moindre déviation, la moindre poussée du courant, véhicules, mulets, frères, sœurs, valets et Fondatrice rouleraient dans le torrent. Mais ne s'agit-il pas de « vivre sans rien redouter ni de la mort ni des événements de la vie » ? Les Déchaussées, cependant, demandaient aux Déchaux l'absolution, et à leur Mère sa bénédiction. Elle la leur donna allégrement :

— Eh, mes filles! Que voulez-vous de mieux que de mourir martyres pour l'amour du Seigneur [7]?

Sa voiture s'engagerait la première, et elle fit promettre à ses compagnes et à ses compagnons de retourner à l'auberge au cas où elle se noierait.

Dieu lui avait dit : « Quand t'ai-je fait défaut [8] ? » Il ne lui manqua point au milieu de ces périls.

Ceux qui étaient sur la berge virent sa patache dévier et rester suspendue sur le torrent; la Madre sauta, de l'eau jusqu'à mi-jambes, mais elle n'était guère leste et se blessa. Son cri, comme toujours, fut un appel à Dieu : cette fois elle se plaignit :

— Seigneur, au milieu de tant de maux, celui-ci vient à point! La Voix lui répondit :

— Teresa, c'est ainsi que je traite mes amis.

— Ah, mon Dieu! C'est pourquoi vous en avez si peu [9] !

Le temps de la réflexion, et elle eût dit ce que lui inspira l'emprisonnement du P. Jean de la Croix : « Dieu traite terriblement ses amis, mais ce n'est pas leur faire injure, car il agit ainsi avec son fils [10]... » C'était certes le fond de sa pensée, et le Seigneur qui avait doué sa fille d'une vive réplique ne pouvait se fâcher d'une légère variante. Il la tira d'affaire; son chariot, ceux de l'escorte où sept Carmélites clamaient à tue-tête le *Credo*, atteignirent la rive sans mal, sinon sans peur.

Tout ce monde était content, « car le danger passé c'était récréation d'en parler [11] ».

Vingt-quatre jours après le départ d'Avila, le 26 janvier, à la nuit tombante, on atteignit Burgos; après un arrêt à l'église des Augustins pour y prier le miraculeux Christ en Croix [12] que le P. Gracian vénérait, la petite troupe s'engagea dans les rues transformées en rivière. Afin d'éviter d'exciter trop de curiosité parmi les voisins de la Huerta del Rey, les huit Carmélites entrèrent furtivement chez Doña Catalina de Tolosa. Fourbues, trempées, elles purent enfin se sécher devant un bon feu de bois.

Le P. Provincial Jeronimo Gracian et les moines allèrent loger chez le docteur Manso, chanoine, grand théologien, grand prédicateur. La Madre eût voulu que Gracian courût immédiatement demander à l'Archevêque l'autorisation d'exposer le Saint-Sacrement et de dire la messe dès le lendemain matin, mais un redoublement furieux de la tempête l'en empêcha.

Ce soir-là, la Madre eut une syncope, ses vomissements redoublés achevèrent d'irriter sa gorge; après une nuit de souffrances elle était percluse au point de ne pouvoir soulever la tête et c'est couchée derrière la grille recouverte d'un voile noir qu'elle reçut ceux avec lesquels elle avait à parler.

Il y avait à dire, et à faire :

Son Illustre Seigneurie Don Cristobal Vela, Archevêque de Burgos, avait signifié au P. Jeronimo Gracian de la Madre de Dios qu'il avait prié la Madre Teresa de Jésus de venir « négocier » avec lui cette affaire de fondation, et non pas de venir fonder : encore moins d'amener des moniales. Ce genre de tractations devait être conduit lentement et prudemment. Il n'était pas question de permettre de dire la messe dans une maison séculière. D'ailleurs, quel besoin la ville de Burgos avait-elle de réformatrices? Les religieuses y étaient parfaitement réformées, et la Madre Teresa de Jésus pouvait tout aussi bien s'en retourner d'où elle venait!

« Par de jolis chemins, et quel temps [13]! »

Le P. Provincial, plus Pablo que jamais, et pour le moment dans les nuées, rapporta sans nulle émotion la nouvelle. La Madre, elle, savait garder les pieds sur terre lorsqu'il s'agissait de réalisations : elle estima que le diable commençait ses tours.

On négocia pendant trois mois.

Son Illustre Seigneurie joua les girouettes, passa le temps à dire et à se dédire; il promettait la licence, retirait ses promesses. La Madre ne voulait rien brusquer, conseillait d'éviter de le relancer trop souvent, et lorsque Gracian enfin franchissait à nouveau la porte du palais Archiépiscopal situé au rez-de-chaussée de l'immense cathédrale, Don Cristobal Vela simulait l'étonnement :

— Eh quoi! Vous êtes encore là? Je vous croyais repartis [14] !

Il refusait un jour par excès de sollicitude :

— La maison est humide, et je ne puis souffrir l'idée des privations qu'endureraient ces pauvres filles dans un couvent sans revenus.

Le lendemain, profitant de cet attendrissement, on le suppliait de permettre qu'on leur dise la messe chez elles :

— Elles sont si affligées de se mêler au monde pour aller aux offices que la foule autour d'elles se récrie de voir le pavé mouillé de leurs larmes...

Mais l'illustre Archevêque se trouvait d'humeur sévère ce matin-là :

— Fort bien! Elles donnent là un exemple édifiant [15] !

Qu'avait-il donc contre les Déchaussées? La Madre se le demandait :

— Une telle opposition de la part de l'Archevêque... Et cependant je tiens pour certain qu'il souhaite cette fondation. Il y a là un mystère [16]...

Et elle s'efforçait de cerner le problème :

— Il dit qu'il se rappelle fort bien l'agitation suscitée à Avila par la fondation du premier monastère [17]...

Mais elle n'avouait à personne qui elle soupçonnait de lui rafraîchir la mémoire.

Il était temps qu'elle prenne elle-même l'affaire en main. Elle profita d'un jour où elle était moins malade pour aller le voir, se fiant à la dextérité que Dieu lui donnait pour « négocier » : elle retrouvait toujours ses forces à propos.

Don Cristobal Vela l'entretint le plus aimablement du nonde pendant plusieurs heures comme il sied entre bons amis et anciens voisins : on évoqua la Plazuela Santo Domingo, tant de relations communes, tant de faits tragiques qui liaient les deux familles, la mort d'Antonio, le frère de Teresa, sous l'étendard du père de l'Archevêque, l'assassinat au Pérou de Don Francisco, son oncle, et parrain de la Carmélite.

La Madre, entre deux souvenirs, plaidait sa cause en fin diplomate, sans s'appesantir. Enfin, ce fut comme en passant qu'elle jeta :

— Mes pauvres filles désirent si fort que j'obtienne cette autorisation de Votre Seigneurie qu'elles ont offert à Dieu de se donner la discipline pendant tout le temps que durerait notre conversation. Elles sont en train de se flageller à cet instant même...

Il parut bien aise :

— Qu'elles continuent donc, car je ne céderai pas! [18]

Son Illustre Seigneurie se leva : il tenait l'entretien pour terminé.

Cet homme de glace éprouva cependant beaucoup d'admiration pour sa payse : « Je croyais entendre parler saint Paul lui-même [19] », dit-il à ses familiers.

Avec quelle impatience on attendait le retour de la Mère Fondatrice, chez Doña Catalina! Elle eut beaucoup de mal à calmer ceux et celles qu'irrita l'attitude de l'Archevêque, et n'admit pas qu'on le blâmât devant elle :

— C'est un saint. Il doit avoir de bonnes raisons [20].

Et Fray Pedro de la Purification l'admirait encore plus pour « ce divin don de la patience [21] » que pour sa haute oraison, ses visions, ses extases et ses ravissements.

Il s'émerveillait de trouver une sorte de fraîcheur enfantine en une femme qui avait accompli de si grandes choses. Et pourtant le docteur Manso déclarait qu'il eût préféré argumenter avec tous les théologiens d'Espagne plutôt qu'avec cette nonne qui ne savait pas le latin [21 bis]. Privée de communier par ce même docteur Manso qui se flattait de ne pas se laisser séduire par sa réputation de sainteté et voulait l'éprouver, elle n'en demandait pas moins à Fray Pedro de la confesser presque quotidiennement : les sacrements étaient le pain de son âme. Et lui de s'insurger :

— Jésus, Madre! Laissez cela! Vous ne péchez point. Il faut que nous allions chercher parmi les petites moues que vous faisiez quand vous étiez enfant pour trouver matière à absolution. Je ne veux pas vous confesser!

Elle répondait gravement :

— Ne soyez pas avare des richesses d'autrui. Vos Révérendes Seigneuries ne se privent de rien pour nous donner : c'est Dieu qui nous communique ses grâces particulières par les sacrements dont vous êtes les ministres...

Fray Pedro de la Purification aimait à raconter, prises sur le vif, ses conversations avec Teresa de Jésus :

« Un jour vint lui rendre visite une jeune mariée, belle et très parée; elle portait entre autres choses des perles très fines, et deux ou trois diamants de valeur, bien placés, l'ornaient agréablement.

« Lorsqu'elle fut partie, la Madre me demanda :

« — Dites-moi, Fray Pedro, vous avez vu Doña Une Telle?

« — Oui, Madre. Pourquoi me le demandez-vous?

« — Ne trouvez-vous pas qu'elle est belle et qu'elle a de beaux bijoux?

« — Je n'en ai pas autant remarqué, Madre; mais tout le monde dit qu'elle est belle et bien mise.

« Elle sourit, et me dit :

« — Ces diamants seraient mieux à leur place sur mon enfant Jésus, car toutes choses de cette vie me semblent, à moi, fort laides.

« Elle me prit par ma cape, m'entraîna dans un corridor et se mit à me dire mille choses de Dieu, entre autres :

« — Croyez-moi, Père, depuis que Notre-Seigneur Jésus-Christ m'a fait la grâce de me visiter et de se montrer à moi ainsi que le Père éternel et le Saint-Esprit dans un si divin aspect, avec tant d'éclat et de beauté, Il est si présent aux yeux de mon âme que rien ne me satisfait ici-bas; tout me semble laideur, scories, rien ne me contente, sinon de voir les âmes vêtues des dons du Christ. C'est pourquoi je vous ai dit que je n'ai point trouvé belle cette servante de Dieu [22]... »

Femme et sainte; bijoux, parures, et paradis; spontanéité affectueuse du geste, grâce et ferveur de la parole : elle était ainsi.

Au milieu de ces grands soucis, de menus conflits ou conversations avec confesseurs et docteurs, la gentillesse et l'amour des enfants de Doña Catalina, — Lesmes, Beatriz, Elena, qu'elle appelait « ma petite boulotte », *mi gordilla*, — la distrayaient un peu. Elle avait un appui en la future prieure Tomasina Bautista, robuste santé, nature solide, exemplaire dans l'oraison et la pénitence, qui s'accablait de travail et en eût volontiers accablé les autres, si la Madre n'y eût veillé.

Le plus lourd fardeau de la Mère Fondatrice se trouvait être son fils bien-aimé Jeronimo Gracian. D'un optimisme fait d'absence de jugement, il était tombé, par manque de courage, à la négation de toute espérance.

L'Archevêque finit par promettre son autorisation sous deux conditions :

Primo : le couvent devrait être installé dans une maison lui appartenant en propre.

Secundo : il devrait être pourvu de rentes suffisantes pour l'entretien des sœurs.

Gracian n'en continua pas moins à se lamenter : où trouver une maison à acheter dans Burgos? Quand bien même cette maison existerait, comment la payer? Et les rentes, d'où viendraient-elles? L'Archevêque se montrait plus rigoureux que jamais en posant des conditions qu'il savait prohibitives. Le P. Provincial parla de tout abandonner et de ramener à Avila la Madre et ses filles.

Partir, Teresa de Jésus? La Mère Fondatrice, céder? C'eût été la première fois. La Voix lui souffla :

— Maintenant, tiens bon [23]!

Elle persuada seulement le P. Gracian de s'en aller : seule, elle serait plus forte et plus libre pour se débattre.

Car il y avait beaucoup à lutter. C'en était admirable! Ne leur fallait-il pas maintenant quitter la maison de Doña Catalina à qui ses confesseurs menaçaient de refuser l'absolution si elle gardait chez elle ces Carmélites?

Dans cette ville hostile, où habiter?

Ce n'est pas sans peine qu'elles obtinrent deux petites pièces mansardées au haut de l'hôpital de la Concepcion : on ne les leur céda que parce qu'elles étaient réputées hantées par tous les revenants de Burgos, et non sans des clauses telles que la Madre y trouva de quoi rire :

— On jurerait que la Confrérie a peur que nous levions le pied en emportant l'hôpital : chose peu plausible [24]...

Un adoucissement : du haut d'une galerie, elles pourraient suivre la messe dite pour les malades sans aller par les rues...

Mais qui donc, dans Burgos, faisait sournoisement opposition à huit pauvres Déchaussées? Peut-être savait-on que des filles de Doña Catalina avaient décidé de payer de leurs deniers la maison qu'exigeait l'Archevêque? Peut-être n'ignorait-on plus que la veuve généreuse qui déjà entretenait les Carmélites comme ses propres enfants s'apprêtait à pourvoir de rentes le futur monastère? Or, par testament, avant qu'il fût question de cette fondation, Doña Catalina de Tolosa avait fait don de toute sa fortune au Collège des Jésuites de Burgos.

Non pas que la Compagnie de Jésus fût hostile au Carmel réformé : la Madre Teresa elle-même ne se lassait pas de dire tout ce qu'elle lui devait. Mais peut-être son œuvre de fondatrice prenait-elle une ampleur qui risquait de rivaliser avec certaines ambitions? La querelle au sujet de la vocation du P. de Salazar pour le Carmel avait-elle laissé quelques relents de rancune? En tout cas, à Burgos, Teresa de Jésus sentit « une inimitié déclarée » : Tout cela par la faute de ces « noirs intérêts [25] ». « Ils craignent qu'on ne dise que leur ordre et le nôtre ne font qu'un [26]... » Et elle ajoute : *Que talle!* Comme qui dirait : « Quelle idée! » ou : « Cela ne tient pas debout! »

Mais elle n'avait qu'une politique : la concorde. C'est pourquoi elle n'hésita pas, pour donner toute satisfaction à ses adversaires, à quitter la bonne maison de la bonne Catalina, et ramassant ses nippes et ses filles à aller se jucher sous les toits de l'hôpital, par un froid rigoureux, malgré ses rhumatismes et sa maladie de cœur.

Elenita de Tolosa l'y suivit. La Madre, prête à partir, lui avait demandé :

— Veux-tu venir avec nous?

La « petite boulotte » courut prendre sa mante : elle était prête.

— Est-ce ainsi, interrogea sa mère, que les jeunes filles quittent la maison paternelle?

— Notre Mère Fondatrice m'appelle, je ne puis faire autre chose que de lui obéir.

Elle dit qu'elle avait cru entendre l'appel de Notre-Seigneur à ses apôtres et laissa sa mère aussi contente qu'elle-même, en grande paix.

C'est ainsi qu'Elenita de Tolosa entra au Carmel.

A l'hôpital de la Concepcion, Teresa de Jésus, si pitoyable aux malheureux, se trouva au cœur même de la souffrance. Il devint impossible d'obtenir d'elle qu'elle s'octroyât la moindre douceur et même qu'elle se nourrît convenablement : elle échappait à Ana de San Bartolomé qui la retrouvait dans les salles puantes, distribuant les oranges qu'elle cachait dans ses manches. Les gangréneux, les cancéreux, les pustuleux, tous ceux que d'horribles plaies torturaient, cessaient de crier en sa présence; et ils demandaient à leurs gardes d'aller chercher cette femme sainte dont la seule vue apaisait leurs douleurs.

Tous les jours, par quelque temps qu'il fît, Catalina de Tolosa venait voir la Madre, lui apportant ce qu'elle trouvait de meilleur. Jusqu'au jour où ses confesseurs jésuites lui interdirent tous rapports avec les Déchaussées :

— Ils craignent qu'elle n'attrape notre oraison [27]...

Comme s'il se fût agi d'une maladie contagieuse. L'enfer était l'un des moindres châtiments dont on menaçait Doña Catalina qui tenait bon. Mais elle était tout de même dans un grand désarroi : on l'affolait de scrupules, lui disant à la fois qu'elle lésait ses enfants et que son testament rendait nulles toutes dispositions ultérieures. La Madre Teresa, avocate de Notre-Dame et rusée comme l'archange Raphaël, avait tôt fait de la rasséréner et la veuve dont l'héritage excitait tant de convoitises rentrait de l'hôpital de la Concepcion prête à faire front. Telle était sans doute « l'oraison » dont les Pères de la Compagnie redoutaient si fort la contagion pour leur pénitente.

A bout d'arguments, ils invoquèrent l'arrivée prochaine en Espagne du Général de l'ordre, qui, la suite l'a montré, ne pensait même pas à s'embarquer. Bref c'était, sinon la guerre, la guérilla.

La Madre neutralisa le venin des rancunes en ne se tenant point pour offensée :

— Je vois clairement dans ces intrigues le jeu du démon... Car il est affligeant de voir des gens si graves se livrer à de tels enfantillages [28]...

Amende honorable fut faite : les Jésuites de Burgos firent savoir à Teresa de Jésus qu'ils lui rendraient visite lorsqu'elle serait installée dans une maison bien et dûment achetée, où le couvent serait fondé ainsi que l'exigeait Sa Seigneurie.

Une maison? Introuvable. La Confrérie de l'hôpital avait fixé une date limite au séjour des Carmélites et cette date approchait.

A toute extrémité, il se présenta un édifice si bien conditionné qu'on pouvait dire que Dieu lui-même l'avait réservé au Carmel. Délicieux verger, belle vue, eaux abondantes, enthousiasmèrent la Madre :

— Elle me plaît tant que si on en demandait deux fois son prix j'estimerais qu'on la vend bon marché [29]...

Mais elle était ménagère des intérêts de l'ordre et hésitait tout de même. Le Seigneur se fâcha :

— Tu t'arrêtes à une question d'argent [30]?

En réponse aux prières de la communauté, le marché fut conclu pour la fête de saint Joseph.

Voici donc la Madre et ses filles chez elles, pourvues du nécessaire par Doña Catalina qui se fût privée de tout pour qu'elles ne manquent de rien. L'Archevêque se fit gracieux, vint visiter la maison, daigna la trouver à son gré; il demanda un verre d'eau, Teresa de Jésus en profita pour lui offrir, en même temps qu'elle lui versait le contenu d'une jarre bien fraîche, un menu cadeau « qu'il n'eût admis de personne d'autre que de la Madre Teresa [31] ». Et il laissa espérer, pour Pâques fleuries, son autorisation.

En attendant, les filles de Notre-Dame du Carmel n'en continuaient pas moins à aller à la messe en ville, et les églises de ce temps-là n'étaient point que des maisons de prière : le jeudi saint, la Mère fut jetée à terre à coups de pieds par des hommes qui trouvaient qu'elle ne s'écartait pas assez vite pour les laisser passer... Elle ne fit qu'en rire et surnomma *chamarilleros*, quelque chose comme « piliers de tripots », les gens de ce tumultueux quartier. Le nom leur est resté.

Au lieu de se plaindre de l'Archevêque, elle le plaignait :

— Lorsqu'on l'entend nous dire avec de si bonnes paroles qu'il voudrait bien nous laisser dire la messe chez nous, on ne peut demander mieux. Sans doute n'y peut-il rien [32]...

A la fin des fins, après encore bien des coquetteries, des colères petites grandes et moyennes, son Illustre Seigneurie céda, sans plus de raison apparente qu'il n'en avait eu à refuser depuis trois mois. Celui qui apporta enfin la nouvelle carillonna à toute volée : en effet, seuls les couvents avaient la permission de sonner ainsi, et souvent pour signifier qu'elle avait fondé un nouveau monastère, la Madre disait : « J'ai posé la cloche [33]... »

Il était temps : ce jour-là les sœurs étaient plus découragées que jamais et la pauvre Tolosa dans un tel abattement qu'il n'y avait pas eu moyen de la consoler. Quant à la Madre, elle avait le matin même écrit à Maria de San José :

« Après ma mort, et même bien volontiers de mon vivant, j'aimerais qu'on vous choisisse pour fondatrice, si tant est que mon avis compte pour quelque chose; car vous en savez plus long que moi et vous êtes meilleure. C'est parler en vérité. Je vous avantage un peu en expérience, mais il ne faut plus désormais faire cas de moi : vous seriez effrayée de me voir si vieille, et bonne à si peu de chose [34]... »

Le lendemain, 18 avril, le docteur Manso disait la première messe en présence de l'Archevêque tout content, de Doña Catalina de Tolosa triomphante, d'une foule de gens, dans un grand tintamarre de ménestrels accourus sans avoir été appelés.

Vieille et bonne à rien, la Madre? La réussite, comme la lutte, lui donne des forces : tout donne des forces à cette femme-là. A peine sortie d'affaire, trois jours après la fondation du monastère du glorieux Saint-Joseph de

Sainte-Anne de Burgos, elle écrit à Tolède pour faire agir auprès du cardinal Quiroga, impatiente qu'elle est de s'atteler à la fondation d'un couvent à Madrid. Qu'on mette tout en œuvre, qu'on supplie même, de sa part, le Roi...

Elle était pourtant heureuse, à Burgos, enfin cloîtrée, derrière ses grilles, ses voiles, et comblée de grâces par le Seigneur.

Ana de San Bartolomé avait beau avoir le sommeil lourd : elle fut éveillée une nuit par d'exquises harmonies et comprit que les anges récréaient de musique céleste leur sœur Teresa de Jésus.

Au matin, elle ne put tenir sa langue :

— Ma Mère! Quelle excellente nuit vous avez passée!

La fréquentation des séraphins n'ôtait pas la réplique à Teresa de Jésus :

— Eh, ma fille! Si vous avez entendu, la vôtre non plus ne dut pas être mauvaise [35]!

Tout Burgos vénérait maintenant la Fondatrice et ses Carmélites. Elle s'était ingéniée à passer l'éponge sur les querelles avec les Pères de la Compagnie qu'elle comblait de gracieusetés, et elle n'oubliera pas de recommander à la Prieure :

— Ne manquez pas de vous confesser de temps à autre au Recteur et demandez-lui des sermons [36]...

Il lui restait encore à sauver le couvent d'une inondation.

Le jour de l'Ascension, l'Arlanzon déborda, emportant des maisons, déterrant les morts. Pas plus qu'elle ne reculait devant les humains, la Madre ne recula devant les éléments : elle refusa d'évacuer le couvent.

— On nous a assez vues à Burgos [37]! dit-elle.

Elle fit exposer le Saint-Sacrement dans une salle haute, — l'ancienne salle de bal de la maison Mansinos, — et entourée de ses filles ne s'occupa que d'en appeler à Dieu : « Cherchez d'abord le royaume... »

Les voisins atterrés crurent utile de courir prévenir l'Archevêque du danger auquel les saintes filles s'exposaient de plein gré :

— Laissez... Laissez-les faire, répondit Don Cristobal, Teresa de Jésus a un sauf-conduit qui lui permet de venir à bout de tout ce qu'elle entreprend...

De six heures du matin jusqu'au milieu de la nuit, le couvent de Saint-Joseph de Burgos fut en péril, petit îlot de prières cerné de tous côtés et battu par les flots. La Madre était épuisée de fatigue, une sœur dut se mettre à l'eau pour aller lui chercher un peu de nourriture.

Enfin, l'Arlanzon rentra dans son lit : encore une fois Teresa de Jésus avait eu raison.

L'Archevêque fut le premier à proclamer que la Santa Madre avait non seulement sauvé son monastère, mais la ville de Burgos.

Il ignora toujours que, soucieuse des ennuis que Doña Catalina pourrait avoir du fait de sa donation aux Déchaussées, elle lui avait fait annuler ses dispositions, dans un document demeuré secret. Bon gré mal gré, Don Cristobal avait donc, à Burgos, un couvent sans revenus. Circonstance aggravante : réputées à l'abri du besoin, on ne leur ferait pas l'aumône. La Madre ne s'inquiéta pas : Dieu y pourvoirait comme il avait pourvu à tout le reste. Elle pouvait dire de ce couvent placé sous l'invocation de saint Joseph, mais aussi de sainte Anne, ce qu'elle disait du monastère de Palencia : « La miséricorde de Dieu est si grande qu'il ne manquera point de favoriser la maison de sa glorieuse Grand-Mère... »

Teresa de Jésus avait un joli sens de la famille, sur la terre et au ciel.

Elle peut maintenant demander à celui qui l'a envoyée, au milieu de tant de dangers, tenir tête à tant de puissances, vaincre tant d'obstacles :

— Seigneur, êtes-vous content?

Le Seigneur lui répond :

— Va. Il te faut maintenant subir de plus grandes peines [38] !

Elle quitta Burgos le 26 juillet 1582 avec Teresita et Ana de San Bartolomé.

3. Histoires de famille, 1582

— Je suis tellement assommée de parents depuis la mort de mon frère que je voudrais ne plus avoir à lutter avec eux [1].

La Madre Teresa en était arrivée à ce degré de découragement à l'égard d'une famille abusive. Non, les Cepeda et les Ahumada n'étaient pas tous exemplaires : ce serait retirer à Teresa de Jésus une part de sa grandeur que de l'inclure arbitrairement dans une lignée uniforme de petits saints. Ceux qui parmi les siens se sont engagés dans la recherche d'une vie plus parfaite l'ont fait conduits, et même parfois bousculés, par elle.

Sa sœur Maria, morte depuis longtemps, avait profité de son enseignement; Lorenzo, toujours charitable, s'était tardivement élancé dans les voies de la pénitence; Juana, la femme de Juan de Ovalle, portait l'humiliation d'être pauvre, le fardeau d'un mari indolent, léger, et d'enfants mal élevés, avec une patience faite d'apathie autant que de soumission à la volonté de Dieu.

Agustin était le type même de l'aventurier que le beau nom de conquistador a doré sur tranches afin d'en faire le plus bel ornement d'une légende prestigieuse. Alors que Lorenzo s'était occupé le plus tôt possible à faire sagement un beau mariage et une fortune solide, cette tête brûlée d'Agustin avait préféré continuer à guerroyer. Dix-sept fois vainqueur des Araucans du Chili, il était depuis peu gouverneur d'une place importante au Pérou, mais ne semblait pas décidé à se tenir tranquille; Teresa avait lieu de s'inquiéter de son âme. « J'ai bien du regret de le voir encore dans ces choses [2]... »

Quelles choses? Une de ces expéditions dont il s'explique lui-même dans une lettre au vice-roi Martin Enriquez :

« ... Expédition vers la terre la plus riche en gens et en or qu'on ait jamais vue; d'après ce qu'on en dit, c'est l'El Dorado... Je m'y suis décidé, moins par convoitise qu'avec la certitude de grandement servir ainsi Dieu et Sa Majesté [3]. »

Ces esprits audacieux et chimériques ne s'enrichissent point; lorsque Agustin envisagea au début de 1582 de rentrer en Espagne, sa sœur, malgré sa joie, s'inquiéta :

« ... S'il n'apporte pas de quoi manger, il aura bien du mal, car personne ne pourra le nourrir, et ce sera pour moi une grande peine que de ne pas être en mesure de l'aider [4]. » Agustin espérait en la reconnaissance du Roi; Teresa est moins naïve : « Il est dur, dit Teresa, de le voir entreprendre à son âge un si périlleux voyage pour de l'argent, alors que nous ne devrions plus nous occuper qu'à appareiller pour le ciel [5]... »

L'expérience de Pedro suffisait : il traînait en Espagne ses aigreurs de conquistador raté, vivant plutôt mal que bien de l'hospitalité des uns et des aumônes des autres; le trésor royal se désintéressait de ce bon serviteur et la ruine de ses ambitions coïncida avec le déclin de l'empire de Charles-Quint dans les mains de Philippe II.

Ces Ahumada, ces Cepeda, leurs enfants légitimes, leurs filles naturelles, accablaient la Carmélite de leurs problèmes, de leurs exigences. Les soucis constants qu'ils lui causèrent ne furent sans doute pas étrangers à l'attention qu'elle avait apportée, dans les Constitutions de l'ordre, aux rapports des moniales avec leurs proches :

« Qu'elles évitent autant qu'elles le pourront de beaucoup fréquenter leurs parents ; car en plus qu'il faut qu'on prenne leurs intérêts à cœur, il sera difficile de ne pas parler avec eux de ceux du siècle [6]. »

« Qu'on se méfie des conversations avec les gens de l'extérieur, quand bien même ce seraient des parents directs; et lorsqu'ils ne trouvent pas leur plaisir à s'entretenir de choses divines, que les rencontres soient très rares et brèves. »

La récidive, après deux avertissements, en conversations sans fruit spirituel pouvait entraîner une peine de neuf jours de prison avec flagellation au réfectoire le troisième jour : « Car ceci est d'une grande importance pour l'ordre [7]. »

Aïe de la Madre Teresa! Ses frères et sœurs, sans compter nièces et belles-familles, la jetaient en d'étranges combats. Elle ne risquait certes pas neuf jours de cachot après s'être entretenue avec eux : le souci de leur âme ne la quittait pas, et elle ne se donnait tant de mal que pour éviter que leurs sottises n'entravent leur salut. Et puis, comment eût-elle pu se désintéresser de ses affaires de famille? Elles se trouvaient intimement mêlées aux affaires de l'ordre.

Surtout depuis la mort de Lorenzo, qui avait prêté au couvent de Séville des sommes importantes. « La perte d'un si bon frère ne fut rien en comparaison avec les ennuis que me causent les parents qui me restent [8]... »

Partie de Burgos, en route — à ce qu'elle croyait, — pour Avila, elle fit halte à Valladolid : ce fut pour y retrouver les intrigues dont la fondation du monastère de la ville des rois l'avaient momentanément distraite; la plus obscure se tramait autour de l'héritage de Don Lorenzo de Cepeda. Il avait laissé un testament fort détaillé, donc fort embrouillé, et donné tous pouvoirs exécutifs à Teresa de Jésus.

L'intromission d'éléments étrangers déclencha l'offensive : Francisco, l'aîné des fils de Lorenzo, celui à qui il léguait ses biens en Espagne, alors qu'il laissait au cadet les charges bien rentées qu'il avait à Quito, s'était brusquement marié après avoir fait comme son père une crise de « moinite » et une apparition furtive chez les Déchaux. Sa tante Teresa annonça les noces en ces termes :

« L'épousée se nomme Doña Orofrisia. Elle n'a pas quinze ans, elle est belle et sensée. Je dis Doña Orofrisia de Mendoza y Castilla. Sa mère est cousine du duc d'Alburquerque, nièce du duc de l'Infantazgo et d'un grand nombre d'autres seigneurs titrés. Il se trouve donc, apparenté, à Avila, avec le marquis de Las Navas, avec celui de Velada... Je ne vois qu'un inconvénient : le peu de fortune de Don Francisco; son bien est tellement hypothéqué que si on ne lui envoie pas d'Amérique ce qui lui est dû, je ne sais comment il va vivre. Que Dieu, qui leur donne tant d'honneurs, ne les laisse pas manquer des moyens de les alimenter [9]... »

Peut-être Dieu n'était-il pas l'auteur de toutes ces vanités, ainsi que la Madre l'insinue entre les lignes, car le ménage eût tôt fait de dévorer le peu qu'il possédait : l'orgueil du rang, l'amour du luxe, l'étourderie du jeune âge, tenaient peu compte du fait que les galions chargés de l'or de l'Équateur arrivaient tard, mal ou jamais. Tel était d'ailleurs souvent le cas de ces Indiens revenus dans leur pays avec des goûts fastueux, « mangeant dans beaucoup d'argent [10] », si bien habitués à tailler à même un continent neuf qu'ils ne savaient plus faire produire de vieilles terres, si bien accoutumés à être servis qu'ils ne savaient plus gérer.

Or, lorsque la fortune fait défaut à un couple affamé de gloriole où la prendre, sauf où elle est? Le démon tentateur emprunta l'apparence physique de la mère de Doña Orofrisia, la très haute cousine de tant de ducs et marquis, Doña Beatriz de Mendoza y Castilla. Cette personne sans scrupules soufflait au jeune ménage :

— Don Lorenzo a laissé de l'argent pour construire une chapelle au monastère de Saint-Joseph à Avila... Teresita reçoit une part de l'héritage pour entrer au Carmel... Si cette chapelle ne se construisait pas... Si Teresita n'entrait pas au Carmel... Si...

Don Francisco menaça d'attaquer le testament de son père, bien que ce fût, d'après les hommes doctes, un péché mortel.

La Madre voyait toutes ces âmes en grave danger, elle tremblait aussi pour Teresita, n'osait plus voyager sans elle, l'imaginait séduite par des mensonges dorés ou enlevée par ces intrigants.

Lorsqu'elle arriva à Valladolid avec cette novice de quinze ans, ce fut pour y trouver Doña Beatriz de Mendoza y Castilla entourée de tout l'appareil de la chicane. Et la prieure Maria Bautista, sa chère nièce, avait mis son « bon bec [11] » au service de la mauvaise cause.

L'ex-Maria de Ocampo avait derrière un petit front des idées mesquines [12]. Cela comportait pour sa « petite maison » certains avantages, car elle l'administrait avec une incomparable prudence et une habileté dont la Madre la loue lorsqu'il y a lieu. C'est elle qui avait déniché pour Don Lorenzo un calice en argent : « Je n'espérais pas en trouver un à si bon prix, et de si bonne taille, écrivait Teresa, si ce n'eût été grâce à cette fureteuse de Prieure, qui a tout concerté avec un de ses amis... Il sied de louer Dieu de la façon dont elle fait marcher cette maison et du talent dont elle fait preuve [13]...

On voit la femme habile à tirer parti des occasions et des relations. Mais la Madre n'aimait pas que le savoir-faire tourne en rouerie, l'organisation en égoïsme, l'esprit d'initiative en indépendance excessive et en vanité la confiance en soi. Elle ne manque pas de le faire savoir à Maria Bautista :

Tendresse, d'abord : « Il est étrange que presque toutes les lettres me fatiguent, sauf les vôtres... » Suivent des reproches précis : « ... C'est dure chose que de penser tout savoir comme vous le faites; et vous vous dites humble! Sachez qu'il me déplaît que vous pensiez que nulle n'agit mieux que vous le faites... Que Votre Révérence ne soit plus aussi fine : qu'il vous suffise de savoir ce qui se passe chez vous... J'ai la certitude que vous n'usez plus à mon égard de sainte liberté [14]... »

En ce séjour à Valladolid, Maria Bautista traita Teresa de Jésus en adversaire.

Insultée par les hommes de loi, trompée par les uns, menacée par les autres, la Madre souffrit alors de ses proches plus qu'elle n'avait souffert de ses pires ennemis pendant les persécutions. Elle fut écœurée à un tel point qu'elle s'en déclara « pourrie [15] ».

La fidélité de Teresita eût pu la consoler, mais elle lisait en son âme et la voyait parfois hésiter, chanceler, malgré ses bonnes paroles.

Quant à sa nièce Beatriz de Ovalle, fille de Juana, il s'était fait autour d'elle un scandale dont la rumeur n'était pas apaisée. Un gentilhomme d'Alba de Tormes, ami de Juan de Ovalle qui courait avec lui à cheval, à la chasse, fréquentait assidûment sa maison. Ce gentilhomme était marié, et il y avait là cette fille de vingt ans, Beatriz, douée de tout le charme des Ahumada et des Cepeda. L'épouse du gentilhomme en prit ombrage et propagea sur son mari et Beatriz des calomnies si honteuses que ses propres parents décidèrent de la punir en la tuant de leurs mains : « Oter la vie à celle qui exposait leur honneur leur semblait un mal moindre que le tort que faisaient ses propos; les parents de la Santa Madre s'opposèrent à cet assassinat [16]. »

Nul ne doutait donc de la vertu de Beatriz, mais est-il séant qu'il se fasse tant de tapage autour du bon renom d'une demoiselle? La Madre s'était en vain efforcée de persuader Juana de quitter Alba avec sa fille, le temps de se faire oublier : elle lui offrait de payer les mulets pour le voyage, et de les loger; mais Juana ne se décidait pas. Teresa s'indignait de tant de nonchalance de la part de la mère et de désinvolture de la part de la fille, s'en prenait au père, qui ne semblait pas réagir plus vivement, finissait par les supplier tous : « D'une façon ou d'une autre, pour l'amour de Dieu, finissez-en, tuez-moi [17]. »

Dans son esprit d'implacable justice, la Madre ne jugeait pas Beatriz entièrement innocente : c'est être fautive que de donner lieu au scandale. Elle écrivait à Alba « des choses terribles », mettait ces inconscients en face des dangers qu'ils couraient devant Dieu et le monde, et confiait son chagrin au P. Gracian :

« L'honneur est perdu, je passerais là-dessus, pour beaucoup que cela me coûte; mais je ne voudrais pas que se perdent les âmes, et je les vois tous tellement dénués de sens commun que je ne conçois pas le remède... Dieu veuille en trouver un [18] ! »

Il suscita en Beatriz un beau courage : le gentilhomme devenu veuf, — sa femme était morte sans qu'il eût été nécessaire de l'y aider, morte de rage, — il demanda la main de celle qu'il avait compromise. A la grande déception des siens, car il était fort riche, la fière fille refusa, prouvant ainsi qu'elle n'avait rien à craindre ni à racheter, et supplia sa tante de l'accueillir au Carmel. C'était mettre la Mère Fondatrice dans un grand embarras, malgré la joie que lui causait une vocation pour laquelle elle avait tant prié : pouvait-elle imposer, sans dot, une si proche parente? Le drame des Ovalle se compliquait de la misère croissante de la noblesse espagnole.

« Quels ennuis me causent tous ces parents! Je les fuis [19] ! »

Pouvait-elle fuir assez loin pour éviter ce pauvre Don Pedro, son frère, ce débris de conquistador, toujours amer, offensé, acculé, si peu fait pour son existence de pique-assiette qu'il se rendait insupportable? Elle les endurait tous, parce qu'elle les aimait. Tous. Jusqu'aux bâtardes de Jeronimo et d'Agustin, dont elle s'était réjouie qu'elles fussent bien mariées.

Une de ses dernières joies lui vint de la petite bâtarde que Lorenzo , fils de Lorenzo, laissa en Espagne alors qu'il s'en retournait aux Indes faire un riche mariage. Elle se mit à la chérir du même amour que le reste de son ingrate parenté, et écrivait à son neveu :

« Je vois bien que je vous aime, quoique l'offense faite à Dieu me soit lourde à porter; mais lorsque je vois combien cette enfant vous ressemble, je ne puis m'empêcher de la retenir auprès de moi, et de l'aimer beaucoup. Toute petite qu'elle est, elle a déjà la patience de Teresita [20]... »

Le cœur de la Madre ne se contentait pas de paroles émues : elle fit ce qu'il fallait pour que cette innocente soit élevée de manière à devenir un jour « une bonne servante de Dieu... car cela n'est pas de sa faute [21]... »

Pour accueillir sans histoire, avec une grâce si tendre, l'enfant de l'amour, il fallait être ainsi qu'elle l'était d'une pureté angélique.

Et puis, jamais elle ne repoussera une occasion d'aimer : fût-ce une Cepeda ou un Ahumada.

Et pourtant, combien les affections humaines la décevaient! Chacun des élans qui l'avait portée vers les créatures s'était perdu dans le néant. Le P. Gracian lui-même s'esquivait. Elle eût voulu qu'il restât auprès d'elle pour finir de mettre bon ordre dans les couvents de Castille, sans parler du besoin qu'elle avait de sa présence : nul confesseur ne lui apportait la paix qu'elle trouvait auprès de lui. Mais il était parti pour l'Andalousie donner ses directives aux études et recommander aux moines de ne pas confesser de béates : tout cela, prétendait-elle, pouvait se faire par lettres. Cette absence en un tel moment, lui fut si cruelle qu'elle en perdit l'envie même de lui écrire et ne put se résoudre à s'y contraindre. C'était bien là, toujours ce cœur impérieux, qui, quarante-sept ans auparavant, avait renoncé au monde et à ses amours impuissantes à combler son besoin d'absolu. Lorsqu'elle écrivit enfin à Gracian, ce fut pour lui dire :

« Jusqu'à présent, nous avions caché à Teresita que vous ne viendriez pas. Comme elle a eu du chagrin! D'une part je m'en réjouis, afin qu'elle comprenne combien peu il faut se fier à tout ce qui n'est pas Dieu seul. Quant à moi cela ne m'a pas fait de mal [22]... » Il sied, parfois, d'avoir une occasion de se mieux persuader de la vanité de tout attachement.

Elle s'inquiétait de savoir Gracian en Andalousie, le sachant faible, trop enclin à l'insouciance. Sa candeur le portait à des concessions que lui reprochaient ceux qui cherchaient à le prendre en faute. Teresa redoutait l'euphorie dans laquelle le mettaient ses succès de prédicateur à Séville, bien qu'elle s'en réjouît : « Ce que disent les vieilles de notre Père nous a beaucoup amusées, et je rends grâces à Dieu pour le bien qu'il fait par ses sermons et sa sainteté [23]... » Elle ne l'engage pas moins à redoubler de prudence : « Dans vos prêches, je vous en supplie, faites bien attention à ce que vous dites... N'ajoutez pas foi à ce que vous racontent les sœurs, je puis vous assurer que lorsqu'elles ont envie d'une chose elles vous en feront croire mille autres [24]... »

Voilà bien les réactions d'une Castillane bon teint devant les mirages du Sud. Et elle ajoute : « Ne faites pas l'andalou, vous n'êtes pas doué [25]... »

Si le P. Garcian avait suivi ces conseils, il ne serait pas tombé dans les pièges qu'on lui tendait. Il avait beaucoup d'ennemis : la haute protection de la Mère Fondatrice suscitait autour de lui de violentes jalousies; et elle avait du mal à renforcer les points faibles de celui qu'elle soutenait de toute son autorité.

Peut-être cette autorité commençait-elle à peser aux jeunes de l'Ordre y compris Gracian. Ignoraient-ils que la vieille Fondatrice avait plus de lucidité à elle seule qu'eux tous réunis? Mais « vieilles et jeunes ne peuvent aller ensemble [26] » ... Ana de Jésus, qu'elle appelait encore récemment « ma fille et ma couronne [27] », avait délibérément enfreint ses directives pour la fondation de Grenade, au plus grand dommage du monastère. Cela créait pourtant un précédent dont les Prieures pourraient se prévaloir pour s'octroyer des libertés. Aussi la Madre Teresa s'arma-t-elle des foudres du Seigneur :

« S'il s'agit, comme vous le faites, de fomenter la désobéissance, mieux vaudrait ne rien fonder; car le bien ne consiste pas en l'existence de nombreux monastères, mais en la sainteté de celles qui les habitent... En tout ce qui concerne les Déchaussées, j'ai les pouvoirs du P. Provincial. En vertu de ces pouvoirs, je dis et j'ordonne que les religieuses que vous avez fait venir de Beas y retournent, excepté la prieure Ana de Jésus... Ce sera bien servir Sa Majesté, et d'autant mieux que cela vous peinera davantage. Considérez que cette fondation sera la première dans le royaume de Grenade, et que vous devez vous y comporter en hommes vaillants, et non pas en femmelettes... Ou les épreuves vous ont rendu stupides, ou le diable instaure dans cet ordre des principes infernaux [28]... »

Quant à Ana de la Encarnation, prieure de Salamanca, son envie d'une maison était si mauvaise conseillère qu'en ayant trouvé une, hors de prix pour de pauvres Déchaussées elle se mit non seulement à désobéir, mais à ruser : « L'envie qu'elle a de cette noire maison lui fait perdre la tête [29]. »

« Qu'on ne s'occupe plus de cela jusqu'à ce que j'y aille... »

La Mère Fondatrice ne lâche point la rampe.

Ces défections pesaient lourd sur une femme qui avait déjà porté tant de responsabilités. Elle eût voulu n'avoir plus à sévir. De plus, elle était contrainte de renoncer à l'un des principes essentiels de sa réforme : consentir à ce que les monastères aient des revenus, les villes et villages étant de plus en plus pauvres. Il importait donc d'autant plus qu'en ces couvents Dieu soit bien servi.

Tout n'était-il que relâchement? Les suggestions faites quelques mois auparavant par les différents monastères pour les Constitutions marquaient un tel penchant à la mollesse que la *Madre Fundadora* s'était écriée : « Quelle vie [30]! » Mêmes ses filles aînées, celles de Saint-Joseph d'Avila, qui suggéraient qu'on les autorisât à manger de la viande. N'attendait-on que sa mort pour retomber dans les erreurs de la règle mitigée? Vraiment : quelle vie!

De Valladolid, elle n'oubliait donc pas le couvent de Burgos, fidèle à son principe : « Toutes les choses sont telles qu'elles ont commencé [31]. » De loin, elle veillait à ce que ces débuts soient bons, et elle insistait auprès de la prieure Tomasina Bautista avec une solennité inaccoutumée :

« ... Bien que vous m'avantageriez en vertu, je vous avantage en expérience. Je voudrais que vous n'oubliiez jamais quelques-unes des choses que je vous dis... Je vous dis ces choses comme parlant à mon âme, je voudrais que vous compreniez que ça n'est pas sans cause [32]... »

Et elle lui rappelle :

« ... Charité envers les malades [33]... »

« ... Veillez à ne pas accabler les novices de travaux tant que vous ne savez pas jusqu'où va leur esprit [34]... »

Que vous n'oubliiez jamais... Ces tourments aidant, la

Madre savait bien qu'elle n'avait plus beaucoup de temps à répéter ce qu'elle avait accentué tant de fois.

Son adieu aux Carmélites de Valladolid est un suprême appel à la grandeur : « ... N'accomplissez pas machinalement vos exercices religieux, mais que chacun d'eux soit un acte héroïque [35]. »

Ce qu'avait été chacune des actions, chacune des pensées, chacun des consentements et des refus de cette sœur de Conquistadors.

La Madre Teresa de Jésus était restée près d'un mois à Valladolid. Le jour de son départ, Maria Bautista l'accompagna jusqu'au seuil et lui dit en guise de souhaits de bon voyage :

— Allez! Et ne revenez plus ici [36]!

4. *Les grandes aventures sont d'ordre spirituel*

« ... Ces vétilles qu'on appelle offenses, ces bribes d'amour-propre dont nous faisons des maisons comme celles que les enfants font avec des brins de paille [1]. »

Les conflits de Valladolid n'avaient atteint Teresa de Jésus qu'en apparence. Elle était désormais intangible, au centre du château de l'âme, libre, dans le Royaume que ses actes héroïques avaient conquis.

Elle vivait la réalité de l'omniprésence de Dieu, dans une intimité si étroite avec Jésus qu'elle n'avait pas de conseiller plus proche, de consolateur plus efficace, d'ami plus tendre. Dieu en tout, Dieu en tous. Pouvait-elle juger? Elle ne pouvait qu'aimer et agir pour son Seigneur. Car l'intendant qui agit pour le compte d'un maître tout-puissant ne tient pas compte de son intérêt propre : actif sans fièvre ni cupidité, il sévit sans haine, récompense sans parti pris, « achète comme ne possédant pas, use des choses comme n'en usant pas ». Et il est sans inquiétude. De tous les couvents fondés, elle avait pensé ainsi que du premier « Seigneur, cette maison n'est pas à moi : elle a été faite pour vous : à vous d'en prendre soin [2]... »

Elle renonçait à décrire sa paix intérieure [3] : ce qu'elle éprouvait était inconcevable pour quiconque n'a pas exploré l'univers mystique. Elle avait vécu la plus grande des aventures, car les grandes aventures sont d'ordre spirituel. Unie à Dieu, ne voyant que lui, les misères ne l'affectaient pas plus que ne la contentait sa réputation de sainteté. « Tout n'est rien. »

Teresa de Jésus était désormais déliée de toutes attaches terrestres. Gracian? Les Prieurs rebelles? Teresita? Ses parents? Il lui était déjà arrivé de sourire en songeant combien erraient ceux qui ménageaient, ou ne ménageaient point, un cœur qu'ils croyaient posséder. Elle ne les aimait plus selon la chair, ils n'avaient plus le pouvoir de l'éloigner de son Dieu infus, mais selon l'esprit elle les aimait tant qu'elle les portait constamment en elle, dans la lumière; et pour sauver l'un d'eux, elle eût donné sa part d'éternité.

L'un d'eux, mais aussi le moindre des humains. Car elle était même déliée du désir de la gloire céleste : elle servait Dieu « pour rien, comme les Grands servent le Roi [4] ». Son unique passion était d'aimer ce Dieu et de le faire aimer.

— Je me réjouirais d'en voir d'autres, au ciel, dans une plus grande gloire que moi mais je n'endurerais pas qu'on aime Dieu plus que moi [5].

Être pour quelque chose dans l'éveil d'une âme à l'amour divin lui semblait désormais plus important que de gagner le paradis. Elle en vint à moins mortifier son corps par les jeûnes et la pénitence, à se soucier davantage de sa santé qui lui était nécessaire pour l'œuvre à accomplir.

Elle se chargeait du monde, comme le Christ s'était chargé sur la Croix du péché originel, et portait ce monde jusqu'à Dieu. C'est par le signe de la croix que la créature s'engage à travailler avec le Créateur à parfaire la création. « J'achève dans ma chair ce qui manque à la Passion du Christ pour son corps qui est l'Église [6]. »

Nuit et jour occupée à organiser, administrer, construire, dirigeant les âmes et les choses, suscitant les faits, maîtrisant les caractères et les événements, brisant les obstacles, subissant les chocs, elle n'en vivait pas moins en continuelle oraison. « J'ai dans mon âme cette présence des Trois Personnes [7]... » La présence du Christ brûlait en elle d'une flamme qui anéantissait ses désirs de la vie, en même temps que la vision habituelle de la sainte Trinité l'incendiait de charité. Les occupations les plus précises ne parvenaient pas à l'en distraire.

« Tout n'est rien » : elle n'en était que plus forte pour agir. Elle avait tout jeté dans l'aventure héroïque et avait tout gagné, tenant tout pour perdu.

Par la fusion en elle de Marthe et de Marie, elle atteignait au point où la contemplation et l'action ne sont plus dissociées, mais inséparables : Sa Majesté est à la fois adorée et servie.

L'union entre son âme et Dieu était si complète qu'elle n'avait presque plus de ces manifestations extérieures, ces extases, ces ravissements qui avaient si souvent mortifié son humilité : du moins n'en avait-elle plus en public. La soudaine irruption de l'amour divin ne disloquait plus un corps qu'il habitait continuellement. Mais elle était, écrit sa nièce Teresita, d'une simplicité souriante et tranquille qui faisait penser à un enfant candide, ou à l'innocence de l'homme et de la femme avant que le double concept du bien et du mal ne les sépare du Tout en Un. Jamais elle ne mentait, jamais elle ne préjugeait de quiconque. Énergique lorsqu'il s'agissait des intérêts de l'Ordre, elle se montrait d'une humilité telle lorsqu'elle seule était en jeu qu'elle obéissait à ses propres sujettes. Elle disait : « Je ne sais pas pourquoi on m'appelle Fondatrice, puisque c'est Dieu qui a fondé ces maisons [8]... »

Quoique vieille et malade, elle ne manquait pas, dès qu'elle le pouvait, de faire la cuisine, balayer et filer pour contribuer par le travail de ses mains à la nourriture de toutes.

Elle dissimulait autant que possible les grandes faveurs dont elle était l'objet de la part de son Seigneur, se gardait de prendre des attitudes dévotes, et se montrait au contraire si désinvolte, si agréable, si courtoise, « gaie avec les gais, triste avec les tristes [9] » que des gens s'étonnaient que ce fût là celle qu'on tenait pour sainte.

Enfin, la louange de Dieu était en elle une expansion naturelle, si jaillissante que les versets du roi David semblaient lui venir spontanément aux lèvres; il n'y avait belle chose au monde, que ce soit un fleuve comme le Guadalquivir ou la plus petite des fleurs du verger, qui ne la fasse s'exclamer : « Béni celui qui t'a créé [10]! »

Avant de s'endormir, même lorsqu'elle avait expédié son courrier ou travaillé à l'un des ouvrages que ses confesseurs lui donnèrent l'ordre d'écrire jusqu'en ses toutes dernières années, elle disait son chapelet, prononçant chaque mot ainsi qu'elle enseignait à ses filles de le faire, lentement, amoureusement, avec une pleine conscience affirmative de tout bien. Elle éprouvait une joie toute particulière à prononcer ainsi le *Credo*, et à réitérer sa foi en la vie éternelle.

Son sommeil était une longue extase.

Ana de San Bartolomé était entrée un matin dans sa cellule, à Valladolid, ayant mission de l'éveiller plus tôt que de coutume. La Madre dormait encore, et son visage resplendissait comme le soleil. Ana se garda de l'appeler et se mit en prières à son chevet, louant Dieu du parfum très suave qui embaumait la pièce.

Lorsqu'elle s'éveilla, la Madre Teresa de Jésus lui demanda avec étonnement ce qu'elle faisait ainsi, à genoux auprès de son lit. Mais la bonne petite converse lui tut ce qu'elle avait vu, afin de ne pas lui causer de confusion.

5. *Antonio de Jésus, vicaire provincial, 1582*

La Madre Teresa de Jésus ne s'avouait pas fatiguée, mais elle était mourante.

Lorsque le Bien-Aimé lui avait dit, à Burgos : « Tout est achevé ici, tu peux partir », c'est que la dernière aventure de la Dame errante de Dieu, sa rencontre avec la mort, serait une victoire à condition d'être encore un combat.

Après les épreuves de Valladolid, il lui fallait se hâter de prendre un peu de repos à Medina, se hâter d'atteindre Avila, se hâter de donner le voile à Teresita de Cepeda, se hâter de mettre bon ordre à cette histoire de Grenade, — velléités d'indépendance d'Ana de Jésus, — à cette histoire de maison de Salamanque, à cette fondation d'un couvent à Madrid, et vaincre l'entêtement du cardinal Quiroga ainsi qu'elle avait déjà persuadé tant de prélats. Un peu de temps encore, se hâter d'agir et de souffrir, sans ménager le fourreau usé d'une âme si tranchante.

Elle souffrait de la tête, de la gorge, dans tous ses os. Depuis Burgos, elle avait constamment le goût de son sang sur les lèvres, et ses vomissements ne cessaient pas. Jamais elle n'avait autant éprouvé le besoin d'une halte, et du haut de l'esprit souri avec pitié à la pauvre vieille dont le chef s'agitait de tremblements nerveux. Elle consentirait donc à se laisser soigner pendant quelques jours par Ana de San Bartolomé, regroupant ses forces pour atteindre le but : Avila, Madrid.

Le couvent de Medina del Campo avait gardé son aspect de bâtisse rurale. Lorsque la Madre y revenait, elle retrouvait le patio d'où elle avait dirigé les travaux de la maison en ruines, sa cellule, la petite galerie qui y conduisait; et là, toujours un lourd bruissement de robes de bure : ses filles se cachaient pour l'apercevoir, bien qu'elle l'eût interdit; mais l'amour n'a-t-il pas gain de cause, même chez des Carmélites vouées à l'obéissance? La prieure Alberta Bautista faisait semblant de ne s'apercevoir de rien; et pourtant elle n'était point tendre.

Au début de son noviciat, la Règle du Carmel avait semblé si bénigne à la fringale de rigueurs de cette sœur qu'elle avait voulu en sortir pour se livrer sans contrôle aux mortifications. La Madre lui avait appliqué sa méthode pour manier les âmes rétives : une douceur sans merci. C'est Alberta Bautista qui, un jour où la Madre présidait à des jeux et chansons, grommela qu'on ferait mieux de contempler le Seigneur. Elle y fut immédiatement expédiée :

— Allez, ma fille! Allez contempler dans votre cellule tandis que vos sœurs et moi nous réjouissons ici avec le bon Jésus [1]!

C'est elle, encore, qui, insatiable de Pain eucharistique, obtint d'un confesseur émotif l'autorisation de communions quotidiennes, contrairement aux Constitutions qui ne l'accordaient que dimanches et fêtes : elle avait persuadé le brave homme qu'elle mourrait d'en être privée. Cette sainte révolution menaçait de gagner tout le couvent, déjà une converse montrait les mêmes exigences, sous menace de décès. L'affaire parut grave, on en informa la Madre Teresa qui fit le voyage tout exprès :

— Eh quoi, mes filles, qu'est-ce là? Croyez-vous que vos sœurs et moi n'éprouvons pas les mêmes désirs?

Tout appel à la raison demeurant inutile, la Madre prêcha d'exemple, fidèle à son principe : des actes, et non des mots :

— Je m'imposerai donc maintenant de me priver de la communion [2], comme vous. Si nous en mourons toutes les trois, que peuvent espérer de mieux des Carmélites qui ne souhaitent que le ciel?

Les premiers jours, on crut que les deux sœurs rendraient l'âme; la Madre demeura inflexible, le temps fit son effet, les choses rentrèrent dans l'ordre. La Madre Teresa avait démontré à Alberta Bautista qu'il est plus méritoire de se plier à l'obéissance que de se laisser aller contre la Règle à des élans de piété, ou de se livrer de sa propre autorité à d'extrêmes rigueurs. Récompensée de sa soumission par de hautes grâces dans l'oraison, elle n'en garda pas moins un caractère difficile, prompt à la critique et à la réplique. Elle avait été élue Prieure quelques années auparavant, bien que les religieuses de Medina del Campo aient redouté son goût excessif de la mortification. Elle eût été fort capable d'imiter celle qui exigeait de ses sujettes qu'elles se donnent la discipline pendant la durée des sept psaumes de la Pénitence, plus quelques prières supplémentaires, ce que la Mère Fondatrice s'était hâtée d'interdire.

La Fondatrice avait de l'estime pour cette fille généreuse et bourrue; elle trouvait en elle ce qui est le plus utile à notre perfectionnement : un témoin sans complaisance.

C'est pourquoi, lorsqu'elle arriva à Medina, aspirant au repos ainsi qu'une malade a le droit de le faire après une route très dure, et qu'Alberta Bautista, sans même lui offrir de se restaurer, lui annonça sèchement que le P. Vicaire provincial la demandait au parloir, Teresa de Jésus ne se plaignit point du mauvais accueil de sa fille, et se rendit à l'appel de son supérieur.

Elle disait à Ana de San Bartolomé qui l'accompagnait vers le *locutorio* :

— Nous avons eu plus d'une querelle, le P. Antonio de Jésus et moi. Mais ce bon Père ne peut nier qu'il m'aime, puisque tout vieux qu'il est, il est venu me voir [3]...

Massif en hauteur, en largeur, tête grise, les tempes creuses d'un ascète et la lèvre boudeuse d'un enfant susceptible, tel était devenu Antonio de Heredia; tel se montrait, à l'âge de soixante-douze ans, le P. Antonio de Jésus, Vicaire provincial. Il supportait de plus en plus mal, à mesure qu'il vieillissait, de courber l'échine sous l'autorité de la Fondatrice, — il méprisait les femmes, — ainsi que la pointe de raillerie dont elle assaisonnait ses rapports avec lui. Cela durait depuis le jour où, partant installer à Duruelo le premier monastère de Déchaux, il s'était dans son zèle muni de cinq pendules, oubliant les paillasses. La Madre avait alors été prise d'un de ses fous rires [4], et lorsqu'elle riait, tout le monde riait. Il ne voulait pas admettre qu'elle taquinât de préférence ceux qu'elle aimait le plus.

Elle le traitait pourtant avec affection, l'appelait « ce bienheureux vieux, le premier de tous les Déchaux [5] », et ne se lassait de lui écrire qu'à force de ne pas recevoir de réponses : « Mon souvenir en particulier au P. Fray Antonio de Jésus, et qu'il dise s'il a fait vœu de ne pas me répondre [6]... » Malgré cela, elle le sait si susceptible qu'elle recommande à Gracian : « Rappelez-moi au P. Fray Antonio; je ne lui écris pas car jamais il ne répond; mais évitez autant que possible qu'il sache combien je vous écris [7]. » C'est elle, pour finir, qui rompt le silence : « Son procédé m'afflige tant que j'ai décidé de lui écrire [8]... » On n'est pas plus patiente à l'égard d'un vieil entêté. Elle annonce enfin toute contente : « J'ai une lettre de lui... Il redevient mon ami [9]... »

Le P. Fray Antonio savait bien que la Madre Teresa de Jésus avait décelé la pointe de vanité qu'il laissait percer même à travers ses rigueurs : elle le lui avait laissé entendre lorsqu'elle lui avait défendu de marcher pieds nus, lui imposant, comme aux autres, l'usage des sandales. Il lui reprochait d'être férue de « talents », de « lettrés » et de lui avoir dit : « Je souhaite pour ces monastères des hommes de talent, que trop d'austérités pourraient en éloigner [10]. »

Il était pourtant lui-même de ces hommes doctes, mais il ne possédait pas une qualité que Teresa de Jésus appréciait au plus haut point : le bon sens.

Alternativement, la Madre avait blâmé la « pusillanimité » dont il avait fait preuve comme Prieur de Los Remedios, pis encore, « de ne pas bien remplir son office [11] », et s'était « amusée [12] » de ses crises d'autorité. Le tenait-elle pour un faible, ou un bavard? Elle ne daignait pas le tenir au courant des affaires de l'ordre, disait-il. La Madre reconnut qu'il avait raison, et s'excusa. Un esprit pointilleux avait beaucoup à faire avec cette femme-là : devant sa simplicité et son humilité, il ne restait qu'à se réfugier dans une mauvaise humeur systématique. C'est ce que fit Fray Antonio. Des rancunes de plus de dix ans lui étaient bonnes : il en voulait encore à Teresa de Jésus d'avoir lu avec un froncement de sourcil la lettre qu'il avait écrite à la duchesse d'Albe lors de l'irruption de la princesse d'Éboli à Pastrana : « Quant aux nouvelles de notre novice la Princesse, voici que grosse de cinq mois, elle s'est installée dans le monastère, s'imposant en Prieure, exigeant des religieuses qu'elles la servent à genoux et observent les règles de l'étiquette de cour [13]... » La Madre Teresa n'avait pas apprécié le ton cancanier de ce croquis haut en couleur, voué à amuser l'Illustrissime et Excellentissime Duchesse. Mais celui qui avait été, dans le monde, Antonio de Heredia, demeurait courtisan, et se flattait d'être l'un des familiers du Duc et de la Duchesse.

Il savait bien que la *Madre Fundadora* avait déconseillé son élection comme Provincial de l'ordre : la voix qui avait donné le pas sur lui au P. Jéronimo Gracian de la Madre de Dios était son fait. Gracian! Ce blanc-bec! Ce charmeur des vieilles dévotes d'Andalousie!

Mais en l'absence de ce Provincial, c'est à lui, Antonio de Jésus, son vicaire, que la Mère Fondatrice devait obéissance.

Le visage d'agonisante qu'il vit derrière la grille du parloir de Medina del Campo n'éveilla pas en lui de compassion. Il n'osa pourtant pas regarder Teresa de Jésus en face en lui donnant l'ordre de partir dès le lendemain pour Alba de Tormes où l'appelait la duchesse d'Albe, Doña Maria Enriquez : pour aider au travail de sa belle-fille en couches, il ne fallait rien moins que les prières de celle que l'Espagne tenait pour sainte.

La Madre fut accablée.

« Jamais, dit Ana de San Bartolomé, je ne l'ai vue souffrir d'un ordre donné par un supérieur autant qu'elle souffrit de cet ordre-là. »

Teresa de Jésus voyait clair en Antonio de Jésus. Que ne s'était-elle tenue, quinze ans auparavant, à son impression première! Que n'avait-elle alors approfondi le sens du malaise qu'elle avait éprouvé, en ce même couvent, lorsqu'il s'était ouvert à elle de la passion qui le prenait d'être le premier des Carmes Déchaux! Ame ardente, certes. Mais il était si satisfait de son importance, le Prieur de Sainte-Anne! Elle n'avait pas eu le choix, n'étant alors « qu'une pauvre nonne Déchaussée chargée de patentes et de bonne volonté mais sans moyens d'action [14] », sans un liard, sans un moine. Et il était parti fonder le couvent de Duruelo avec Fray Juan de la Cruz.

De Duruelo, Jean de la Croix avait pris son essor vers les sommets mystiques du Mont Carmel, et le P. Antonio de Jésus était doucettement redescendu vers les attachements du monde. Celui qui prétendait être le premier Carme Déchaux eût voulu jouer dans l'ordre le premier rôle; la prépondérance accordée à Gracian l'avait rendu jaloux, puis amer, puis agressif. La Madre avait dû prendre la défense de son *Pablo* : « Rien de particulier avec Fray Antonio, sinon que je ne puis souffrir qu'il vous touche moindrement [15]. » Ses rancœurs l'avaient amené à créer de petites bandes dissidentes. Teresa y avait mis le holà : « Nous sommes tous de la bande du Crucifié [16]! » Enfin, elle avait élevé un barrage entre les honneurs et lui, tout en lui ménageant la seconde place, celle de Vicaire provincial, « afin qu'il meure en paix puisque tel est le sujet de sa mélancolie; et ces petites bandes cesseront, et il ne pourra nuire, ayant un supérieur [17] ». Elle le jugeait en grande patronne, et l'aimait bien.

Mais ce soir-là elle vit ce qui n'était que trop clair : le Vicaire provincial assouvissait les rancunes d'Antonio de Jésus.

Il eût été curieux de voir comment il s'y fût pris pour contraindre la Mère Fondatrice, et si elle eût refusé : son état de santé eût justifié des ménagements. Elle n'en eût pas l'idée. N'avait-elle pas écrit auparavant : « Par obéissance, j'irais au bout du monde[18]? » L'Époux lui avait demandé de combattre pour lui, de souffrir, de passer pour folle aux yeux des hommes : toujours elle avait obéi. Et alors qu'il lui enjoignait, par la bouche de l'un de ses prélats, de se détourner de son dernier point d'attache charnel, — Avila, berceau de son corps et de ses fondations, — pour s'acheminer vers une tombe étrangère dans une patache incommode à ses vieux os, elle reculerait?

Il lui était loisible de se plaindre humblement au Père Vicaire d'une exigence aussi cruelle : elle ne le fit point. Elle se plaignit seulement au Seigneur de l'extrême dépendance de l'âme, prisonnière d'un corps malade, usé, ou lâche.

Non : elle n'aurait pas à se montrer défaillante devant la dure prieure Alberta Bautista qu'elle avait elle-même rompue autrefois à l'obéissance. Il lui était ainsi rappelé qu'elle n'était rien : ne devait-elle pas, tous les jours, réapprendre de ses filles les vertus mêmes qu'elle leur avait enseignées?

Elle dit simplement :

— J'obéirai à Votre Révérence.

Teresa de Jésus regagna sa cellule sans souper : la Prieure ne l'avait pas priée au réfectoire. Elle accepta la faim, la solitude, ce départ pour l'aube prochaine, sans restrictions mentales, et fit taire tout ressentiment : Antonio de Jésus et Alberta Bautista, après la Prieure de Valladolid, ne se trouvaient-ils pas être l'occasion de sa plus grande victoire? Elle rejoignait enfin le Christ au jardin des Oliviers.

Avant d'entrer au Carmel, déjà, elle avait préféré cette scène de la Passion entre toutes, car persuadée de son indignité elle n'osait rejoindre Jésus que lorsqu'elle le voyait abandonné, trahi. « Je pensais à cette sueur, à cette affliction qu'il avait éprouvée. Je désirais essuyer cette sueur douloureuse; je me rappelle que je n'osais point, me représentant mes péchés si graves. Pendant bien des années, avant de m'endormir, alors que je me recommandais à Dieu, je pensais toujours un peu à cette station du jardin des Oliviers. C'est ainsi que j'ai commencé à faire oraison sans savoir que c'était oraison. J'en pris l'habitude, comme de ne pas manquer de faire le signe de la croix [19]. »

Cette nuit-là, où la fièvre et la peine l'empêchèrent de dormir, elle but jusqu'à la lie le calice de l'abandon des siens : mais n'était-ce pas une faveur nouvelle que d'être ainsi appelée par son Maître à communier avec lui dans la solitude? Et quelle solitude! Jésus y était avec elle, ainsi qu'elle y était demeurée avec lui.

Teresa de Jésus se mit en route après prime. Le P. Antonio, Teresita et Ana de San Bartolomé l'accompagnaient.

La duchesse d'Albe avait envoyé son carrosse, c'est-à-dire une machine pesante, mal suspendue sur quatre roues. Dès les premiers cahots, la Madre se sentit si mal qu'elle craignit de donner à ses compagnons et aux gens de la Duchesse l'ennui de mourir en chemin. Ses douleurs étaient telles que seule son extrême faiblesse et l'abattement de la fièvre les rendaient supportables. Affamée depuis la veille, elle fit l'effort, pour se soutenir un peu, de manger quelques figues qu'elle ne put digérer; vers la fin de la journée son cœur flancha, son pouls ne battit plus qu'imperceptiblement. Bien qu'il lui répugnât autant de s'alimenter que de causer du dérangement, elle supplia Ana de San Bartolomé :

— Ma fille, si vous pouvez vous procurer quelque chose, quoi que ce soit, préparez-le-moi, je n'en puis plus.

Ana donna quatre réaux pour acheter deux œufs, et se mit à pleurer lorsque le valet revint sans avoir rien trouvé. La Madre avait le visage d'une morte et, pourtant, c'est elle qui consolait la sœur converse :

— Ne pleurez pas : Dieu a décidé qu'il en serait ainsi [20]...

Elle eut une syncope. Et rien, dans ce désert, pour la secourir. Et Teresita qui ne savait pas encore agir aussi bien qu'elle savait aimer. Et le P. Antonio qui s'affairait dans le vide. Et les gens de la Duchesse qui s'indignaient : « Ceux de Peñaranda ont tué la sainte! »

Après une nuit passée dans une mauvaise auberge où on

n'obtint pour la malade que quelques herbes cuites avec beaucoup d'oignons, on put repartir. Le regard anxieux de San Bartolomé ne quittait pas le visage de la Madre, qui tressaillait de souffrance à chaque secousse. Et Teresa de Jésus lui était peut-être plus reconnaissante de sa fidélité que de ses soins.

Ils approchaient d'Alba lorsqu'un nuage de poussière s'arrêta à la porte de la voiture, avec le bruit d'un cheval au galop qui se cabre brusquement : un courrier du duc de Huescar apportait la nouvelle de l'heureuse naissance de l'héritier de la maison d'Albe. La jeune Duchesse et son enfant se portaient le mieux du monde.

Lorsqu'il s'était agi des intérêts de l'ordre, la Mère Fondatrice avait toujours tenu bon contre les caprices des Grands; sa vie seule avait été l'enjeu de ce caprice-là. Et pourtant, la duchesse Doña Maria Enriquez l'aimait. Teresa n'avait pas pensé à elle en demandant à Dieu de la garder de ces seigneurs qui peuvent tout, car ils sont sujets à se contredire étrangement [21]. Elle eut la force de railler :

— Dieu soit loué! On n'aura plus besoin désormais de la sainte [22]!

6. *Il est temps de nous voir, mon aimé... 1582*

Alba flambait dans l'apothéose du soleil couchant, le Tormes roulait des flots d'or et de lumière. Teresa de Jésus entra au couvent de l'Annonciation de Notre-Dame du Carmel au chant du *Te Deum* : dans tous ses monastères, ses filles manifestaient ainsi leur joie de sa visite. Ce soir-là, sa fatigue était si évidente que l'hymne de joie s'acheva en murmure. Elle s'avoua brisée :

— Je n'ai plus un os de bon [1]...

Elle fit pourtant l'effort de sourire et consentit à bénir ses filles, elle qui se refusait d'habitude à un geste qui lui semblait contraire à l'humilité; elle le fit « avec beaucoup d'élégance et de grâce [2] ».

La Prieure d'Alba de Tormes était l'une des religieuses de l'Incarnation d'Avila qui avaient renoncé à la mitigation pour suivre la Madre Teresa. Juana del Espiritu Santo était si douce que lorsqu'elle réprimandait une moniale, elle finissait par se jeter à ses pieds et lui demander pardon; la Madre n'avait eu à lui reprocher que l'excès de ses jeûnes.

Se prévalant du fait que la Mère Fondatrice prétendait n'être que la sujette de la Prieure, celle-ci la supplia de se reposer et la guida vers sa cellule. Ana de San Bartolomé apporta du linge blanc : les malades seules y avaient droit et la petite converse se réjouit de contenter ainsi le goût de la malade pour l'extrême propreté. En effet, quand elle se vit dans un lit d'éclatante blancheur, habillée de toile fraîche, « jusqu'aux coiffes et aux manches », elle eut un sourire heureux :

— Il y a plus de vingt ans que je ne me suis couchée d'aussi bonne heure [3]... Cependant, dans le couvent, la consternation primait sur l'effervescence qu'un fait inattendu suscite chez des filles tenues à l'écart de tout événement. La *Madre Fundadora* serait-elle venue à Alba pour y mourir? Était-ce là ce que présageaient les signes surnaturels perçus dans ce couvent depuis le début de l'année? Dans le chœur, des lumières subitement apparues avaient effrayé celles qui n'en avaient pas été exaltées dans l'oraison. Récemment, alors que la communauté était en prières, les moniales avaient entendu trois gémissements très faibles, très doux, dont elles disaient maintenant qu'on eût dit les soupirs d'une biche à l'agonie.

Mais le lendemain matin, la Madre Teresa de Jésus était à la messe où elle communia : elle n'avait point coutume de céder aux faiblesses de sa carcasse. Elles purent la voir pendant quelques jours aller et venir, appuyée sur sa canne, monter les escaliers pour contempler des chambres hautes le Tormes qu'elle aimait tant, inspecter le monastère avec sa rigueur habituelle, soucieuse des moindres détails. Malgré l'âge et la maladie, son allure gardait cet on ne sait quoi de fier, de conquérant, dont n'avaient pu venir à bout la persévérance dans l'obéissance et l'humilité, tant de travaux, de persécutions.

La Madre avait du travail, à Alba : il s'agissait d'abord de remettre dans la voie droite la donatrice, Doña Teresa de Layz, qui faisait une rente aux sœurs mais tourmentait ces bonnes âmes.

Il y avait loin du jour où cette dame avait eu la vision de cette même maison, de son patio de verdure semé de fleurs blanches si belles qu'elle ne put les décrire, de son puits auprès duquel se tenait saint André sous les traits d'un vieillard magnifique. Il avait dit à la femme qui souhaitait avoir des enfants pour la gloire de son nom :

— Tes enfants seront autres que tu ne les demandes [4]...

Le monastère d'Alba de Tormes naquit de cette révélation, mais cette pieuse patronnesse était devenue, pour les filles du Carmel, une mère acariâtre.

La Madre la tança :

— Vous ne garderez jamais longtemps une Prieure, elles vous fuient toutes. Considérez que cette maison est la vôtre, et qu'on ne peut servir Dieu dans l'inquiétude. Tout cela n'est qu'enfantillages, attachements à soi-même. Ah, madame! Que les choses sont différentes, là où l'esprit règne vraiment [5]!

Doña Teresa de Layz avait été domptée. Car partout où la Madre passait, elle rétablissait l'ordre, et instaurait la paix.

Deux ou trois jours plus tard, ce fut le Recteur du Collège des Déchaux de Salamanque qui fit le voyage pour lui parler « de cette intrigue du démon [6] », cette sombre histoire de maison; elle discuta avec lui tout l'après-midi. Son indignation contre Ana de la Encarnacion, la Prieure, — sa cousine Ana de Tapia et l'une des plus anciennes Déchaussées, — qui venait de passer outre à ses interdictions et d'acheter la maison dont elle était entichée, eût fait honneur à une personne en excellente santé.

Le Recteur défendit la coupable : elle n'avait péché que par désespoir d'errer de baraque en baraque, depuis douze ans; et il ajouta :

— Enfin, c'est affaire faite, les papiers sont signés, les arrhes versées. A quoi sert de s'insurger contre le fait accompli? Que Votre Révérence pardonne à sa fille, qu'elle la console, après l'avoir accablée.

La Madre Fundadora se redressa :

— Affaire faite, mon fils? Elle n'est pas faite, et ne se fera point. Jamais les Déchaussées de Salamanque ne mettront les pieds dans cette maison, parce que telle n'est pas la volonté de Dieu, et parce que cette maison ne leur convient pas [7].

Pour elle, la volonté de Dieu coïncidait toujours avec la perfection.

Ce fut la dernière bataille qu'elle livra pour les intérêts de l'Ordre : cette fois encore, elle eut gain de cause, et encore une fois elle s'égaya en constatant qu'elle avait tout appris dans ces maisons de Dieu, qu'elle y était même devenue « marchandeuse, tracassière [8] », elle qui détestait l'argent et les négociations. Mais ne fallait-il pas veiller au bon gouvernement?

Ainsi qu'elle l'avait prédit, l'achat de cette maison de Salamanque échoua.

Au milieu de tout cela, elle ne cessait de s'inquiéter du misérable petit couvent de Saint-Joseph d'Avila et faisait part à Teresita et à Ana de San Bartolomé de son souci :

— Où ces pauvres filles vont-elles trouver de l'argent pour acheter du pain [9]?

Car là où était la Madre, les Carmélites avaient non seulement la paix du Seigneur, mais du bon blé.

Elle dit même à Ana :

— Ma fille, faites-moi un plaisir : dès que vous me verrez moins malade, cherchez-moi une carriole ordinaire, vous m'y installerez du mieux que vous le pourrez, et nous partirons toutes trois pour Avila [10].

Non pas qu'elle fût attachée à sa terre natale plus qu'à toute autre chose terrestre, mais il importait, à cause des intrigues de Francisco de Cepeda, que Teresita prit l'habit le plus tôt possible.

En cette fin de septembre, Teresa de Jesus n'était plus soutenue que par son prodigieux courage ; elle vomissait le sang, sa langue se paralysait par instants. Au matin de la fête de Saint-Michel, après la messe où elle communia, elle eut une hémorragie, on dut la transporter dans son lit. Le médecin jugea sa cellule trop froide, on la transporta dans une pièce mieux abritée, sorte d'alcôve précédée d'un dégagement. Une fenêtre donnait sur le cloître.

La veille, une religieuse avait vu briller cette fenêtre d'une lumière plus blanche et plus étincelante que le cristal : dès lors nulle ne douta que la Madre ne mourût là.

Elle le savait mieux que quiconque. Déjà en 1577 à Salamanque, elle avait dit au médecin qui lui enjoignait de se reposer : « Pour quatre ans que j'ai à vivre, il est inutile de prendre tant de soins... » Elle avait attendu son heure, toujours en paix et toujours à l'œuvre.

Maintenant, cette heure était accomplie.

Autrefois, elle avait eu peur de la mort. Puis, éprise de Dieu au point d'être en ce monde, « comme vendue en terre étrangère [11] », elle s'était exténuée dans les macérations, mourant de ne pas mourir. Car où trouver la Vie ailleurs que dans la mort? Et puis, la vie, elle l'avait découverte dans l'action.

Après avoir fondé son premier monastère, alors qu'elle était comblée dans ses aspirations de solitude et de prière et élevée par Jésus aux sommets de l'amour dans cette maison bénie qu'était Saint-Joseph d'Avila, elle supplia le Seigneur de l'emmener avec lui, ou de lui donner les moyens de le servir.

Il lui commanda alors de fonder dix-sept couvents de sœurs sans compter ceux des religieux, de révolutionner les mœurs monastiques de son temps, de donner au travail les vertus de la plus haute contemplation et de faire de la contemplation un travail efficace, de combler toutes différences sociales par un amour égalitaire, de mettre la loi de Dieu au-dessus des préceptes humains. Enfin, pauvre, détachée de tout et surtout d'elle-même, humble et faible femme, en des temps où la femme ne jouissait d'aucun prestige et d'encore moins de moyens, de financer, organiser administrer ces maisons de la Vierge, alimenter, gouverner quelques centaines de sujets avec la même ampleur dans l'ensemble et la même minutie dans le détail que si elle eût été riche, ambitieuse et avide. Ah non, il ne s'agissait pas de s'« encapuchonner [12] » dans l'oraison! « Le Seigneur veut des actes, il veut des œuvres! Si tu vois une malade que tu puisses soulager, ne te soucie pas de sacrifier tes dévotions, occupe-toi d'elle; ses douleurs tu dois les ressentir; jeûne s'il le faut pour la nourrir. Telle est l'union véritable avec Dieu [13]. »

A partir de ce moment-là, pour Teresa de Jésus l'amour divin ne fut plus mourir de ne pas mourir, mais comprendre, souffrir, renoncer et servir.

Jusqu'à ce qu'elle ait achevé le travail de son Père. Il allait, maintenant, lui être enfin donné de retourner auprès de lui.

C'était pour elle d'une simplicité enfantine.

Pour elle seule. Car telle la naissance du fils d'un Roi, la mort d'une fille de Dieu tenue pour sainte de son vivant ne pouvait avoir lieu sans témoins. Il y eut foule dans la cellule de la Madre Teresa de Jésus. Cellule pareille à toutes les autres dans le couvent d'Alba de Tormes et dans tous les couvents du Carmel : la grande croix de bois brut sur les murs blanchis à la chaux, la bure brune sur la blancheur des draps, le ciel bleu de Castille dans l'embrasure d'une fenêtre.

Catalina de la Concepcion et Catalina Bautista aidaient Ana de San Bartolomé à soigner la mourante. Sa patience, son endurance, le souci qu'elle avait de la peine qu'elle leur donnait, les exaltaient dans la louange de Dieu.

Doña Maria Enriquez vint la voir : Teresa s'excusa auprès d'elle, tant elle craignait que l'odeur d'un médicament répandu par mégarde ne l'incommodât. Or, non seulement l'odeur des médecines ne se percevait pas, mais un parfum merveilleux embaumait la pièce; tout ce que touchait la Madre en était imprégné.

Teresita demeurait auprès d'elle, ainsi que Doña Teresa de Layz, le P. Antonio de Jésus, la Prieure Juana del Espiritu Santo, Maria de San Francisco qui l'avait reçue dans ses bras à Salamanque le jour où le doux chant d'Isabel de Jésus l'avait ravie au ciel. Il y avait aussi Teresa de San Andres qui vivait chargée de fers et de cilices, mais elle était si belle, elle cachait si pudiquement ses austérités que la Madre l'avait un jour proclamée en l'embrassant « l'honneur de la pénitence ».

— Je viendrai vous chercher lorsque ce sera votre tour [14], lui dit-elle en la remerciant de l'assister à son lit de mort.

Dans un coin de la pièce, le visage anxieux de la fille d'Antonio Gaytan, Mariana de Jésus que la Madre appelait autrefois « ma petite vermine » et qu'elle appelait maintenant « le petit ange », car cette novice n'avait pas quinze ans. Teresa devina son inquiétude : après la mort de sa protectrice, lui permettrait-on de prendre le voile, sans dot, dans cette maison? Elle la rassura :

— Mon enfant, ne t'afflige point : tu feras profession ici [15].

On eût dit que sa mort ne la concernait pas, tant elle semblait uniquement occupée à bénir et consoler : le miracle de l'amour achevait sa métamorphose.

Tout cela se passait dans un immense silence. Aussi Catalina de la Concepcion qui se tenait près de la fenêtre fut-elle offusquée d'entendre soudain la rumeur d'une foule joyeuse; elle s'apprêtait à sortir pour faire taire ce bruit lorsqu'elle vit un grand nombre de dames et gentilhommes en habits resplendissants qui traversaient le cloître et entraient dans la chambre de la sainte : les dix mille martyrs venaient convier Teresa de Jésus aux noces éternelles.

Le 2 octobre, la Madre annonça à Ana de San Bartolomé que sa mort était proche. Elle demanda le Saint-Sacrement. Le R. P. Vicaire provincial Antonio de Jésus reçut sa confession à genoux près de son lit. Puis, il la supplia :

— Madre, demandez au Seigneur de ne pas vous emmener. Ne nous quittez pas aussi vite...

On l'entendit répondre :

— Padre, tais-toi! Faut-il que ce soit toi qui parles ainsi? Je ne suis plus nécessaire en ce monde [16].

Maintenant que son œuvre était accomplie, elle se laissait anéantir par l'amour de Dieu et le désir qu'elle avait de le rejoindre.

Ses recommandations à ses filles furent brèves :

« Mes filles et mes dames, pour l'amour de Dieu, je vous demande de bien observer la Règle et les Constitutions; si vous les gardez ponctuellement, nul autre miracle ne sera nécessaire à votre canonisation. N'imitez pas les mauvais exemples que vous a donnés cette mauvaise religieuse et pardonnez-moi [17]. »

Cela n'impliquait-il pas ses vertus préférées : l'amour, l'humilité, l'obéissance, le travail?

Elle répéta plusieurs fois avec clarté et majesté : « Seigneur, je suis fille de l'Église [18]. »

Elle était si mal qu'il fallait deux religieuses pour la remuer dans son lit. Mais lorsqu'elle vit entrer le Très Saint-Sacrement, elle se redressa d'un bond et se mit à genoux; son visage s'enflamma d'amour et d'allégresse.

Sa dernière communion fit jaillir de ses lèvres ses dernières exclamations : « Mon époux et Seigneur! L'heure désirée est venue. Il est temps de nous voir, mon Aimé, mon Seigneur. Il est temps de me mettre en route. Partons, c'est l'heure [19]... »

Lorsque le P. Antonio de Jésus lui demanda si elle voulait qu'on emporte son corps à Avila, un sourire s'ébaucha sur ces lèvres qui avaient loué la joie autant qu'elles avaient prôné le renoncement :

— Jésus! Cela, mon Père, doit-il se demander? Ai-je quoi que ce soit en propre? Ne me fera-t-on pas ici la charité de me donner un peu de terre [20]?

Toute la nuit, qu'elle passa dans une béatitude extatique, elle redit le verset d'un psaume; mais elle qui avait si souvent déclaré ne pas vouloir de nonnes latines le prononça en sa langue castillane : « Un esprit affligé est un sacrifice agréable au Seigneur... Dieu! tu ne méprises pas un cœur contrit [21]! »

Elle revenait souvent sur les mots « cœur contrit » et semblait avoir plaisir à les accentuer.

A l'aube du lendemain, fête de saint François d'Assise, elle se coucha sur le côté, « dans la position qu'on donne à Marie Magdeleine »; ses sœurs purent la contempler : les rides creusées par l'âge et la maladie avaient disparu; son visage transfiguré était si calme et si lumineux « qu'on eût dit une lune pleine [22] ».

Celles qui l'avaient vue en extase dirent qu'elle était en présence de Dieu.

Son regard ne revint vers le monde qu'une fois : le P. Antonio de Jésus venait d'ordonner à Ana de San Bartolomé d'aller manger quelque chose, — depuis plusieurs jours la pauvre fille n'avait pris ni sommeil ni nourriture. La Madre ouvrit des yeux inquiets et fit effort pour tourner la tête comme pour chercher quelqu'un. Teresita la comprit et courut appeler la petite sœur au voile blanc. Quand elle la vit entrer, la Madre s'apaisa, lui prit les mains et, avec un sourire qui ne s'effaça plus, coucha sa tête sur ses bras.

C'est ainsi, soutenue par une paysanne de Castille qu'elle attendit d'être emportée, au-delà des Septièmes Demeures, par « l'aigle impétueux de la Majesté de Dieu [23] ».

Un parfum admirable émanait d'elle.

Elle expira en trois gémissements très faibles, très doux.

Le visage de Teresa de Jésus resta dans la mort si beau et si resplendissant « qu'on eût dit un soleil enflammé [24] ».

La Duchesse d'Albe fit couvrir d'un drap d'or le corps de celle qui avait choisi de vivre vêtue de bure.

Paris, mai 1948 - Champrosay, 7 juin 1950.
Fête de la bienheureuse Anne de Saint-Barthélemy.

Annexes

Épilogue

Sainte Thérèse de Jésus

Son corps incorruptible.

Parmi les récits qui ont été faits de l'ensevelissement de la Mère Teresa de Jésus, préférons les quelques lignes d'Ana de San Bartolomé :

« Le lendemain de sa mort, on l'enterra avec toute la solennité possible. Son corps fut mis dans un cercueil; mais on le chargea de tant de pierres, chaux, briques, que le cercueil céda sous le poids, et tout cela y pénétra. Ceci avait été fait par celle qui dota cette maison, nommée Teresa de Layz; nul ne put l'en empêcher, il lui semblait qu'en la chargeant ainsi elle serait plus sûre qu'on ne l'enlèverait point de là [1]. »

Mais il émanait un parfum si délicieux de la tombe de Teresa de Jésus que les moniales souhaitèrent revoir le corps de leur Mère. Elles profitèrent d'un passage du P. Gracian pour lui en exprimer le vœu. Francisco de Ribera raconte :

« Cela lui sembla bon, et ils commencèrent à enlever très secrètement les pierres; il y en avait tant que son compagnon et lui mirent quatre jours... Le cercueil fut ouvert le 4 juillet 1583, neuf mois après l'enterrement; on trouva le couvercle brisé, à moitié pourri et plein de moisissures, l'odeur d'humidité était très forte... Les habits étaient également pourris. Le saint corps était couvert de la terre qui avait pénétré dans le cercueil, moisi lui aussi mais aussi sain et entier que s'il eût été enterré la veille [2]. »

Ici, une note du P. Gracian ajoute au récit du P. Ribera :

« Elle était si entière que mon compagnon Fr. Cristobal de San Alberto et moi nous sortîmes tandis qu'on la déshabillait; on me rappela lorsqu'elle fut recouverte d'un drap; découvrant ses seins, je fus surpris de les voir aussi pleins et aussi droits [3]. »

« On la dévêtit presque entièrement, — car on l'avait enterrée en son habit, — on lava cette terre; et il se répandit dans toute la maison une grande et merveilleuse odeur qui dura plusieurs jours... On lui mit une robe neuve, on l'enveloppa dans un drap et on la déposa dans un coffre, là même où elle était auparavant. Mais avant de ce faire, le P. Provincial lui ôta la main gauche [4]... »

Gracian ajoute là encore une note au texte du P. Ribera : « J'ai emporté cette main dans une coiffe, et de plus pliée dans du papier; et il en distillait de l'huile... Je l'ai laissée à Avila, dans un coffret fermé... Lorsque je coupai la main, je coupai aussi un petit doigt que je porte sur moi... Lors de ma captivité, les Turcs me l'ont pris, et je l'ai racheté pour quelque vingt réaux et des anneaux d'or [5]. »

Mais Avila ne se résignait pas à ne pas posséder le corps d'une si illustre fille. Il fut donc décrété au Chapitre des Carmes Déchaux que la Madre Teresa y serait transférée; afin d'éviter que les ducs d'Albe ne suscitent des obstacles, ce transfert prit la forme d'un enlèvement.

Le chanoine Don Juan Carrillo, trésorier de la cathédrale d'Avila, fait le récit de l'équipée à laquelle il prit part :

« Le P. Julian de Avila et moi nous partîmes le vendredi 23 de ce mois de novembre, de très bonne heure, conformément aux recommandations du P. Gregorio Nacianceno; avant de pénétrer dans Alba de Tormes, je le fis prévenir de notre arrivée; il m'écrivit de n'entrer dans la ville que prudemment, en secret, et d'aller le voir à sept heures du soir en l'auberge où il était. J'y fus, je le trouvai seul, le P. Fr. Jeronimo Gracian arriva peu après. Nous traitâmes de la manière dont Notre-Seigneur avait tout disposé pour que la translation du corps de la sainte Mère ait lieu à ce moment, et des moyens singuliers dont il s'était valu pour éloigner d'Albe tous ceux qui pouvaient l'empêcher : il y avait des années que le bourg n'avait été aussi désert, la Duchesse elle-même était partie la veille. Nous décidâmes de nous retrouver le lendemain, dimanche, en ce même lieu et à la même heure et de ne pas nous montrer d'ici là. Ainsi fut fait.

« Ce jour-là, le P. Gregorio, qui avait hâte d'en avoir fini, entra dans le couvent avec le P. Gracian qui, lui, était plus craintif. Les religieuses demandèrent instamment à voir le saint corps; la nuit tombée, ils le sortirent du coffre et trouvèrent très abîmés l'habit et le linge qui le couvraient. Toutes les sœurs le contemplèrent avec un contentement et une allégresse extrêmes. Lorsqu'elles furent parties à Complies et Vigile, — qu'elles dirent fort vite dans leur hâte de revenir, si bien qu'on dut leur ordonner de dire matines dans le chœur d'en haut, — les Pères restèrent seuls avec la Prieure et la Sous-Prieure; le moment leur sembla venu de leur montrer la lettre du chapitre qui décidait du transfert du saint corps à Saint-Joseph d'Avila, ce qui leur causa infiniment de trouble et de peine. Ils lui enlevèrent un bras [6]... »

Le P. Gregorio Nacianceno se chargea de l'amputation. Voici l'opération, d'après le P. Ribera :

« ... Bien malgré lui, — il me dit depuis que c'est là le plus grand sacrifice qu'il ait fait à Notre-Seigneur, — et uniquement pour ne pas manquer à l'obéissance, il tira un couteau qu'en prévision il portait à sa ceinture, et l'enfonça sous le bras gauche, celui dont le P. Gracian avait coupé la main et qui avait été démis lorsque le démon avait jeté dans un escalier la sainte Mère. Chose merveilleuse : sans faire plus d'effort que pour couper un melon ou du fromage frais, il coupa le bras à la jointure aussi facilement que s'il avait longtemps cherché pour la trouver... Et le corps resta d'un côté, le bras de l'autre [7]... »

Ce corps ne put tenir dans la malle que les moines avaient apportée... « ils le revêtirent donc de ses habits et l'enveloppèrent dans une couverture de bure. Le P. Fr. Gregorio le prit dans ses bras et alla le déposer dans une chambre, en face du couvent », suivi du P. Gracian : Julian de Avila les attendait.

« Le saint corps déposé sur le lit, le P. Gracian le découvrit et nous le vîmes tel qu'il avait été enterré, sans qu'un cheveu lui manquât, charnu des pieds à la tête, le ventre et les seins tels que s'ils n'eussent point été faits de choses corruptibles, si bien que lorsqu'on approche la main, la chair, bien que plus légère, se laisse saisir comme si la mort était récente. La couleur du corps est semblable à ces enveloppes en vessie dans lesquelles on met la graisse de bœuf : le visage est un peu aplati, on voit qu'il a été heurté par l'excès de chaux, briques et pierres, qu'on a jetées dessus lorsqu'il fut enterré, mais il n'a rien de brisé; l'odeur qui émane de ce saint corps, lorsqu'on l'approche de très près, est extrêmement bonne; elle n'est pas aussi forte lorsqu'on s'en éloigne, et nul ne sait dire à quoi elle ressemble; si elle rappelle quelque chose, c'est le trèfle, mais légèrement.

« Après avoir bien vu ce saint corps et eu entière satisfaction en tout ce qui vient d'être dit, nous l'enveloppâmes, ainsi vêtu, dans un drap puis dans une couverture de bure, et après l'avoir bien cousu et lié, nous l'emportâmes à l'auberge [8]... »

Fray Gregorio Nacianceno et Julian de Avila passèrent la nuit « en si grande et sainte compagnie, et le parfum était tel qu'une fois qu'il fut installé sur un mulet, entre deux bottes de paille, pour la route, la pièce où il avait été resta tout embaumée [9] ».

Et voici la dame errante de Dieu encore une fois par monts et chemins, escortée des fidèles compagnons de ses fondations. C'était en novembre 1585, trois ans après sa mort.

« Nous partîmes d'Alba le lundi à quatre heures du matin; la nuit était aussi sereine qu'en juin, et aussi tiède. Il en fut ainsi tant que nous fûmes en route, jusqu'à notre arrivée à Avila, vers six heures du soir [10].

« Cette si grande relique fut remise aux sœurs de Saint-Joseph qui sont aussi heureuses de l'avoir que celles d'Alba étaient affligées de la perdre... »

Le corps de la Madre Teresa fut déposé fort décemment en un lieu où toutes les religieuses pussent l'approcher et s'en réjouir. D'abord, au chapitre, entouré de tentures très bien disposées; puis, elles firent un long coffre, en forme de cercueil, matelassé intérieurement de taffetas noir avec des passementeries de soie et d'argent, recouvert extérieurement de velours noir avec passementeries d'or et de soie, et un cloutage doré ainsi que serrures, clefs, verrous; on mit deux écussons en or et argent, l'un de l'ordre, l'autre du Très saint nom de Jésus. Sur cette tombe, un écriteau brodé en or et argent : « La Madre Teresa de Jesus [11]. »

L'Évêque, Don Pedro Fernandez de Temiño, avait été informé du « trésor qu'il avait en sa ville », et il fit annoncer sa visite.

A neuf heures, l'Évêque, entouré d'une vingtaine de personnes, dont les auditeurs, deux médecins, le P. Diego de Yepes, Julian de Avila, entrèrent dans le porche; on ferma la porte de la rue, et Teresa de Jesus fut déposée sur un tapis. On découvrit ce saint corps à la lumière des torches, et tous, à genoux, la tête découverte, « le contemplèrent avec grande admiration et beaucoup de larmes [12] ».

« Les médecins examinèrent le corps et décidèrent qu'il était impossible que cela soit chose naturelle. sinon vraiment miraculeuse... car après trois ans, sans avoir jamais été ouvert, ni embaumé, il était si entier que rien ne lui manquait et il en émanait une odeur admirable [13]. »

L'Évêque interdit, sous peine d'excommunication, à toutes les personnes présentes, de parler de tout cela. « Mais elles disaient : « Oh, les grandes merveilles que nous avons vues! » Ces gens avaient une telle envie d'en faire la description qu'enfin l'Évêque dut lever son excommunication, et les faits se publièrent dans toute la ville [14]. »

Lorsque la nouvelle du rapt du corps de sainte Thérèse parvint aux oreilles du duc d'Albe, il entra dans une grande colère. Il commença par menacer les Carmélites d'Alba de Tormes des plus graves sévices si elles laissaient enlever le bras qu'on leur avait laissé en manière de consolation et entama des négociations avec Rome. Il était puissant, et le destin de la Mère Fondatrice était de ne point cesser de voyager. Sa Sainteté donna l'ordre de rendre son corps au couvent d'Albe. Il fut enlevé encore une fois « en grand secret » du petit couvent de Saint-Joseph, transporté clandestinement, et ramené, à Alba de Tormes...

Le P. Provincial eut beau stipuler « que ce n'était qu'un prêt », les saintes dépouilles de la Mère Teresa de Jésus ne revinrent jamais en sa ville natale...

Elles furent bien des fois encore identifiées, exhibées...

Ribera vit le corps en 1588 : « Il est droit, bien qu'un peu penché en avant, ainsi que marchent les vieux, et on voit bien que la taille était belle. Lorsqu'on le redresse, il suffit de le soutenir d'une main derrière le dos pour qu'il reste debout; on le déshabille et habille comme s'il était vivant... Il est couleur de datte... Les yeux sont secs, mais entiers. Les grains de beauté qu'elle avait sur le visage ont encore leurs poils... Les pieds sont jolis, bien proportionnés... »

Et le bon Ribera d'ajouter :

« Ce fut pour moi si grande consolation de voir ce trésor caché que je ne crois pas avoir de toute ma vie vécu un plus beau jour... Je regrette seulement de penser qu'on le découpera un jour, à la prière de graves personnages, ou à l'instance des monastères [15]... »

Il en fut ainsi, en effet.

Le corps de la Madre Teresa de Jesus fut éparpillé. Le pied droit et un morceau de la mâchoire supérieure sont à Rome, la main gauche à Lisbonne, la main droite, l'œil gauche, des doigts, des lambeaux de chair, épars en Espagne et dans toute la chrétienté.

Son bras droit et son cœur sont dans des reliquaires à Alba de Tormes, ainsi que ce qui reste de ce corps parfait et incorruptible.

Béatification et canonisation de Téresa de Jésus.

Dès 1602, des suppliques pour la béatification de la Madre Teresa de Jésus affluent à Rome. En 1614, soixante-dix galères partent de Gênes, commandées par le grand amiral de la flotte, Don Carlos Doria : elles apportent en Espagne l'annonce de la béatification de la *Madre Fundadora.*

En 1622, la bienheureuse devenait sainte Thérèse de Jésus. Au cours de la cérémonie de canonisation, on lâcha dans Saint-Pierre des colombes et une multitude de petits oiseaux.

En 1626, les Cortès déclarent sainte Thérèse patronne des royaumes d'Espagne. Mais l'Espagne avait déjà un patron, saint Jacques, et ses tenants firent révoquer le décret. Mais si la Madre n'a pas cette gloire officielle, du moins en garde-t-elle, officieusement, le prestige.

En 1915, le roi Alphonse XIII, par une circulaire du ministère de la Guerre, déclara sainte Thérèse patronne du corps et troupes de l'Intendance militaire. C'était dûment témoigner en faveur de la bonne administration de celle que l'Université de Salamanque avait déjà consacrée docteur mystique, et à qui le Saint-Père avait conféré « les honneurs célestes ».

Les ménagères pourraient aussi bien la prendre pour patronne, ainsi que les femmes d'action de notre XXe siècle; tous ceux qui bâtissent, travaillent, créent, tous ceux qui ont le culte de l'amitié, tous ceux qui espèrent contre vent et marée.

Car ce n'est pas un des moindres mérites de sainte Thérèse de Jésus que de démontrer qu'une personnalité sublime doit être une personnalité complète, et que les grands saints ne font pas fi des petites vertus.

Ana de Jésus

On doit à Ana de Jésus le *Cantique spirituel* de saint Jean de la Croix. Il le rédigea sur sa demande, et le lui dédia. Elle fonda avec lui, en 1586, le couvent des Déchaussées de Madrid.

C'est elle qui s'occupa de réunir les manuscrits de celle que les Carmélites appellent « la Sainte Mère » pour les publier, et les remit à Fray Luis de Leon. Aussi la belle lettre qui préface l'édition de 1588, la première, est-elle adressée « Aux Mère Prieure Ana de Jésus et religieuses Carmélites Déchaussées du monastère de Madrid, et M. Fray Luis de Leon ».

Ana de Jésus était décidément une Égérie : sur sa demande, Fray Luis écrivit son *Exposition du livre de Job.*

Il lui fut infligé trois ans de réclusion en 1591 pour avoir vaillamment pris le parti du P. Gracian, persécuté par Nicolas Doria.

En 1604, ses supérieurs la désignèrent comme la plus digne d'aller en France introduire l'esprit thérésien dans les couvents du Carmel dont Mme Acarie projetait la fondation. Bérulle vint la chercher. Elle fonda les monastères de Paris, de Dijon, puis passa en 1607 aux Pays-Bas où elle fonda le couvent de Bruxelles.

Elle retrouva là le P. Gracian, et s'occupa avec lui de faire imprimer le livre des *Fondations* de sainte Thérèse qui n'avait pu être édité en même temps que ses autres ouvrages.

Elle mourut à Bruxelles, en 1621. Sa cause de béatification a été introduite en 1876.

Ana de San Bartolomé

La fidèle petite sœur converse fut désignée, elle aussi, pour partir fonder les Carmels en France. Lorsqu'il lui fallut accepter d'être fondatrice et Prieure du Carmel de Pontoise, elle dut consentir, par obéissance à prendre le voile noir des religieuses de chœur.

Morte à Anvers le 7 juin 1626, elle est bienheureuse depuis le 6 mai 1917.

Antonio de Jésus

Le P. Antonio de Jésus survécut dix-neuf ans à la Mère Fondatrice. Il mourut à Velez Malaga, âgé de quatre-vingt-onze ans.

La princesse d'Éboli

Le 28 juillet 1579, la princesse d'Éboli avait été arrêtée, sous l'inculpation de complicité avec Antonio Perez, secrétaire de Philippe II, dans l'assassinat d'Escobedo, secrétaire de Don Juan d'Autriche. On l'enferma à la tour de Pinto.

Après un temps d'emprisonnement au château de Santorcaz, elle fut enfin prisonnière chez elle, à Pastrana, jusqu'à sa mort, en 1592.

Ainsi finit, à l'âge de cinquante-deux ans, Ana de Mendoza, victime de ses propres intrigues. Plus d'une fois, la Madre Teresa de Jésus avait chargé le P. Jeronimo Gracian d'aller voir, consoler, soutenir, celle qui avait tout fait pour la perdre.

Jeronimo Gracian de la Madre de Dios

Les attaques contre le P. Gracian commencèrent dès la mort de la Madre Teresa de Jésus. Il est alors Provincial de l'ordre, et toujours naïf, toujours peu perspicace, il envoie Nicolas Doria à Rome. Celui-ci en profita pour se faire donner la commission d'agent pontifical, et à ce titre, il se dressa immédiatement contre Gracian et son projet d'étendre l'ordre en Afrique. Il n'hésita pas à formuler contre lui de telles accusations que quelques-uns démandèrent la déposition du Provincial.

Cela n'empêcha pas Gracian lui-même de proposer au chapitre de 1585 l'élection du P. Nicolas Doria de Jésus Marie comme Provincial. Décidément, Gracian était un saint... Il fut même nommé Vicaire provincial au Portugal : c'était l'enlever du chemin, laisser le champ libre à ses ennemis. Le P. Nicolas Doria ne se priva pas d'intriguer de sorte à gouverner les Carmes d'Espagne à l'opposé du gouvernement de Gracian et de la tradition thérésienne. C'est pourquoi les chères filles de la Madre, telles Ana de Jésus et Maria de San José, fidèles à la Mère Fondatrice, furent aussi persécutées.

La campagne de diffamation à laquelle le P. Jeronimo de la Madre de Dios n'opposa qu'une patience angélique aboutit à son expulsion de l'ordre en 1592 : on lui retira l'habit de Notre-Dame.

En habit séculier, il partit pour Rome, où ses efforts pour vaincre l'hostilité fomentée par Doria furent vains. Il s'embarqua pour Naples, tomba dans les mains des Turcs, fut emmené à Tunis, captif du Pacha, chargé de chaînes, tatoué de croix sous la plante des pieds. Il ne cessa cependant pas son apostolat, « convertissant Maures et renégats ». Racheté en 1595, de retour à Rome, le pape Clément VIII le réintégra dans l'ordre du Carmel.

Il vécut en Belgique jusqu'à sa mort, en 1614. Il invoqua jusqu'à son dernier soupir le nom de la Mère Teresa de Jésus, étreignant ses reliques. (D'après Fr. Jeronimo Gracian de la Madre de Dios, *Dircurso leido ante la Real Academia de España* por el Excmo Señor Marques de San Juan de Piedras Albas.)

Saint Jean de la Croix

Ce n'est qu'après la mort de Teresa de Jésus que Jean de la Croix termine la plupart de ses grands ouvrages mystiques commencés en 1578 : *Montée du Mont-Carmel*, *La Nuit obscure*, *Cantique spirituel.* Prieur du couvent des Carmes Déchaux de Grenade, il y restera d'une façon plus ou moins permanente jusqu'en 1588, époque à laquelle il est nommé Prieur à Ségovie.

Il prit énergiquement le parti du P. Gracian contre les innovations de Doria, et il en pâtit cruellement. Dépouillé de toutes charges et dignités au début de 1591, on lui donna l'ordre de se retirer au désert de la Peñuela.

Il vécut à Ubeda les dernières semaines de sa vie, et y mourut le 14 décembre 1591 après de grandes souffrances physiques et morales.

Saint Jean de la Croix fut proclamé docteur de l'Église par Pie XI.

Son tombeau est à Ségovie.

Maria de San José

Elle fut renvoyée au Portugal pour fonder, en 1585, le couvent des Carmélites Déchaussées de Lisbonne. Sa fidélité au P. Gracian dans le conflit Gracian-Doria lui valut d'être, elle aussi, diffamée, persécutée, et de passer neuf mois en prison. Elle était désignée pour être l'une des fondatrices du Carmel en France, en tant que l'une des plus dignes continuatrices des traditions thérésiennes, lorsqu'elle mourut à Cuerva, province de Tolède, en 1603.

Chronologie

1515. Naissance de Teresa de Ahumada y Cepeda.	1515. Marignan.
	1516. Avènement de Charles-Quint
1519. Naissance de Lorenzo.	1519. Luther rompt avec Rome. Charles-Quint empereur d'Allemagne.
	1519-21. Conquête du Mexique par Cortez.
1520. Naissance d'Antonio.	1520. Camp du Drap d'Or. Les *Comuneros*.
1521. Naissance de Pedro.	1521. Excommunication de Luther. Première guerre de François Ier contre Charles-Quint. Découverte des Philippines.
1522. Teresa s'enfuit avec Rodrigo. Naissance de Jeronimo.	1522. Prise de Rhodes par les Turcs. Cortez, capitaine général de la Nouvelle Espagne. Retour en Espagne de l'expédition de Magellan. Conquête de Milan.
	1523. Clément VII (Julien de Médicis) élu pape.
	1524. Pizarre chez les Incas. A. de Madrid : *Arte de servir a Dios*.
	1525. Pavie. François Ier prisonnier à Madrid. Réforme franciscaine de Matthieu de Bassi.
	1526. Dürer peint les *Apôtres*. Fondation de l'ordre des Capucins.
1527. Naissance d'Agustin.	1527. Naissance de Philippe II. Sac de Rome par les Impériaux. Le Pape enfermé à Saint-Ange. Marguerite, reine de Navarre.
	1527-54. Osuna : *Abecedario Espiritual*.

1527. L'assemblée de Valladolid examine la doctrine d'Érasme.

1528. Naissance de Juana. Naissance de Juan. Mort de Doña Beatriz de Ahumada : fin 1528, à moins que ce ne soit en 29 ou 30.

1528. Famine en Castille.

1529. Couronnement impérial de Charles-Quint. Fondation de l'ordre des Barnabites. Construction du château de Saint-Germain-en-Laye.

1530. Paix des Dames entre Charles-Quint et François Ier. Francisco Pizarro vient à Madrid solliciter la faveur de poursuivre la conquête du Pérou. L'Espagne intellectuelle divisée entre érasmites et anti-érasmites. Reprise de la persécution contre les *Alumbrados*.

1531. Teresa entre comme pensionnaire au couvent de Notre-Dame de Grâce.

1531. Philippe II enfant à Avila.

1531 - 41. Conquête du Pérou et du Chili.

1531. Henri VIII rompt avec Rome. Michel-Ange : *La Nuit et l'Aurore.*

1532. Fernando part pour l'outre-mer. Teresa, malade, revient chez son père.

1532. Rabelais : *Grandes et inestimables chroniques de Gargantua. Faits et prouesses de Pantagruel.* Pizarre franchit les Andes, fait prisonnier Atahualpa.

1533. Début du règne d'Ivan le terrible.

1534. Charles-Quint vient à Avila. Paul III (Alexandre Farnèse) élu pape. Vœux d'Ignace de Loyola. Premier voyage de Cartier au Canada. Rabelais : *Vie du grand Gargantua.*

1535. Départ de Rodrigo pour l'outre-mer.

1535. B. de Laredo : *Subida de Monte Sion.*

1536. Teresa entre à l'Incarnation; prend l'habit le 2 novembre.

1536. Fin de la conquête du Pérou. Calvin : *Institution Chrétienne.* Mort d'Érasme. Suppression des couvents en Angleterre. Assassinat d'Alexandre de Médicis par Lorenzaccio

1537. Teresa fait profession le 3 novembre. Elle tombe gravement malade.

1538. Départ pour Castellanos de la Cañada et cure de Becedas. On la tient pour morte.

1538. Excommunication d'Henri VIII.

1539. Mort de l'impératrice Isabelle. Conversion de saint François Borgia. Mercator dresse la carte du monde. Organisation de la Compagnie de Jésus.

1540. Lorenzo, Jeronimo, Pedro, s'embarquent pour le Pérou. Guérison de Teresa.

1540. Jean de Dieu fonde les Frères de la Charité. Titien : *Présentation au Temple.*

1541. Philippe II investi du gouvernement des Espagnes. Ignace de Loyola général des Jésuites. Barberousse écrase les Espagnols. Michel-Ange : *Jugement dernier.*

1542. Naissance de saint Jean de la Croix. Copernic : *De Revolutionibus.*

1543. Mort de Don Alonso de Cepeda.

1543. Garcilaso de la Vega : *Églogues.* Boscan introduit en Espagne les maîtres italiens.

1545. Ouverture du Concile de Trente.

1546. Mort d'Antonio à Iñaquito.

1546. Procès de Magdalena del Cruz.

1547. Naissance de Cervantes.

1548. Le Pape déclare Charles-Quint hérétique et schismatique. Rabelais : *Le Quart livre.*

1549. Charles-Quint sépare les Pays-Bas de l'Empire. Saint François-Xavier au Japon.

1550. Jules III, pape. Ronsard : *Odes.* Approbation des Constitutions de la Compagnie de Jésus. Dernier édit de Charles-Quint contre les hérétiques des Pays-Bas.

	1552. Ronsard : *Amours.* Las Casas : *Brevisima relacion de la destruccion de las Indias.*
1553. Reconversion de sainte Thérèse.	1553. Avènement de Marie Tudor.
1554. Rencontre de sainte Thérèse et de saint François Borgia.	1554. Mariage de Philippe II et de Marie Tudor. Les Jésuites s'installent à Avila. Fray Luis de Granada : *Libro de oracion y meditacion.* Publication de *El Lazarillo de Tormes.* Index de l'inquisiteur Valdes.
	1555. Abdication de Charles-Quint et retraite à Yuste.
	1556. Marcel II, pape, puis Paul V. Avènement de Philippe II. Louise Labbé : *Sonnets.* Fr. Luis de Granada : *Guia de pecadores.* Véronèse : *Couronnement de la Vierge.* Michel-Ange : *Mise au tombeau.* Mort d'Ignace de Loyola.
1557. Mort de Rodrigo au Chili.	1557. Guerre avec la France. Bataille de Saint-Quentin.
1558. Rencontre de sainte Thérèse et de saint Pierre d'Alcantara.	1558. Destruction du protestantisme espagnol. Procès de l'archevêque de Tolède par l'Inquisition. Mort de Charles-Quint. Élisabeth, reine d'Angleterre.
	1559. Mort de Henri II et avènement de François II. Un décret interdit aux Espagnols de faire des études dans les universités étrangères. P. Lescot travaille au Louvre. Pie IV, pape. Amyot : traduction des *Vies* de Plutarque. Premier *Index Vaticanus.* Autodafé de Valladolid.
1560. Sainte Thérèse et ses compagnes décident de fonder un couvent du Carmel conforme à la Règle primitive de l'ordre.	1560. Mort de François II. Mariage de Philippe III avec Élisabeth de Valois. Philippe II installe sa cour à Madrid. Inquisition à Tolède et à Séville.
1561. Mise en route des travaux pour le futur couvent.	1561. Naissance de Gongora. Fr. Luis de Granada : *Memorial de la vida cristiana.*

1562. Sainte Thérèse à Tolède chez Doña Luisa de la Cerda. Juin: termine la première rédaction du *Livre de sa Vie*. Juillet : retour à Avila. 24 août : fondation du couvent de Saint-Joseph, retour immédiat à l'Incarnation.	1562. Massacre de Wassy. Mort de saint Pierre d'Alcantara. Naissance de Lope de Vega.
1563. Sainte Thérèse quitte définitivement l'Incarnation pour Saint-Joseph.	1563. Clôture du concile de Trente. Agitation des Pays-Bas contre l'Espagne. Pose de la première pierre de l'Escorial.
1565. Mort de Fernando en Colombie.	1565. Naissance de Mme Acarie. Théâtre de Lope de Rueda.
	1566. Pie V, pape. Doublement des impôts en Castille.
1567. Le P. Rubeo arrive à Avila. Il donne à sainte Thérèse des patentes pour fonder des monastères de religieuses et de moines. 15 août: fondation du couvent de Medina del Campo. Première rencontre avec saint Jean de la Croix.	1567. Terreur espagnole aux Pays-Bas.
1568. Rédaction des Constitutions les Carmélites Déchaussées. 11 avril : fondation du couvent de Malagon. 15 août : fondation du couvent de Valladolid. 28 novembre : fondation par saint Jean de la Croix du premier couvent de Déchaux, à Duruelo.	1568. Le duc d'Albe établit à Anvers le Tribunal des Troubles. 1568-70. Révolte des Morisques en Andalousie, répression par Don Juan d'Autriche.
1569. 14 mai : fondation du couvent de Tolède. 9 juillet: fondation à Pastrana du couvent de Carmélites Déchaussées. 13 juillet : fondation du monastère des Carmes Déchaux.	1569. Ercilla publie le début de *La Araucana*.
1570. Fondation du couvent de Salamanque le jour de saint Michel.	1570. L'Espagne, Venise et le Pape s'allient contre les Turcs. Excommunication d'Élisabeth d'Angleterre.
1571. 25 janvier: fondation du couvent d'Alba de Tormes. Sainte Thérèse, Prieure du couvent de Medina del Campo. Le 6 octobre, elle est imposée comme Prieure à l'Incarnation.	1571. Les Morisques écrasés et dispersés dans toute l'Espagne. Victoire de Lépante. Naissance de Tirso de Molina.

1572. Saint Jean de la Croix, chapelain de l'Incarnation. Sainte Thérèse commence à rédiger les *Conceptos del Amor de Dios*.

1572. La Saint-Barthélemy. Abjuration d'Henri de Navarre. Grégoire VII, pape. Bible polyglotte d'Anvers. Naissance de sainte Jeanne de Chantal. Fray Luis de Leon, prisonnier de l'Inquisition. Révolte des Gueux des Pays-Bas.

1573. Sainte Thérèse signe et certifie conforme la copie du *Camino de Perfeccion*. Gracian fait profession à Pastrana. La princesse d'Éboli entre religieuse au monastère de Pastrana. Sainte Thérèse commence le récit des *Fondations*.

1573. Le Tasse : *L'Aminte*. Don Juan d'Autriche s'empare de Bizerte.

1574. 19 mars: fondation du couvent de Ségovie.

1574. Mort de Charles IX. Avènement de Henri III, et reprise des guerres de religion.

1575. 24 février: fondation du couvent de Beas. Première rencontre avec Gracian.
Début des luttes entre Déchaux et Chaussés. Ouverture du chapitre général de l'ordre, à Plaisance. 29 mai : fondation du couvent de Séville. Le P. A. de Salazar fait notifier à sainte Thérèse la décision du Définitoire : elle devra se retirer dans un monastère et cesser les fondations.

1576. Fondation du couvent de Caravaca par Ana de San Alberto. Le 4 juin, sainte Thérèse quitte Séville. S'installe au couvent de Tolède. Reprend le livre des *Fondations*. Écrit *Modo visitar los conventos*. Les persécutions s'intensifient.

1576. Naissance de saint Vincent de Paul. Arrivée du Greco à Tolède. Don Juan d'Autriche gouverneur des Pays-Bas.

1577. Le 2 juin, sainte Thérèse commence à écrire le *Château de l'Ame*. Fin juillet, sainte Thérèse arrive à Avila. Excommunication de cinquante religieuses de l'Incarnation. Le 5 novembre, sainte Thérèse termine le *Château de l'Ame*. Nuit du 3 au 4 décembre : enlèvement de saint Jean de la Croix.

1577. Le pape Grégoire XIII confie à Palestrina et Zoilo la révision du plain-chant. Le Greco termine l'autel de Santo Domingo el Antiguo. Naissance de Rubens. Début du voyage de Drake autour du monde.

24 décembre : sainte Thérèse tombe et se casse le bras.

1578. Mort du P. Rubeo, supérieur général du Carmel. Un décret du nonce Sega assujettit les Carmes Déchaussés aux Mitigés. L'année la plus tourmentée de la Réforme.

1578. Assassinat d'Escobedo par Antonio Perez. Mort de Don Juan d'Autriche. Véronèse commence la décoration du palais des Doges à Venise.

1579. Le nonce Sega retire aux Provinciaux de la mitigation leur pouvoir sur les Déchaux. Fin des persécutions.

1579. Arrestation et emprisonnement d'Antonio Perez et de la princesse d'Éboli. Fondation à Madrid du Théâtre de la Croix. Le Greco : *L'Espolio.*

1580. 21 février : fondation du couvent de Villanueva de la Jara. Sainte Thérèse gravement malade à Tolède, puis à Valladolid. Mort de Lorenzo de Cepeda. Le 29 décembre, fondation du couvent de Palencia.

1580. Philippe II se fait reconnaître roi du Portugal. Montaigne : première édition des *Essais.* Le Tasse : *Jérusalem délivrée.* Le Greco : *Saint Maurice et la Légion thébaine.*

1581. Philippe II donne les instructions nécessaires à l'exécution du bref de séparation en province séparée de Déchaux et Mitigés. Le chapitre d'Alcalà confirme les Constitutions des couvents de Déchaussés. Le 14 juin, fondation du couvent de Soria. Sainte Thérèse élue Prieure à Saint-Joseph d'Avila. Les Constitutions sont imprimées.

1581. Les États de La Haye proclament la déchéance de Philippe II. Retour de Drake en Angleterre.

1582. Le 19 avril, inauguration du couvent de Burgos. Le 4 octobre, à neuf heures du soir, mort de sainte Thérèse à Alba de Tormes.

1582. Philippe II commence à subventionner la Ligue. Grégoire XIII réforme le calendrier.

Cette chronologie a été établie d'après les ouvrages suivants :

1° Chronologie incluse par les Carmélites de Paris dans leur traduction des *Œuvres complètes* de sainte Thérèse de Jésus. Quelques dates ont été révisées d'après les plus récentes recherches du R. P. Silverio de Santa Teresa.

2° *Chronologie des Civilisations*, par Jean Delorme.

On voit, d'après les événements du temps, que l'action et les écrits de sainte Thérèse de Jésus sont en parfait accord avec son époque.

Les grandes conquêtes, elle les a sublimées sur le plan spirituel.

Elle a trouvé le passage qui relie contemplation et action comme Magellan découvrit le détroit qui relie deux océans.

Elle a dressé la carte de l'univers intérieur alors que Mercator dressait celle du globe terrestre.

Sainte Thérèse de Jésus aimait la musique, bien qu'elle chantât faux, et qu'elle ait établi au Carmel, pour les offices, le récitatif. Mais ses filles et elle-même se rattrapaient dans les récréations : la tradition demeure, et les Carmels d'Espagne vibrent à la fois de musique et de poésie.

J'avais donc demandé à Roland-Manuel de bien vouloir me donner les quelques dates essentielles des événements musicaux contemporains, en Espagne, de notre sainte. Les notes qu'il m'envoie sont si intéressantes que je n'hésite pas, avec son autorisation, à les publier en entier. Je l'en remercie infiniment.

Quand sainte Thérèse entre à l'Incarnation, elle peut connaître et doit avoir entendu la musique mondaine des vihuelistes (*la* vihuela, *c'est le luth espagnol*) *qui joue à l'époque le rôle que remplit aujourd'hui le piano, instrument soliste et instrument d'accompagnement des* canciones, villancicos *et* ensaladas. *Les recueils de Luis Milan de Valence, de Narvaez, de Mudarra et de Fuenllana paraissent à compter de* 1536; *mais ce sont des recueils de morceaux vraisemblablement répandus.* (*Luis Milan*, 1536; *Narvaez*, 1538; *Mudarra*, 1546; *Fuenllana*, 1554).

Au même moment, notre Doña Teresa de Ahumada peut entendre les œuvres d'orgue d'Antonio de Cabezon, le Bach espagnol, qui est sensiblement son contemporain (1510-1556).

Pour la musique proprement religieuse, notre sainte est et sera servie par les plus grands maîtres de la polyphonie vocale de l'Espagne et de la chrétienté. Escobedo, qui vit à Ségovie, est né en 1500. *Le grand Morales qui demande à la musique de donner à la vie « de la noblesse et de l'austérité » est presque exactement de son âge :* 1512-1553. *Le suave et baroque Guerrero naît en* 1528 *pour mourir en* 1600. *Et n'oublions pas le grand théoricien et praticien Salinas* (1512-1590) *qui a inspiré à Fray Luis de Leon l'ode fameuse :*

Musica, que es la fuente y la primera...

Enfin, Tomé Luis de Victoria... Celui-ci est son concitoyen. Né entre 1535 *et* 1540, *il est mort en* 1611 *à Madrid.*

Les historiens sentimentaux voudraient toujours que les grands esprits se rencontrassent. Ils ne peuvent faire pourtant que la conjonction soit plausible. Victoria part pour Rome autour de 1565. *A ce moment, il est tout à fait inconnu et n'a rien publié. Il ne rentre en Espagne qu'un an après la mort de la sainte, en* 1583.

Reste, pour exciter notre imagination, que cet homme dont on ne sait à peu près rien est issu d'une famille qui habitait sur la paroisse de San Juan d'Avila, la paroisse de la sainte...

Reste enfin le chapitre XXIX des Fondations :

« ... *Un ecclésiastique qui nous accompagnait, nommé Porras, grand serviteur de Dieu, dit la messe, et un autre ami des religieuses de Valladolid, nommé Agustin de Vitoria, qui m'avait prêté de l'argent pour installer la maison, et très bien soignée en chemin... »*

Le frère de notre Victoria s'appelait Agustin et était prêtre : est-ce le même?

ROLAND-MANUEL

La première fois que la Madre fait mention de cet Agustin Vitoria, c'est en 1577, dans une lettre à Maria Bautista, Prieure de Valladolid. Le nom du musicien s'orthographie aussi souvent Vitoria, et il le faisait suivre, comme d'un titre de gloire, du mot : « Avilais ».

Il est probable que sainte Thérèse d'Avila et Tomé Luis Victoria, Avilais, ne se sont jamais vus, mais il est tout de même émouvant de songer qu'ils ont été tous deux baptisés dans le baptistère de San Juan, et que le musicien exprima dans ses œuvres ce sentiment du divin que la Mère Fondatrice du Carmel exalta dans ses écrits, et prouva par ses actes.

Appendice sur les origines juives de sainte Thérèse

En 1956, Homero Seris publiait dans la *Nueva Revista de Filologia hispanica* vingt pages intitulées « Nouvelle généalogie de sainte Thérèse ». Il y précise l'origine juive de la grande réformatrice du Carmel.

Déjà, en 1946, Narciso Alonso Cortes avait reproduit dans le *Boletin de la Real Academia española* le texte des procès intentés par les Cepeda (Alonso Sanchez de Cepeda, père de la sainte, Pedro Sanchez de Cepeda, Ruy Sanchez de Cepeda, Francisco Alvarez de Cepeda, ses oncles) devant le tribunal de la Chancellerie royale de Valladolid, pour revendiquer et accréditer leurs droits à l'*hidalguia*, c'est-à-dire à la noblesse. Cette année-là, j'achevais de réunir toute documentation possible pour ma biographie de sainte Thérèse, et je ne me pardonnerais pas d'avoir ignoré ces pièces capitales si H. Seris ne me fournissait une excuse. Il écrit en effet : « Narciso Cortes a publié il y a dix ans une série d'importants documents concernant la famille de sainte Thérèse, dont on s'étonne qu'ils aient à peine attiré l'attention. Cela provient peut-être du titre peu explicite, peu significatif que le chercheur de Valladolid a choisi pour la publication : « Procès des Cepedas ».

Narciso Alonso Cortes a publié trois procès, le premier étant le seul important pour ce qui nous occupe. La lecture en est austère, mais l'analyse d'Homero Seris est d'une grande clarté, et il établit un arbre généalogique de la sainte où il apparaît, pour ne s'en tenir qu'à l'ascendance paternelle :

Son arrière-grand-père et son arrière-grand-mère, Alonso Sanchez de Toledo et Teresa Sanchez étaient juifs. Cet Alonso Sanchez, opulent marchand de draps et de soieries, était propriétaire de vignobles et de maisons à Tolède.

Son grand-père, Juan Sanchez de Toledo, Juif converti, fut apostat et réconcilié.

Est-ce par timidité que le frère Efren de la Mère de Dieu (O. C. D.) interpréta de toute autre manière les procès dans sa « Biographie de sainte Thérèse » qui précède l'édition de l'Oeuvre complète de la Mère Fondatrice du Carmel dans la *Biblioteca de Autores Cristianos* ? Selon lui, Juan Sanchez de Toledo, catholique de naissance, aurait été amené par les exigences de son commerce à fréquenter des Juifs « plus intimement qu'il n'aurait dû... d'un naturel intrépide, inébranlable, il fit taire tous scrupules et renia sa religion [1]... »

Homero Seris s'inscrit en faux contre cette thèse. Le cas d'un catholique converti au judaïsme était rarissime (Menendez Pelayo n'en enregistre qu'un dans sa minutieuse *Histoire des Hétérodoxes espagnols* et le qualifie de « cas étrange »), de même qu'il était fort rare de trouver un marchand qui n'appartînt à la race hébraïque [2].

Quant à Americo Castro, il écrit :

« ... Les Espagnols sont gratifiés d'une fausse généalogie culturelle sous l'impulsion d'un malaise intime : le même qui poussait le Père Sigüenza à nier l'origine juive de frère Hernando de Talavera, et d'autres, de nos jours, à falsifier l'ascendance bien connue de sainte Thérèse, en disant que son grand-père n'était pas juif, mais qu'il s'était converti au judaïsme, comme s'il était pensable et vraisemblable qu'en un temps où une multitude de Juifs se convertissaient au christianisme, par crainte des tortures et des tueries, un Tolédan, du nom de Sanchez, ait eu à la fin du XVe siècle l'ingénieuse idée se de faire circoncire. Mais il y a un motif à tout ceci : leur sentiment de l'honneur (honra) souffre beaucoup, de nos jours, comme au XVIe siècle et au XVIIe, lorsque certains se voient forcés de reconnaître le fait que le grand-père de la sainte était un commerçant juif et non un hidalgo. C'est pour ce même motif qu'un historien de l'ordre des Dominicains au XVIIe a forgé des lettres de noblesse « hidalguia » au Cardinal de Saint Sixte, Juan de Torquemada. Mayans a fait de même au XVIIe pour Luis Vives [3]. »

La « madre » connaissait-elle ses origines? Il serait surprenant que le fameux procès intenté par son père et ses oncles soit passé inaperçu à l'enfant de cinq ans et demie, fort éveillée, qu'elle était à l'époque. Qu'elle eût trouvé à ce propos dans ses souvenirs un argument de plus contre « la vaine gloire » ne serait pas surprenant : elle s'irritait que chacun se pare du titre de « Don », en particulier ses neveux.

Americo Castro est d'avis qu'elle savait à quoi s'en tenir, et prend Gracian à témoin. En effet, celui-ci écrit dans son ouvrage *Esprit de la bienheureuse Ana de San Bartholomé* :

« ... M'étant informé, à Avila, du lignage des Ahumada et des Cepeda, dont elle descendait, qui était l'un des plus nobles de la ville, elle se fâcha contre moi parce que je parlais de cela, disant qu'il lui suffisait d'être fille de l'Église catholique, et qu'elle avait davantage de regret d'avoir commis un péché véniel que si elle était descendante des plus vils et des plus bas vilains et convertis de toute la terre. »... « [Elle] s'emporte, quand on lui rappelle la noblesse des Ahumada et Cepeda, parce qu'elle en savait plus long là-dessus que ses futurs généalogistes. La noblesse en question n'effaçait pas la tare du judaïsme ancestral. »

Et Americo Castro commente :

« La mère Thérèse devait être au courant des efforts de son père et de

1. Madrid, 1951, p. 170.
2. *Nueva Geneologia de Santa Teresa*, p. 382.
3. *Le drame de l'honneur dans la vie et la littérature espagnoles du XVIe siècle*, ed. Klincksieck, Paris.

ses oncles pour obtenir une déclaration de noblesse fictive, grâce à leurs abondants moyens économiques... L'expression brûlante monte aux lèvres de Thérèse : « Les vils et bas vilains et convertis. » Pourquoi les vilains sont-ils « bas » et « vils »? Nous attendrions un qualificatif plus doux chez une personne si pleine de charité, et si peu attachée aux vanités de ce monde. Mais justement, par sa situation de « conversa », et par tout ce qu'elle avait pu entendre dans les conversations de sa famille, le vilain lui était odieux parce qu'il n'était pas souillé de la tache qui la mortifiait elle; et le « converti » (confeso) comme la vivante image de son propre malheur. Les phrases transmises par le Père Gracian avaient jailli du fond de l'âme de sainte Thérèse, et révèlent aussitôt tout ce qu'elle savait et éprouvait au sujet de sa situation dans le monde où elle vivait [1]... »

Là, je ne suis plus Americo Castro. Que la sainte ait eu connaissance de son ascendance juive, je le crois. Mais je n'interprète pas les mots « les plus vils et plus bas vilains et convertis de la terre » comme il le fait : telle que je la connais, elle les a prononcés — si tant est qu'elle les ait prononcés — avec un grain de sel. Ce grain de sel, il se peut que Gracian ne l'ait pas décelé : se serait-elle si souvent moqué de lui, — gentiment, certes, — si elle eût été certaine qu'il comprenait l'ironie, et aurait pu en souffrir? Non, sans doute. Il était dans la nature de Gracian de prendre très au sérieux les propos de la Madre sur ses origines alors qu'il était de sa nature à elle d'abord de ne pas en parler, — ne serait-ce que pour ne pas risquer de mortifier ses frères et neveux — et d'ironiser sur ce qu'un monde entiché « d'autorités postiches » est capable de dire des « vilains et convertis ».

De « vilaines », elle a rempli ses couvents. Loin d'elle les idées de castes et de privilèges. C'est dans les bras d'une « vilaine », Ana de San Bartholomé qu'elle voulut mourir, alors que la Duchesse d'Albe était là, qui n'eût été que trop fière de recevoir son dernier soupir. Elle a lutté, à Tolède, pour donner à des marchands le droit de fonder un Carmel et d'ériger une chapelle, et ce fut fort mal vu. Elle a beaucoup plus souffert par les grands que par les humbles. Et cela, jamais elle ne s'est lassée de le dire.

1. Op. cit. p. 121-2.

Bibliographie

Il n'est pas dans cet ouvrage un fait qui ne soit conforme à la stricte vérité historique. Il n'est pas un mot prêté à sainte Thérèse qu'elle n'ait effectivement prononcé ou écrit. Chaque page serait donc farcie de références si j'indiquais mes sources au fur et à mesure; cela donnerait au livre un aspect rébarbatif peu conforme aux goûts de celle à qui j'ai souhaité plaire, tout d'abord : sainte Thérèse de Jésus elle-même. Or, elle déclarait ne pas vouloir en ses couvents de « nonnes latines », tant elle appréciait peu la pédanterie. Au lieu de souligner l'important travail de documentation accompli, je me suis donc efforcée d'en effacer les traces pour laisser au récit l'allure la plus souple, et, je l'espère, la plus vivante et la plus agréable.

Je ne donne que les références des passages cités, afin de permettre de les retrouver dans le texte espagnol. Ayant refait moi-même toutes les traductions, ces références sont celles des ouvrages et lettres de sainte Thérèse dans leur langue originale (éditions du P. Silverio de Santa Teresa, Burgos) :

Édition bréviaire, en un volume.

Édition critique des *Œuvres complètes*, en neuf volumes.

Chaque fois qu'il me fut possible j'ai préféré l'édition bréviaire, dont les paragraphes numérotés facilitent les recherches.

Ainsi qu'il est admis lorsqu'il s'agit d'incorporer une citation à un texte, je me suis parfois permis de changer le temps du verbe, ou quelques très légères modifications qui n'altèrent point le sens de la phrase et ne dénaturent pas la personnalité de leur auteur.

Je groupe plus bas mes sources sous des rubriques numérotées de I à IV suivant l'importance qu'elles ont prise dans ma documentation.

I. Sources

Les œuvres complètes de sainte Thérèse de Jésus dans les deux éditions indiquées plus haut.

II. Écrits et Témoignages des contemporains de sainte Thérèse

Maria de San José, *El libro de recreaciones.*
El ramillete de mirra.
Jeronimo Gracian de la Madre de Dios, *Obras completas.*
Diego de Yepes, *Vida virtudes y milagros de la Bienaventurada Virgen Teresa de Jesus,*
Relacion de la vida y libros de la Madre Teresa que el P. Diego de Yepes remitio al P. Fr. Luis de Leon.
V. M. Ana de San Bartolomé, *Autobiografia.*
P. Crisostomo Henriquez, *Vie de la Vénérable Mère Anne de Saint-Barthélemy.*
Solitaire du Saint-Désert, *La vie et les instructions de la Vénérable Mère Anne de Saint-Barthélemy.*
Julian de Avila, *Vida de Santa Teresa de Jesus.*
Francisco de Ribera, *La vida de la Madre Teresa.*
Fr. Luis de Leon, *Vida muerte virtudes y milagros de la Santa Madre Teresa de Jesus.*
Procesos de beatification y canonizacion de Santa Teresa de Jesus (Ed. Monte Carmelo, Burgos).
Et toutes les pièces et récits publiés par le P. Silverio de Santa Teresa dans les notes et appendices de son édition critique.

III. Ouvrages de premier plan

P. Silverio de Santa Teresa, *Vida de Santa Teresa* (5 vol.).
Fr. Gabriel de Jésus, *La Santa de la Raza* (4 vol.).
Historia del Carmel (Ed. Monte Carmelo, Burgos). Tomos 1-2-3-4.
D. Manuel Maria Polit, *La familia de Santa Teresa en América.*
Anonyme, *Les Parents de sainte Thérèse Alfonso Sanchez de Cepeda et Béatrice d'Ahumada.* (Ed. Carmel de Mongalose.)
Carmélites de Paris, *Notes et appendices de la traduction française des œuvres complètes.*
Narciso Alonso Cortes, « Pleitos de los Cepedas », *Boletin de la Real Academia española,* 1946.
Homero Seris, « Nueva genealogia de Santa Teresa », *Nueva revista de Filologia hispanica,* 1956.

IV. Ouvrages consultés

Lus par sainte Thérèse, ou écrits de mystiques contemporains :

Osuna, *Abecedario.*
B. de Laredo, *Subida del monte Sion.*

A. de Madrid, *Arte de servir à Dios.*
S. Pedro de Alcántara, *Tratado de la oración y meditación.*
Ignace de Loyola, *Exercices spirituels.*
Antonio de Guevara, *Oratorio de religiosos y ejercicios virtuosos.*
Aloson de Orozco, *Obras.*
A. de Cabrera, *Sermones.*
Fr. Luis de Granada, *Libro de la oración y meditación.*
San Juan de la Cruz, *Obras completas.*

Ouvrages entièrement consacrés à sainte Thérèse :
Histoire de Sainte Thérèse, d'après les Bollandistes.
R. P. Leon (Van Hove), *La joie chez Sainte Thérèse.*
L'Espagne thérésienne ou le pèlerinage d'un Flamand à toutes les fondations de sainte Thérèse (album de dessins).
R. Hoornaert, *Sainte Thérèse écrivain, son milieu, ses facultés, son œuvre.*
Sanchez Moguel, *El lenguaje de santa Teresa de Jesus.*
G. Etchegoyen, *L'amour divin, essai sur les sources de sainte Thérèse.*
A. Lépée, *Sainte Thérèse et le réalisme chrétien.*
P. Lafond, *Quelques portraits de familiers de sainte Thérèse.*
M. Legendre, *Sainte Thérèse d'Avila.*
F. M. de T., *La mujer grande.*
E. Marquina, *Pasos y trabajos de Santa Teresa de Jesus.*
(Je ne cite pas les ouvrages qui ne m'ont rien apporté ou avec lesquels je ne suis pas d'accord. Cela dit, je n'ai pas tout lu...)

Ne lui sont pas entièrement consacrés, mais sont importants :
J. Baruzi, *Saint Jean de la Croix et le problème de l'expérience mystique.*
P. Bruno de J. M., *Saint Jean de la Croix.*
Madame Acarie.
L'Espagne mystique.
Études carmélitaines, *Amour et Violence* (concerne la lutte Gracian-Doria).
Allison Peers, *El misticismo español.*
F. de Ros, *Francisco de Osuna.*
Bernadino de Laredo.
P. Emeterio de J. M., *Ensayo sobre la lirica carmelitana.*
Mistica y novela.
Hermano Timoteo Garcia, *Santuario y monasterio de N. S. de la Calle.*
P. Vicente B. de Heredia, *Dominicos de Castilla.*
La Puente, *Vida del P. Baltazar Alvarez.*
Jeronimo de San José, *El don que tuvo San Juan de la Cruz para llevar las almas a Dios.*
Marques de San Juan de Piedras Albas, *Fr. Jeronimo Gracian de la Madre de Dios.*
J. Turmel, *Histoire du diable.*
P. Picard, *Notes et matériaux pour l'étude du Socratisme chrétien chez sainte Thérèse et les spirituels espagnols.*
R. Menenedez Pidal, *La lengua de Cristobal Colon.*
Bergson, *Les deux sources de la morale et de la religion.*
Arvède Barine, *Portraits de femmes.*
Condesa de Pardo, Bazan, *Cuadros religiosos.*

Barbey d'Aurevilly, *L'éternelle consolation.*
Huysmans, *En route.*
L'Oblat.

V. Histoire

Menendez Pelayo, *Historia de los heterodoxe españoles.*
M. Bataillon, *Érasme et l'Espagne.*
Introduction au « Roman picaresque ».
Llorente, *Historia critica de la Inquisición de España.*
M. de la Pinta, *Carceles inquisitoriales.*
R. Altamira, *Historia de España y civilización española.*
H. Ch. Lea, *A history of the Inquisition in Spain.*
Melgares Marin, *Procedimientos de la Inquisición.*
Sabatini, *Torquemada.*
Prescott, *Les Incas et la conquête du Pérou.*
M. Legendre, *Nouvelle histoire d'Espagne.*
A. Mousset, *Histoire d'Espagne.*
C. Cardo, *Histoire spirituelle des Espagnes.*
A. de Brunel, *Voyage en Espagne.*
Ranke, *L'Espagne sous Charles-Quint, Philippe II et Philippe III.*
Pfandl, *Philippe II.*
R. Schneider, *Philippe II.*
F. de Los Rios, *Religion y Estado en la España del Siglo XVI.*
Gregorio Marañon, *Antonio Perez.*
A. Marichalar, *Las cadenas del Duque de Alba.*
F. Rodriguez Marin, T. IX et X de la nueva edicion critica de *El Ingenioso hidalgo don Quijote de la Mancha.*
Ticknor, *Littérature espagnole.*
Valbuena Prat, *Historia de la Literatura española.*
J. Hurtado, J. de la Serna, A. Gonzalez Palencia, *Historia de la literatura española.*
J. M. Quadrado, *España* (volume Salamanca, Avila, Segovia).
P. Sandoval, *Vida y hechos del Emperador Carlos Quinto.*
E. Ballesteros, *Estudio historico de Avila y su territorio.*
B. Garcia Arias, *Recuerdos historicos de Avila.*
M. Foronda, *Carlos Quinto en Avila.*
P. Dudon, *Saint Ignace de Loyola.*
Pour cette réédition :
A nurico Castro : Le drame de l'honneur dans la vie et dans la littérature espagnoles du XVIe siècle, Paris, Librairie Klingksieck, 1965. — *La realidad historica de España*, Edición renovada. Ed. Porrua-Mexique.

VI. Coutumes du XVIe siècle

F. Antonio de Guevara, *Epistolas familiares.*
Diego Hermosilla, *Dialogo de pajes.*
A. Valbuena Prat, *La vida española en la edad de oro.*

Fr. Luis de Leon, *La perfecta casada.*
Malon de Chaide, *La conversion de la Magdalena.*
Baltazar Gracian, *El criticón.*

Les faits qui m'ont servi à établir ce récit de la vie de sainte Thérèse émanent tous des sources I et II.

Table alphabétique des abréviations

Les titres en capitales sont ceux des écrits de sainte Thérèse de Jésus. Pour ces écrits j'ai conservé les abréviations employées par le P. Luis de San José dans son précieux index alphabétique des thèmes et personnages de l'œuvre de la sainte, *Concordancias* (Ed. Monte Carmelo, Burgos).

A	Avisos.
AB	Ana de San Bartolomé.
AJ	Ana de Jésus.
AT	Año Teresiano.
B	Bollandistes.
BA	Baruzi.
BG	Baltazar Gracian.
BL	Bernardino de Laredo.
BM	Bremond.
BN	Bañez.
BR	P. Bruno de Jésus Marie.
BRE	Id., *Espagne mystique.*
CRJ	Id., *Saint Jean de la Croix.*
C	CAMINO DE PERFECCIÓN.
C	chapitre.
CAD	CONCEPTOS DEL AMOR DE DIOS.
CC	*Cantique des Cantiques.*
CH	*Vie de la vénérable Mère Anne de Saint-Barthélemy.*
CONS	CONSTITUCIONES.
CP	Carmélites de Paris.
ct	(cité par).
CTA	CARTAS (lettres).
DE	DESAFIO ESPIRITUAL.
E	EXCLAMACIONES.
EM	P. Emeterio de J. M., *Ensayo sobre la lirica Carmelitana.*
F	FUNDACIONES.
FR	Francisco Ribera.
GJ	Fr. Gabriel de Jésus.
IB	Pedro Ibañez.
JA	Julian de Avila.
JC	San Juan de la Cruz.
JCC	Id., *Cantico espiritual.*
JCS	Id., *Subida.*
JJ	Jeronimo de San José.
JG	Jeronimo Gracian de la Madre de Dios.
JJC	Id., *Cronica.*
JGD	Id., *Dilucidario del verdadero espiritu.*
JGM	Id., *Dialogo sobre la muerte.*
JGP	Id., *Peregrinaciones de Anastasio.*
L.	livre.
LA	La Puente.
LO	Llorente.
LL	Fr. Luis de Leon.
LV	P. Leon Van Hove.
M	LAS MORADAS.
MA	Gregorio Marañon.
MC	Editions Monte Carmelo, Burgos.
MCH	Malon de Chaide.
MF	Maria de San Francisco.
MJ	Maria de San José.

MJE	Maria de San Jeronimo.
MJR	Id., *Recreaciones.*
MN	Muñoz, *Vida de Fray Luis de Granada.*
MP	Maria Pinel.
MVC	MODO DE VISITAR LOS CONVENTOS.
H	Hoornaert.
HC	*Historia del Carmelo.*
p.	page.
P	POESIAS.
PA	San Pedro de Alcantara.
PB	*Proceso de Beatificacion.*
PC	*Proceso de Canonizacion.*
PP	Pedro de la Purificacion.
PS	PENSAMIENTOS Y SENTENCIAS.
PT	*Les Parents de sainte Thérèse.*
R	RELACIONES.
RD	Francisco de Santa Maria, Reforma de Descalzos.
RO	F. de Ros., *Osuna.*
Sb	Édition bréviaire des œuvres de sainte Thérèse (P. Silverio de S. T.).
SC	Schneider.
n.	note.
O	Osuna, *Abscedario.* Éd. Ribadeneira.
SEC	Sainte Thérèse, édition critique de ses œuvres par le P. Silverio de Santa Teresa.
SST	P. Silverio de Santa Teresa, *Vida de Santa Teresa.*
TC	Teresa de Cepeda.
TI	Ticknor.
V	VIDA.
v.	volume.
VA	Valbuena Prat.
VAH	Id., Historia Literatura española.
VAV	Id., Vida españoles Edad oro.
VEJ	VEJAMEN.
VH	Vic. ente B. de Heredia.
Y	Diego de Yepes.

Toute référence qui ne porte pas un nom d'auteur est une citation de sainte Thérèse.

Exemple : Sb V c.XXI-5. (Sainte Thérèse sous-entendu. Édition bréviaire Silverio, VIE chap. XXI paragraphe 5.)

SEC RII. (Sainte Thérèse sous-entendu. Silverio, édition critique, Relacion II.) Lorsque nécessaire, j'indique les pages de l'édition critique, à défaut de paragraphes numérotés.

Les Lettres de Sainte Thérèse (CTA). Elles ne sont publiées au complet que dans l'édition critique du P. Silverio (t. VII, VIII, IX). Je ne donne donc que le numéro de la lettre (CTA CX).

Lorsque je me réfère à une note du P. Silverio dans son édition critique ou à l'une des pièces publiées en appendice, j'indique le tome, la page et le numéro de la note, précédés de ct (cité), lorsqu'il y a lieu :

Exemple : ct SEC t. I p. 11 n. 1 (cité Silverio, *Édition critique*, t. I, p. 11, n. 1).

Lorsque cette édition reproduit une pièce qui n'est point de sainte Thérèse elle-même, je le signale ainsi :

MJ ct SEC t. VI, p. 237 (Maria de San José, citée Silverio, *Edition critique*, t. VI, p. 237).

Notes

PREMIÈRE PARTIE

1 : SEC t. II p. 91. — **2** : Narciso Alonso Cortes, *Pleitos de los Cepedas. Boletin de la Real Academia Espanola*, 1946, p. 99-100. — **3** : On attribuait trois enfants à la première femme de Don Alonso; le P. Silverio de Santa-Teresa, dans sa *Vida de Santa Teresa*, le plus récent ouvrage de ce thérésien émérite, opte pour croire qu'il n'y en eut que deux : Juan et Maria. On n'a nulle trace tangible de l'existence du troisième, les auteurs ne sont même pas d'accord sur son prénom : Pedro pour les uns, Jeronimo pour les autres. — **4** : D'après la *Nouvelle Généalogie de sainte Thérèse* publiée en 1956 par Homero Seris dans *La Nueva Revista hispanica de Filologia*, le livre des Récréations de Maria de San Jose prouverait que l'aîné des frères de sainte Thérèse fut Rodrigue, et non pas Fernando comme on l'avait avancé jusqu'alors. — **5** : H. Seris, p. 300 et 371. — **6** : Voir Appendice sur les origines juives de sainte Thérèse, p. XXX. — **7** : Narciso Alonso Cortes, *Pleitos de los Cepedas. Boletin de la Real Academia Espanola*, 1946. — **8** : A. Castro, *Realidad historica de Espana*, p. 504. « Au XVe siècle, les Juifs avaient le sentiment d'être tout aussi espagnols que les chrétiens. » — **9** : Castro, *Le drame de l'honneur*, p. 49. — **10** : *Nueva Genealogia*, p. 367. — **11** : *Nueva Genealogia*, p. 367-368. — **12**: *Se llama Aviles en esta tierra El que mas avil es para la guerra.* — **13** : *Erase que se era — el mal que se vaya — el bien que se venga — El mal para los moros — y el bien para nosotros.* (ct VA p 179). — **14** : Le docteur Marañon dans son *Antonio Perez*, (t. I, p. 147) soutient cette thèse du peuple instrument de la noblesse dans la révolte des *comuneros*. — **15** : MJR. — **16** : Sb V c. I-4. — **17** : MCH ct. VAH t. I, p. 627. — **18** : Sb C c. XVI-10. — **19** : Sb V c. I-4. — **20** : Sb V c. I-6. — **21** : ct. VAH t. I, p. 469. — **22** : Idem. — **23** : Sb V c. II-1. — **24** : PT p. 51.

II

1 : LL ct SEC t. II p. 475. — **2** : MJ. — **3** : Sb V c. II-2. — **4** : Idem I. — **5** : ct VAV. p. 60-1. — **6** : Idem. — **7** : Sb V c. II-2. — **8** : Sb V c. XXXVII-4. — **9** : Sb V c. II-4. — Sur l'identification du cousin de Teresa, j'adopte la suggestion du P. Fr. Gabriel de Jésus qui me semble, de tout ce qu'on a avancé sur le sujet, celle qui se justifie le mieux. — **10** : Sb V c. II-4-6. — **11** : Idem. — **12** : Romance anonyme (ct TI t. I p. 141). — **13** : Sb V c. II-7. — **14** : CTA CCXXIII. — **15** : Sb V c. II-8. — **16** : Idem. — **17** : Idem. — **18** : Sb F c. X-14. — **19** : Idem 15. — **20** : Idem 16. — **21** : Sb V c. II-8.

III

1 : MP ct SEC t. II p. 102. — **2** : Sb V c. III-1. — **3** : Idem. — **4** : Sb V c. III-1. — **5** : Idem. — **6** : Sb V c. III-2. — **7** : Sb F c. XXXI-46. — **8** : Sb F c. XXII-5. — **9** : Sb V c. III-2. — **10** : LL ct SEC t. II p. 477. — **11** : CTA II. — **12** : Sb V c. III-4. — **13** : Sb V c. III-4. — **14** : Idem 5. — **15** : Sb V c. XXX-19. — **16** : Sb V c. XVII-2.

IV

1 : Sb V c. III-5. — **2** : Sb C c. XXIII-1. — **3** : Sb V c. XI-13. — **4** : Sb C c. XVI-10. — **5** : Sb c. XI-15. — **6** : Sb F c. XXVIII-19. — **7** : SEC (R IV) t. II p. 28. — **8** : FR. IV c. I. — **9** : Sb V c. XI-6. — **9** *bis* : Idem : 15-12-10. — **10** : Sb V c. III-6. — **11** : Idem. — **12** : Idem. — **13** : Idem. — **14** : SEC (R III) t. II p. 18. — **15** : Sb C c. VI-4. — **16** : Sb V c. III-7. — **17** : Idem. — **18** : Idem. — **19** : SEC (R III) t. II, p. 18. — **20** : Sb V c. IV-1.

V

1 : Sb V c. II-7. — **2** : Sb V c. XXXI-20. — **3** : SEC t. II, p. 244. — **4** : Sb V c. XIII-17. — **5** : Sb V c. IV-2. — **6** : Idem. — **7** : Sb C c. X-1. — **8** : Sb V c. XXXI-23. — **9** : Sb C c. X-5. — **10** : SEC t. IX p. 494-495. — **11** : SEC (R XL) t. II, p. 170. — **12** : ct SST t. I p. 296.— **13** : FR L. I c. VI. — **14** : Sb C c. XVI-12. — **15** : Sb V c. IV-5. — **16** : Sb C c. XI-4-5.

VI

1 : Sb CAD c. VI-2. — **2** : Sb V c. IV-5. — **3** : Sb V c. V-2. — **4** : Sb V c. IV-8. — **5** : Sb V c. V-1. — **6** : O p. 464-7. — **6** *bis* : Idem p. 496. — **7** : O p. 471. — **8** : Sb V c. IV-7. — **9** : Idem 9. — **10** : Sb V c. V-3. — **11** : Idem. — **12** : Idem 4. — **13** : Idem. — **14** : Idem. — **15** : Idem 6. — **16** : Idem 4. — **17** : Idem 6. — **18** : Sb V idem 5-6. — **19** : Sb V idem 7. — **20** : Sb V idem 7. — **21** : FR L. I c. VII. — **22** : Idem. — **23** : Sb V c. VI-1. — **24** : Idem. — **25** : Idem. — **26** : Sb CAD c. VI-2. — **27** : Sb V c. VI-2. — **28** : Apocalypse. — **29** : Sb V c. VI-6. — **30** : Idem.

VII

1 : BN et PB art. 2. — **2** : CTA CCXLVIII. — **3** : MJ ct SST t. I, p. 294.— **4** : Idem. — **5** : MN L. I c. XVI. — **6** : Sb V c. VII-12. — **7** : Idem 13. — **8** : Idem 17. — **9** : Idem 1. — **10** : ct SST t. I, p. 295. — **11** : CTA XLVI. — **12** : Sb C c. VII-8. — **13** : Sb V c. VII-2. — **14** : Sb V c. VII-5-4. — **15** : Sb V c. VII-6. — **16** : Idem 7. — **17** : Idem 8. — **18** : Idem 9. — **19** : Idem 19. — **20** : Idem 1. — **21** : Idem 19. — **22** : CTA CCCLXXXVIII. — **23** : Sb V c. VII-14. — **24** : Idem 16. — **25** : Idem. — **26** : Sb V c. VII-17. — **27** : Idem. — **28** : Sb V c. VIII-1.

DEUXIÈME PARTIE

I

1 : Le P. Silverio de Santa Teresa situe en 1553 la reconversion. Il se base sur la date — 1554 — de la venue de saint François de Borgia à Avila (SST t. I, p. 331). — **2 :** Sb V c. IX-1. — **3 :** Sb V c. VIII-12. — **4 :** Sb M V c. I-6. — **5 :** Sb V c. IX-5. — **6 :** Sb V IX-8. — **7 :** Sb V c. XXIII-1. — **8 :** Sb V c. IX-9. — **9 :** Sb V c. XXIII-2. — **10 :** Sb V c. XIX-8. — **11 :** Sb V c. XIX-9. — **12 :** Sb V c. XIII-4. — **13 :** Sb V c. XXIII-8. — **14 :** Idem. — **15 :** Idem 9. — **16 :** SEC (R V) t. II, p. 31. — **17 :** Sb V c. X-1. — **18** Idem 2. — **19 :** Sb V c. XVI-1. — **20 :** Idem. — **21 :** Idem 2. — **22 :** Idem 2. — **23 :** Idem 1. — **24 :** Sb V c. XXIII-11. — **24** *bis* **:** Idem 12. — **25 :** Sb V c. XXIII-12. — **26 :** BLP 3a c. XXVII. — **27 :** Sb V c. XXIII-12. — **28 :** Sb M V c. I-8. — **29 :** SST t. I, p. 339. — **30 :** Sb V c. XXIV-2. — **31 :** Sb V c. XXIII-17.

II

1 : Sb V c. XXIV-5. — **2 :** Idem. — **3 :** Sb V idem. — **4 :** Sb V c. XX-21. — **5 :** SEC (R V) t. II, p. 33-4. — **6 :** SST t. I, p. 407. — **7 :** Sb V c. XXXVII-5. — **8 :** FR L. IV c. XVIII. — **9 :** SST t. I, p. 401-9. — **10 :** Idem. — **11 :** CTA CDIII. — **12 :** RO p. 72-101. — **13 :** Idem. — **14 :** RO p. 84. — **15 :** GJ t. III, p. 148. — **16 :** FR L. I c. IX.

III

1 : Sb V c. XXVII-2. — **2 :** MP ct SEC t. II, p. 113. — **3 :** Sb V c. XXVII-3. — **4 :** Idem 2. — **5 :** Sb V c. XXVIII-5. — **6 :** Sb V c. XXVII-5. — **7 :** Sb V c. XXVIII-1. — **8 :** Sb V c. XXVIII-3. — **9 :** Sb V c. XXIX-2. — **10 :** Idem 8. — **11 :** GJ t. III, p. 324. — **12 :** Sb V c. XXIX-13. — **13 :** Sb V c. XXIX-14. — **14 :** GJ t. III, p. 324. — **15 :** Sb V c. XXIX-14. — **16 :** Sb V c. XII-13. — **17 :** FR L. IV c. XII. — **18 :** Sb V c. XX-4. — **19 :** Idem 3. — **20 :** Sb V c. XX-10. — **21 :** SEC (R I) t. II, p. 4. — **22 :** Sb V c. XXXI-12. — **23 :** LA c. X. — **24 :** SST t. I, p. 456, n. 1. — **25 :** Sb V c. XXVI-3. — **26 :** SEC t. II 507-1. — **27 :** Sb V c. XXX-6. — **28 :** Sb V c. XXX-13. — **29 :** FR LI c. XI. — **30 :** Sb V c. XXV-15. — **31 :** FR LI c. X. — **32 :** Sb V. — **33 :** FR LI c. XI. — **34 :** SEC (R I) t. II, p. 9. — **35 :** Sb V c. XXX-11. — **36 :** Sb V c. XXXI-3. — **37 :** Sb V c. XXXII-3. — **38 :** Sb V c. XXV-22. — **39 :** Idem 20. — **40 :** Idem 19-20-22. — **41 :** Idem 22. — **42 :** Sb V c. XXIX-6. — **43 :** Sb M VI c. IX-5. — **44 :** Sb V c. XXIX-6. — **45 :** Idem. — **46 :** Sb V c. XXVIII-18.

IV

1 : Sb V c. XXVII-18. — **2 :** Sb V c. XVII-17-18. — **3 :** Idem. — **4 :** Sb V c. XXX-2. — **5 :** Sb V c. XXX-5. — **6 :** Idem 6. — **7 :** Idem 5. — **8 :** PA ct SEC t. II, p. 507. — **9 :** CTA X. — **10 :** Sb V c. XXVII-18. — **11 :** Sb V c. XXX-7. — **12 :** IB ct SEC t. II, p. 149. — **13 :** SEC (R I) t. II, p. 4. — **14 :** Idem.

V

1 : Sb V c. xxviii-8. — **2** : Idem xxii-6. — **3** : Idem xxxv-13. — **4** : Idem 14. — **5** : IB ct SEC t. II, p. 132. — **6** : Sb E viii-2-3. — **7** : Sb E ix-1. — **8** : Sb C c. xlii-4. — **9** : Sb C c. 1-2. — **10** : Sb C c. i-5. — **11** : FR L. I c. xiii. — **12** : Idem. — **13** : Idem. — **14** : Sb V c. xxxii-10. — **15** : Idem.

VI

1 : Sb V c. xxxi-22. — **2** : Y L. II c. i. — **3** : IB ct SEC t. II, p. 150. — **4** : Sb V c. xxxii-11. — **5** : SST t. II, p. 22. — **6** : Sb V c. xxxiii-2. — **7** : Idem. — **8** : JA L. II c. i. — **9** : Sb V c. xxxvi-13. — **10** : Sb V c. xxxiii-5. — **11** : TC ct SEC t. II, p. 333. — **12** : *Nada te turbe, nada te espante, — todo se pasa, — Dios no se muda, — la paciencia — todo lo alcanza; — quien a Dios tiene — nada le falta : — Solo Dioz basta* — (SEC P ix). (J'ai traduit ce poème assez librement, afin qu'assonances et rythme aident à le fixer dans la mémoire.) — **13** : Sb V c. xxxiii-3. — **14** : Sb V c. xxxii-18. — **15** : Sb V c. xxxii-16-17. — **16** : Sb V c. xxxiii-11. — **17** : Sb V c. xxxiii-12. — **18** : CTA ii. — **19** : FR L. IV c. i. — **20** : SEC t. II, p. 320. — **21** : Sb V JHS-2. — **21** *bis* : Idem i-2. — **22** : CTA viii. — **23** : IB ct SEC t. II, p. 148. — **24** : FR L. I c. xv. — **25** : SEC t. II, p. 507. — **26** : TC ct SEC t. II, p. 339-40. — **27** : CTA II.

VII

1 : Sb V c. xxxiv-2. — **2** : CTA xii. — **3** : Sb V c. xxxiv-4. — **4** : Idem. — **5** : Idem. — **6** : Idem 5. — **7** : SEC (R II) t. II, p. 14. — **8** : Sb V c xxxiv-4. — **9** : Sb V c. xxxiv-4. — **10** : Sb V c. xxxviii-4. — **11** : CTA cxliii. — **12** : BG. — **13** : SEC (R ii) t. II, p. 14. — **14** : MJ ct EM p. 41-2. — **15** : SEC (R ii) t. II, p. 13. — **16** : Sb V c. xxxiv-5. — **17** : SEC (R ii) t. II, p. 14. — **18** : SST t. II, p. 93-4. — **19** : Sb V c. xxxv-2. — **20** : Sb V c. xxxv-2. — **21** : PA ct SEC t. II, p. 125. — **22** : Sb V c. xxxv-2. — **23** : PA ct SEC t. II, p. 125. — **24** : Sb V c. xxxv-4.

VIII

1 : Sb V c. xxxv-8. — **2** : Idem 10. — **3** : Idem 8. — **4** : Idem 10. — **5** : Idem 8. — **6** : Sb V c. xxxv-11. — **7** : Sb V c. xxxv-12. — **8** : CTA xxviii. — **9** : CTA CCLXXIV. — **10** : PA ct SEC t. II, p. 127. — **11** : SEC (R iii) t. II, p. 17. — **12** : SST t. II, p. 131. — **13** : Sb V c. xxxvi-6. — **14** : SST t. I, p. 317. — **15** : ct H p. 55. — **16** : SST t. II, p. 588. — **17** : SST t. II, p. 148, n. 1. — **18** : TC ct SEC t. II, p. 321. — **19** : Sb V c. xxxvi-7.

IX

1 : JA ct SEC t. II, p. 191. — **2** : SEC (CONS) t. II, p. 20-5. — **3** : Sb V c. xxxvi-7. — **4** : Sb V c. xxxvi-8. — **5** : Idem 7. — **6** : Idem 9. — **7** : Sb V c. xxxix-21. — **8** : Sb V c. xxxvi-11. — **9** : Idem. — **10** : JA ct SEC t. II, p. 192. — **11** : S V c. xxxvi-12. — **12** : ct SEC t. I, p. 309, n. 2. — **13** : Sb V c. xxxvi-14. — **14** : Idem. — **15** : JA ct SEC t. II, p. 193. — **16** : Idem p. 194. — **17** : ct SEC t. II, p. 170-1. — **18** : Sb V c. xxxvi-17. — **19** : Sb V c. xxxix-3. — **20** : Sb V c. xxxvi-16. — **21** : Idem 17. — **22** : VH. — **23** : Sb V c. xxxvi-18. — **24** : HC ct SEC t. I, p. 315, n. 3. — **25** : Idem.

X

1 : Sb V c. XI-16. — **2 :** Sb C c. VI-4. — **3 :** SEC (R III) t. II, p. 18. — **4 :** Sb C c. I-5. — **5 :** Sb C c. I-5. — **6 :** Idem 2. — **7 :** Sb C c. IV-4. — **8 :** Idem 3. — **9 :** Idem 1. — **10 :** Sb C c. prologue-3. — **11 :** Sb V c. x-8. — **12 :** Sb C c. VII-9. — **13 :** Idem c. XX-4. — **14 :** Idem c. XII-4. — **15 :** Sb C c. VII-10. — **16 :** Idem 11. — **17 :** Idem 5. — **18 :** Idem 7. — **19 :** Idem c. XVII-6. — **20 :** Idem c. VII-4. — **21 :** FR LIV c. VII. — **22 :** Sb C c. XV-6. — **23 :** Sb V c. XIII-15. — **24 :** SEC (R XXXVI) t. II, p. 64. — **25 :** Sb M III c. I-9. — **26 :** Sb V c. XIII-15. — **27 :** Sb M I c. II-11. — **28 :** Sb C c. XXVIII-11. — **29 :** Sb M VI c. X-7. — **30 :** CTA XIX. — **31 :** Sb V c. X-4. — **32 :** Sb CAD c. III-9. — **33 :** Sb C c. XVIII-9. — **34 :** Sb C c. II-5. — **35 :** Idem XIII-7. — **36 :** Idem XXVIII-2.

XI

1 : Sb C c. II-1-2. — **2 :** Sb C c. XXIX-2. — **3 :** SEC (R III) t. II, p. 17. — **4 :** SEC (F) t. V, p. 7. — **5 :** Sb F c. V-8. — **6 :** SST t. III, p. 78-9. — **7 :** SEC t. V, p. 94, n. 1. — **8 :** Sb C c. XVIII-8. — **9 :** Sb F c. V-10. — **10 :** Idem 11. — **11 :** Sb C c. XVIII-3. — **12 :** Idem 4. — **13 :** JA ct SEC t. V, p. 9, n. 3. — **14 :** Sb F c. I-3. — **15 :** Sb F c. I-4. — **16 :** SST t. I, p. 83. — **17 :** Idem. — **18 :** I Y ct SEC t. II, p. 499. — **19-20 :** MJE ct SEC t. II, p. 292. — **21 :** FR L. II c. V et B. — **22 :** SEC t. VI, p. 117-119. — **23 :** SST t. III, p. 82. — **24 :** B. — **25 :** Sb V c. X-7. — **26 :** La *saeta*, flèche, est un cri lancé sous la forme d'une longue modulation qui rappelle le chant arabe. — **27 :** EM p. 157. — **28 :** Sb C c. XXXI-12. — **29 :** Sb C c. XXXI-13. — **30 :** Sb C c. XXIX-6. — **31 :** Sb C c. XXIV-2. — **32 :** Idem 6. — **33 :** Idem 2. — **34 :** Sb C c. XXXVIII-6. — **35 :** Idem. — **36 :** Sb F c. I-1. — **37 :** Idem 6. — **38 :** Sb C c. XVIII-5. —**39 :** Idem. — **40 :** Idem 7. — **41 :** Sb F c. I-6.

TROISIÈME PARTIE

I

1 : P XXIX. — **2 :** Sb F c. II-4. — **3 :** Sb M VI c. VI-9. — **4 :** Sb E II-2. — **5 :** Sb F c. I-8. — **6 :** JA p. 238. — **7 :** SEC t. V, p. 333-4. — **8 :** Idem p. 335. — **9 :** Sb M V c. I-8. — **10 :** Sb V c. XIV-7. — **11 :** Sb V c. XXXIX-12. — **12 :** Sb V c. XIII-16. — **13 :** Idem 19. — **14 :** Idem 16. — **15 :** SEC t. V, p. 336-337. — **16 :** Sb C c. XXI-2. — **17 :** Sb V c. XV-6. — **18 :** Sb F c. XIV-5. — **19 :** Sb F c. III-2. — **20 :** Sb C c. II-5. — **21 :** CTA CXXXIV. — **22 :** CTA LXXXVII. — **23 :** Sb F c. II-7. — **24 :** FR L. II c. V.

II

1 : JA ct SEC t. V, p. 352-353. — **2 :** CP t. III, p. 292. — **3 :** Sb F c. III-16. — **4 :** SEC t. I, p. 87, n. 1. — **5 :** Sb F c. III-16. — **6 :** SEC t. V, p. 406. — **7 :** Idem. — **8 :** Sb F c. III-17. — **9 :** Idem. — **10 :** Idem. — **11 :** SEC t. V, p. 30. — **12 :** Idem. — **13 :** CTA X. — **14 :** ct BRJ p. 316. — **15 :** SEC t. V, p. 406.

III

1 : CTA CXLVIII. — 2 : SEC t. V, p. 72, n. 2. — 3 : Idem, p. 133, n. 4. — 4 : MJ ct SEC t. V, p. 218, n. 3. — 5 : CTA XIX. — 6 : Sb V c. XXVI-1. — 7 : CTA LII. — 8 : CTA XXXIV. — 9 : SEC t. VII, p. 85, n. 2. — 10 : Sb V c. XXXIV-3. — 11 : FR L. IV c. I. — 12 : ct LV p. 433. — 13 : Sb V c. XXI-1. — 14 : ct Schneider p. 229. — 15 : Idem, p. 153. — 16 : FR L. IV c. I. — 17 : CTA XXXV. — 18 : CTA CCLXX. — 19 : CTA XIV. — 20 : CTA LII. — 21 : CTA VI. — 22 : Sb F c. X-3. — 23 : Sb F c. X-5. — 24 : SEC t. V, p. 79, n. 2.

IV

1 : Sb M VI c. IV-8. — 2 : Sb F c. XIV-3. — 3 : Sb F c. XIII-3. — 4 : Idem. — 5 : Sb F c. XIII-4. — 6 : Sb F c. XIV-4. — 7 : Sb C c. II-9-10. — 8 : Sb F c. XIV-5. — 9 : Sb F c. XXIII-12. — 10 : Sb F c. XIII-5. — 11 : Idem. — 12 : Sb F c. XIV-6-7. — 13 : Idem 6. — 14 : ct SEC t. V, p. 111, n. 1. — 15 : Sb F c. XIV-12. — 16 : Sb C c. XIX-9. — 17 : Sb V c. XVIII-4. — 18 : Sb F c. XIV-11. — 19 : Sb F c. XIV-11.

V

1 : Sb F c. XV-2. — 2 : SEC t. V, p. 117, n. 2. — 3 : JG ct SEC t. V, p. 94, n. 1. — 4 : ct BA p. 132, n. 2. — 5 : ct SEC t. V, p. 424. — 6 : Sb F c. XV-5. — 7 : FR L. II c. XIII. — 8 : Sb F c. XV-5. — 9 : FR L. II c. XIII. — 10 : Idem. — 11 : Sb F c. XV-6. — 12 : ct BRJ, p. 71. — 13 : Sb F c. XV-6. — 14 : Idem. — 15 : FR L. II c. XIII. — 16 : CTA CCLXXX. — 17 : FR L. II c. XIII. — 18 : Sb F c. XV-8. — 19 : Sb C c. II-7. — 20 : FR L. II c. XIV. — 21 : Sb F c. XV-13. — 22 : Idem 14. — 23 : Idem 11. — 24 : Sb F c. XVII-1.

VI

1 : Sb E VI-1. — 2 : Sb F c. XXXI-46. — 3 : CTA XIX. — 4 : Sb E XV-1-2-3. — 5 : MA t. I, p. 196. — 6 : Sb F c. XVII-6. — 7 : Sb F c. XVII-9. — 8 : Idem. — 9 : Sb V c. XXXVII-5. — 10 : SEC t. VI, p. 126. — 11 : Idem, p. 127. — 12 : FR L. IV c. XVII.

VII

1 : R. P. Silverio. — 2 : ct. R. P. Silverio. — 3 : Sb M VII c. I-2. — 4 : SEC t. II, p. 102. — 5 : SEC t. V, p. 193, n. 1. — 6 : Sb F c. XIX-4. — 7 : Sb F c. XIX-4-5. — 8 : CTA XLVIII. — 9 : Idem XLVII. — 10 : SEC t. V, prologo-5. — 11 : Idem. — 12 : Idem 4. — 13 : CTA LI. — 14 : SEC (R IX) t. II, p. 45. — 15 : CTA II. — 16 : Sb C c. VII-5. — 17 : CTA CCCIV — 18 : Sb F c. VI-2. — 19 : Idem 4. — 20 : Idem 5. — 21 : Idem 5. —. 22 : Idem. — 23 : SEC (R IV) t. II, p. 26. — 24 : Sb F c. VII. Tout ce qui concerne les mélancoliques. — 25 : CTA VI. — 26 : CTA LIV. — 27 : CTA. — 28 : ct BRJ, p. 73. — 29 : Ce sang est versé — Dominguillo eh! — je ne sais pourquoi... (P. XV.) — 30 : Est-elle parente de l'Alcade? Qui est cette damoiselle? — Elle est fille de Dieu le Père et brille comme une étoile... (P XIV). — 31 : « Oh, heureuse la bergère — qui s'est donnée aujourd'hui à un tel berger — qui règne et doit régner! — Et moi, Gil, je suis craintif, — je ne l'oserai plus regarder, — car elle a pris mari — qui règne et doit régner! » (P. XXVII.) — 32 : SEC t. II, p. LI. — 33 : BM

t. II, p. 313. — **34** : Chant de Noël. — **35** : « Que te voient mes yeux, — doux et bon Jésus, — que te voient mes yeux, — qu'aussitôt je meure. Voie bien qui voudra — roses et jasmins. — Si je te voyais, — verrais mille jardins... » — **36** : SEC (R xv) t. II, p. 47-8. — **37** : « Je vis sans vivre en moi-même — et j'espère de telle manière — que je meurs de ne pas mourir... » (P I.)

VIII

1 : CTA CCCLXXV. — **2** : SEC (R XX) t. II, p. 53. — **3** : B t. I, p. 461. — **4** : Fr L. III c. I et L. IV c. XVII. — **5** : MP et SEC t. II, p. 107. — **6** : SEC t. II, p. 216. — **7** : Sb F c. XVIII-6.

IX

1 : CTA XLI. — **2** : Idem. — **3** : CTA XXXVI. — **4** : FR. L. III c. I. — **5** : Idem. — **6** : Idem. — **7** : CTA XXXIV. — **8** : CTA XXXI. — **9** : CTA XCIII. — **10** : Sb V c. XXXVII-10-11. — **11** : SST t. II, p. 505. — **12** : Sb V c. XI-14. — **13** : CTA XXX. — **14** : et SEC t. VII, p. 101. — **15** : CTA XXXIV. — **16** : JGP Dial 1° p. 21.

X

1 : BRJ, p. 130. — **2** : JJ, p. 786. — **3** : Sb V c. XXII-8. — **4** : CTA CCCLI. — **5** : JCC Prologo. — **6** : JCS. — **7** : JJ, p. 517. — **8** : Sb CAD c. I-8. — **9** : JCC Chant XXXVIII. — **10** : SST t. II, p. 390, n. 1. — **11** : SEC (R XXVI) t. II, p. 56-7. — **12** : Idem. — **13** : SEC (R XXV) p. 56. — **14** : SEC t. II, p. 61, n. 1. — **15** : JCC chant XL. — **16** : SEC (R XXXV) t. II, p. 63-4. — **17** : SEC t. II, p. 111. — **18** : Le P. Silverio de Santa Teresa situe la rédaction des *conceptos* entre 1571 et 1573, à Avila, Salamanca, ou Medina del Campo. Le P. Bruno donne l'année 1574. Mais les similitudes entre ce livre et les relations spirituelles notées à Avila pendant son Priorat à l'Incarnation sont trop grandes pour qu'on puisse ne pas admettre qu'il en découle. De plus, ce commentaire au *Cantique des Cantiques* n'est-il pas l'exaltation même des noces spirituelles? Elle dut l'écrire à la fin de son séjour à Avila, et peut-être le terminer à Ségovie. — **19** : SEC (R XXVIII) p. 58. — **20** : Sb CAD c. I-8. — **21** : Sb CAD c. IV-8. — **22** : SEC (R XXV) t. II, p. 56. — **23** : Sb CAD c. IV-11. — **24** : SEC (R XXXVI) t. II, p. 64. — **25** : Sb CAD c. VII-1. — **26** : Sb CAD c. VII-3. — **27** : Sb CAD c. IV-3. — **28** : CC-1. — **29** : Idem. — **30** : Sb CAD c. IV-10. — **31** : Sb CAD c. I-5. — **32** : Sb CAD c. VII-6. — **33** : JCC c. XXVIII. — **34** : CTA X. — **35** : CTA CCIV. — **36** : JC et SEC t. VI, p. 213. — **37** : SEC t. VI, p. 283. — **38** : SEC (R XXXIII) t. II, p. 62. — **39** : JA et SEC t. VI, p. 148-9. — **40** : CTA XLVII. — **41** : Sb F c. XIX-7. — **42** : SEC t. V, p. 157, n. 2.

XI

1 : Sb F c. XXX-13. — **2** : CTA LXVI. — **3** : CTA LVII. — **4** : SEC t. V, p. 139, n. 4. — **5** : JA et SEC t. VI, p. 194. — **6** : SEC t. I, p. CXXIII. — **7** : Sb C c. II-9. — **8** : CTA LXX. — **9** : SEC t. VIII, p. 321. — **10** : SEC (F) t. V, p. 178, n. 2. — **11** : SEC t. IV, p. LIV-LV. — **12** : Sb C c. XXI-4. — **13** : Sb V c. XL-1. — **14** : SEC t. V, p. 129, n. 1. — **15** : SEC t. IV, p. LIV-LV. — **16** : CTA LVI. — **17** : Sb V c. XXV-12. — **18** : M Prologo. — **19** : Sb C Prol. — **20** : SEC (R IV) t. II, p. 7.

XII

1 : AJ ct SEC t. VI, p. 200 et tout le récit du voyage. — 2 : Idem. — 3 : FR L. III c. III. — 4 : RD ct SEC t. V, p. 192, n. 3. — 5 : Sb F c. XXII. — 6 : CTA CXLVII. — 7 : Idem CCLVI. — 8 : SEC t. VII, p. 189. — 9 : CTA LXXIV. — 10 : CTA LXXII. — 11 : Idem CCCLXVI. — 12 : CTA CIV. — 13 : JG ct SEC t. VI, p. 201-2. — 14 : CTA CCXXVIII. — 15 : Idem CXL. — 16 : Idem CLXXXI. — 17 : Idem CXLVII. — 18 : CTA CLX. — 19 : CTA CCXC. — 20 : CTA CLX. — 21 : SEC (R XLIV) t. II, p. 73. — 22 : Sb F c. XXIII-12. — 23 : SEC (R XL) t. II, p. 69-70. — 24 : CTA LXXVII. — 25 : CTA LXXXVII.

QUATRIÈME PARTIE

I

1 : CTA XCIII. — 2 : Lope de Vega. — 3 : CTA CLXVI. — 4 : MJ ct SEC t. VI, p. 243. — 5 : Sb M VII c. III-11. — 6 : P XX. — 7 : Sb F c. XXIV-6. — 8 : CTA LVII. — 9 : Mots galants. — 10 : Sb F c. XXIV-14.

II

1 : MJ ct SEC t. VI, p. 241. — 2 : Sb E IX-2. — 3 : CTA LXXII. — 4 : Idem XCIII. — 5 : Sb F c. XXV-1. — 6 : SEC (R LVIII) t. II, p. 81. — 7 : Sb F c. XXV-1. — 8 : CTA XCIV. — 9 : Idem XCIII. — 10 : Sb F c. XXIV-16. — 11 : Sb F c. XXV-1. — 12 : CTA LXXVI. — 13 : MJ SEC t. VI, p. 241. — 14 : TC ct SEC t. II, p. 324. — 15 : Sb F c. XXVI-2. — 16 : Sb C c. VII-2. — 17 : CTA CCXC. — 18 : CTA CCXC. — 19 : CTA CCCII. — 20 : CTA XCIX. — 21 : MJ ct SEC t. VI, p. 243. — 22 : FR L. III c. VI. — 23 : MJ ct SEC t. VI, p. 243. — 24 : CTA LXXIX.

III

1 : CTA LXXIV. — 2 : CTA LXXIV. — 3 : CTA LX. — 4 : CTA LXXIV. — 5 : Idem. — 6 : CTA LXXXVII. — 7 : SEC t. II, p. 82, n. 4. — 8 : LO t. VI, c. XXX art. I. — 9 : Sb F c. XXVII-20. — 10 : CTA XCI et CTA LXXXVII. — 11 : Sb F c. XXVII-20. — 12 : MJ. — 13 : CTA LXXXVII. — 14 : SEC (R LIV) t. II, p. 78 et SEC (R XLV) t. II, p. 73. — 15 : SEC (R LVI) t. II, p. 79. — 16 : Idem (R XLII) t. II, p. 72. — 17 : SEC t. VI, p. 309. — 18 : Sb F c. XXV-7. — 19 : CTA XCIV. — 20 : Idem. — 21 : Idem. — 22 : CTA CCCXXVI. — 23 : Lope de Vega. — 24 : CTA XCIV. — 25 : CTA XCIII. — 26 : JG PA D XIII. — 27 : Sb F c. XXV-11-12.

IV

1 : CTA XCV. — 2 : V ct SEC t. VII, p. 240, n. 2. — 3 : Y ct LV, p. 131. — 4 : CTA CI. — 5 : Idem. — 6 : CTA XCVIII. — 7 : CTA CXX. — 8 : CTA CLXIII. — 9 : CTA CXL. — 10 : JJC t. I, p. 557. — 11 : CTA CLXIV. — 12 : CTA CXLVII. — 13 : CTA CLXXII. — 14 : CTA CLXXIV. — 15 : CTA CXL. — 16 : CTA CXXXIV. — 17 : CTA CXLI. — 18 : CTA CLXXXV. — 19 : Idem. — 20 : CTA CCXXXIII. — 21 : CTA CCCIX. — 22 : CTA CLXXX. — 23 : CTA CIX. — 24 : Idem. — 25 : CTA CXLVII. — 26 : Idem. — 27 : CTA CXXI. — 28 : CTA CXIII. — 29 : CTA CLXII. —

30 : CTA CXIV. — **31** : CTA CVII. — **32** : Sb V c. XVII. — **33** : CTA CCCXXI. — **34** : CTA CLXXXIII. — **35** : CTA CXXI. — **36** : CTA VI. — **37** : CTA CLXXXIII. — **38** : CTA CLVIII. — **39** : SEC t. V, p. 127. — **40** : Sb V c. XXXIV-19. — **41** : CTA CLVI. — **42** : CTA LXXXI. — **43** : CTA Idem. — **44** : CTA CLII. — **45** : CTA CCXXXIII. — **46** : CTA CLXXXVI. — **47** : Idem. — **48** : CTA CXXX. — **49** : Sb MVC-36. — **50** : CTA CXXXIII. — **51** : CTA CLXII. — **52** : CTA CXLIV. — **53** : CTA CLXII. — **54** : CTA CLVIII. — **55** : CTA CXI. — **56** : CTA CXXIV.

V

1 : CTA CLVIII. — **2** : CTA CI. — **3** : CTA CLVIII. — **4** : CTA CL. — **5** : CTA CLVIII. — **6** : Idem. — **7** : Idem. — **8** : Idem. — **9** : CONS 24. — **10** : CTA CLXIII. — **11** : Idem. — **12** : Sin herir dolor haceis. Y sin dolor deshaceis. El amor de las criaturas (CTA CLXIII). — **13** : CTA CLXIII. — **14** : Idem. — **15** : CTA CLVIII. — **16** : Idem. — **17** : CTA LXXXVII. — **18** : CTA CLXXI. — **19** : Idem. — **20** : CTA CLVIII. — **21** : Idem et CTA CLXVIII. — **22** : CTA LVIII. — **23** : CTA LIX. — **24** : CTA CXXIX. — **25** : Idem. — **26** : Sb V c. XIII-15. — **27** : SEC t. VI, p. 65. — **28** : Idem, p. 66. — **29** : Idem, p. 66-7. — **30** : Idem, p. 67. — **31** : Idem. — **32** : CTA CLXVIII.

VI

1 : CTA LXXXVII. — **2** : CTA CLXXXIV. — **3** : Idem. — **4** : SEC t. VIII, p. 243, n. 2. — **5** : SEC (R III) t. II, p. 18. — **6** : CTA CXCIV. — **7** : CTA CXCV. — **8** : CTA LXXIX. — **9** : CTA CXCV. — **10** : CTA CLXXXIX. — **11** : CTA XCV. — **12** : CTA CCCXXXV. — **13** : CTA XCVI. — **14** : SEC t. VIII, p. 184, n. 2. — **15** : MJR IX. — **16** : CTA CCX. — **17** : CTA CXCVIII. — **18** : JC ct SEC t. VI, p. 196. — **19** : CTA CCIV. — **20** : CTA CCVII. — **21** : BR, p. 163. — **22** : CTA CCIV. — **23** : CTA CCV. — **24** : Sb V c. XXXIV-8. — **25** : SEC (E XV) t. IV, p. 290-3. — **26** : SEC (E XVI) t. IV, p. 291-2. — **27** : CC. — **28** : SEC (E XVI) t. IV, p. 291-4. — **29** : Sb V c. XX-25. — **29** *bis* : CTA CCIX. — **30** : Idem. — **31** : SEC (R XXXVII) t. II, p. 66. — **32** : CTA CCVIII. — **33** : BRJ, p. 164. — **34** : FR LIV c. 17.

VII

1 : CTA CCV. — **2** : Sb M VI c. X-7. — **3** : ct SEC t. VI, p. XXXIV. — **4** : CTA CXXIV. — **5** : CTA CLXXVIII. — **6** : CTA CLXIV. — **7** : Sb M I c. IV-10. — **8** : JG ct SEC t. IV, p. IX. — **9** : Idem p. X. — 10 : Sb V c. X-1. — **11** : Sb V XXII-1. — **12** : Sb F c. I-4. — **13** : Idem c. XXI-40. — **14** : Sb V c. XI. — **15** : Sb C c. XXV-4. — **16** : Sb V c. XXXIX-17. — **17** : CTA CIV. — **18** : Sb M I c. II-7. — **19** : Sb M prol. 2-4. — **20** : Y ct SEC t. II, p. 494. — **21** : Sb M I c. I-5. — **22** : Sb M I c. I-1. — **23** : Idem. — **24** : Sb M I c. II-4. — **25** : Sb M I c. II-14. — **26** : Idem. — **27** : Sb M II c. I-2. — **28** : Sb M II c. I-10. — **29** : Sb M III c. I-2. — **30** : Idem c. I-5. — **31** : Idem c. I-6. — **32** : Idem 7. — **33** : Idem c. II-13. — **34** : Sb M IV c. I-2. — **35** : Idem c. I-7. — **36** : Idem Mv c. III-9. — **37** : I Cor. VIII. — **38** : Sb M IV c. III-2. — **39** : Sb M V c. IV-3. — **40** : Idem 4. — **41** : Idem 10. — **42** : Idem c. III-11. — **43** : Idem M VI c. V-2. — **44** : Idem c. II-2. — **45** : Idem c. V-10. — **46** : Idem c. VI-3. — **47** : Idem c. I-4. — **48** : Idem

c. vi-11. — **49** : Idem c. v-9. — **50** : Sb M vii c. ii-4. — **51** : Sb M vii c. ii-4. — **52** : Idem c. iii-11. — **53** : Idem c. ii-7. — **54** : Idem c. iv-6. — **55** : Idem 12. — **56** : Idem. — **57** : Idem c. iii-7. — **58** : JGD : 1re Partie, chapitre V.

VIII

1 : SEC (R xxxvii) t. II, p. 66. — **2** : SEC t. II, p. 296. — **3** : MJ ct SEC t. VIII, p. 286, n. 1. — **4** : CTA cxxxviii. — **5** : MJE ct SEC t. II, p. 295. — **6** : PP ct SEC t. VI, p. 383-4. — **7** : Idem. — **8** : SEC t. V, p. 246, n. 2. — **9** : CTA ccv. — **10** : FR L. IV c. xvii. — **11** : JG ct SEC t. I, p. 260, n. 1. — **12** : SEC t. VIII, p. 156, n. 1. — **13** : CTA ccxiv. — **14** : CTA ccxxxii. — **15** : CTA clxiv. — **16** : CTA ccxxxiv. — **17** : CTA. — **18** : CTA ccxii. — **19** : CTA ccxxxi. — **20** : SEC t. VIII, p. 232, n. 4. — **21** : AJ ct BRJ, p. 195. — **22** : MJE ct SEC t. II, p. 295. — **23** : Y ct SEC t. II, p. 492. — **24** : CTA ccxxiv. — **25** : CTA cccxiv. — **26** : Disraeli.

IX

1 : CTA ccxxxviii. — **2** : CTA ccx. — **3** : CTA ccxxiv. — **4** : CTA ccx. — **5** : CTA ccxix. — **6** : CTA ccxviii. — **7** : CTA ccxxiv. — **8** : CTA ccxxxii. — **9** : CTA ccxlii. — **10** : CTA ccxliii. — **11** : JC ct SEC t. VI, p. 210. — **12** : Idem. — **13** : Crisogono de Jesus : Vida y obras de S. Juan, p. 177-8. — **14** : JC ct SEC t. VI, p. 197. Le *Cantico espiritual entre el alma y Cristo su esposo* a été composé par saint Jean de la Croix dans la prison de Tolède. Nous en donnons une traduction littérale, estimant que s'il existe au monde des poèmes intraduisibles, ce sont ceux de Fray Juan : « Où te caches-tu, — Aimé, qui me laisses gémir? — Comme le cerf tu as fui — Après m'avoir blessé... Tous me blessent et j'agonise, — D'un je ne sais quoi qu'ils balbutient... — Oh cristalline source! — Si tu pouvais sur tes faces argentées — Soudain former — Les yeux désirés — Qui sont dans mes entrailles dessinés! » — **15** : Sb V c. xxii-14. — **16** : BRJ c. xiii. — **17** : JC ct SEC t. VI, p. 196. — **18** : JC ct SEC t. VI, p. 213. — **19** : Idem, p. 254. — **20** : JC ct SEC t. VI, p. 197. — **21** : CTA ccxlvi. — **22** : Idem. — **23** : Idem. — **24** : Idem. — **25** : Idem. — **26** : JC ct SEC t. VI, p. 209. — **27** : CTA ccxlvii.

X

1 : CTA ccxxxix. — **2** : CTA ccxxxviii. — **3** : CTA ccxxxix. — **4** : CTA ccxvi. — **5** : CTA ccxxxi. — **6** : Sb C c. vi-9. — **7** : Y L. III c. xxviii. — **8** : CTA ccli. — **9** : CTA ccli. — **10** : CTA ccliii. — **11** : CTA ccxxvi. — **12** : CTA ccxxiv. — **13** : CTA ccxxxii. — **14** : CTA ccxlii. — **15** : CTA ccxlv. — **16** : Idem. — **17** : CTA ccl. — **18** : Idem. — **19** : CTA cclv. — **20** : SEC t. VIII, p. 274, n. 1. — **21** : CTA cclvii. — **22** : Idem. — **23** : Sb F c. xxviii-5. — **24** : RD t. I L. IV c. xxxii. — **25** : CTA liv.

XI

1 : CTA cclviii. — **2** : Sb F c. xxx-6. — **3** : CTA cclxiv. — **4** : Idem — **5** : CTA cclxxiv. — **6** : ct SEC t. VIII, p. 134, n. 1. — **7** : CTA

CCLXXVIII. — **8** : CTA CCLXXI. — **9** : CTA CCLXXXI. — **10** : CTA CCLXXIX. — **11** : CTA CCLXXVI. — **12** : SEC (R LXI) t. II, p. 87. — **13** : Sb C c. IV-1. — **14** : Sb V c. XX-26. — **15** : Sb F c. XV-15. — **16** : CTA XCIII. — **17** : CTA CDXXIX. — **18** : CTA CLVIII. — **19** : CTA CLXXIV. — **20** : CTA CLXXV. — **21** : CTA CCLXIV. — **22** : SEC t. II, p. 357. — **23** : CTA CLXXIX. — **24** : CTA CLXXV. — **25** : Sb V c. XXII-10. — **26** : CTA CIII. — **27** : Sb F c. XXVIII-19. — **28** : CTA CCCVXII.

XII

1 : CTA CCLXXVII. — **2** : CTA II. — **3** : CTA CCLXXXV. — **4** : SEC t. VIII, p. 328, n. 2. — **5** : CTA CCXCV. — **6** : SEC t. VIII, p. 394, n. 5. — **7** : CTA CCXCVII. — **8** : CTA CCCVII. — **9** : ct SST t. IV, c. III. — **10** : Sb F c. XXVIII-32. — **11** : SEC (R XXIII) t. II, p. 54. — **12** : Sb F c. XXVIII-20. — **13** : Je tiens cette histoire de la plus ancienne des religieuses de Villanueva de la Jara, qui en recueillit la tradition des lèvres des plus anciennes, au temps de sa jeunesse. La Madre Maria Margarita del Santisimo Sacramento me dit aussi que Teresa de Jesus en laissant cette statuette à ses filles leur dit qu'elles auraient toujours en cet enfant Jésus « une ferme très prospère »... — **14** : JG ct SEC t. I, p. CXXVI.

XIII

1 : CTA X. — **2** : CTA CCCXXVI. — **3** : CTA CCCXXXVI. — **4** : Sb F c. XXIX-3. — **5** : Sb F c. XXIX-6. — **6** : Idem. — **7** : JG ct SEC t. V, p. 270, n. 2. — **8** : ct SEC t. V, p. 271, n. 5. — **9** : Idem, p. 270, n. 2. — **10** : Sb F c. XXIX-9. — **11** : CTA CCCXLIV. — **12** : CTA CCCLXXVIII. — **13** : SEC t. VI, p. 357-8. — **14** : Idem. (Dans certains Carmels d'Espagne ces petites mèches tordues sont encore en usage.) — **15** : SEC t. V, p. 290, n. 2. — **16** : CTA CCCLXX. — **17** : CTA CCCLI. — **18** : CTA CCXXXII. — **19** : CTA CCCL. — **20** : SEC (CONS) t. VI, p. 10. — **21** : Idem, p. 15. — **22** : Idem, p. 18. — **23** : Idem, p. 22. — **24** : Idem, p. 10. — **25** : FR L IV c. XXIV. — **26** : CTA CCLXXIV. — **27** : Sb F c. XXIX-31-32. — **28** : CTA CCCLI. — **29** : SEC (CONS) t. VI, p. 12. — **30** : CTA CCCLXI. — **31** : FR L. III c. X.

CINQUIÈME PARTIE

I

1 : CTA CCLXXVIII. — **2** : CTA CCCLXXXV. — **3** : Idem. — **4** : CTA CCCXCVIII. — **5** : RO O, p. 26. — **6** : CTA CCLXXVIII. — **7** : CTA II append. — **8** : Sb MVC 10. — **9** : Idem 11. — **10** : Idem 12. — **11** : Idem 13. — **12** : Idem 14. — **13** : CTA CXVII. — **14** : CTA CCCLXXXII. — **15** : FR. — **16** : CTA CCCXC. — **17** : CTA CCCXCIII. — **18** : Gerardo de S. Juan de la Cruz : Obras de S. Juan. — Toledo 1912. t. II, p. 79. — **19** : ct BRE p. 176. — **20** : CTA CCC. — **21** : CTA CCLXI. — **22** : JCC.

II

1 : Sb F c. XXXI-11. — **2** : Sb F c. XXXI-16. — **3** : SEC t. IX, p. 158, n. 3. — **4** : Sb F c. XXXI-4. — **5** : AB ct SEC t. II, p. 234. — **6** : Sb F c. XXVII-12. — **7** : AB ct SEC t. II, p. 234. — **8** : Sb F c. XXXI-4. — **9** : ct

LV p. 449. — 10 : CTA CCXIX. — 11 : Sb F c. XXXI-17. — 12 : Ce Christ est actuellement à la cathédrale de Burgos. — 13 : Sb F c. XXXI-21. — 14 : AB ct SEC t. II, p. 235. — 15 : Idem. — 16 : CTA CCCLXXIV. — 17 : F CXXXI-6. — 18 : AB ct SEC t. II, p. 236. — 19 : V, p. 144. — 20 : AB ct SEC t. II, p. 236. — 21 : PP ct SEC t. VI, p. 383. — 21 *bis* : SEC t. V, p. 310. — 22 : PP ct SEC t. VI, p. 380-1. — 23 : Sb F c. XXXI-26. — 24 : Sb F c. XXXI-27. — 25 : CTA CDXX. — 26 : CTA CDVII. — 27 : CTA CDXX. — 28 : Idem. — 29 : Sb c. XXXI-35. — 30 : Idem 36. — 31 : SEC t. V, p. 319, n. 4. — 32 : CTA CDXI. — 33 : CTA CCCXLVII. — 34 : CTA CDX. — 35 : ct R. P. Silverio. — 36 : CTA CDXXXIII. — 37 : CTA CDXXVII — 38 : AB ct SEC t. II, p. 238.

III

1 : CTA CCCXLVI. — 2 : CTA CLXXI. — 3 : RO, p. 72. — 4 : CTA CCCXCVIII. — 5 : Idem. — 6 : CONS, p. 9. — 7 : Idem. — 8 : CTA CCCLXXXV. — 9 : CTA CCCXLII. — 10 : CTA CCLXXXIX. — 11 : CTA. — 12 : Le crâne de Maria Bautista est dans le réfectoire du couvent de Valladolid. — 13 : CTA CCLXXXIX. — 14 : CTA II ap. — 15 : CTA CDXXXIV. — 16 : SEC t. IX, p. 52, n. 1. — 17 : CTA CCCLXXXVII. — 18 : CTA CCCLXXV. — 19 : CTA CCCLXXXV. — 20 : CTA CCCXCVIII. — 21 : Idem. — 22 : CTA CDXXXIV. — 23 : CTA CCCXLVI. — 24 : CTA CDXXXIV. — 25 : Idem. — 26 : CTA CCXXXI. — 27 : CTA CCLXXII. — 28 : CTA CDXXI. — 29 : CTA CDXXXIV. — 30 : CTA CCCLII. — 31 : CTA XCV. — 32 : CTA CDXXXIII. — 33 : CTA CDXXX. — 34 : CTA CDXXXIII. — 35 : SEC t. II, p. 244. — 36 : AB.

IV

1 : Sb C c. XXXVI-3. — 2 : Sb V c. XXXVI-17. — 3 : SEC (R VI) t. II, p. 39-42. — 4 : CTA CDIII. — 5 : TC SEC t. II, p. 307. — 6 : Saint Paul. — 7 : SEC (R XVIII) t. II, p. 51. — 8 : TC ct SEC t. II, p. 307. — 9 : SEC (A-9) t. VI, p. 49. — 10 : TC ct SEC t. II, p. 334.

V

1 : RD L. IV c. XX. — 2 : Sb F c. VI-9-13. — 3 : CTA CCCXIII. — 4 : FR. — 5 : CTA CCIV. — 6 : CTA CLI. — 7 : CTA CLIX. — 8 : CTA CDXI. — 9 : CTA CDXXXIV. — 10 : CTA CXLVIII. — 11 : CTA CXLIV. — 12 : CTA CXLVIII. — 13 : ct SEC t. VIII, p. 502. — 14 : Sb F c. II-6. — 15 : CTA CCXXXI. — 16 : CTA CLXXIX. — 17 : CTA CCCV. — 18 : CTA CCLXXVIII. — 19 : Sb V c. IX-4. — 20 : CH L. II. — 21 : CTA CCCLXXX. — 22 : ct H, p. 221.

VI

1 : AB ct SEC t. II, p. 239. — 2 : JGM. — 3 : CH L. II. — 4 : Sb F c. XX-7. — 5 : CTA CDXXIX. — 6 : CTA CDXXXIV. — 7 : CTA CDXXXIV ct SEC t. IX, p. 230, n. 3. — 8 : CTA XIX. — 9 : TC ct SEC t. II, p. 367. — 10 : Idem. — 11 : Sb V c. XXI-6. — 12 : Sb M V c. III-11. — 13 : Idem. — 14 : CP t. III, p. 479. — 15 : CP t. III. — 16 : MF ct SEC t. II, p. 242. — 17 : Idem. — 18 : Idem, p. 243. — 19 : Idem, p. 242. — 20 : Idem, p. 243. — 21 : Idem. — 22 : Idem. — 23 : SEC (E XIV) t. IV, p. 289. — 24 : MF et AB ct SEC t. I, p. 243.

ÉPILOGUE

1 : ct SEC t. II, p. 240. — **2** : FR ct SEC t. II, p. 260. — **3** : ct SEC t. II, p. 260, n. 5. — **4** : FR ct SEC t. II, p. 260. — **5** : Idem, p. 261, n. 1-2. — **6** : Idem, p. 249. — **7** : Idem, p. 262. — **8** : Idem, p. 250. — **9** : Idem. — **10** : Idem. — **11** : FR SEC t. II, p. 262-3. — **12** : Idem, p. 263. — **13** : Idem. — **14** : Idem, p. 264. — **15** : Idem, p. 266-67.

Table

PREMIÈRE PARTIE

ENTRE LE MONDE ET DIEU

DEUXIÈME PARTIE

LA ROUTE ROYALE

TROISIÈME PARTIE

LA DAME ERRANTE DE DIEU

QUATRIÈME PARTIE

LA GRANDE TEMPÊTE

CINQUIÈME PARTIE

IL EST TEMPS DE NOUS VOIR, MON AIMÉ...

ANNEXES

IMPRIMERIE BUSSIÈRE À SAINT-AMAND (10-86)
DÉPÔT LÉGAL MAI 1967. N° 2004-5 (2615)

LIVRE DE VIE

1 FRANÇOIS MAURIAC
Vie de Jésus.

2-3 THOMAS MERTON
La nuit privée d'étoiles.

4 FÉLIX TIMMERMANS
La harpe de saint François.

5 JACQUES LOEW
En mission prolétarienne.

6 GEORGES BERNANOS
Dialogues des Carmélites.

7-8 SAINTE THÉRÈSE DE L'ENFANT JÉSUS
Manuscrits autobiographiques.

9 A.-M. ROGUET
La messe.

10 MARCELLE AUCLAIR
Bernadette.

11 ROGER AUBERT
Problèmes de l'unité chrétienne.

12 L'imitation de Jésus-Christ.
TRADUCTION DE LAMENNAIS

13 JEAN GUITTON
La Vierge Marie.

14 ROMANO GUARDINI
Initiation à la prière.

15 SAINTE THÉRÈSE D'AVILA
Le chemin de la perfection.

16 E. B. ALLO
Paul, apôtre de Jésus-Christ.

17 Contes de Noël.

18-19 RAÏSSA MARITAIN
Les grandes amitiés.

20 MARIE DE SAINT-DAMIEN
Sainte Claire d'Assise.

21-22 SAINT-FRANÇOIS DE SALES
Introduction à la vie dévote.

23 YVES DE MONTCHEUIL
Aspects de l'Église.

24-25 BLAISE PASCAL
Pensées (édition LAFUMA).

26 FRANCIS DVORNIK
Histoire des conciles.

27 SAINT IGNACE DE LOYOLA
Autobiographie.

28 A.-M. ROGUET
Les sacrements.

29-30 LOUIS BOUYER
La Bible et l'Évangile.

31 Fioretti de saint François.
TRADUCTION D'A. MASSERON

32 CARDINAL SUHARD
Essor ou déclin de l'Église.

33-34 JEAN-FRANÇOIS SIX
Vie de Charles de Foucauld.

35 JACQUES RIVIÈRE — PAUL CLAUDEL
Correspondance, 1907-1914.

36 JEAN DANIÉLOU
Dieu et nous.

37 JEAN GUITTON
L'amour humain.

38-39 HENRI QUEFFÉLEC
Celui qui cherchait le soleil.

40 H. I. DALMAIS
Initiation à la liturgie.

41-42 JACQUES LOEW
Journal d'une Mission ouvrière.

43-44 Le Nouveau Testament.
TRADUCTION OSTY ET TRINQUET

71-72 RENÉ LAURENTIN
Bilan du concile Vatican II.

73 Récits du temps de Pâques.

74 LOUIS-JOSEPH LEBRET
Action, marche vers Dieu.

75-76-77 MARCELLE AUCLAIR
La vie de sainte Thérèse d'Avila.

78 ROGER SCHUTZ
Vivre l'aujourd'hui de Dieu.

79-80 YVES DE MONTCHEUIL
Problèmes de vie spirituelle.

81-82 ROGER BOUTEFEU
Je reste un barbare.

83-84 Petite philocalie de la prière du cœur.
TRADUCTION DE JEAN GOUILLARD

85-86 JOACHIM JEREMIAS
Les paraboles de Jésus.

87-88 EMMANUEL MOUNIER
L'engagement de la foi.

89 JEANNE ANCELET-HUSTACHE
Car ils seront consolés.

90-91-92 ARTHUR NISIN
Histoire de Jésus.

93 PIERRE EMMANUEL
Évangéliaire.

94 PAUL GAUTHIER
Jésus de Nazareth, le charpentier.

95 HANS VON CAMPENHAUSEN
Les Pères grecs.

96 HANS VON CAMPENHAUSEN
Les Pères latins.

97 KARL STERN
La troisième révolution.
(Psychanalyse et Religion.)

98 ROMANO GUARDINI
L'image de Jésus-Christ dans le Nouveau Testament.

99 KARL RAHNER ET HERBERT VORGRIMLER
Petit dictionnaire de théologie catholique

100 MARC ORAISON
Une morale pour notre temps.

101 JEAN-CLAUDE BARREAU
La foi d'un païen.

102 EDMOND MICHELET
Rue de la Liberté.

103 DOM HELDER CAMARA
Révolution dans la paix.

104 JEAN PLOUSSARD
Carnet de route.

105 BORIS SIMON
Les chiffonniers d'Emmaüs.

106 DIETRICH BONHOEFFER
Le prix de la grâce.

107 MADELEINE DELBRÊL
Nous autres, gens des rues.

108 CLAUDE TRESMONTANT
Comment se pose aujourd'hui le problème de l'existence de Dieu.

109 PAUL TILLICH
Le courage d'être.

110 MARCEL LÉGAUT
Travail de la foi.

111 ANDRÉ MANARANCHE
Je crois en Jésus-Christ aujourd'hui.

112 HILDA GRAEF
Histoire de la mystique.

113 PIERRE TEILHARD DE CHARDIN
Le Milieu divin.

114 SAINT JEAN DE LA CROIX
La montée du Carmel.

115 MARC ORAISON
Le mystère humain de la sexualité.

116 A.-M. ROGUET
Initiation à l'Évangile.

117 MAX THURIAN
L'Essentiel de la foi.

118 C. H. DODD
Morale de l'Évangile.

119 JEAN-FRANÇOIS SIX
Jésus.

120 SIMONE WEIL
Lettre à un religieux.

121 JEAN DANIÉLOU
Les manuscrits de la mer Morte.

122 UN MOINE ET L'ÉGLISE D'ORIENT
La prière de Jésus.

123 RÉGINE PERNOUD
Jeanne d'Arc par elle-même et par ses témoins.

124 JEAN-FRANÇOIS SIX
Vie de Thérèse de Lisieux.

125 C. H. DODD
La prédication apostolique et ses développements.

126 MALCOLM MUGGERIDGE
Mère Teresa de Calcutta.

127 FRÈRE ROGER
Dynamique du provisoire.

128 DOM H. CAMARA
Le désert est fertile.

129 SIMONE WEIL
Attente de Dieu.

130 UN CHARTREUX
Amour et silence.

131 XAVIER LÉON-DUFOUR
Dictionnaire du Nouveau Testament.

132 MÈRE TERESA DE CALCUTTA
La joie du don.

133 MADELEINE DELBRÊL
Alcide (Guide simple pour simples chrétiens).

134 DIMITRI DOUDKO
L'espérance qui est en nous.

135 CLAUDE TRESMONTANT
L'enseignement de Ieschoua de Nazareth.

136 UN MONDE DE L'ÉGLISE D'ORIENT
Jésus, simples regards sur le Sauveur.

137 CHARLES HAROLD DODD
Le fondateur du christianisme.

138 ANDRÉ FROSSARD
Votre très humble serviteur Vincent de Paul.

139 MARCELLE AUCLAIR
La joie par l'Évangile.

140 ALBERT PEYRIGUÈRE
Laissez-vous saisir par le Christ.

27, RUE JACOB. PARIS, VIe